Mohr Siebeck Lehrbuch

Marcus Schladebach
Luftrecht

Marcus Schladebach

Luftrecht

2., vollständig aktualisierte Auflage

Mohr Siebeck

Marcus Schladebach, geboren 1972; Studium der Rechtswissenschaften in Berlin und San Antonio, Texas; 2000 Promotion; 2001 Zweites Juristisches Staatsexamen; 2002 LL.M. European Integration Law; 2002–12 Referent im Landes- und Bundesjustizministerium; 2013 Habilitation mit Lehrbefugnis für Öffentliches Recht, Europarecht, Völkerrecht, Luft- und Weltraumrecht; 2013–17 Lehrstuhlvertretungen in Kiel, Göttingen, Düsseldorf, Hagen und Potsdam; 2017 Inhaber der Professur für Öffentliches Recht, Medienrecht und Didaktik der Rechtswissenschaft an der Universität Potsdam.

1. Auflage 2007
2., vollständig aktualisierte Auflage 2018

ISBN 978-3-16-155867-2 / eISBN 978-3-16-156364-5
DOI 10.1628/978-3-16-156364-5

ISSN 2568-4566 / eISSN 2568-924X (Mohr Siebeck Lehrbuch)

Die Deutsche Nationalbibliothek verzeichnet diese Publikation in der Deutschen Nationalbibliographie; detaillierte bibliographische Daten sind im Internet über *http://dnb.dnb.de* abrufbar.

© 2018 Mohr Siebeck Tübingen. www.mohrsiebeck.com

Das Werk einschließlich aller seiner Teile ist urheberrechtlich geschützt. Jede Verwertung außerhalb der engen Grenzen des Urheberrechtsgesetzes ist ohne Zustimmung des Verlags unzulässig und strafbar. Das gilt insbesondere für die Verbreitung, Vervielfältigung, Übersetzung und die Einspeicherung und Verarbeitung in elektronischen Systemen.

Das Buch wurde von Gulde Druck in Tübingen gesetzt, auf alterungsbeständiges Werkdruckpapier gedruckt und gebunden.

Printed in Germany.

Vorwort zur zweiten Auflage

Rund zehn Jahre nach dem Erscheinen der freundlich aufgenommenen ersten Auflage ist eine Neubearbeitung dieses Lehrbuchs erforderlich geworden. Zahlreiche Fortentwicklungen dieses immer noch am Anfang stehenden modernen Rechtsgebiets, zunehmende Rechtsprechungsaktivitäten gerade auf europäischer Ebene und nicht zuletzt neuere technische Entwicklungen in der Luftfahrt lassen eine Neuauflage geboten erscheinen. Nach wie vor wird mit dem Lehrbuch keine auf Vollständigkeit abzielende Darstellung angestrebt, die jedes Detail und jede Einzeldiskussion des Luftrechts behandelt. Vielmehr möchte das Buch dem interessierten Studierenden und dem mit der Materie befassten Praktiker eine auf das Wesentliche konzentrierte erste Orientierung bieten. Da das Luftrecht den Charakter eines Querschnittsrechtsgebiets aufweist, ist vor allem systematische Klarheit notwendig. Deshalb setzt das Lehrbuch auf eine betont didaktische Ausrichtung: Klare Begriffe, klare rechtssystematische Strukturen und eine dadurch ermöglichte Zuordnung aktueller Rechtsfragen bilden das Grundgerüst des vorliegenden Werks.

Für tatkräftige Unterstützung bei der Vorbereitung der zweiten Auflage bedanke ich mich bei meinen Lehrstuhlmitarbeiterinnen *Halah Salih, Marie Carnap, Lou Siebert, Marie-Christine Zeisberg* und *Sarah Hamou*. Ein großer Dank gilt darüber hinaus *Daniela Taudt* und *Jana Trispel* vom Verlag Mohr Siebeck für die hervorragende Betreuung.

Ich widme das Buch meinem 2005 verstorbenen Großvater *Heinz Guttmann*, der mein Interesse an Flugzeugen schon in frühester Kindheit geweckt hat.

Potsdam, Juli 2018   Marcus Schladebach

Inhaltsübersicht

Vorwort	V
Inhaltsverzeichnis	IX
Einleitung	1
1. Teil: Grundlagen des Luftrechts	**3**
§ 1 Begriff und Systematik	4
§ 2 Geschichte	14
§ 3 Räumlicher Geltungsbereich: Der Luftraum	25
2. Teil: Öffentliches Luftrecht	**45**
§ 4 Internationales öffentliches Luftrecht	46
§ 5 Europäisches öffentliches Luftrecht	74
§ 6 Nationales öffentliches Luftrecht	125
3. Teil: Privates Luftrecht	**163**
§ 7 Internationales privates Luftrecht	164
§ 8 Europäisches privates Luftrecht	172
§ 9 Nationales privates Luftrecht	188
4. Teil: Luftstrafrecht	**203**
§ 10 Internationales Luftstrafrecht	204
§ 11 Europäisches Luftstrafrecht	209
§ 12 Nationales Luftstrafrecht	211
5. Teil: Perspektiven des Luftrechts	**225**
§ 13 Luftrechtspolitik	226
§ 14 Luftrechtsstudium	228
§ 15 Kontrollfragen	230
Sachwortregister	233

Inhaltsverzeichnis

Vorwort	V
Inhaltsübersicht	VII
Allgemeine Literatur zum Luftrecht	XXI
Abkürzungen	XXIII
Einleitung	1
1. Teil: Grundlagen des Luftrechts	3
§ 1 Begriff und Systematik	4
I. Begriff des Luftrechts	4
1. Grundverständnis	4
a) Internationaler Sprachgebrauch	4
b) Abgrenzung zum Umweltrecht	5
c) Luftfahrtrecht	5
d) Luftrecht und Luftverkehrsrecht	6
2. Begriffsdefinition	6
a) Definition Meyers	7
b) Eigene Definition	7
II. Rechtsquellen des Luftrechts	7
1. Regelungsebenen	7
a) Internationales Recht	7
b) Europarecht	8
c) Nationales Recht	9
2. Regelungsgegenstände	10
a) Öffentliches Recht	10
b) Privatrecht	11
c) Strafrecht	11
3. Systematik	12

III.	Luftrecht als Rechtsgebiet	13
	1. Voraussetzungen	13
	2. Luftrecht	13

§2 Geschichte 14

I.	Die Anfänge des Luftrechts	14
	1. Die These Pufendorfs	14
	2. Die Gebrüder Montgolfier	14
	3. Die Pariser Polizeiverordnungen, 1784/1819	15
	4. Der deutsch-französische Krieg, 1870/71	15
	5. Das deutsch-österreichische Abkommen über Militärballons	16
II.	Die Grundsatzdebatte ab 1900: Der Rechtsstatus des Luftraums	16
	1. Perspektivwechsel: Von der technischen Erfindung zum Recht	16
	2. Der Rechtsstatus des Luftraums	18
	a) Freiheit der Luft	18
	b) Prinzip der Lufthoheit	18
	c) Luftzonentheorie	19
	d) Zivilrechtliche Theorie	19
III.	Die Zeit des Ersten Weltkriegs	20
	1. Der Zeitraum von 1910–1914	20
	2. Die Kriegszeit	21
IV.	Das Pariser Luftverkehrsabkommen von 1919	22
V.	Der Beginn des Fluglinienverkehrs	23
VI.	Der Beginn des Luftrechts in Deutschland	23

§3 Räumlicher Geltungsbereich: Der Luftraum 25

I.	Der staatliche Luftraum	25
	1. Bedeutung und Begriff des Luftraums	25
	2. Abgrenzung des Luftraums	26
	a) Bedürfnis nach Abgrenzung	26
	(1) Luftraum als Staatsgebiet	26
	(2) Luftraum und Weltraum	27
	b) Horizontale Abgrenzung	27
	(1) Bedeutung des Seerechts	27

	(2) Küstenmeer	28
	(3) Inseln	29
	(4) Archipelstaaten	30
	(5) Ausschließliche Wirtschaftszone	31
	(6) Hohe See	32
	(7) Luftsicherheitszonen	32
	(8) Luftsperrgebiete	35
c) Vertikale Abgrenzung		36
	(1) Erfordernis der Grenzbestimmung	36
	(2) Theorien zur Abgrenzung	36
	(3) Eigener Ansatz	39
II. Der nichtstaatliche Luftraum		41
1. Hohe See		41
2. Polargebiete		42

2. Teil: Öffentliches Luftrecht 45

§ 4 Internationales öffentliches Luftrecht 46

I. Das Chicagoer Abkommen von 1944	46
1. Ziele der Konferenz von Chicago	46
2. Zentrale Streitfragen	47
3. Wesentliche Ergebnisse	47
a) Prinzip der Lufthoheit	48
b) Verkehrsrechte	48
(1) Multilaterales Konzept	48
(2) Die Transitvereinbarung	49
(3) Die Transportvereinbarung	50
c) Internationale Zivilluftfahrt-Organisation	52
d) Staatszugehörigkeit von Luftfahrzeugen	52
II. Der Anwendungsbereich des Chicagoer Abkommens	53
1. Zivilluftfahrzeuge und Staatsluftfahrzeuge	53
a) Abgrenzung	53
b) Begriff des Staatsluftfahrzeugs	53
2. Planmäßiger Fluglinienverkehr und Gelegenheitsverkehr	55
a) Planmäßiger Fluglinienverkehr	55
b) Gelegenheitsverkehr	55
III. Die bilateralen Luftverkehrsabkommen	57
1. Erlaubnis nach Art. 6 CA	58

XII Inhaltsverzeichnis

2. Abschluss und Inhalt		58
a) Formelle Aspekte		58
b) Inhaltliche Aspekte		59
3. Luftverkehr mit völkerrechtsähnlichen Subjekten		60
a) Lufthoheit und De-facto-Regime		60
b) Völkerrechtliche Konfliktlage		61
c) Praktische Lösungen und Einwände		61
IV. Der Schutz vor Luftraumverletzungen		62
1. Begriff der Luftraumverletzung		62
2. Luftraumverletzungen durch Zivilflugzeuge		62
a) Abschuss über Sachalin, 1983		63
b) Reaktion des internationalen Luftrechts, 1984		63
c) Abschuss als Selbstverteidigungsrecht nach Art. 51 UN-Charta		66
3. Luftraumverletzungen durch Militärflugzeuge		68
a) Kollision über Karpathos, 2006		68
b) Völkergewohnheitsrecht als Rechtsgrundlage		69
c) Abschuss von Militärflugzeugen		70
V. Die International Civil Aviation Organization (ICAO)		71
1. Zielsetzung		71
2. Organe		72
a) Versammlung		72
b) Rat		72
c) Generalsekretär		73

§ 5 Europäisches öffentliches Luftrecht ... 74

I. Die Kompetenz der EU für den Luftverkehr		74
1. Kompetenzgrundlage		74
2. Harmonisierung durch Sekundärrecht		75
II. Die Betriebsgenehmigung für Luftverkehrsunternehmen		76
1. Zielsetzung		76
2. Genehmigungsvoraussetzungen		76
a) Technische Leistungsfähigkeit		76
b) Wirtschaftliche Leistungsfähigkeit		76
c) Persönliche Zuverlässigkeit		77
d) Eigentum		78
(1) Eigentum am Unternehmen		78
(2) Eigentum an den Luftfahrzeugen		78
e) Haftpflichtversicherung		78

	3. Genehmigungsanspruch	79
	4. Schwarze Liste	79
	a) Zielsetzung	79
	b) Vorgeschichte	80
	c) Aktuelle Schwarze Liste	80
III.	Die Vergabe von Start- und Landerechten (Slots)	81
	1. Begriff und Bedeutung	81
	2. Vergabeverfahren	82
	a) Anwendbarkeit	82
	b) Flughafenkoordinator	83
	c) Vorrechte bei der Slotvergabe	84
	3. Handel mit Slots	85
IV.	Regulierung von Flughafenentgelten	85
	1. Ausgangslage	85
	2. Flughafenentgeltrichtlinie	85
	a) Vorgeschichte	85
	b) Richtlinie 2009/12/EG	86
	3. Umsetzung in § 19b LuftVG	86
	a) Anforderungen an die Entgeltregulierung	86
	b) Aktuelle Fragen	87
V.	Code sharing	88
	1. Begriff und Bedeutung	88
	2. Wettbewerbsrechtliche Relevanz	90
	3. Verbraucherschutzrechtliche Relevanz	91
VI.	Beihilfenrecht	92
	1. Beihilfen und Luftverkehr	92
	2. Wesentliche Beihilfearten im Luftverkehr	94
	a) Umstrukturierungsbeihilfen	94
	b) Katastrophenbeihilfen	95
	c) Ansiedlungsbeihilfen	95
VII.	Schutz des Luftverkehrs vor äußeren Gefahren	96
	1. Ausgangslage	96
	2. Sicherheit am Flughafen	97
	a) Zielsetzung	97
	b) Kontrolle von Fluggästen und Handgepäck	97
	c) Sicherheitsprogramme	98
	3. Sicherheit im Flugzeug	98
	a) Cockpittüren	98

              b) Sky Marshals 99
         4. Sicherheit durch Datenaustausch 100
              a) Datenschutzrechtlicher Konflikt 100
              b) EuGH-Urteil vom 30.5.2006 101
              c) Gegenwärtige Fluggastdatenabkommen 101
VIII. Umweltschutz im Luftverkehr 102
         1. Grundkonflikt. 102
         2. Europarechtlicher Rahmen 103
              a) Primärrecht. 103
              b) Sekundärrecht 103
         3. Umweltschutz durch Emissionshandel 105
              a) Verursachung von Emissionen 105
              b) Umweltpolitischer Rahmen 106
              c) Emissionshandel und Luftverkehr 106
              d) Moratorium bis 2020 108
         4. Umweltschutz nach Art. 8 EMRK 108
IX. Einheitlicher europäischer Luftraum 110
         1. Konzeption 110
              a) Ausgangslage. 110
              b) Neue Luftraumstruktur 110
         2. Rechtsfragen 111
         3. Aktuelle Entwicklungen 112
X. Europäisches Luftrecht in den Außenbeziehungen 113
         1. Europäischer Wirtschaftsraum 113
         2. Bilaterale Abkommen mit der Schweiz 114
         3. Bilaterale Luftverkehrsabkommen mit Drittstaaten 115
              a) Ausgangslage 115
              b) EuGH-Urteil „Open Skies" 116
              c) Konsequenzen 117
                  (1) Bestehende Luftverkehrsabkommen 117
                  (2) Neue Luftverkehrsabkommen 117
         4. European Common Aviation Area (ECAA) 119
XI. Europäische Luftverkehrsorganisationen 119
         1. European Civil Aviation Conference (ECAC) 120
              a) Ziele und Aufgaben 120
              b) Aufbau. 120
         2. Joint Aviation Authorities (JAA) 120
              a) Ziele und Aufgaben 120
              b) Aufbau 121

3. Eurocontrol 121
   a) Ziele und Aufgaben 121
   b) Aufbau 122
4. European Aviation Safety Agency (EASA) 122
   a) Ziele und Aufgaben 122
   b) Aufbau 123

§ 6 Nationales öffentliches Luftrecht 125

I. Anwendungsbereich 125
  1. Der Regelungsbestand 125
  2. Verschränkungen der Regelungsebenen 125

II. Kompetenzen für den Luftverkehr 127
  1. Gesetzgebungskompetenz 127
  2. Verwaltungskompetenz 128

III. Grundfragen des Luftverkehrsgesetzes 129
  1. Entstehung 129
  2. Freiheit der Benutzung des Luftraums? 130
  3. Zulassung von Luftfahrzeugen 130
  4. Erlaubnis für Luftfahrer 131
  5. Planung von Flughäfen 132
    a) Kategorien von Flugplätzen 132
    b) Genehmigung von Flugplätzen 132
    c) Planfeststellung bei Flughäfen 133
      (1) Erfordernis und anwendbares Recht 133
      (2) Planfeststellungsverfahren 134
      (3) Lärmschutz als Herausforderung 134

IV. Die Luftverkehrs-Ordnung 136
  1. Europäisierung der Verhaltensregeln im Luftverkehr . . . 136
  2. Die Regelung der Drohnennutzung 137
    a) Begriff 137
    b) Nutzungszwecke 138
    c) Rechtsgrundlagen 139
    d) Voraussetzungen der Nutzung 139
      (1) Erlaubnisbedürftige Nutzung des Luftraums 140
        (a) Erlaubnis 140
        (b) Gemeinsame Grundsätze von Bund und Ländern 140
        (c) Flugverkehrskontrollfreigabe 141
        (d) Erlaubnis für Luftfahrer 141
        (e) Muster- und Verkehrszulassung 142

XVI Inhaltsverzeichnis

	(2) Verbotene Nutzung des Luftraums	142
	(3) Abwerfen von Gegenständen	143
	(4) Haftung und Kennzeichnung	143
V.	Das Luftsicherheitsgesetz	144
	1. Zielsetzung	144
	2. Luftsicherheitsbehörde	145
	3. Sicherheitsmaßnahmen	146
	a) Generalklausel	146
	b) Besondere Befugnisse	146
	4. Zuverlässigkeitsüberprüfung	147
	a) Einordnung des Zuverlässigkeitsbegriffs	147
	b) Überprüfungspflichtiger Personenkreis	147
	c) Maßstab der Zuverlässigkeit	149
	d) Beispiele	150
	5. Sicherungsmaßnahmen	151
	a) Bedeutung	151
	b) Flugplätze	151
	c) Luftverkehrsunternehmen	152
	6. Bordgewalt des Luftfahrzeugführers	152
	a) Beleihung durch Gesetz	152
	b) Zeitliche Grenzen	152
	c) Maßnahmen zur Gefahrenabwehr	153
	d) Abgrenzung zu den Befugnissen von Sky Marshals	153
	7. Abschussbefugnis nach § 14 III LuftSiG	154
	a) Ausgangslage	154
	b) Urteil des BVerfG von 2006	155
	c) Möglichkeit der Korrektur	156
	d) Rechtsvergleich	156
VI.	Das Flugunfall-Untersuchungs-Gesetz	157
	1. Zielsetzung	157
	2. Untersuchungsverfahren	157
VII.	Luftverkehrsverwaltung in Deutschland	158
	1. Bundesministerium für Verkehr	158
	2. Luftfahrt-Bundesamt	159
	3. Bundesstelle für Flugunfalluntersuchung	159
	4. Landesministerien	160
	5. Deutsche Flugsicherung GmbH	160
	6. Beauftragte für Luftsport	162

3. Teil: Privates Luftrecht 163

§ 7 Internationales privates Luftrecht 164

   I. Das Warschauer Abkommen von 1929 164
      1. Zielsetzung 164
      2. Entwicklungslinien 164

   II. Das Montrealer Übereinkommen von 1999 165
      1. Zielsetzung 165
      2. Anwendungsbereich 166
      3. Haftungsregime 166
         a) Haftung für Tod oder Körperverletzung 166
         b) Haftung für Reisegepäck 168
         c) Haftung für Güter 168
         d) Haftung für Verspätung 169
         e) Gerichtsstand für Haftungsklagen 169

   III. Die International Air Transport Association (IATA) 170
      1. Zielsetzung 170
      2. Organe 170
         a) Generalversammlung 170
         b) Exekutivausschuss 171
         c) Generaldirektor 171

§ 8 Europäisches privates Luftrecht 172

   I. Fluggastrechte bei Nichtbeförderung, Annullierung
      oder Verspätung 172
      1. Zielsetzung der Verordnung (EG) 261/2004 172
      2. Anwendungsbereich 173
      3. Allgemeine Anspruchsvoraussetzungen 174
      4. Besondere Anspruchsvoraussetzungen 174
         a) Nichtbeförderung..................... 175
            (1) Begriff 175
            (2) Verzicht 176
               (a) Freiwilliger Verzicht 176
               (b) Unfreiwilliger Verzicht 176
         b) Annullierung 176
            (1) Begriff 176
            (2) Ansprüche des Fluggastes 177
               (a) Frühzeitige Information 178
               (b) Kurzfristige Information 178

   c) Verspätung 178
    (1) Begriff 178
    (2) Ansprüche nach dem Verspätungsumfang 178
   d) Höher- bzw. Herabstufung 180
    (1) Begriffe 180
    (2) Ansprüche 180
  5. Geltendmachung der Ansprüche 180
  6. EuGH-Urteil vom 10.1.2006 181
   a) Hintergrund 181
   b) Urteil 181
    (1) Bindung der EU an das Montrealer Übereinkommen 181
    (2) Vereinbarkeit hinsichtlich der Leistungsstörungs-
      kategorien 182
  7. Kritik 182
 II. Besondere Rechte für Fluggäste mit Behinderungen 183
  1. Ausgangslage 183
  2. Wesentliche Rechte 184
   a) Anspruch auf Beförderung 184
   b) Anspruch auf Hilfeleistung 185
   c) Anspruch bei Leistungsstörungen 186
 III. Haftung von Luftverkehrsunternehmen 186
  1. Rechtsgrundlagen 186
  2. Übernahme des Montrealer Haftungsregimes 187

§ 9 Nationales privates Luftrecht 188

 I. Abgrenzung zum Reiserecht 188
 II. Rechtsfragen des Luftbeförderungsvertrags 189
  1. Luftbeförderungsvertrag 189
   a) Rechtsnatur 189
   b) Abgrenzung zu anderen Vertragstypen 189
  2. Leistungsstörungen 190
   a) Anwendungsbereich des LuftVG 190
   b) Haftung für Personenschäden 191
   c) Spezialproblem: Das „Economy-Class-Syndrom" .. 192
    (1) Ausgangslage 192
    (2) Meinungsspektrum 192
    (3) Rechtsprechung 193
   d) Haftung bei verspäteter Personenbeförderung ... 194
   e) Haftung für Gepäckschäden 194

	f) Haftung für Frachtschäden	195
III.	Außervertragliche Haftung des Luftfahrzeughalters	195
IV.	Das Gesetz über Rechte an Luftfahrzeugen	196
	1. Registerpfandrecht	196
	2. Interessenlage	197
	3. Entstehung	198
	4. Inhalt	198
	a) Akzessorietät	198
	b) Umfang	198
	5. Register für Pfandrechte	200
	6. Cape Town Convention und Luftfahrtausrüstungsprotokoll	201

4. Teil: Luftstrafrecht ... 203

§ 10 Internationales Luftstrafrecht ... 204

I.	Das Tokioter Abkommen von 1963	204
	1. Regelung der Strafgerichtsbarkeit	204
	a) Anlass	204
	b) Prinzip konkurrierender Gerichtsbarkeiten	206
	2. Bordgewalt des Luftfahrzeugkommandanten	206
	3. Widerrechtliche Inbesitznahme eines Luftfahrzeugs	207
II.	Das Haager Übereinkommen von 1970	207
III.	Das Montrealer Übereinkommen von 1971	208
IV.	Das New Yorker Übereinkommen von 1979	208

§ 11 Europäisches Luftstrafrecht ... 209

§ 12 Nationales Luftstrafrecht ... 211

I.	Delikte im Strafgesetzbuch	211
	1. Anwendbarkeit des StGB	211
	2. Gefährliche Eingriffe in den Luftverkehr, § 315 StGB	211
	a) Tathandlungen	212
	b) Konkrete Gefährdung	215
	3. Gefährdung des Luftverkehrs, § 315a StGB	216
	a) Tathandlungen	216
	b) Konkrete Gefährdung	219

Inhaltsverzeichnis

    4. Angriffe auf den Luftverkehr, § 316c StGB 219
     a) Tathandlungen 220
     b) Strafbare Vorbereitungshandlungen 221
  II. Delikte im Luftverkehrsgesetz 221
  III. Delikte im Luftsicherheitsgesetz 222

5. Teil: Perspektiven des Luftrechts 225

§ 13 Luftrechtspolitik 226

  I. Luftverkehrskonzept von 2017 226
  II. Koalitionsvertrag von 2018 227

§ 14 Luftrechtsstudium 228

§ 15 Kontrollfragen 230

1. Teil: Grundlagen des Luftrechts 230

2. Teil: Öffentliches Luftrecht 230

3. Teil: Privates Luftrecht 232

4. Teil: Luftstrafrecht 232

5. Teil: Perspektiven des Luftrechts 232

Sachwortregister 233

Allgemeine Literatur zum Luftrecht

Bücher

Diederiks-Verschoor, Isabella/de Leon, Pablo Mendes/Butler, M.: An Introduction to Air Law, 9th ed. 2012

Havel, Brian F./Sanchez, Gabriel S.: The Principles and Practice of International Aviation Law, 2014

Hobe, Stephan/von Ruckteschell, Nicolai: Kölner Kompendium des Luftrechts, 3 Bände, 2008–2010

Meyer, Alex: Freiheit der Luft als Rechtsproblem, 1944

Milde, Michael: International Air Law and ICAO, 3rd ed. 2016

Riese, Otto: Luftrecht. Das internationale Recht der zivilen Luftfahrt unter besonderer Berücksichtigung des schweizerischen Rechts, 1949

Schäfer, Christoph: Recht des Luftverkehrs, 2017

Schladebach, Marcus: Lufthoheit. Kontinuität und Wandel, 2014

Schwenk, Walter/Giemulla, Elmar: Handbuch des Luftverkehrsrechts, 4. Aufl. 2013

Kommentare

Giemulla, Elmar/Schmid, Ronald: Frankfurter Kommentar zum Luftverkehrsrecht, 5 Bände, Loseblattsammlung, Stand 2018

Giemulla, Elmar/van Schyndel, Heiko: Luftsicherheitsgesetz, 2006

Grabherr, Edwin/Reidt, Olaf/Wysk, Peter: Luftverkehrsgesetz, 20. Aufl. 2018

Reuschle, Fabian: Montrealer Übereinkommen, 2. Aufl. 2011

Sammelwerke

Benkö, Marietta/Kröll, Walter: Luft- und Weltraumrecht im 21. Jahrhundert, Festschrift für Karl-Heinz Böckstiegel, 2001

Müller-Rostin, Wolf/Schmid, Ronald: Luftverkehrsrecht im Wandel, Festschrift für Werner Guldimann, 1997

Müller-Rostin, Wolf/Schmid, Ronald: Das Luftverkehrsrecht vor neuen Herausforderungen, Festgabe für Edgar Ruhwedel, 2004

Zeitschriften

Air & Space Law (Deventer, Niederlande)

Annals of Air and Space Law (Montreal, Kanada)

Archiv für Luftrecht (Berlin, Deutschland, 1931–1943)

Journal of Air Law and Commerce (Dallas, USA)

Zeitschrift für Luft- und Weltraumrecht (Köln, Deutschland)

    vormals: – Zeitschrift für Luftrecht (1952–1959) und
              – Zeitschrift für Luftrecht und Weltraumrechtsfragen (1960–1974)

Abkürzungen

ABl.	Amtsblatt der EU
Art.	Artikel
BGB	Bürgerliches Gesetzbuch
BGBl.	Bundesgesetzblatt
BGH	Bundesgerichtshof
BT-Drs.	Bundestags-Drucksache
BVerfG	Bundesverfassungsgericht
BVerwG	Bundesverwaltungsgericht
CA	Chicagoer Abkommen über die Internationale Zivilluftfahrt
DÖV	Die öffentliche Verwaltung
DVBl.	Deutsches Verwaltungsblatt
EG	Europäische Gemeinschaft; EG-Vertrag
EGMR	Europäischer Gerichtshof für Menschenrechte
EMRK	Europäische Konvention zum Schutze der Menschenrechte und Grundfreiheiten
EPIL	Encyclopedia of Public International Law (1992–2000)
EU	Europäische Union; EU-Vertrag
EuG	Europäisches Gericht erster Instanz
EuGH	Gerichtshof der Europäischen Union, Europäischer Gerichtshof
EuGRZ	Europäische Grundrechte-Zeitschrift
EuZW	Europäische Zeitschrift für Wirtschaftsrecht
EWS	Europäisches Wirtschafts- und Steuerrecht
FS	Festschrift
GG	Grundgesetz für die Bundesrepublik Deutschland
i.S.d.	im Sinne des
i.V.m.	in Verbindung mit
JZ	Juristenzeitung
KOM	Kommission der Europäischen Union

LKV	Landes- und Kommunalverwaltung
LuftSiG	Luftsicherheitsgesetz
LuftVG	Luftverkehrsgesetz
LuftVO	Luftverkehrs-Ordnung
LuftVZO	Luftverkehrszulassungs-Ordnung
MÜ	Montrealer Übereinkommen zur Vereinheitlichung bestimmter Vorschriften über die Beförderung im internationalen Luftverkehr
NJW	Neue Juristische Wochenschrift
NVwZ	Neue Zeitschrift für Verwaltungsrecht
NZV	Neue Zeitschrift für Verkehrsrecht
Rn.	Randnummer
RRa	Reiserecht-aktuell
SZR	Sonderziehungsrechte (Internationale Rechnungseinheit)
Urt.	Urteil
VersR	Versicherungsrecht
VwVfG	Verwaltungsverfahrensgesetz
ZLW	Zeitschrift für Luft- und Weltraumrecht

Einleitung

Das gestiegene Mobilitätsbedürfnis der Gesellschaft hat zu einem kontinuierlichen Wachstum der zentralen Verkehrsträger Straßen-, Eisenbahn-, Schiffssowie Luftverkehr geführt. Unter ihnen nimmt der Luftverkehr eine Sonderstellung ein, weil er die zur Überbrückung großer Entfernungen attraktivste Verkehrsart darstellt und deshalb den individuellen Mobilitätsansprüchen am besten entspricht. Dem Flugzeug als schnellstem Verkehrsmittel kommt im Rahmen der zunehmenden wirtschaftlichen Globalisierung eine bemerkenswerte Doppelbedeutung zu. Einerseits ist es Teil des Globalisierungsprozesses, indem es diesen in verkehrlicher Hinsicht unterstützt. Andererseits sorgt es dafür, dass die Welt näher zusammenrückt und die Globalisierungsfolgen beherrschbar erscheinen. Im weltweiten Maßstab nimmt das Flugzeug daher unangefochten die Spitzenposition ein und ist aus einer modernen Gesellschaft nicht mehr wegzudenken.

Die damit verbundene verkehrswirtschaftliche Entwicklung stellt die Rechtsordnung vor große Herausforderungen. Wenngleich dies unter Berufung auf im Trend liegende Deregulierungskonzepte gelegentlich gefordert wird, kann das Recht den Entwicklungen im Luftverkehr nicht lediglich interessiert zusehen und unter Hinweis auf brancheninterne Steuerungseffekte die Kontrolle dieses Wirtschaftssektors den Kräften des Markts überlassen, sondern ist zu wirksamen rechtlichen Antworten aufgerufen. Solche werden für viele Rechtsfragen erwartet. So reichen die luftrechtlich diskutierten Themen von Gefahrenabwehr, Betriebssicherheit und Leistungsfähigkeit über fairen Wettbewerb, Technik und Planung bis hin zu Verbraucherschutz, Umweltbelangen und internationaler Zusammenarbeit.

Schon diese erste Aufzählung lässt das breite Spektrum luftrechtlicher Fragen erkennen, die sich mit den Problemen, den Vorzügen und den Nachteilen des Luftverkehrs befassen. Das Luftrecht steht deshalb vor der anspruchsvollen Aufgabe, einerseits die positiven Entwicklungen wie fairen Wettbewerb, die Steigerung persönlicher Mobilität und vor allem die Nutzung des mit dem Luftverkehr verbundenen wirtschaftlichen Potenzials zu gewährleisten, andererseits aber negative Auswirkungen wie verkehrliche Überlastungen des Luftraums, Umweltgefährdungen, betriebliche Sicherheitsrisiken und terroristische Angriffe auf die Sicherheit des Luftverkehrs so weit wie möglich auszuschließen. Es wird deshalb zu klären sein, in welcher Weise die Rechtsordnung den zu Recht an sie gestellten Anspruch einer angemessenen rechtlichen Steuerung zu erfüllen in der Lage ist.

4   Vor diesem Hintergrund hat sich mit dem Luftrecht mittlerweile ein aus zahlreichen Regelungen und Prinzipien bestehendes Rechtsgebiet konstituiert, dem zwar gelegentlich eine gewisse fachliche Exotik attestiert wird, das jedoch auf den zweiten Blick einer beachtlichen Strukturierung zugänglich ist. So lassen sich die meisten luftrechtlichen Fragen vergleichsweise klar den zentralen Regelungsebenen des Internationalen Rechts, des Europarechts und des nationalen Rechts zuordnen. Zugleich ist eine ebenenspezifische Kategorisierung in Öffentliches Recht, Privatrecht und Strafrecht nicht nur möglich, sondern auch geboten. Der mit luftrechtlichen Fragestellungen Befasste steht somit vor der nicht geringen Herausforderung, alle drei Regelungsebenen in den Blick zu nehmen und sich mit zahlreichen sektorspezifischen Themen der drei großen Rechtskategorien des Öffentlichen Rechts, des Privatrechts und des – etwas weniger betroffenen – Strafrechts auseinanderzusetzen. Die Beschäftigung mit dem Luftrecht verlangt deswegen fundierte Kenntnisse des internationalen, europäischen und nationalen Rechts. Von Vorteil ist es darüber hinaus, wenn diese Kenntnisse durch ein wirtschaftliches Grundverständnis sowie eine Aufgeschlossenheit gegenüber technischen Sachverhalten ergänzt werden.

5   Unter den vielen luftrechtlichen Einzelfragen ragt als übergreifendes Thema jedoch die Sicherheit des Luftverkehrs deutlich heraus. Obwohl das Fliegen durch viele technische Maßnahmen einen sehr hohen Sicherheitsstandard erreicht hat, bleibt der Transport von Menschen mit Flugzeugen in tausenden Metern Höhe ein aus Sicherheitsaspekten sensibler Vorgang. Hochprofessionell ausgebildete Piloten und Pilotinnen sowie erstklassig produzierte und gewartete Flugzeuge sind unverzichtbares Rückgrat eines sicheren Flugbetriebs. Schon kleinste Ungenauigkeiten können im schlimmsten Fall zu großen Unglücken führen. Bedauerlicherweise sind auch bewusste Manipulationen oder gar Eingriffe in die Sicherheit eines Fluges nicht vollständig auszuschließen, wie etwa das Unglück des Germanwings-Flugs in den französischen Alpen im März 2015 verdeutlicht hat (dazu *Schladebach*, GYIL 59 [2016], 603 ff.). Verbindendes Element vieler luftrechtlicher Regelungen ist daher das wichtige Ziel, die Sicherheit des Luftverkehrs zu maximieren. Diese zentrale Zielsetzung gesetzgeberischer Aktivitäten im Luftrecht ist Folge der in der Luftverkehrsbranche weitverbreiteten Erkenntnis, dass „die Regeln der Luftfahrt mit Blut geschrieben seien."

1. Teil

Grundlagen des Luftrechts

§ 1 Begriff und Systematik

I. Begriff des Luftrechts

1. Grundverständnis

1   Der Begriff „Luftrecht" bedarf klarer Konturen. Obwohl der praktische Nutzen einer definitorischen Begriffsbestimmung nicht überschätzt werden sollte, so ist sie für eine erste **inhaltliche Orientierung** durchaus hilfreich. Dabei muss berücksichtigt werden, dass die hier unter dem Begriff „Luftrecht" thematisierten Rechtsfragen andernorts aufgrund eines leicht abweichenden Grundverständnisses zum Teil unter anderer Terminologie angesprochen werden. So finden sich neben dem Luftrecht[1] auch die Bezeichnungen „Luftverkehrsrecht"[2], „Luftfahrtrecht"[3] und „Luftschiffahrtsrecht".[4]

a) Internationaler Sprachgebrauch

2   Im internationalen Sprachgebrauch werden die Begriffe „Air Law", „Aviation Law", „Air Transport Law", „Droit Aérien" und „Derecho Aéreo" verwendet. Für den anglo-amerikanischen Rechtskreis, aus dem die meisten neueren luftrechtlichen Entwicklungen hervorgehen, hat sich der Begriff **„Air Law"** durchgesetzt,[5] der im deutschen „Luftrecht" seine Entsprechung findet. Zum Teil ist auch von „Aviation Law"[6] die Rede, ohne dass damit größere inhaltliche Abweichungen verbunden wären. Der bemerkenswerte Vorschlag „Aerospace

---

1 *Hobe/von Ruckteschell*, Kölner Kompendium des Luftrechts, 3 Bd., 2008–2010; *Meyer*, Luftrecht in fünf Jahrzehnten, 1961; *Riese*, Luftrecht, 1949; *Volkmann*, Internationales Luftrecht, 1930.
2 *Schwenk/Giemulla*, Handbuch des Luftverkehrsrechts, 4. Aufl. (2013).
3 *Schleicher-Reymann*, Recht der Luftfahrt, Kommentar, 2. Aufl. (1937).
4 *Meurer*, Luftschiffahrtsrecht, 1909; *Zitelmann*, Luftschiffahrtsrecht, 1910.
5 *Hobe/von Ruckteschell/Heffernan*, Cologne Compendium on Air Law in Europe, 2013; *Diederiks-Verschoor/Mendes de Leon/Butler*, An Introduction to Air Law, 9th ed. (2012); *Shawcross/Beaumont*, On Air Law, 4th. ed. (1993); *Wassenbergh*, Aspects of Air Law and Civil Air Policy in the Seventies, 1970; *Billyou*, Air Law, 1963.
6 *Lowenfeld*, Aviation Law, 2nd. ed. (1981); *Havel/Sanchez*, The Principles and Practice of International Aviation Law, 2014.

Law"[7] stand im zeitgenössischen Kontext der 1960er Jahre und beabsichtigte, luft- und weltraumrechtliche Inhalte begrifflich zusammenzufassen. Allerdings setzte sich schon bald die zutreffende Erkenntnis durch, dass Luftrecht und Weltraumrecht zwei voneinander getrennt zu betrachtende Rechtsgebiete sind.[8] Der Begriff „Aerospace Law" konnte daher konsequenterweise weder Akzeptanz noch Verbreitung finden.

b) Abgrenzung zum Umweltrecht

Geklärt ist ebenfalls, dass das Luftrecht sich nicht auf den Gebrauch der Luft als Stoff etwa zur Stickstoffgewinnung oder zur Nutzung von Gasen bezieht. Zwar erscheint ein solches Verständnis wegen der begrifflichen Nähe zum **Umweltmedium „Luft"** auf den ersten Blick nicht gänzlich ausgeschlossen. Doch Regelungsgegenstand des Luftrechts ist nicht die Materie Luft, sondern das Luftfahrzeug selbst, das der Luft als Trägermedium (Luftauftrieb bzw. Aerodynamik) bedarf, um sich fortbewegen zu können. Für die Nutzung und vor allem für den Schutz der Luft hat sich seit den 1970er Jahren das Immissionsschutzrecht als eines der ältesten Teilgebiete des Umweltrechts herausgebildet.[9] Das Luftrecht erfasst zum Teil denselben Raum, bezieht sich dort jedoch auf den Betrieb von Luftfahrzeugen. Es ist daher im Schwerpunkt **Verkehrsrecht**.

3

c) Luftfahrtrecht

Um die verkehrsrechtliche Bedeutung des Luftrechts auch begrifflich zu betonen, sind in Deutschland mit „Luftverkehrsrecht", „Luftfahrtrecht" und „Luftschifffahrtsrecht" konkretisierende Bezeichnungen eingeführt worden. „Luftfahrtrecht" und „Luftschifffahrtsrecht" sind allerdings veraltete und deshalb gegenwärtig weniger gebräuchliche Begriffe.[10] Ihr heute eher rechtshistorischer Wert darf indes nicht darüber hinwegtäuschen, dass auch sie bereits das Luftfahrzeug und seine Fortbewegung in der Luft zutreffend in den Vordergrund der rechtlichen Betrachtung gestellt haben.

4

Zu einem **echten Alternativbegriff** zum Luftrecht hat sich in Deutschland aber mittlerweile der Begriff „Luftverkehrsrecht" entwickelt. Unterstrichen wird dies nicht nur durch die wissenschaftliche Beschäftigung unter diesem Titel.[11] Zudem trägt auch das wesentliche luftrechtliche Gesetz in Deutsch-

5

---

7 *Cooper*, Explorations in Aerospace Law, 1968; *ders.*, ZLW 1964, 1 ff.
8 *Schladebach/Platek*, Einführung in das Luftrecht, JuS 2010, 499 ff.; *Schladebach*, Einführung in das Weltraumrecht, JuS 2008, 217 ff.
9 *Schmidt/Kahl/Gärditz*, Umweltrecht, 10. Aufl. (2017), § 7; *Kloepfer*, Umweltschutzrecht, 2. Aufl. (2011), § 8.
10 Siehe Fn. 3, 4.
11 *Schwenk/Giemulla*, Handbuch des Luftverkehrsrechts, 4. Aufl. (2013); *Giemulla/*

land, das Luftverkehrsgesetz (LuftVG),[12] diese Bezeichnung. Schließlich könnte der Bezeichnung „Luftverkehrsrecht" auch deshalb der Vorzug gegeben werden, da die ausschließliche Gesetzgebungskompetenz des Bundes in Art. 73 I Nr. 6 GG vom „Luftverkehr" spricht.

d) Luftrecht und Luftverkehrsrecht

6 Der Begriff „**Luftverkehrsrecht**" ist zur gegenständlichen Beschreibung insoweit gut geeignet, als er zutreffend auf den in erster Linie verkehrsrechtlichen Gehalt des Luftrechts abstellt. Dies verlangt jedoch nicht zwingend, generell diesen Begriff zu verwenden. Es kann mit guten Gründen vertreten werden, dass „Luftrecht" schon sprachlich eine inhaltliche und begriffliche Weite zum Ausdruck bringt, die neben der Bezugnahme auf die schwerpunktmäßig verkehrsrechtlichen Regelungen auch Bestimmungen einbezieht, die zwar in anderen Rechtsgebieten verortet, aber von luftrechtlicher Relevanz sind. Dieser begriffliche Unterschied hat allerdings allenfalls eine akademische, aber keine größere praktische Bedeutung.

7 Denn es ist zu betonen, dass auch unter Verwendung von „Luftverkehrsrecht" unbestritten ist, dass in die rechtliche Betrachtung punktuell wirtschafts-, wettbewerbs-, sicherheits-, verbraucherschutz-, umwelt-, technik-, planungs- und organisationsrechtliche Bestimmungen einbezogen werden müssen.

8 Jedoch bringt der Begriff „Luftrecht" sprachlich insgesamt treffender zum Ausdruck, dass dieses Rechtsgebiet nicht nur auf den Luftverkehr als solchen bezogen ist, sondern sich darüber hinaus auch auf luftrechtlich relevantes Recht erstreckt, das originär anderen Rechtsgebieten entstammt. Nimmt man wegen des grenzüberschreitenden Bezugs des Fliegens auch den international gebräuchlichen Sprachgebrauch „Air Law" als praktisches Kriterium hinzu, erweist sich die Bezeichnung der betreffenden Regelungen als „Luftrecht" letztlich als geeigneter und damit **vorzugswürdig**.

2. Begriffsdefinition

9 Die Entscheidung für einen geeigneten Begriff der Rechtsmaterie entbindet indes nicht von der Aufgabe, nunmehr definitorisch zu beschreiben, was dieser erarbeitete Begriff inhaltlich erfasst. Andernfalls bliebe er nur ein Etikett oder eine sprachliche Hülle ohne jede Substanz.

Schmid, Frankfurter Kommentar zum Luftverkehrsrecht, 5 Bd.; *Schäfer*, Recht des Luftverkehrs, 2017.
12 LuftVG vom 1.8.1922 (RGBl. 1922 S. 681).

a) Definition Meyers

Die bis heute am häufigsten zitierte Definition des Luftrechts stammt von *Alex Meyer* (1879–1978), dem **Begründer des Luftrechts** im deutschsprachigen Raum.[13] Danach ist Luftrecht die Gesamtheit der rechtlichen Sondernormen, welche sich auf die Benutzung des mit Luft angefüllten Raumes oberhalb der Erdoberfläche durch Geräte beziehen, die sich kraft der Eigenschaften der Luft im Luftraum halten und deren Unterstellung unter die Sondernormen des Luftrechts nach vernünftiger Verkehrsanschauung geboten erscheint.[14]

10

b) Eigene Definition

Diese Definition verdient grundsätzlich Zustimmung. Sie geht von dem traditionellen Begriff des Luftrechts aus und stellt das Luftfahrzeug in den Mittelpunkt. Jedoch dürfte die Definition durchaus noch prägnanter gefasst werden können. Ihr soll deshalb in Anknüpfung an das zuvor beschriebene weite luftrechtliche Grundverständnis eine eigene kürzere Definition gegenübergestellt werden:

11

Luftrecht ist die Gesamtheit der Rechtsnormen, die für die Nutzung von Luftfahrzeugen relevant sind.

12

II. Rechtsquellen des Luftrechts

Die so angesprochenen Rechtsnormen des Luftrechts lassen sich sowohl nach ihrer Regelungsebene als auch nach ihrem Regelungsgegenstand unterscheiden.

13

1. Regelungsebenen

a) Internationales Recht

Luftverkehr ist in erster Linie als grenzüberschreitender Verkehr angelegt, mit dem große Entfernungen in vergleichsweise kurzer Zeit zurückgelegt werden. Dies hat ein Bedürfnis nach zwischenstaatlichen (*inter natione*) Regelungen entstehen lassen. Bereits 1944 wurde das **bedeutendste internationale Abkommen** über den Luftverkehr, das Chicagoer Abkommen über die Internationale Zivilluftfahrt,[15] geschlossen. Auf die Konferenz von Chicago im Dezember

14

---

13 Zu seiner Würdigung Bodenschatz/Böckstiegel/Weides, Festschrift für Alex Meyer, 1975; *Böckstiegel*, ZLW 1978, 231 ff.
14 *Meyer*, Luftrecht in fünf Jahrzehnten, 1961, S. 61.
15 Chicagoer Abkommen (BGBl. 1956 II S. 411).

1944 geht ebenfalls die Vereinbarung über den Durchflug im internationalen Fluglinienverkehr zurück.[16]

15 Weitere zentrale Abkommen des internationalen Luftrechts sind das Übereinkommen zur Vereinheitlichung bestimmter Vorschriften über die Beförderung im internationalen Luftverkehr von 1999[17] und das Abkommen über strafbare und bestimmte andere, an Bord von Luftfahrzeugen begangene Handlungen von 1963.[18]

16 Neben diesen und weiteren multilateralen völkerrechtlichen Verträgen existiert auch eine Vielzahl **bilateraler Luftverkehrsabkommen.**[19] Sie sind ebenfalls der internationalen Regulierungsebene zuzuordnen. Zahlreiche regelungsbedürftige Fragen des Luftrechts konnten oder sollten nicht multilateral geregelt werden. Diese bewusst offen gelassenen Bereiche sind vielfach durch völkerrechtliche Verträge zwischen den jeweiligen Staaten normiert worden. Hier sind insbesondere die weltweit ca. 4.000 bilateralen Luftverkehrsabkommen über die gegenseitige Gewährung von Verkehrsrechten zu nennen.

b) Europarecht

17 Eine weitere Regelungsebene, von der in jüngerer Zeit immer mehr Recht für die Mitgliedstaaten der EU gesetzt wird, ist das EU-Recht. Rechtliche Vorgaben für den Bereich des Luftverkehrs enthält zunächst das europäische **Primärrecht**. So müssen sich luftrechtliche Sachverhalte unter anderem an der Zuständigkeit der EU für den innereuropäischen Luftverkehr (Art. 100 II AEUV) sowie der Niederlassungsfreiheit (Art. 49 AEUV), der Dienstleistungsfreiheit (Art. 56 AEUV), dem Kartellverbot (Art. 101 AEUV), dem Missbrauchsverbot (Art. 102 AEUV) oder dem Beihilfenverbot (Art. 107 AEUV) orientieren. Gerade letzteres spielt im Falle einer mitgliedstaatlichen Unterstützung von Flughäfen oder Fluggesellschaften (Insolvenz von Air Berlin 2017) eine große praktische Rolle.[20]

18 Eine kontinuierlich zunehmende Zahl an luftrechtlichen Bestimmungen bringt das europäische **Sekundärrecht** hervor. Bekanntlich wird darunter das von den EU-Organen im Rahmen der ihnen von den EU-Mitgliedstaaten übertragenen Hoheitsbefugnissen erlassene Recht verstanden, wozu gemäß Art. 288 AEUV insbesondere EU-Verordnungen, EU-Richtlinien und – im Falle beihil-

---

16 Transitvereinbarung (BGBl. 1956 II S. 442).
17 Montrealer Übereinkommen (BGBl. 2004 II S. 458).
18 Tokioter Abkommen (BGBl. 1969 II S. 121).
19 *Schladebach/Bärmann*, NZV 2006, 294 ff.; *Hoffmann-Grambow*, RdTW 2017, 161 ff.
20 So hatte die Bundesregierung im Sommer 2017 der insolventen Fluggesellschaft Air Berlin über die Kreditanstalt für Wiederaufbau (KfW) einen Überbrückungskredit in Höhe von 150 Mio. Euro gewährt. Dies zog konsequenterweise ein beihilfenrechtliches Prüfungsverfahren durch die EU-Kommission nach Art. 107, 108 AEUV nach sich.

fenrechtlicher Entscheidungen – EU-Beschlüsse gehören. Das kompetenzbegründende, aber auch kompetenzbegrenzende europarechtliche Grundprinzip der begrenzten Einzelermächtigung (Art. 5 I, II EUV, Art. 7 AEUV) gilt selbstverständlich auch im europäischen Luftrecht: Auf der Grundlage von Art. 100 II AEUV kann somit europäisches Sekundärluftrecht erlassen werden, was sodann hauptsächlich durch EU-Verordnungen, seltener durch EU-Richtlinien geschieht.[21]

Aus dem umfangreichen Bestand europäischen Sekundärluftrechts sollen an dieser Stelle nur folgende Rechtsakte genannt werden:
- die Verordnung (EG) 1008/2008 des Europäischen Parlaments und des Rates vom 24.9.2008 über gemeinsame Vorschriften für die Durchführung von Luftverkehrsdiensten in der Gemeinschaft[22],
- die Verordnung (EG) 300/2008 des Europäischen Parlaments und des Rates vom 11.3.2008 über gemeinsame Vorschriften für die Sicherheit in der Zivilluftfahrt und zur Aufhebung der Verordnung (EG) Nr. 2320/2002[23],
- die Verordnung (EG) 261/2004 des Europäischen Parlaments und des Rates vom 11.2.2004 über eine gemeinsame Regelung für Ausgleichs- und Unterstützungsleistungen für Fluggäste im Fall der Nichtbeförderung und bei Annullierung oder großer Verspätung von Flügen[24],
- die Verordnung (EG) 551/2004 des Europäischen Parlaments und des Rates vom 10.3.2004 über die Ordnung und Nutzung des Luftraums im einheitlichen europäischen Luftraum[25],
- die Verordnung (EG) 2111/2005 des Europäischen Parlaments und des Rates vom 14.12.2005 über die Erstellung einer gemeinschaftlichen Liste der Luftfahrtunternehmen, gegen die in der Gemeinschaft eine Betriebsuntersagung ergangen ist, sowie über die Unterrichtung von Fluggästen über die Identität des ausführenden Luftfahrtunternehmens.[26]

c) Nationales Recht

Nach dem internationalen und dem europäischen Recht stellt das nationale Recht die dritte Regelungsebene des Luftrechts dar. Sein Geltungsbereich ist grundsätzlich auf **innerstaatliche Flüge** beschränkt. Dennoch weist das nationale Luftrecht eine erhebliche Regelungsdichte auf. Diese Tatsache geht nicht nur auf die Nähe zum Luftverkehr als bundesrechtlichem Regelungsgegenstand

---

21 *Schladebach*, EuR 41 (2006), 773 ff.
22 ABl.EU Nr. L 293 vom 31.10.2008, S. 3; dazu *Pegatzky/Rockstroh*, ZLW 2009, 541 ff.
23 ABl.EU Nr. L 97 vom 9.4.2008, S. 72; dazu *Lienhart*, ZLW 2009, 1 ff.
24 ABl.EU Nr. L 46 vom 17.2.2004, S. 1; dazu *Schmid*, ZLW 2005, 373 ff.; ders., NJW 2006, 1841 ff.
25 ABl.EU Nr. L 96 vom 31.3.2004, S. 20; dazu *Bues*, Der „Single European Sky", 2012.
26 ABl.EU Nr. L 344 vom 27.12.2005, S. 15; dazu *Kohlhase*, ZLW 2006, 22 ff.

(Art. 73 I Nr. 6 GG), sondern auch darauf zurück, dass viele nationale Gesetze bereits recht alt sind und daher vielen Anpassungen und Modernisierungen unterlagen. So stammen etwa die entsprechenden Gesetze Großbritanniens, Russlands und der Schweiz schon aus den 1910er Jahren.

21   Das grundlegende deutsche luftrechtliche Gesetz ist das **Luftverkehrsgesetz** vom 1.8.1922 (LuftVG)[27], dessen jüngste Neufassung am 10.5.2007 verabschiedet wurde,[28] der wiederum zahlreiche weitere punktuelle Änderungen folgten. Es wird durch die Luftverkehrs-Ordnung vom 10.8.1963 (LuftVO)[29] und die Luftverkehrszulassung-Ordnung vom 19.6.1964 (LuftVZO)[30] ergänzt. Aus neuerer Zeit ist vor allem das **Luftsicherheitsgesetz** vom 11.1.2005 (LuftSiG)[31] zu nennen. Dieses Gesetz dient speziell dem Schutz vor Angriffen auf die Sicherheit des Luftverkehrs und gab im Februar 2006 Anlass für ein bis heute Aufsehen erregendes Urteil des Bundesverfassungsgerichts.[32] In § 14 III LuftSiG wurde dem Bundesminister der Verteidigung die Befugnis verliehen, unter bestimmten Bedingungen auch Passagierflugzeuge als letzte Möglichkeit (*ultima ratio*) durch Piloten der Bundeswehr abschießen zu lassen. Das Bundesverfassungsgericht erklärte diese Norm für verfassungswidrig. Bis in die Gegenwart ist die gesellschaftliche Debatte, ob ein wehrhafter Staat über eine solche Befugnis verfügen sollte, nicht beendet.[33]

2. Regelungsgegenstände

22   Das Luftrecht lässt sich außerdem entweder separat oder ebenenspezifisch danach unterteilen, ob der einzelne Rechtsakt öffentlich-rechtliche, privatrechtliche oder strafrechtliche Rechtsbeziehungen regelt.

a) Öffentliches Recht

23   Kennzeichnend für das Öffentliche Recht sind Regelungen, die ein **Subordinationsverhältnis** (Über-Unterordnung) zwischen einem Hoheitsträger einerseits und einem Bürger bzw. einem Unternehmen begründen. Maßgebliches Kriterium für ein derart vertikal strukturiertes Rechtsverhältnis ist die einseitig verbindliche Regelungs- und Anordnungsbefugnis des Hoheitsträgers. Nur von untergeordneter Bedeutung, aber auch dem Öffentlichen Recht zugeordnet,

---

[27] RGBl. 1922, S. 681; dazu *Bethkenhagen*, Die Entwicklung des Luftrechts bis zum Luftverkehrsgesetz von 1922, 2004.
[28] BGBl. 2007 I S. 698.
[29] BGBl. 1963 I S. 652.
[30] BGBl. 1964 I S. 370.
[31] BGBl. 2005 I S. 78.
[32] BVerfGE 115, 118 = NJW 2006, 751.
[33] *von Schirach*, Terror. Ein Theaterstück, 2015.

sind über- und gleichgeordnete Rechtsverhältnisse zwischen zwei oder mehreren Hoheitsträgern. Normen subordinationsrechtlicher Qualität finden sich auf allen drei zuvor vorgestellten Regelungsebenen:

So enthält das Chicagoer Abkommen in Art. 6 die Bestimmung, dass im Rahmen internationalen Fluglinienverkehrs Luftverkehrsunternehmen eines Vertragsstaates nur dann in den Luftraum eines anderen Vertragsstaates einfliegen dürfen, wenn dieser den Einflug ausdrücklich erlaubt hat. Das EU-Recht macht die Erbringung von Flugverkehrsdienstleistungen im innereuropäischen Bereich von der Erteilung einer Betriebsgenehmigung an das jeweilige Luftverkehrsunternehmen abhängig. Das Luftsicherheitsgesetz legt für Flughäfen und Luftverkehrsunternehmen hoheitliche Maßnahmen zur Abwehr von polizeilichen Gefahren fest, die von außen auf den Luftverkehr einwirken können. 24

b) Privatrecht

Das Privatrecht ist durch ein **Gleichordnungs**-, also ein horizontales Verhältnis zwischen den beteiligten Rechtssubjekten geprägt. Auch derart strukturierte privatrechtliche Vorgaben lassen sich allen drei Regelungsebenen, d. h. der internationalen, der europäischen und der nationalen Ebene, entnehmen. Das Montrealer Übereinkommen betrifft Rechtsfragen des Luftbeförderungsvertrags auf internationaler Ebene. Im Geltungsbereich des EU-Rechts legt die Verordnung (EG) 261/2004 Maßgaben für Ausgleichs- und Unterstützungsleistungen an Fluggäste bei Leistungsstörungen im Luftverkehr (Nichtbeförderung, Annullierung, Verspätung) fest. Auf nationaler Ebene weist das Luftverkehrsgesetz unter anderem privatrechtliche Haftungsregelungen bei Unfällen beim Betrieb von Luftfahrzeugen auf (§§ 33 ff. LuftVG). 25

c) Strafrecht

Auch das Strafrecht ist grundsätzlich subordinationsrechtlich, also öffentlich-rechtlich strukturiert. Die Besonderheit besteht jedoch darin, dass die charakteristische Anordnungsbefugnis des Hoheitsträgers sich nicht auf verwaltungsrechtliche Rechtsfolgen beschränkt. Vielmehr reagiert der Staat im Strafrecht mit **Freiheits- oder Geldstrafen** auf individuelle Verstöße gegen zuvor bestimmte Straftatbestände. Vorschriften dieser Qualität finden sich auf internationaler Ebene zum Beispiel im Tokioter Abkommen von 1963, das an Bord von Luftfahrzeugen begangene Straftaten definiert und die Vertragsstaaten auffordert, diese Taten in deren nationalem Strafrecht unter Strafe zu stellen. Mangels einer ausreichenden Kompetenz der EU für das Strafrecht kann ein europäisches Luftstrafrecht derzeit nicht identifiziert werden. 26

Dagegen sieht das nationale Strafrecht, z. T. durch Umsetzung der erwähnten internationalen Verpflichtungen, luftverkehrsrelevante Straftatbestände vor. 27

1. Teil: Grundlagen des Luftrechts

Strafbar sind gefährliche Eingriffe in den Luftverkehr (§ 315 StGB), die Gefährdung des Luftverkehrs (§ 315a StGB) und Angriffe auf den Luftverkehr (§ 316c StGB). Lange Zeit stand dabei die strafrechtliche Bekämpfung von Flugzeugentführungen im Vordergrund. Verstärkte öffentlich-rechtliche Gefahrenabwehrmaßnahmen haben dazu geführt, dass diese Straftatbestände nur noch geringe praktische Relevanz besitzen. Ihre Anwendbarkeit ist jedoch im Hinblick auf neuere, gegen die Sicherheit des Flugbetriebs gerichtete Taten zu prüfen, etwa bei lebensgefährlichen Blendattacken mit Laserpointern gegen Piloten während der Start- oder Landephase[34] oder dem unkontrollierten Gebrauch von Drohnen durch Hobbypiloten in der Nähe von Flughäfen.[35]

3. Systematik

28 Das Luftrecht erweist sich damit als klassisches **Querschnittsgebiet**. Es lässt sich vertikal nach Regelungsebenen und horizontal nach Regelungsgegenständen kategorisieren. Eine Zusammenschau dieser beiden Systematisierungskriterien führt zu einer anschaulichen verschränkenden Integration: So ist es möglich, bei der einzelnen **Regelungsebene** anzusetzen und innerhalb dieser öffentlich-rechtliche, privatrechtliche und strafrechtliche Regelungsgegenstände auszumachen (z. B. Regelungsebene „Internationales Recht": Internationales öffentliches Luftrecht, Internationales privates Luftrecht, Internationales Luftstrafrecht).

29 Auf der anderen Seite kann auch der **Regelungsgegenstand** zum Ausgangspunkt erhoben und dann die einzelnen Regelungsebenen einbezogen werden (z. B. Regelungsgegenstand „Öffentliches Recht": Internationales öffentliches Luftrecht, Europäisches öffentliches Luftrecht, Nationales öffentliches Luftrecht). Auf diese Weise kann grundsätzlich jeder Rechtsakt des Luftrechts in das beschriebene System eingeordnet werden. Eine Ausnahme bildet in Ermangelung einer ausreichenden EU-Kompetenz das (fehlende) europäische Luftstrafrecht. Die vorliegende Darstellung geht vom Regelungsgegenstand aus und unterteilt in Öffentliches Luftrecht (2. Teil), Privates Luftrecht (3. Teil) und Luftstrafrecht (4. Teil).

---

34 *Ellbogen/Schneider*, NZV 2011, 63 ff.
35 *Dust*, NZV 2016, 353 ff.

III. Luftrecht als Rechtsgebiet

1. Voraussetzungen

Nach der zuvor entworfenen Systematik des Luftrechts stellt sich die Frage, ob dieses als Rechtsgebiet bezeichnet werden kann. Es dürfte gesicherter rechtstheoretischer Erkenntnis entsprechen, dass ein Rechtsgebiet durch drei wesentliche Merkmale geprägt wird: (1) Eine Vielzahl von Regelungen, denen (2) eine bereichsspezifische Zielsetzung, gemeinsame Prinzipien und eine Systematik zugrunde liegen und die (3) eine Kodifizierung erfahren haben.[36]

30

2. Luftrecht

Unter Anlegung dieser allgemeinen rechtstheoretischen Maßstäbe kann dem Luftrecht die Qualität eines Rechtsgebiets attestiert werden. Die weitergehende rechtstheoretische Frage indes, ob das Luftrecht ein eigenständiges Rechtsgebiet darstellt, lässt sich nicht ohne weiteres beantworten. Denn es ist für das Luftrecht charakteristisch, dass es zahlreiche andere Rechtsgebiete berührt und deren Regelungen mit einbezieht, oft auch mit einbeziehen muss. Häufig gewinnen die originär luftrechtlichen Regelungen erst durch die Integration von luftrechtlich relevanten Normen des Verwaltungsrechts, des Wettbewerbsrechts oder des Privatrechts an Praktikabilität und lassen das Rechtsgebiet „Luftrecht" zu einer abgrenzbaren Einheit werden.

31

Trotzdem existieren viele Regelungen, die originär und ausschließlich luftrechtliche Inhalte haben und zu ihrer Anwendung keiner Ergänzung durch luftrechtlich relevante Vorschriften bedürfen. Die Ergänzungsfunktion zahlreicher Bestimmungen in Bezug auf originär luftrechtliche Regelungen ist auch für andere Rechtsbereiche üblich und spricht daher nicht gegen die Eigenständigkeit eines Rechtsgebiets. Deshalb kann das Luftrecht als eigenständiges Rechtsgebiet bezeichnet werden.

32

---

36 Dazu *Korte*, in: Kirchhof/Korte/Magen, Öffentliches Wettbewerbsrecht, 2014, § 3 Rn. 4 ff.

§ 2 Geschichte

I. Die Anfänge des Luftrechts

1 Die Anfänge des Luftrechts gehen auf die **Ballonflüge** zurück, die ab 1783 in Paris und Umgebung unternommen wurden. Durch sie entstand erstmals das Bedürfnis, über Regelungen zur Nutzung dieser neuartigen Flugobjekte nachzudenken. Zwar bildeten die von großem Staunen begleiteten Ballonflüge den unmittelbaren technischen Anlass, um die Frage des staatlichen Einflusses auf den über dem Landgebiet liegenden Raum, dem Luftraum, zu diskutieren. Der Grundgedanke aber, dass diese – damals unvorstellbare – Einflussnahme auf den Luftraum von den physischen Möglichkeiten des Menschen abhängt, ist bereits hundert Jahre zuvor mit enormem Weitblick das erste Mal angesprochen worden.[1]

1. Die These Pufendorfs

2 *Samuel Pufendorf*, einer der bekanntesten Juristen des 17. Jahrhunderts, prognostizierte schon im Jahre 1672 zutreffend: „Da dem Menschen die Fähigkeit versagt ist, sich derart in der Luft zu halten, dass er, von der Erde getrennt, aus eigener Kraft darin verbleiben kann, ist er nicht imstande, Staatsgewalt im Luftraum auszuüben, es sei denn insoweit, als auf der Erde stehende Menschen ihn erreichen können."[2] Die **Erreichbarkeit** und damit die **Beherrschbarkeit** des Luftraums waren für *Pufendorf* somit die Voraussetzungen für die Ausübung von Staatsgewalt im Luftraum.[3]

2. Die Gebrüder Montgolfier

3 Diese Prognose verwirklichte sich mit der Erfindung des Heißluftballons durch die Brüder *Josef* und *Etienne Montgolfier*. Dem ersten, noch durch Seile gebremsten Aufstieg eines solchen Ballons am 5.6.1783, folgte am 21.11.1783 in

---

1 Ausführlich dazu *Schladebach*, Lufthoheit, 2014, S. 9 ff.
2 *Pufendorf*, De iure naturae et gentium libri octo, 1672, Bd. 1, S. 540.
3 *Cooper*, Explorations in Aerospace Law, 1968, S. 81, 258; ders., ZLR 1952, 237 (238).

Paris der erste freie Ballonflug der Geschichte.[4] Dieses epochale Ereignis markierte den **Beginn der Luftfahrt** und rief überschwängliche gesellschaftliche Reaktionen hervor.[5] Darüber hinaus wurden schon bald erste Rechtsfragen aufgeworfen, etwa ob das neue Betätigungsfeld auch rechtlich geordnet werden sollte.[6]

3. Die Pariser Polizeiverordnungen, 1784/1819

Die mit Heißluft gefüllten Ballons, die nach dem Namen ihrer Erfinder *Montgolfieren* genannt wurden, verursachten in den Augen der Pariser Polizei eine erhebliche Brandgefahr. Aus Gründen der öffentlichen Sicherheit erließ sie am 23.4.1784 und somit schon recht bald nach dem ersten Ballonflug vom Herbst 1783 eine entsprechende Verordnung.[7] Darin wurde der Überflug von *Montgolfieren* mit offenem Feuer über die französische Hauptstadt von einer Genehmigung abhängig gemacht. Diese sollte nur dann erteilt werden, wenn der Antragsteller nachweisen konnte, dass anerkannte Experten die Gefahrlosigkeit des jeweils beabsichtigten Flugs bestätigt hatten. In einer weiteren Polizeiverordnung vom 21.8.1819 wurde das grundsätzliche **Überflugverbot** bestätigt.

4. Der deutsch-französische Krieg, 1870/71

Nachdem die Heißluftballons schon im amerikanischen Bürgerkrieg (1861–1865) zu militärischen Zwecken eingesetzt worden waren, warf die Benutzung des Luftraums durch die Ballons im deutsch-französischen Krieg von 1870/71 erstmals praktisch relevante Rechtsfragen im zwischenstaatlichen Verhältnis auf.[8] Bei der **Belagerung von Paris** durch deutsche Truppen sahen sich diese mit vielen französischen Ballons konfrontiert, die Paris über die militärischen Linien hinweg verließen.

---

4 *Wissmann*, Geschichte der Luftfahrt, 1960, S. 64 ff.; *Streit/Taylor*, Geschichte der Luftfahrt, 1988, S. 20 ff. Bemerkenswerterweise unternahmen die Gebrüder *Montgolfier* diesen Flug nicht selbst, sondern wählten hierfür die beiden Franzosen *Pilatré de Rozier* und *Marquis d'Arlandes* aus.
5 Die bekanntesten Zitate stammen von *J. W. Goethe*, dazu *Meyer*, Goethe und die Luftfahrt (1954) sowie Ballons über Weimar (1949), in: Luftrecht in fünf Jahrzehnten, 1961, S. 377 ff. bzw. S. 390 ff.; *ders.*, ZLW 1974, 228 (231); *Wissmann*, Geschichte der Luftfahrt, 1960, S. 74.
6 *Meyer*, ZLW 1977, 3 (5); *ders.*, ZLW 1974, 228.
7 *Caplan*, Air & Space Law 2009, 351 (353); *Khan*, Die deutschen Staatsgrenzen, 2004, S. 622; *Meyer*, ZLW 1977, 3 (5).
8 *Khan*, Die deutschen Staatsgrenzen, 2004, S. 623; *Schladebach*, Lufthoheit, 2014, S. 18 ff.

6 Daraufhin entstand die Frage, ob die deutsche Besatzungsmacht ihre Herrschaft nur über den Erdboden selbst oder auch über den Luftraum darüber und damit auch über die ausbrechenden französischen Ballons ausüben konnte. Die **preußische Regierung** hielt sich ohne weiteres dazu berechtigt. Sie vertrat die Ansicht, dass das Überschreiten der militärischen Linien in der Luft dem Überschreiten auf der Erde gleichstehe. Alle kriegsrechtlichen Konsequenzen seien daher auch in der Luft zulässig. Die **französische Seite** lehnte diese Sichtweise unter Verweis auf die Unbeherrschbarkeit des Luftraums ab. Seine fehlende Beherrschbarkeit sei der Grund dafür, dass er von staatlicher Hoheitsgewalt frei sei.

5. Das deutsch-österreichische Abkommen über Militärballons

7 Das Erfordernis zwischenstaatlicher Vereinbarung im Hinblick auf grenzüberschreitende Ballonflüge führte 1898 erstmals zu einem völkerrechtlichen Vertrag. Zum Überfliegen der Grenze zwischen Deutschland und Österreich-Ungarn mit Militärballons wurde von den beiden Regierungen ein Abkommen ausgehandelt, das nach dem abschließenden Notenaustausch am 2.11.1898 in Kraft trat. Es stellt das erste bilaterale Luftverkehrsabkommen der Welt dar.[9]

II. Die Grundsatzdebatte ab 1900: Der Rechtsstatus des Luftraums

1. Perspektivwechsel: Von der technischen Erfindung zum Recht

8 Die bis 1900 geführten Diskussionen über die Nutzung des Luftraums waren durch technische Erfindungen und praktische Erfordernisse bestimmt. Ob in Kriegszeiten auch Militärballons von den Bodentruppen angegriffen werden durften oder ob der grenzüberschreitende Flug von Ballons bilateral geregelt werden sollte, waren eher durch konkrete politische Anlässe aufgeworfene Fragen. Bei ihrer Beantwortung spielten rechtliche Erwägungen allenfalls eine untergeordnete Rolle.

9 Dies änderte sich jedoch ab 1900. Es setzte ein Perspektivwechsel ein, mit dem zunehmend rechtliche Fragen der Luftraumnutzung in den Vordergrund gerückt wurden. Die technische Entwicklung hatte mittlerweile einen Stand erreicht, der es immer wahrscheinlicher werden ließ, dass der Luftraum in naher Zukunft beherrschbar werden könnte.

---

9 *Meyer*, Freiheit der Luft als Rechtsproblem, 1944, S. 24; *Achtnich*, ZLW 1965, 97 ff.; *Cooper*, Explorations in Aerospace Law, 1968, S. 217; *Bentzien*, in: Benkö/Kröll, Luft- und Weltraumrecht im 21. Jh., 2001, S. 3.

Dieser technische Fortschritt forderte die Rechtswissenschaft heraus. Sie sah sich vor das Erfordernis gestellt, eine **Grundkonzeption** für den Rechtsstatus des Luftraums zu entwerfen. Würde der Luftraum – was um 1900 noch keineswegs als sicher gelten konnte – durch den Menschen beherrschbar werden, musste geklärt werden, ob sich die Hoheitsgewalt des Bodenstaats nicht nur tatsächlich, sondern auch rechtlich auf den Luftraum über dem Bodenstaat erstreckt. Von dem rechtlichen Status des Luftraums hingen bedeutsame staatsrechtliche Fragen ab, wie zum Beispiel der Verlauf der Staatsgrenzen, der Schutz der Staatsgrenzen und die Nutzung des Luftraums durch andere Staaten, um nur einige zu nennen.

Die einsetzende rechtliche Grundsatzdebatte wurde auch durch weitere technische Ereignisse beeinflusst, unter denen diejenigen des Jahres 1903 herausragten. Am **17.12.1903** unternahmen die Gebrüder *Wilbur* und *Orville Wright* in Kitty Hawk, North Carolina, den ersten gesteuerten Motorflug der Geschichte.[10] Inspiriert von den Flugversuchen des am 10.8.1896 zu Tode gekommenen deutschen Flugpioniers *Otto Lilienthal* (1848–1896) konstruierten die Gebrüder *Wright* nach langen technisch-historischen Vorstudien ihr weltbekanntes Fluggerät, den Flyer I. Während bei einem ersten Versuch eine Strecke von 36 m zurückgelegt wurde, gelang *Orville Wright* beim zweiten Versuch ein Zwölf-Sekunden-Flug über 60 m. Mit diesem nach dem ersten Ballonflug ebenfalls epochalen Ereignis wurde gezeigt, dass der Mensch einen Weg gefunden hatte, um im Sinne der frühen These *Pufendorfs* „sich derart in der Luft zu halten, dass er, von der Erde getrennt, aus eigener Kraft darin verbleiben kann."[11]

Dienten daraufhin Motorflüge zunächst eher der Belustigung der Bevölkerung – wie in den ab 1909 in Berlin-Johannisthal veranstalteten Flugschauen, bei denen auf Flugweiten und -höhen gewettet wurde –, so zeichneten sich durch sie recht bald die neuen Transportmöglichkeiten ab. Dies machte auch eine Klärung der Frage notwendig, welchem Rechtsstatus und damit welchen hoheitlichen Befugnissen der von den neuen Motorflugzeugen genutzte Luftraum unterliegen sollte. Zutreffend ist darauf hingewiesen worden, dass durch die Motorflüge der Gebrüder *Wright* die Rechtsfrage, wie die Hoheitsgewalt im Luftraum beschaffen ist, zu einer „kritischen Frage"[12], zu einem „akuten Problem"[13] bzw. zu einer „praktischen Frage"[14] avancierte. Die Bemühun-

---
10 *Wissmann*, Geschichte der Luftfahrt, 1960, S. 233 ff.; *Streit/Taylor*, Geschichte der Luftfahrt, 1988, S. 52 ff.; *von Wrangell*, Globalisierungstendenzen im internationalen Luftverkehr, 1999, S. 9.
11 *Cooper*, ZLR 1952, 237 (238); *ders.*, in: Explorations in Aerospace Law, 1968, S. 258.
12 *Phelps*, Mil. L. Rev. 107 (1985), 256 (267).
13 *Cooper*, ZLR 1952, 237 (238); *ders.*, in: Explorations in Aerospace Law, 1968, S. 258.
14 *Kuhn*, AJIL 4 (1910), 109 (112): „The problem of the nature and extent of sovereignty in the airspace has now, for the first time, become practical, and it is therefore unencumbered with precedent."

gen um eine rechtliche Regelung der internationalen Luftfahrt erhielten durch dieses Ereignis neuen Auftrieb.[15]

2. Der Rechtsstatus des Luftraums

13 In der ersten Dekade des 20. Jahrhunderts bildeten sich dazu folgende Ansichten heraus:[16]

a) Freiheit der Luft

14 Unter Rückgriff auf den im Jahre 1609 von *Hugo Grotius*, dem bedeutendsten Völkerrechtler seiner Zeit, postulierten Grundsatz von der „Freiheit der Meere", vertrat der Franzose *Paul Fauchille* im Jahr 1901 die These von der „**Freiheit der Luft**".[17] Nach seiner Ansicht war der Luftraum ebenso wie die Hohe See durch die Staaten nicht beherrschbar. Er könne daher keiner Hoheitsgewalt unterworfen werden und sei somit rechtlich frei.

b) Prinzip der Lufthoheit

15 Das der Luftfreiheit entgegengesetzte **Prinzip der Lufthoheit** ist als juristisches Prinzip im Jahre 1906 durch *John Westlake* in die Debatte eingeführt worden.[18] Zwar wurde sein Vorschlag auf der Jahrestagung des Instituts für Internationales Recht noch mit großer Mehrheit zurückgewiesen. Dies lag aber vornehmlich daran, dass die Fachöffentlichkeit zu diesem Zeitpunkt noch von der Unbeherrschbarkeit des Luftraums überzeugt war. Trotzdem nahm *Westlake* mit seiner Konzeption eine Entwicklung vorweg, die nach kurzer Zeit für das Luftrecht prägend wurde. Ungeachtet kleinerer Einschränkungen formulierte er als Prinzip der Lufthoheit, dass jeder Staat vollständige Hoheit im Luftraum über seinem Territorium haben müsse.

16 Das Prinzip der Lufthoheit lag inzident auch bereits dem oben vorgestellten ersten bilateralen Luftverkehrsabkommen zwischen Deutschland und Österreich-Ungarn zugrunde. Der Abschluss dieses Abkommens setzte voraus, dass beide Staaten sich für berechtigt hielten, die Nutzung innerhalb der Grenzen

---

15 *Bentzien*, in: Benkö/Kröll, Luft- und Weltraumrecht im 21. Jh., 2001, S. 3; *Sand/de Sousa Freitas/Pratt*, McGill Law J. 7 (1960/61), 24 (27).
16 Dazu *Schladebach*, Lufthoheit, 2014, S. 27 ff.
17 *Fauchille*, RGDIP VIII (1901), 414 ff.; *ders.*, Annuaire XIX (1902), 19 ff.
18 *Westlake*, Annuaire XXI (1906), 298 f. Im zeitgenössischen Schrifttum erhielt dieser Vorschlag zu Recht große Aufmerksamkeit: *Kuhn*, AJIL 4 (1910), 109 (113); *Hershey*, AJIL 6 (1912), 381 (382); *Lee*, AJIL 7 (1913), 470 (479), später u.a. *Cooper*, ZLR 1952, 237 (238); *ders.*, in: Explorations in Aerospace Law, 1968, S. 258; *Dauses*, Die Grenze des Staatsgebiets im Raum, 1972, S. 36.

ihres Staatsgebiets regeln zu können.[19] Damit reklamierten sie die Hoheitsgewalt über den Luftraum in einer Zeit, in der diese Rechtsfrage zwar erkannt, aber noch nicht grundsätzlich diskutiert und schon gar nicht entschieden worden war. *Westlakes* Ausführungen zur Lufthoheit des Staates konnten sich daher auf erste Anfänge einer Staatenpraxis stützen und wurden durch sie bestätigt.

c) Luftzonentheorie

Nach der Luftzonentheorie sollte der Luftraum in **drei Zonen** unterteilt werden:[20] In eine untere Zone, in der der Bodenstaat uneingeschränkte Hoheitsgewalt besitze, in eine darüber liegende mittlere Zone, in der der Bodenstaat auf die Ausübung bestimmter Schutz- und Kontrollrechte beschränkt sei, und eine wiederum darüber liegende obere Zone, in der Luftfreiheit bestehe.

17

Diesem Ansatz lag der damals häufig befürwortete Gedanke zugrunde, die aus dem Seerecht bekannte (horizontale) Zoneneinteilung in Landgebiet, Küstengewässer, Ausschließliche Wirtschaftszone und Hohe See auf die (vertikale) Einteilung des Luftraums zu übertragen. Danach konnte die untere Luftraumzone mit den Küstengewässern, die mittlere Luftraumzone mit der Ausschließlichen Wirtschaftszone und die obere (freie) Luftraumzone mit der freien Hohen See verglichen werden. Der Rechtsstatus der jeweiligen Luftraumzone sollte dem Rechtsstatus der jeweiligen Seerechtszone folgen.

18

d) Zivilrechtliche Theorie

Eine weitere Ansicht versuchte ab 1910, die hoheitlichen Verhältnisse im Luftraum mit Hilfe zivilrechtlicher Grundsätze zu erklären.[21] So wurde teilweise problematisiert, ob das Eigentum am Grundstück auch das Eigentum an der Luftsäule darüber erfasse. Unter der Annahme staatlichen Grundeigentums hätte auf diese Weise die staatliche Hoheit im darüber liegenden Luftraum begründet werden können. Einige Vertreter verwiesen dazu auf die aus dem römischen Recht stammende Regelung des § 905 BGB. Dort heißt es:

19

„Das Recht des Eigentümers eines Grundstücks erstreckt sich auf den Raum über der Oberfläche und auf den Erdkörper unter der Oberfläche. Der Eigentümer kann jedoch Einwirkungen nicht verbieten, die in solcher Höhe oder Tiefe vorgenommen werden, dass er an der Ausschließung kein Interesse hat."

---

19 *Schladebach/Bärmann*, NZV 2006, 294.
20 *Mérignhac*, Traité de droit public international, Bd. II, 1907, S. 398 ff.; *ders.*, RGDIP XXI (1914), 205 (222 ff.).
21 Zur Diskussion *Kuhn*, AJIL 4 (1910), 109 (122 ff.); *Baldwin*, AJIL 4 (1910), 95 (97 ff.); *Hershey*, AJIL 6 (1912), 381 (382); *Haupt*, Der Luftraum, 1931, S. 64.

20 Doch erwies sich diese These schon bald als nicht haltbar.[22] Selbst bei einem derart umfassenden Verständnis des Grundstückseigentums wurde schnell deutlich, dass die berechtigten Verkehrsinteressen der Luftraumnutzer auch rechtlich als vorrangig angesehen wurden. Hierfür sprach zudem, dass die Luftraumnutzung keinerlei Bezug zum einzelnen Grundstück aufwies. Schon daher war eine Berechtigung des Grundstückseigentümers, auf die Luftraumnutzung Einfluss nehmen zu dürfen, sehr zweifelhaft. Schließlich dient § 905 BGB ausschließlich der Regelung des privaten bzw. öffentlichen Nachbarschaftsverhältnisses. Die Norm konnte somit nicht als Beleg für die zivilrechtliche Begründung staatlicher Lufthoheit herangezogen werden. Jene offensichtlichen Einwände gegen diese Begründungsvariante der Lufthoheitstheorie hat Autoren in der jüngeren Vergangenheit indes nicht davon abgehalten, unter völliger Ausblendung der dargestellten Kritikpunkte und mit fernliegenden Erwägungen an der zivilrechtlichen Konstruktion festzuhalten.[23]

III. Die Zeit des Ersten Weltkriegs

1. Der Zeitraum von 1910–1914

21 In der Vorphase des Ersten Weltkriegs konnten einige luftrechtliche Initiativen verzeichnet werden, von denen sich erste Hinweise auf die Akzeptanz der beiden sich gegenüber stehenden luftrechtlichen Grundprinzipien versprochen wurden. Die erste internationale Luftfahrtkonferenz in Paris von 1910, an der 18 Staaten teilnahmen, blieb ohne Ergebnis, weil über den Rechtsstatus des Luftraums und über die internationale Regelung des Luftverkehrs keine Einigung erzielt werden konnte.

22 Jedoch ließen sich der Staatenpraxis gewisse Anzeichen entnehmen, die für die Anerkennung des Lufthoheitsprinzips sprachen. So verabschiedete **Großbritannien** im Jahre 1911 mit dem Aerial Navigation Act ein nationales Luftverkehrsgesetz, dessen Präambel besagte, dass

„die Staatsgewalt und die rechtmäßige Gerichtsbarkeit Seiner Majestät sich auf den Luftraum über allen Teilen des Gebiets Seiner Majestät und der angrenzenden Küstengewässer erstrecken und immer erstreckt haben."

---

22 *Khan*, Die deutschen Staatsgrenzen, 2004, S. 620; *Haanappel*, The Law and Policy of Air Space and Outer Space, 2003, S. 2; *Haupt*, Der Luftraum, 1931, S. 65; *Volkmann*, Internationales Luftrecht, 1930, S. 36 ff.; *Guldimann*, ZLR 1952, 213 (231 ff.).
23 *Goeke*, Das Grundeigentum im Luftraum und im Erdreich, 1999, S. 160 ff.; dazu *Schladebach*, Lufthoheit, 2014, S. 50.

Zugleich wurde durch dieses Gesetz die Genehmigungspflicht für die Nutzung des britischen Luftraums eingeführt. Beide Elemente deuteten klar darauf hin, dass Großbritannien für sich das Prinzip der Lufthoheit beanspruchte. Russland, Frankreich und die Schweiz folgten dem britischen Beispiel zwischen 1911 und 1914.[24]

23

Auch Deutschland unternahm rechtliche Aktivitäten. Durch einen Briefwechsel zwischen deutschen und französischen Diplomaten wurde 1913 das **deutsch-französische Abkommen** über den Luftverkehr geschlossen.[25] Ihm konnte allerdings nicht eindeutig entnommen werden, ob es von der Luftfreiheit oder der Lufthoheit ausging.[26] Für diese Frage ergiebiger waren die parlamentarischen Aktivitäten Deutschlands für ein Gesetz über den Verkehr mit Luftfahrzeugen. Im Jahr 1913 wurde ein Entwurf sowohl dem Bundesrat als auch dem Reichstag zur Beratung vorgelegt.[27] Dieser vom Reichstag am 12.3.1914 beratene Gesetzentwurf selbst enthielt zwar keinen Anhaltspunkt für oder gegen eines der beiden Prinzipien. Jedoch ist durch *Bethkenhagen* nachgewiesen worden, dass bei den Beratungen unausgesprochen vom „Grundsatz der uneingeschränkten Gebietshoheit des Staates über den Luftraum" ausgegangen worden ist.[28] Durch den Ausbruch des Ersten Weltkriegs wurde die Weiterberatung verhindert. Für die Zeit unmittelbar vor dem Ersten Weltkrieg war daher festzustellen, dass das noch zu Beginn des Jahrhunderts vehement und mit großem Pathos vertretene Prinzip der Luftfreiheit zumindest in die Staatenpraxis keinen Eingang gefunden hatte.

24

2. Die Kriegszeit

„Der Krieg ist der Vater aller Dinge" (*Heraklit von Ephesos*). Die durch den nunmehr möglichen Einsatz von Flugzeugen verursachten **militärischen Bedrohungen** aus der Luft konnten nicht ohne Einfluss auf die Haltung der Staaten in dieser luftrechtlichen Grundsatzfrage bleiben. So wurde schon früh zu Recht prognostiziert, dass sich die Staaten nicht von wissenschaftlichen Theorien da-

25

---

24 *Schladebach*, Lufthoheit, 2014, S. 57 ff.
25 RGBl. 1913, S. 601.
26 *Haupt*, Der Luftraum, 1931, S. 127; *Meyer*, Freiheit der Luft als Rechtsproblem, 1944, S. 73; *Johnson*, Rights in Airspace, 1965, S. 24; *Cooper*, Explorations in Aerospace Law, 1968, S. 132.
27 *Meyer*, Luftrecht in fünf Jahrzehnten, 1961, S. 46; *Birmanns*, Internationale Verkehrsflughäfen, 2001, S. 34 ff.; *Bethkenhagen*, Die Entwicklung des Luftrechts bis zum Luftverkehrsgesetz von 1922, 2004, S. 164.
28 *Bethkenhagen*, Die Entwicklung des Luftrechts bis zum Luftverkehrsgesetz von 1922, 2004, S. 104.

von würden abhalten lassen, den Flugverkehr zu regulieren und sei es auch nur im Hinblick auf ihre Sicherheitsinteressen.[29]

26 Mehr als alle theoretischen Begründungen verhalf deshalb der Erste Weltkrieg, d. h. das Sicherheitsbedürfnis der darin verwickelten Staaten, dem Prinzip der Lufthoheit zum Durchbruch. Nur dieses Prinzip garantierte weitgehenden Schutz vor den neuen militärischen Gefahren aus der Luft. Mit dem Ausbruch des Ersten Weltkriegs setzte sich das Prinzip der Lufthoheit auf Staatenebene endgültig durch.[30]

IV. Das Pariser Luftverkehrsabkommen von 1919

27 Unter dem unmittelbaren Eindruck der gerade beendeten Kriegshandlungen war es nicht verwunderlich, dass sich die zweite Luftfahrtkonferenz in Paris von 1919 der Thematik des rechtlichen Status des Luftraums unter ganz anderen Vorzeichen annahm als noch 1910.[31] Das am 13.10.1919 unterzeichnete Luftverkehrsabkommen[32] legte das nunmehr allseits akzeptierte **Prinzip der Lufthoheit** an hervorgehobener Stelle nieder. Dessen Art. I lautete:

„Die Hohen vertragsschließenden Teile anerkennen, dass jeder Staat die vollständige und ausschließliche Staatsgewalt im Luftraum über seinem Gebiet hat."

28 Mit dieser Formulierung im Pariser Luftverkehrsabkommen, dem ersten multilateralen völkerrechtlichen Vertrag auf dem Gebiet des Luftrechts, hatte sich das Prinzip der Lufthoheit nun auch völkerrechtlich durchgesetzt. Seit 1919 durfte es daher als **luftrechtliches Fundamentalprinzip** gelten, das den Luftraum zum Staatsgebiet erklärte. Ebenso treffend wie euphorisch konnte der englische Luftrechtler *Spaight* im selben Jahr feststellen: „The battle of sovereignty has been won."[33]

---

29 *Zitelmann*, Luftschiffahrtsrecht, 1910, S. 23; *Richards*, Sovereignty over the Air, 1912, S. 9.
30 *Lübben*, Das Recht auf freie Benutzung des Luftraums, 1993, S. 33; *von Wrangell*, Globalisierungstendenzen im internationalen Luftverkehr, 1999, S. 26; *Johnson*, Rights in Airspace, 1965, S. 22; *Cooper*, Explorations in Aerospace Law, 1968, S. 133.
31 *Schladebach*, Lufthoheit, 2014, S. 66 ff.
32 11 LNTS 173 (1922); *Bentzien*, in: Benkö/Kröll, Luft- und Weltraumrecht im 21. Jh., 2001, S. 3 (4).
33 *Spaight*, Aircraft in Peace, 1919, S. 11.

V. Der Beginn des Fluglinienverkehrs

Mit der Gründung der ersten Fluggesellschaften in den 1920er Jahren begann der stetig zunehmende Fluglinienverkehr. Er löste in den jeweiligen Staaten eine auch heute noch gut verständliche Begeisterung aus. Die französische Aeropostales (1918), die KLM Royal Dutch Airlines (1919), die belgische Sabena (1923), die britische Imperial Airways (1924), die Deutsche Lufthansa (1926), Pan American World Airways (1927), Delta Airlines (1928) und United Airlines (1929) zählten zu den bedeutenden Gründungen dieser Zeit. Der erste **Non-Stop-Transatlantikflug** des Amerikaners *Charles Lindbergh* am 20.5.1927 von New York nach Paris ließ erkennen, dass künftig auch kontinentübergreifender Flugverkehr möglich sein würde. Dieser Umstand war insbesondere für einige Staaten in Europa, wie Frankreich, Niederlande, Belgien oder Italien, von besonderer Bedeutung, da diese Staaten an der Schaffung von Flugverbindungen zwischen den Heimatländern und ihren überseeischen Kolonien interessiert waren.[34]

In völkervertraglicher Hinsicht hatte das Pariser Luftverkehrsabkommen von 1919 vor allem für den europäischen Bereich grundlegende Regelungen getroffen. Ihm entsprachen als multilaterale Vorschriften für den amerikanischen Kontinent das Pan-Amerikanische Abkommen von Havanna vom 20.2. 1928 und das Ibero-Amerikanische Abkommen von Madrid vom 1.11.1926. Auch in ihnen war das Prinzip der Lufthoheit verankert.[35]

VI. Der Beginn des Luftrechts in Deutschland

Bereits vor dem Ersten Weltkrieg waren vom Deutschen Reich verschiedene Entwürfe eines Luftverkehrsgesetzes erarbeitet worden, deren parlamentarische Beratung sodann jedoch durch den Kriegsausbruch beendet wurde.[36] Diese Entwürfe waren allerdings nach dem Krieg nicht völlig obsolet, sondern fungierten bei der Debatte um ein Luftverkehrsgesetz als hilfreiche Orientierungsgrundlage. So wurde dem Regierungsentwurf von 1921 auch der **Gesetzentwurf von 1914** zugrunde gelegt, wobei jedoch die veränderten politischen und luftverkehrsrechtlichen Rahmenbedingungen zu berücksichtigen waren.[37] Die technischen Entwicklungen hatten dazu geführt, dass Luftfahrzeuge nicht

---

34 *Streit/Taylor*, Geschichte der Luftfahrt, 1988, S. 178.
35 *Schladebach*, Lufthoheit, 2014, S. 74 f.
36 *Haupt*, Der Luftraum, 1931, S. 129; *Bethkenhagen*, Die Entwicklung des Luftrechts bis zum Luftverkehrsgesetz von 1922, 2004, S. 100 ff.
37 *Birmanns*, Internationale Verkehrsflughäfen, 2001, S. 38; *Bethkenhagen*, Die Entwicklung des Luftrechts bis zum Luftverkehrsgesetz von 1922, 2004, S. 219.

nur als Kriegsmittel, sondern als Transportmittel zunehmend interessant erschienen. Wenngleich Deutschland an dem damals wichtigsten internationalen Luftverkehrsabkommen, dem Pariser Luftverkehrsabkommen vom 13.10.1919, nicht beteiligt war und sich wegen des Versailler Vertrags auch nicht beteiligen konnte, ging mit diesem völkerrechtlich geregelten Ausschluss keine Abwendung von den luftrechtlichen Erfordernissen der Gegenwart einher.

§ 3 Räumlicher Geltungsbereich: Der Luftraum

I. Der staatliche Luftraum

1. Bedeutung und Begriff des Luftraums

Der Luftraum ist der **Schlüsselbegriff** des Luftrechts, weil er Ausgangspunkt und Gegenstand eines differenzierten hoheitlichen Regimes ist. Zu unterscheiden ist zwischen dem staatlichen Luftraum und dem nichtstaatlichen Luftraum. Der Rechtsstatus des staatlichen Luftraums wird – wie in § 2 gezeigt – seit dem Pariser Luftverkehrsabkommen von 1919 vom Prinzip der Lufthoheit bestimmt. Danach hat der Bodenstaat im staatlichen Luftraum die vollständige und ausschließliche Hoheitsgewalt. Daraus folgt, dass der staatliche Luftraum mit zum Staatsgebiet im Sinne der Drei-Elemente-Lehre von *Georg Jellinek* gehört, das Teilelement „Staatsgebiet" also nicht nur eine zweidimensionale (Länge, Breite), sondern als geometrischer Körper vielmehr eine dreidimensionale Form aufweist.

Die so verfasste Form des Luftraums bedarf zur Veranschaulichung einer begrifflichen Festlegung. Hierbei erscheint es sachgerecht, vom Luftraum als der senkrechten Luftsäule über dem Territorium eines Staates zu sprechen.[1] Zu berücksichtigen ist bei dieser zunächst geometrischen Beschreibung, dass die an den Staatsgrenzen jeweils senkrecht verlaufenen äußeren Luftraumgrenzen im Verhältnis zueinander nicht parallel sind. Denn obwohl sie an ihrem Messpunkt an der Erdoberfläche senkrecht zu dieser stehen, sorgen die Erdkrümmung sowie die Tatsache, dass die Grenzlinien eines Staates am Erdmittelpunkt zusammentreffen, nicht für eine quader-, sondern für eine kegelförmige Gestalt dieser Luftsäule, die sich in vertikaler Richtung verbreitert.[2] Da die Auswirkung der Erdkrümmung auf den Verlauf der äußeren Luftraumgrenzen zwar vorhanden, aber insgesamt minimal ist, soll nachfolgend die Definition des Luftraums als „senkrechter Luftsäule über dem Territorium eines Staates" zugrunde gelegt werden.

---

1 *Schladebach*, Lufthoheit, 2014, S. 156.
2 *Rinck*, ZLW 1960, 191 (193); *Böckstiegel/Kramer*, ZLW 1995, 269 (270); *Schwenk/Giemulla*, Handbuch des Luftverkehrsrechts, 4. Aufl. (2013), S. 147.

3   Neben dem staatlichen Luftraum existieren auch nichtstaatliche Lufträume, in denen – wie über der Hohen See – keine staatlichen Hoheitsbefugnisse bestehen. Im Folgenden soll mit dem Begriff des Luftraums jedoch stets der **staatliche Luftraum** gemeint sein, weil dieser hinsichtlich seiner Grenzen, seines Rechtsstatus' und der sich daraus ergebenen Rechtsfragen der zentrale Bezugspunkt des Luftrechts ist.

2. Abgrenzung des Luftraums

a) Bedürfnis nach Abgrenzung

4   Die Grenzen der so geometrisch bestimmten Luftsäule und damit des Luftraums bedürfen der Abgrenzung in horizontaler (Breite des Luftraums) und vertikaler (Höhe des Luftraums) Richtung aus zwei Gründen:

5   *(1) Luftraum als Staatsgebiet.* Jeder Staat hat ein existentielles Interesse an der exakten **Festlegung seiner Grenzen.** Da der Luftraum zum Staatsgebiet im Sinne der *Jellinekschen* Drei-Elemente-Lehre[3] gehört, dürfte ein jeder Staat wissen wollen, wo die räumlichen Grenzen seines Staatsgebiets verlaufen, innerhalb derer er seine vollständige und ausschließliche Hoheitsgewalt auszuüben berechtigt ist. Die Forderung nach einer genauen Bestimmung dieser Grenzen ist inhaltlich nicht deshalb anders verfasst, weil es sich bei dem Luftraum um einen Teil des Staatsgebiets handelt, bei dem die eindeutige Grenzziehung vermeintlich schwierig erscheint. Das Bedürfnis eines Staates an der Abgrenzung seines Hoheitsgebiets im Luftraum ist vielmehr strukturell identisch mit demjenigen auf dem Land oder auf der See. Die zahlreichen Luftzwischenfälle und die daraus resultierenden diplomatischen Verwicklungen über die Verletzungen der Luftraumgrenzen zeigen dies überdeutlich.[4] Der lang andauernde Konflikt zwischen der Türkei und Griechenland über die Grenze der jeweiligen Lufträume in der Ägäis[5] oder die Flugzeugkatastrophe über der russischen Halbinsel Sachalin im Jahr 1983[6] machen auf eindringliche Weise bewusst, dass sich im

---

[3] Gelegentlich wird eingewandt, *Jellinek* habe seine Lehre eher zur sozialen, nicht zur rechtlichen Beschreibung des Staatswesens entworfen und sie sei außerdem zu statisch und veraltet. Sie hat allerdings ihre Bedeutung für die völkerrechtliche Feststellung eines Staates seit über 100 Jahren behalten.

[4] *Bentzien,* Der unerlaubte Einflug von Luftfahrzeugen in fremdes Staatsgebiet und seine Rechtsfolgen, 1982; *ders.,* ZLW 1990, 345 ff.; *ders.,* ZLW 1991, 144 ff.; *ders.,* ZLW 1991, 366 ff.

[5] *Schladebach,* ZLW 2003, 355 ff.

[6] *Richard,* AASL IX (1984), 147 ff.; *Milde,* ZLW 1993, 357 ff.; *Mukai,* AASL XIX-II (1994), 567 ff.; *Tompkins/Harakas,* AASL XIX-II (1994), 375 ff.; *Kido,* J. Air L. & Com. 62 (1997), 1049 ff.

Luftrecht das Erkenntnisinteresse hinsichtlich des exakten Verlaufs der Staatsgrenzen weit brisanter stellt als bei der Menge seerechtlicher Grenzstreitigkeiten um unbedeutende, oft unbewohnbare Felsen, die den Internationalen Gerichtshof oder den Ständigen Schiedsgerichtshof insbesondere aus dem asiatischen und mittelamerikanischen Raum erreicht haben.[7]

(2) Luftraum und Weltraum. Zudem bedarf der Luftraum in vertikaler Richtung einer klaren Abgrenzung, weil der sich oberhalb des Luftraums anschließende Weltraum einer **unterschiedlichen Rechtsordnung** unterliegt. Während im (staatlichen) Luftraum das Prinzip der Lufthoheit des Bodenstaats herrscht, ist der Weltraum ein hoheitsfreier Gemeinschaftsraum. Dies bedeutet, dass der Weltraum und seine Himmelskörper allen Staaten als „Gemeinsames Erbe der Menschheit" gemeinsam gehören (Art. I Weltraumvertrag) und sich daher kein Staat Teile des Weltraums oder seiner Himmelskörper aneignen darf (Art. II Weltraumvertrag). Um deshalb eindeutig bestimmen zu können, welche Regelungen auf ein Flugobjekt anzuwenden sind, bedarf es einer Entscheidung der Abgrenzungsfrage.

Der Lösung dieser Rechtsfrage kann sich ein Großteil des Schrifttums nicht dadurch entziehen, dass es auf deren fehlende praktische Relevanz verweist.[8] Vielmehr muss klar sein, ob ein Staat aufgrund seiner Lufthoheit zur Anwendung seines nationalen (Luft-)Rechts befugt ist oder aber sich wegen der Hoheitsfreiheit des Weltraums einer Anwendung seiner nationalen Rechtsordnung zu enthalten hat, weil internationales (Weltraum-)Recht gilt. Der unterschiedliche Rechtsstatus von Luftraum und Weltraum ist somit der zweite wesentliche Grund für die erforderliche Abgrenzung.

b) Horizontale Abgrenzung

(1) Bedeutung des Seerechts. Der Luftraum umfasst die senkrechte Luftsäule über dem Territorium eines Staates. Zur Bestimmung der horizontalen Grenzen des Luftraums ist es daher erforderlich, die horizontale Ausdehnung des darunter liegenden Hoheitsgebiets des Bodenstaates zu betrachten. Diese Konzeption findet ihre Bestätigung im internationalen Luftrecht, für das das bereits oben erwähnte Chicagoer Abkommen von 1944 (CA) prägend ist. Es wiederholt in Art. 1 nicht nur das seit dem Pariser Luftverkehrsabkommen von 1919 unilateral anerkannte Prinzip der Lufthoheit, sondern gibt in Art. 2 auch einen Hinweis zur räumlichen Geltung. Danach erstreckt sich die Lufthoheit über die **Landgebiete** und die angrenzenden Hoheitsgewässer eines Staates.

---
[7] *Jessen*, Ad Legendum 2013, 250 ff.
[8] Zu dieser „No present need"-Theorie *Oduntan*, Sovereignty and Jurisdiction in the Airspace and Outer Space, 2012, S. 285 ff.

Dies ist bei Binnenstaaten, also Staaten ohne Meereszugang, nicht weiter problematisch: Ihr Hoheitsgebiet ist ausschließlich Landgebiet und entspricht einem abgegrenzten Teil der Erdoberfläche (z. B. Österreich, Luxemburg, Ungarn). Der darüber befindliche Luftraum wird demnach durch senkrecht an den Landgrenzen verlaufene Linien beschrieben.

9 Für die Staaten hingegen, die über einen Meereszugang verfügen, ist wegen der in Bezug genommenen **„angrenzenden Hoheitsgewässer"** zu überprüfen, wie weit diese senkrechte äußere Grenzlinie des Luftraums auf das Meer hinaus zu verlagern ist. Die Ausdehnung der „angrenzenden Hoheitsgewässer" bestimmt daher die horizontale Grenze des Luftraums. Das Chicagoer Abkommen hat insoweit auf eine luftrechtliche Sonderregelung dieses traditionsreichen seerechtlichen Begriffs verzichtet. Die Bestimmung der Grenzen der "Hoheitsgewässer" wird somit zutreffend dem internationalen Seerecht überlassen, was schon wegen der sachlichen Nähe des Seerechts vollauf überzeugt. Das Seerecht basierte allerdings lange auf gewohnheitsrechtlichen Grundsätzen. Erst am 10.12.1982 wurde das **Seerechtsübereinkommen** der Vereinten Nationen (SRÜ) geschlossen, das für Deutschland zum 1.1.1995 in Kraft trat.[9] Es formt unter anderem den vom Chicagoer Abkommen bewusst entwicklungsoffen formulierten Begriff der „angrenzenden Hoheitsgewässer" aus und legt damit die horizontalen Grenzen des Hoheitsgebiets eines Staates und folglich auch seines Luftraums fest. Maßgebend ist dafür das Konzept seerechtlicher Zonen, das sich durch eine seewärts abnehmende Hoheitsgewalt des Küstenstaats auszeichnet. Art. 2 CA kombiniert für die horizontale Ausdehnung des Luftraums letztlich Luft- und Seerecht miteinander. Das Luftrecht wird auf diese Weise seerechtlich determiniert.

10 *(2) Küstenmeer.* Art. 2 I SRÜ bestimmt, dass die Souveränität eines Küstenstaats sich jenseits seines Landgebiets und seiner inneren Gewässer sowie im Fall eines Archipelstaats jenseits seiner Archipelgewässer auf einen **angrenzenden Meeresstreifen** erstreckt. Dieser wird als Küstenmeer bezeichnet. Dass der „Küstenmeer" genannte „angrenzende Meeresstreifen" der Hoheitsgewalt des Küstenstaats unterliegt und damit zu seinem Hoheitsgebiet gehört, war auch unter der früheren Geltung gewohnheitsrechtlicher Grundsätze unbestritten. Nach Art. 2 II SRÜ erstreckt sich die Souveränität eines Küstenstaats insbesondere auch auf den Luftraum dieses Meerestreifens. Keine Einigkeit bestand jedoch lange Zeit über die Breite des Küstenmeeres. Bis zur Dritten Seerechtskonferenz 1982, auf der das Seerechtsübereinkommen beschlossen wurde, wurden höchst unterschiedliche Küstenmeerbreiten beansprucht, die von 3 Seemeilen (1 Seemeile = 1852 m) bis 200 Seemeilen reichten.

---

9 BGBl. 1994 II S. 1798; dazu *Matz-Lück,* Ad Legendum 2013, 237 ff.

Die vergleichsweise zurückhaltend erscheinende Breite von 3 Seemeilen ging 11
auf die im 17./18. Jahrhundert weitgehend anerkannte und durch den niederländischen Juristen *Cornelius van Bynkershoek* im Jahre 1702 auf den Punkt gebrachte These zurück, dass „die Kontrolle über das Gebiet dort ende, wo die Macht der Waffen ende".[10] Diese häufig auch als „**Kanonenschussweite**" bezeichnete Breite von 3 Seemeilen sah sich allerdings ab dem 20. Jahrhundert – nicht nur wegen der modernen Waffensysteme – erheblichen Ausdehnungstendenzen ausgesetzt.[11]

Erst das Küstenmeer-Übereinkommen von 1958 enthielt gewisse Hinweise 12
darauf, dass eine Breite von **12 Seemeilen** der damaligen allgemeinen Rechtsüberzeugung entsprach.[12] So war es deshalb ein kodifikatorischer Fortschritt, als Art. 3 SRÜ im Jahre 1982 die Breite des Küstenmeeres wie folgt festlegte:

„Jeder Staat hat das Recht, die Breite seines Küstenmeeres bis zu einer Grenze festzulegen, die höchstens 12 Seemeilen von den in Übereinstimmung mit diesem Übereinkommen festgelegten Basislinien entfernt sein darf."

Die Inanspruchnahme von 12 Seemeilen ist als Recht, nicht als Pflicht ausge- 13
staltet. Um die horizontale Grenze des Hoheitsgebiets eines Küstenstaates zu bestimmen, ist daher die exakte Breite des Küstenmeeres zu identifizieren. Die senkrecht über Landgebiet und Küstenmeer stehende Luftsäule bildet sodann den Luftraum, der der Lufthoheit des Bodenstaates unterliegt. Durch Proklamation hat die Bundesrepublik Deutschland am 11.11.1994 ihr Küstenmeer in der Nordsee auf 12 Seemeilen und in der Ostsee durch bestimmte Koordinaten unterhalb der 12-Seemeilengrenze festgelegt.[13] Die bis dahin geltenden Grenzen des deutschen Küstenmeeres wurden damit modifiziert.[14]

(3) Inseln. Zum Hoheitsgebiet eines Staates gehören auch Inseln. Daher ist 14
deren Ausdehnung für die horizontalen Grenzen des Luftraums ebenfalls relevant. Eine Insel ist nach der in Art. 121 I SRÜ niedergelegten Legaldefinition eine natürlich entstandene Landfläche, die vom Wasser umgeben ist und bei Flut über den Wasserspiegel herausragt. Art. 121 II SRÜ legt fest, dass Inseln wie Festland behandelt werden und somit auch ein Küstenmeer beanspruchen können. Der Staat, zu dem die Insel gehört, besitzt deshalb über den Luftraum,

---

10 *Khan*, Die deutschen Staatsgrenzen, 2004, S. 594; *Scovazzi*, RdC 286 (2000), 39 (68 ff.); *Verdross/Simma*, Universelles Völkerrecht, 1984, § 1071; *Walker*, BYIL 22 (1945), 210 ff.
11 *Vitzthum*, in: ders., Handbuch des Seerechts, 2006, Kap. 2 Rn. 97 ff.
12 *Hoog*, Die Genfer Seerechtskonferenzen von 1958 und 1960, 1961, S. 17 ff.; *Matz-Lück*, Ad Legendum 2013, 237 (238 ff.).
13 BGBl. 1994 I S. 3428.
14 Zu diesen „alten" Grenzen *Wolfrum*, AVR 24 (1986), 247 ff.; *Kokott/Gründling*, ZaöRV 45 (1985), 675 ff.

der sich senkrecht über die Insel und das sie umgebende Küstenmeer erstreckt, die **Lufthoheit**.

15   Probleme können auftreten, wenn Inseln so dicht vor der Küste eines anderen Staates liegen, dass der Verlauf der Grenzen des Küstenmeeres bestritten wird oder aber die Küstenmeere hinsichtlich ihrer Breite kollidieren. Ein Beispiel für die erste Konstellation bilden die griechischen Inseln in der Ägäis, die jeweils ein eigenes Küstenmeer beanspruchen können. Der darüber liegende Luftraum ist griechischer Luftraum und kann somit von der griechischen Luftwaffe kontrolliert werden.

16   Jedoch werden die bestehenden Grenzen des Küstenmeeres der griechischen Inseln, die in Übereinstimmung mit dem Seerechtsübereinkommen festgelegt worden sind, von der Türkei nicht anerkannt. Eine bilaterale Anerkennung ist zwar nicht Rechtmäßigkeitsvoraussetzung der Ausweisung von Küstenmeeren, basiert aber auf dem praktischen Problem, dass viele griechische Inseln so dicht vor der türkischen Küste liegen, dass weder Griechenland noch die Türkei ein jeweils vollständiges Küstenmeer von 12 Seemeilen geltend machen können. Für einen solchen Fall sieht Art. 15 SRÜ die Möglichkeit vor, eine Mittellinie zu ziehen, was bis heute jedoch nicht unternommen worden ist. Erschwerend kommt hinzu, dass die Türkei nicht Vertragspartei des Seerechtsübereinkommens ist, dessen Regelungen also grundsätzlich nicht für die Türkei gelten. Diese komplizierte Rechtslage hat zu einem dauerhaften Konflikt im Luftraum über der Ägäis geführt, bei dem es regelmäßig zu Luftzwischenfällen mit Militärflugzeugen kommt.[15] Dieser Konflikt drohte sogar in kriegerische Handlungen umzuschlagen, als türkische Streitkräfte 1996 auf der griechischen Insel *Imia* die türkische Flagge hissten. Der Streit um diese Insel konnte erst durch Eingreifen des damaligen US-Präsidenten *Bill Clinton* und seines Botschafters in Athen, *Nicholas Burns*, geschlichtet werden. Der allgemeine Konflikt im Luftraum über der Ägäis besteht dagegen unverändert fort.

17   *(4) Archipelstaaten.* Während eine Insel oder eine Inselgruppe zu dem jeweiligen Festlandstaat gehört und ihr Luftraum der Lufthoheit dieses Staates unterliegt (z.B. Kanarische Inseln zu Spanien, Ägäische Inseln zu Griechenland, Andamanen und Nikobaren zu Indien), ist ein Archipelstaat ein **eigenständiger Staat**, der vollständig aus einem oder mehreren Archipelen und gegebenenfalls anderen Inseln besteht (Art. 46 SRÜ). Beispiele hierfür sind die Bahamas, die Malediven oder Jamaika.

18   Die Souveränität des Archipelstaats erstreckt sich gem. Art. 49 II SRÜ auf den Luftraum über den Archipelgewässern. Diese werden durch großflächig zu ziehende Archipelbasislinien markiert (Art. 47 SRÜ). Soll jede Insel, Inselgrup-

---

15 *Schladebach*, ZLW 2003, 355 ff.

pe oder jedes Atoll davon erfasst und in den Archipelstaat eingebunden sein, entstehen dadurch **Gebiete erheblicher Größe**. Der darüber liegende Luftraum ist dann ebenfalls immens und die dort existierende Lufthoheit kann wegen eventuell erforderlicher Umwege zu massiven Behinderungen des internationalen Luftverkehrs führen. Auf diese geographische Sondersituation sowohl für Schiffe als auch für Luftfahrzeuge musste das Seerecht, dem sich das Luftrecht – wie oben vermerkt – angeschlossen hat, reagieren.

Nach Maßgabe des Art. 53 SRÜ ist ein Archipelstaat berechtigt, in seinen Archipelgewässern und seinem angrenzenden Küstenmeer Schifffahrtswege und darüber liegende **Flugstrecken** festzulegen, die für den ununterbrochenen und zügigen Durchflug fremder Luftfahrzeuge geeignet sind.[16] Es muss sich dabei um Flugstrecken handeln, die sich in die typischen internationalen Flugstrecken einpassen. Flugstrecken über dem Archipelstaat, die zu einer Umleitung internationaler Flugstrecken führen, sind unzulässig. Legt ein Archipelstaat keine oder keine geeigneten Flugstrecken fest, kann das Recht des Durchflugs auf denjenigen Flugstrecken ausgeübt werden, die üblicherweise der internationalen Luftfahrt dienen (Art. 53 XII SRÜ).[17] Durch diese Verpflichtungen zur Ermöglichung eines zügigen Überflugs über oft sehr großflächige Archipelstaaten wird deren nach Art. 49 II SRÜ grundsätzlich bestehende Lufthoheit über den Archipelgewässern aus sachlich gerechtfertigten Gründen eingeschränkt.[18]

(5) Ausschließliche Wirtschaftszone. An das Küstenmeer eines Staates schließen sich zwei seerechtliche Zonen an, die nicht zum Hoheitsgebiet des Küstenstaates gehören und somit auch nicht die horizontale Ausdehnung des Luftraums beeinflussen können.

Die ausschließliche Wirtschaftszone (AWZ) ist ein jenseits des Küstenmeeres gelegenes, an dieses angrenzende Gebiet von maximal 200 Seemeilen Ausdehnung. In ihm besitzt der Küstenstaat punktuelle **wirtschaftliche Nutzungsrechte**. Dazu gehören souveräne Rechte zum Zweck der Erforschung und Ausbeutung, Erhaltung und Bewirtschaftung der lebenden und nichtlebenden natürlichen Ressourcen der Gewässer (Art. 56 I lit. a SRÜ).

Von luftrechtlicher Relevanz ist Art. 58 I SRÜ. Danach genießen alle Staaten, ob Küsten- oder Binnenstaaten, in der AWZ die in Art. 87 SRÜ genannten Freiheiten der Schifffahrt und des Überflugs. Mit diesem Verweis auf das in Art. 87 SRÜ geregelte Hoheitsregime der Hohen See zeigt Art. 58 SRÜ an, dass die AWZ völkerrechtlich mehr der Hohen See als dem Küstenstaat zugeordnet

---

16 *Bentzien*, ZLW 2008, 508 (515); *Hailbronner*, AJIL 77 (1983), 490 (501 ff.).
17 *Vitzthum*, in: ders., Handbuch des Seerechts, 2006, Kap. 2 Rn. 156.
18 *Schladebach*, Lufthoheit, 2014, S. 166.

ist. Zwar ist der Rechtsstatus der AWZ nicht unumstritten.[19] Zum Teil wird die AWZ als Hoheitsgebiet des Küstenstaats betrachtet, denn immerhin weist der Küstenstaat die jeweilige AWZ in eigener Kompetenz aus und besitzt zudem auch die erwähnten Nutzungsrechte. Wird aber durch Art. 58 SRÜ angeordnet, dass in der AWZ das Rechtsregime der Hohen See gilt, so kann von einer vollständigen Hoheitsgewalt des Küstenstaates nicht gesprochen werden. Der in Bezug genommene Art. 87 I lit. b SRÜ regelt die Freiheit des Überflugs über der Hohen See und somit auch über der AWZ. Der Luftraum über der AWZ unterliegt damit keiner Hoheitsgewalt. Es handelt sich um die Luftraumkategorie des **nichtstaatlichen Luftraums**.

23 In die AWZ eingebettet und ebenfalls an das Küstenmeer angrenzend können die Küstenstaaten eine maximal 24 Seemeilen breite **Anschlusszone** festlegen. Bei Ausnutzung der vollen zulässigen Küstenmeerbreite von 12 Seemeilen kann ein Küstenstaat damit eine selbstständige Anschlusszone von maximal 12 Seemeilen in Anspruch nehmen.[20] In ihr kann der Küstenstaat die erforderliche Kontrolle ausüben, um Verstöße gegen seine Zoll- und sonstigen Finanzgesetze, Einreise- oder Gesundheitsgesetze zu verhindern (Art. 33 SRÜ). Die von zahlreichen Staaten proklamierten Anschlusszonen haben indes keine selbstständige luftrechtliche Bedeutung. Vielmehr bilden sie den an das Küstenmeer angrenzenden Teil der AWZ, in der insgesamt gem. Art. 58 I, 87 I SRÜ die Freiheit des Überflugs gilt.

24 *(6) Hohe See.* Alle Teile des Meeres, die nicht zur AWZ, zum Küstenmeer oder zu den Archipelgewässern gehören, werden als Hohe See bezeichnet. Art. 87 I SRÜ wiederholt den seit Jahrhunderten gewohnheitsrechtlich geltenden Grundsatz, dass die Hohe See keiner Hoheitsgewalt unterliegt.[21] Die Freiheit der Hohen See umfasst gem. Art. 87 I lit. b SRÜ auch die Freiheit des Überflugs. Damit unterliegt der Luftraum über der Hohen See keiner Hoheitsgewalt und ist wie bei der AWZ als **nichtstaatlicher Luftraum** zu charakterisieren.[22]

25 *(7) Luftsicherheitszonen.* Seit den 1950er Jahren haben Staaten wie die USA, Kanada, Frankreich und Japan damit begonnen, eine ihren äußeren Luftraum-

---

19 Dazu *Proelß*, in: Vitzthum, Handbuch des Seerechts, 2006, Kap. 3 Rn. 216 ff.
20 *Vitzthum*, in: ders., Handbuch des Seerechts, 2006, Kap. 2 Rn. 187.
21 Das Konzept der „Freiheit der Hohen See" geht auf den Spanier *Francisco de Vitoria* und den Niederländer *Hugo Grotius* zurück; dazu *Wolfrum*, in: Vitzthum, Handbuch des Seerechts, 2006, Kap. 4 Rn. 1 ff.; *Thumfart*, AVR 46 (2008), 259 (270); *Grawert*, Der Staat 39 (2000), 110 (123); *Peglau*, Jura 1994, 344.
22 *Haupt*, Der Luftraum, 1931, S. 109; *Meyer*, Freiheit der Luft als Rechtsproblem, 1944, S. 65, 128; *Riese*, Luftrecht, 1949, S. 76; *Cooper*, ZLW 1965, 272 (277); *Bentzien*, ZLW 2008, 508 (514).

grenzen vorgelagerte Luftzone über dem offenen Meer als Sicherheitszone zu beanspruchen, in der von den einfliegenden Luftfahrzeugen bestimmte **Informationen über den Kurs**, die Geschwindigkeit und den Zielort verlangt werden.[23] Diese Zonen werden mit kleineren begrifflichen Nuancierungen als „Air Defense Identification Zones (ADIZ)", „Contiguous Air Space Zone", „Luftverteidigungszone", „Flugsicherungszonen" bezeichnet, gründen jedoch einheitlich auf dem sicherheitspolitischen Zweck des Küstenstaates, so früh wie möglich eine möglichst umfassende Identifikation des einfliegenden Luftfahrzeugs vornehmen zu können.[24] Ein allgemein konsentiertes Ausmaß dieser im Folgenden als Luftsicherheitszonen bezeichneten Zonen lässt sich nicht feststellen. Sie grenzen an das Küstenmeer an und erstrecken sich in der Praxis zum Teil über mehrere hundert Seemeilen auf die offene See hinaus.

Einige nationale Gesetze sehen sogar Strafen für die Piloten bei Verstößen gegen diese Pflichten vor. Darunter sind auch Staaten wie die USA, die ausdrücklich das Recht für sich in Anspruch nehmen, Flugzeuge über der Hohen See durch Militärflugzeuge abzufangen und zur Landung zu zwingen, wenn sie den Informationspflichten nicht nachkommen.

Die **Zulässigkeit von Luftsicherheitszonen** als solche und die nach den nationalen Gesetzen erlaubten Zwangsmaßnahmen sind hoch umstritten. Denn mit ihnen versuchen diese Staaten, ihre Lufthoheit über die durch das Seerecht bestimmten Grenzen hinaus auf die Hohe See auszudehnen. Ausdrückliche Regelungen über die Zulässigkeit dieser einseitig festgelegten Zonen sind weder im internationalen Luftrecht (Chicagoer Abkommen) noch im Seerecht (Seerechtsübereinkommen) enthalten. Daher müssen die allgemeinen Grundsätze zur horizontalen Abgrenzung des Luftraums zur Anwendung kommen.

Ausgangspunkt einer rechtlichen Bewertung ist die Tatsache, dass sich diese Zonen über der Hohen See erstrecken. Zwar sind luftrechtliche Regelungen über der Hohen See nicht gänzlich ausgeschlossen. So bestimmt Art. 12 Satz 3 CA, dass über dem offenen Meer die auf Grund dieses Abkommens (des Chicagoer Abkommens) aufgestellten Regeln gelten. Jedoch sind nach Sinn und Zweck des Chicagoer Abkommens hiermit nur multilateral getroffene und keine **einseitig** festgelegten Regelungen gemeint.

Außerdem wird sich das Chicagoer Abkommen nicht in Widerspruch zu den klar bestimmten seerechtlichen Zonen mit ihren spezifischen Überflugrechten setzen. Entscheidendes rechtliches Argument gegen die Zulässigkeit solcher Zonen ist die von Art. 87 I lit. b SRÜ festgelegte Freiheit des Überflugs über der Hohen See, aber wegen Art. 58 I SRÜ auch über der AWZ. Diese vorbehaltlos gewährte Freiheit kann nicht unter Berufung auf diffuse Sicherheits- oder In-

---
23 *Schladebach*, Lufthoheit, 2014, S. 443 ff.
24 *Murchison*, The Contiguous Air Space Zone in International Law, 1957; *Cuadra*, VJIL 18 (1978), 485 ff.; *Dutton*, AJIL 103 (2009), 691 ff.

formationsansprüche, die auch beim Einflug in den staatlichen Luftraum erfüllt werden können, relativiert werden. Wenn sich einige Teile im Schrifttum auf Art. 51 UN-Charta als Rechtsgrundlage berufen, wird übersehen, dass der Einflug eines Flugzeugs in eine Luftsicherheitszone keinen bewaffneten Angriff auf den Küstenstaat darstellt.[25] Für die Einschlägigkeit des Selbstverteidigungsrechts müssen zusätzliche deutliche Anzeichen vorliegen, dass das Flugzeug mit aggressiver Motivation auf den nationalen Luftraum zusteuert, also ein bewaffneter Angriff im Sinne von Art. 51 UN-Charta unmittelbar bevorsteht, der dann auch Verteidigungsmaßnahmen außerhalb des eigenen Luftraums zulässt.[26]

30 Für die rechtliche Zulässigkeit von Luftsicherheitszonen ist ebenfalls unerheblich, ob die Staaten gegen die eingerichteten Zonen protestiert oder stillschweigend die geforderten Informationen erteilt haben. Zwar wird gelegentlich behauptet, durch den fehlenden Protest gegen diese Zonen könne Völkergewohnheitsrecht entstehen.[27] Jedoch kann sich ein Völkergewohnheitsrecht nicht gegen das klare und keine Ausnahmen zulassende, das Luftrecht und Seerecht kombinierende Konzept zur Abgrenzung des Luftraums entwickeln. Tatsächliche oder behauptete Sicherheitsbedürfnisse können nicht zur Veränderung der entgegenstehenden völkerrechtlichen Rechtslage führen.

31 Die aufgrund nationalen Rechts erfolgte Errichtung von Luftsicherheitszonen außerhalb des Küstenmeeres stellt eine **Ausdehnung der Lufthoheit** der Küstenstaaten dar, die weder völkervertragsrechtlich noch völkergewohnheitsrechtlich zulässig ist. Sie stellt vielmehr einen klaren Verstoß gegen das seerechtlich determinierte Abgrenzungskonzept des Luftraums dar. Die seit den 1950er Jahren bestehende Praxis der Errichtung und Aufrechterhaltung von Luftsicherheitszonen ist völkerrechtswidrig und bedarf der zügigen Beendigung.[28]

Beispiel: Im Zuge der von China betriebenen Ausdehnung seiner Hoheitsgewalt wird gegenwärtig viel über die von China am 23.11.2013 proklamierte Luftsicherheitszone im ostchinesischen Meer diskutiert.[29] Davon erfasst werden auch zahlreiche Inselgruppen, deren Zugehörigkeit zwischen China und Japan umstritten ist. Auch hier wird von China pauschal auf nationale Sicherheitsinteressen rekurriert. Gleichzeitig ist dieses –

---

25 *Hailbronner*, Der Schutz der Luftgrenzen im Frieden, 1972, S. 95.
26 *Hailbronner*, Der Schutz der Luftgrenzen im Frieden, 1972, S. 95; *ders.*, AJIL 77 (1983), 490 (518); *ders.*, Air Law 1983, 30 (43); *Cuadra*, VJIL 18 (1978), 485 (501 ff.); *Bentzien*, Der unerlaubte Einflug von Luftfahrzeugen in fremdes Staatsgebiet und seine Rechtsfolgen, 1982, S. 106, 190; *Grief*, Public International Law in the Airspace of the High Seas, 1994, S. 153.
27 *Roach*, MPEPIL I, 2012, S. 232.
28 *Schladebach*, Lufthoheit, 2014, S. 463.
29 *Lamont*, Air & Space Law 2014, 187 ff.; *Su*, Chinese J. Int' L. 14 (2015), 271 ff.; *Almond*, Harvard National Security J. 7 (2016), 126 ff.

völkerrechtlich unzulässige – Vorgehen der abermalige Beweis dafür, dass Luftsicherheitszonen häufig als versteckte Erweiterung der politischen Einflusssphäre benutzt werden.

(8) Luftsperrgebiete. Während mit der Unzulässigkeit von Luftsicherheitszonen über der Hohen See die behaupteten Sicherheitsinteressen der Küstenstaaten zu Recht zurückzuweisen sind, können diese Interessen im **eigenen Luftraum** durch Luftsperrgebiete gewahrt werden. Deren Einrichtung bemisst sich nach Art. 9 lit. a) CA. So kann aus Gründen der militärischen Notwendigkeit oder öffentlichen Sicherheit jeder Vertragsstaat das Überfliegen bestimmter Teile seines Hoheitsgebiets für Luftfahrzeuge anderer Staaten einheitlich beschränken oder verbieten. Dabei sind die Vertragsstaaten jedoch nicht völlig frei. So müssen sich die Sperrgebiete nach Ausdehnung und Lage in vernünftigen Grenzen halten, damit sie die Luftfahrt nicht unnötig behindern.

Unter außergewöhnlichen Umständen oder während der Zeit eines Notstandes oder im Interesse der öffentlichen Sicherheit kann jeder Vertragsstaat mit sofortiger Wirkung das Überfliegen seines gesamten Hoheitsgebietes oder eines Teils davon zeitweilig beschränken oder verbieten. Fliegt ein Luftfahrzeug trotzdem in eines dieser Sperrgebiete ein, kann der betreffende Staat das schnellstmögliche Landen auf einem bestimmten Flughafen verlangen.

Wie sich aus der Beschreibung dieser luftrechtlichen Spezialzone bereits ergibt, ist zwischen Sperrgebieten und Beschränkungsgebieten zu unterscheiden. Beide Formen sind innerstaatlich durch § 26 LuftVG ausgeformt. Für **Beschränkungsgebiete** ist charakteristisch, dass in ihnen der Durchflug von Flugzeugen besonderen Auflagen unterworfen ist. Anwendungsfälle für die Einrichtung solcher Flugbeschränkungsgebiete sind Atomanlagen, Luftmanöver oder der Besuch eines gefährdeten ausländischen Staatsgastes.

Beispiel Luftsperrgebiet Gibraltar: Ein 1967 von der spanischen Regierung im Gebiet um die britische Kronkolonie errichtetes Luftsperrgebiet führte nicht nur zu erheblichen Behinderungen des An- und Abflugs von und nach Gibraltar, sondern auch zu einer langwierigen Auseinandersetzung zwischen den beiden Vertragsstaaten über die Auslegung des Art. 9 CA.[30]

Beispiel Luftbeschränkungsgebiet Berliner Innenstadt: Durch den Absturz eines Kleinflugzeugs auf dem Platz der Republik vor dem Berliner Reichstagsgebäude am 22.7.2005 ist der Öffentlichkeit auf eindringliche Weise bewusst geworden, dass nicht nur andernorts, sondern auch in Deutschland Verfassungsorgane und andere wichtige Einrichtungen aus der Luft potenziell verletzbar sind.[31] Der Vorfall hat – wie bereits der Irrflug eines Motorseglers über der Innenstadt von Frankfurt am Main am 5.1.2003, dessen

---

30 *Eisemann*, ZLW 1970, 165 ff.; *Uhl*, in: Hobe/von Ruckteschell, Kölner Kompendium des Luftrechts, Bd. 1, 2008, II B Rn. 58.
31 *Schladebach*, Lufthoheit, 2014, S. 213; *Baumann*, DÖV 2006, 331 ff.

Pilot nach einer Telefonverbindung in die USA verlangte[32] – offenbart, dass ein Missbrauch von Kleinflugzeugen gegen Großstädte oder andere sicherheitsempfindliche Orte (z. B. Kernkraftwerke, Sportstadien) fast unbemerkt möglich ist, weil die nach Sichtflugregeln verkehrenden Luftfahrzeuge nicht von Radareinrichtungen erfasst werden. Zum Schutz des Berliner Regierungsviertels hat daher das Bundesministerium für Verkehr, Bau- und Wohnungswesen zum 1.8.2005 ein Flugbeschränkungsgebiet für alle Flüge nach Sichtflugregeln über dem Berliner Innenstadtgebiet innerhalb des S-Bahn-Rings errichtet. Die Flugbeschränkungen sollen im Bedarfsfall durch Polizeihubschrauber durchgesetzt werden, die etwaige Luftraumverletzer abdrängen sollen.

35 Während in der Vergangenheit von den Schutzinstrumenten des Luftsperrgebiets nur sehr zurückhaltend Gebrauch gemacht worden ist, erscheint die Prognose realistisch, dass der Schutz vor terroristischen Anschlägen aus der Luft und der Schutz von sportlichen bzw. kulturellen Großereignissen künftig häufiger Anlass dazu geben kann, sich den rechtlichen Möglichkeiten des Art. 9 CA i. V. m. den nationalen Luftverkehrsgesetzen verstärkt zuzuwenden. Zu denken ist dabei an Olympische Spiele, Fußball-WMs, Fußball-EMs oder Open-Air-Konzerte.

c) Vertikale Abgrenzung

36 *(1) Erfordernis der Grenzbestimmung.* Die Bestimmung der vertikalen Grenze des Luftraums ist erforderlich für die staatsrechtliche Frage, **in welcher Höhe** das Staatsgebiet und somit die Lufthoheit enden. Die Diskussion um eine Grenze hat von der Grundannahme auszugehen, dass sich das Staatsgebiet im Raum nicht unbegrenzt in vertikaler Richtung fortsetzen kann. Denn zum einen schließt sich oberhalb der senkrechten Luftsäule der Weltraum an, der gem. Art. I Weltraumvertrag einen hoheitsfreien Rechtsstatus besitzt. Zum anderen ist zu berücksichtigen, dass die Ausübung von Hoheitsgewalt durch Kontroll- und Zwangsbefugnisse mittels Luftfahrzeugen wegen der aerodynamischen Bedingungen nur bis zu einer den Gesetzmäßigkeiten der Luftfahrttechnik folgenden Höhe möglich ist. Festzustellen ist zunächst, dass die vertikale Ausdehnung des Luftraums – anders als die horizontale – rechtlich nicht geregelt ist.

37 *(2) Theorien zur Abgrenzung.* In den letzten Jahrzehnten hat sich deshalb ein **breites Meinungsspektrum** entwickelt, das nach Einschätzung mancher Autoren zu 32[33] bzw. zu 35[34] Auffassungen geführt hat. Die Debatte ist dabei nicht nur von rechtlichen Erwägungen, sondern auch von Sicherheits-, Wirtschafts-, Verkehrs-, Kommunikations- und Militärinteressen und damit von außerrecht-

---

[32] BT-Drs. 15/2361, S. 14.
[33] *Goedhart*, The never ending Dispute: Delimitation of Air Space and Outer Space, 1996, S. 3 ff.
[34] *Matte*, in: Bernhardt, EPIL IV, 2000, S. 552 (555).

lichen Wertungen geprägt. Nachfolgend sollen nur die Haupttheorien vorgestellt werden.[35]

Die beiden Extrempositionen stammen bereits aus den Jahren 1957 und 1960. So hat der sowjetische Völkerrechtler *Zadoroshny* 1957 vorgeschlagen, die obere Grenze des Luftraums bei 20–30 km Höhe festzulegen.[36] In Anbetracht der von ihm erkannten Potenziale, die der erste Sputnik-Start am 4.10.1957 für die gesamte Menschheit eröffnete, verband er mit dieser niedrigsten Grenzlinie die Erwartung, dass der Weltraum als neu erschlossener Interaktionsraum der damaligen Sowjetunion die größten Nutzungsmöglichkeiten erhielt.

Dagegen vertrat der deutsche Völkerrechtler *Rinck* im Jahre 1960, die Lufthoheit eines Staates müsse so weit reichen wie die Anziehungskraft der Erde.[37] Der Luftraum ende daher in einer Höhe von 1,5 Mio. km. Seiner Ansicht nach diene die Lufthoheit dazu, dass der Staat nicht gegen seinen Willen umkreist, fotografiert und bombardiert werden könne. Dies aber sei heute (1959) auch durch Erdsatelliten möglich, was mit dem Schutzzweck der Souveränität kollidiere. Deshalb sollte die staatliche Souveränität im Luftraum räumlich so weit ausgedehnt werden, dass sie auch Erdsatelliten erfasse. Beide Ansichten waren durch die einsetzende Raumfahrt veranlasst und konnten sich vor allem deswegen nicht durchsetzen, weil sie grundlegende physikalische Gesetzmäßigkeiten außer Acht ließen.

Unter den zahlreichen Vorschlägen ragen die vier folgenden heraus: Schon 1957 hatte der ungarisch-amerikanische Naturwissenschaftler *Theodor von Kármán* (1881–1963) die theoretisch maximale Höhe, bis zu der Flugverkehr auf der Grundlage des hierfür zwingend notwendigen Luftauftriebs (Aerodynamik) noch möglich ist, berechnet.[38] Grundthese seiner Überlegungen ist die Tatsache, dass mit zunehmender Höhe und dünner werdender Luft ein Luftfahrzeug immer schneller fliegen müsste, um genügend Luftauftrieb zu bekommen. Ab einer bestimmten Grenze würde das Luftfahrzeug jedoch durch die Reibungshitze schmelzen. Oberhalb dieser Höhe seien Flüge nur mit der *Keplerschen* Kraft und somit auf einer Erdumlaufbahn möglich. Danach liegt die maximale Flughöhe für Luftfahrzeuge bei 83 km.

---

35 Umfassend dazu *Schladebach*, Lufthoheit, 2014, S. 168 ff.
36 *Reinhardt*, J. Air L. & Com. 72 (2007), 65 (115 Fn. 377 unter Hinweis auf die London Times, Oct. 18, 1957, S. 5); *Khan*, Die deutschen Staatsgrenzen, 2004, S. 634 in Fn. 79.
37 *Rinck*, ZLW 1960, 191 (196); *ders.*, in: Strupp/Schlochauer, Wörterbuch des Völkerrechts, Bd. 2, 1961, S. 437 (438).
38 Dazu *Meyer*, ZLW 1965, 296 (309); *Dauses*, Die Grenze des Staatsgebiets im Raum, 1972, S. 77 ff.; *Vitt*, in: Böckstiegel, Handbuch des Weltraumrechts, 1991, S. 35 (40 f.); *Oduntan*, Hertfordshire Law J. 1 (2003), 64 (72 ff.); *ders.*, Sovereignty and Jurisdiction in the Airspace and Outer Space, 2012, S. 297 ff.; *Hobe*, in: ders./von Ruckteschell, Kölner Kompendium des Luftrechts, Bd. 1, 2008, II A Rn. 12.

41 Diese Theorie wurde nachfolgend vielfach juristisch als *Kármán Primary Jurisdictional Line* übernommen.[39] Sie beruht unter juristischen Aspekten auf der Vorstellung, dass das internationale Luftrecht in Form des früheren Pariser Luftverkehrsabkommens von 1919 (Anhang A) und des Chicagoer Abkommens von 1944 (Anhang 7) von der Lufthoheit der Staaten ausgeht, die durch Luftfahrzeuge wahrgenommen wird. Diese werden in den erwähnten Anhängen wie folgt erläutert: „Das Wort ‚Luftfahrzeug' umfasst alle Geräte, die sich infolge der Eigenschaften der Luft im Luftraum halten können." (1919) bzw. „Luftfahrzeug: Jedes Gerät, das sich infolge der Eigenschaften der Luft im Luftraum halten kann." (1944). Souveränität im Luftraum könne nicht jenseits einer Höhe existieren, bis zu der Luftfahrzeuge noch die Fähigkeit besitzen, zu fliegen.

42 Eine zweite Ansicht will die obere Luftraumgrenze aus der Sicht des Weltraums, d.h. als unterste Grenze des Weltraums, bestimmen.[40] Danach solle die Grenze flexibel in Abhängigkeit vom Stand der Satellitentechnik verlaufen. So gehöre derjenige Teil seiner Satellitenumlaufbahn (schon) zum Weltraum, in welchem der Satellit bei größtmöglicher Annäherung an die Erde nicht abstürze. Diese Grenze liege derzeit bei etwa 100 km.

43 Auf eine Initiative der früheren Sowjetunion bei den Vereinten Nationen im Jahre 1978 geht der – 1983 wiederholte – Vorschlag zurück, generell eine Grenze bei 100 km über der Erdoberfläche anzuerkennen, verbunden mit dem Recht auf friedlichen Durchflug von Satelliten zum bzw. vom Weltraum unterhalb dieser Grenze.[41] Die erwähnte Grenze machte sich die Russische Föderation im Jahr 1996 ausdrücklich zu Eigen.[42]

44 Eine vierte Ansicht lehnt das Erfordernis einer Grenzziehung zwischen beiden Räumen kategorisch ab. Die Gründe hierfür sind vielfältig:[43] Einige Autoren wollen es der internationalen Praxis überlassen, Abgrenzungskriterien zu identifizieren. Andere Vertreter befürchten, eine Grenzziehung könnte zu Kollisionen mit dem internationalen Luftverkehr führen. Wiederum andere Teile überantworten das Problem den Naturwissenschaftlern. Ein weiteres gängiges Argument besteht in dem Hinweis, dass das Fehlen einer solchen Grenze bisher noch zu keinen Schwierigkeiten geführt habe. Der Versuch, ein Abkommen

---

39 *Haley*, Space Law and Government, 1963, S. 75 ff.,107; *Meyer*, ZLW 1965, 2 (14); *ders.*, ZLW 1965, 296 (309).
40 Dazu *Oduntan*, Hertfordshire Law J. 1 (2003), 64 (79); *ders.*, Sovereignty and Jurisdiction in the Airspace and Outer Space, 2012, S. 306 ff.
41 Siehe die Nachw. bei *Schladebach*, Lufthoheit, 2014, S. 172.
42 UNCOPUOS, U.N. Doc. A/AC 105/635/Add. 1, S.6 (Mar. 15, 1996).
43 Dazu *Goedhart*, The never ending Dispute: Delimitation of Air Space and Outer Space, 1996, S. 6 ff.; *Oduntan*, Sovereignty and Jurisdiction in the Airspace and Outer Space, 2012, S. 285 ff.; *Vitt*, in: Böckstiegel, Handbuch des Weltraumrechts, 1991, S. 35 (44 ff.); *Matte*, in: Bernhardt, EPIL IV, 2000, S. 552 (555); *Häußler*, JA 2002, 817 (823).

über eine feste Grenze zu schließen, soll zudem das unerwünschte Risiko bergen, dass einige Staaten neue Hoheitsansprüche in Analogie zur Hohen See erheben könnten. Darüber hinaus wird prognostiziert, ein späteres Abkommen würde eine tiefere Grenze fixieren als ein gegenwärtiges Abkommen. Bemängelt wird außerdem die fehlende spätere Reduzierbarkeit einer einmal zu hoch festgelegten Grenze. Schließlich ist zu berücksichtigen, dass eine Grenzziehung vielfach insbesondere deshalb für entbehrlich erachtet wird, weil sie die Freiheit der wirtschaftlichen Weltraumnutzung, vor allem der nahen Weltraumschichten, einschränken würde. Die erwähnten Gründe, die einer Grenzziehung die praktische Relevanz absprechen, offenbaren in ihrer Gesamtheit, dass es sich in erster Linie um politische Erwägungen handelt, für die die rechtlichen Maßstäbe nur als formaler Transporteur dienen.

(3) Eigener Ansatz. Diese relativierende Haltung kann nur begrenzt überzeugen. Denn – wie erwähnt – wird mit der oberen Luftraumgrenze das Staatsgebiet in vertikaler Richtung markiert. Hierfür bedarf es **klarer Festlegungen**, die von den weltraumpolitischen Interessen weder relativiert werden, noch praktisch betroffen sein können. 45

Gelegentlich wird die Thematik auch als unbeachtliche Wiederholung einer Entwicklungsländerproblematik der 1970er Jahre betrachtet. Diese despektierliche Kategorisierung erscheint ebenso zweifelhaft wie die Annahme, die Bestimmung der Grenzlinie könne sich gewohnheitsrechtlich ermitteln lassen. Dies wurde zum Teil unter Hinweis auf die tiefsten Umlaufbahnen amerikanischer und russischer Satelliten vertreten.[44] Jedoch sind nur sehr wenige Staaten technisch in der Lage, Raumfahrt zu betreiben und insoweit eine lang andauernde, einheitliche Übung zu etablieren. Der Vorschlag, auf eine solche Übung in derart neuen Rechtsgebieten wie dem Weltraumrecht auf der Grundlage eines behaupteten Instant Customary Law verzichten zu können,[45] hat wegen seiner konzeptionellen Brüche zu Recht keine Gefolgschaft gefunden.[46] Auch die Tatsache, dass der zu beobachtenden Umlaufpraxis von der überwiegenden Zahl der anderen, nicht Raumfahrt betreibenden Staaten nicht widersprochen worden ist, kann ein zu erwägendes Gewohnheitsrecht nicht entstehen lassen. 46

---

44 *Schwartz,* ZLW 1988, 228 (233); *Vitt,* in: Böckstiegel, Handbuch des Weltraumrechts, 1991, S. 35 (46).
45 *Cheng,* United Nations Resolutions on Outer Space: „Instant" International Customary Law?, IJIL 5 (1965), 23 ff.; *ders.,* Studies in International Space Law, 1997, S. 125 ff.; *Jennings,* ICLQ 13 (1964), 385 ff.; *ders.,* RdC 121 (1967 II), 334 ff.; *Parry,* The Sources and Evidences of International Law, 1965, S. 59 ff.
46 *Verdross/Simma,* Universelles Völkerrecht, 1984, § 571; *Ipsen/Heintschel von Heinegg,* Völkerrecht, 6. Aufl. (2014), § 17 Rn. 5; *Kempen,* Völkergewohnheitsrecht, in: Schöbener, Völkerrecht, 2014, S. 504 (506).

Es fehlt an einer entsprechenden Übung und deshalb am objektiven Element der Entstehung von Völkergewohnheitsrecht.

47 Jüngere Untersuchungen zu dieser Frage beweisen ihre bleibende Aktualität. Neben den genannten ausführlichen Analysen von *Goedhart* (1996), *Oduntan* (2003 und 2012) und *Reinhardt* (2007)[47] hat sich auch der UN-Weltraumausschuss kürzlich erneut mit der Thematik befasst.[48] Das neuere Schrifttum sieht die Abgrenzungsfrage somit keineswegs als aktualisiertes Entwicklungsländerproblem der 1970er Jahre an, sondern setzt sich – unabhängig von der im Einzelfall sinnvoll erscheinenden genauen Höhe – für eine klare Grenzziehung ein.[49] In diesem Sinne merkte *Maurice N. Andem* ebenso zutreffend wie prägnant an:

„As a matter of fact, mankind cannot wait another 50 years in order to accumulate enough scientific and technical data before practical steps could be taken to select a specific altitude above sea level as a boundary between airspace and outer space."[50]

48 Bei der staats- und völkerrechtlich zwingend erforderlichen Bestimmung der vertikalen Grenze des Luftraums kann nicht ignoriert werden, dass Flugverkehr nach den Grundsätzen der Aerodynamik nur bis zu einer maximalen Höhe von 83 km möglich ist. Dem steht nicht entgegen, dass es bislang praktisch nur möglich ist, mit Militärflugzeugen in einer Höhe von 50–60 km zu fliegen. Oberhalb dieser 83 km kann der Bodenstaat Hoheitsgewalt mit Luftfahrzeugen nicht ausüben. Der Festlegung der Luftraumgrenze bei 83 km steht ebenfalls nicht der gelegentlich zu vernehmende Einwand entgegen, dass der Bodenstaat sich doch auch mit Raketen schützen könne, die deutlich größere Höhen als 83 km erreichen.[51] Der Einsatz von Raketen richtet sich nach dem raumunabhängigen Kriegsrecht und gerade nicht nach dem Luftrecht. Der Betrieb von Raketen erfolgt nicht auf der physikalischen Grundlage der Aerodynamik. Für die luftrechtliche Abgrenzungsfrage kann sich daher aus dem Raketenbetrieb nichts ergeben.

49 Alle anderen Theorien, die Grenzlinien ab 100 km oder mehr präferieren, können nicht überzeugend erklären, wie Flugverkehr und damit Ausübung von Lufthoheit über 83 km und damit entgegen anerkannter aerodynamischer Ge-

---

47 *Reinhardt*, J. Air L. & Com. 72 (2007), 65 ff.
48 UNCOPUOS, U.N. Doc. A/67/20: Report of the 55th. Session of UNCOPUOS, 6.–15.6.2012, para 254 f.: "Definition and Delimitation of Outer Space".
49 *Matte*, in: Bernhardt, EPIL IV, 2000, S. 552 (555); *Oduntan*, Hertfordshire Law J. 1 (2003), 64 (69 ff., 81 ff.); ders., Sovereignty and Jurisdiction in the Airspace and Outer Space, 2012, S. 290 ff.; *Harris/Harris*, Space Policy 2006, 3 (6); *Reinhardt*, J. Air L. & Com. 72 (2007), 65 (135); *Schladebach/Platek*, JuS 2010, 499 (501).
50 *Andem*, International Legal Problems in the Peaceful Exploration and Use of Outer Space, 1992, S. 153.
51 Dazu *Schladebach*, Lufthoheit, 2014, S. 177.

setzmäßigkeiten betrieben werden soll. Der staatliche Luftraum endet in vertikaler Richtung somit bei der von *Theodor von Kármán* erarbeiteten Höhenlinie von 83 km.

Mit dieser Grenze ist allerdings noch nichts zu der weiterführenden Frage gesagt, ob sich direkt daran der hoheitlich freie Weltraum anschließt. Für diesen ist kennzeichnend, dass Weltraumgegenstände sich auf **Erdumlaufbahnen** bewegen. Übereinstimmend wird angenommen, dass die Bewegung auf Erdumlaufbahnen nur bis zu einer maximalen Tiefe von 100 km möglich ist. Andernfalls wirkt die Luftdichte der Erde so stark bremsend, dass die Erdanziehungskraft über die für den Weltraumflug essentielle Zentrifugalkraft die Oberhand gewinnt, wodurch der Weltraumgegenstand zum Absturz gebracht wird. Aufgrund dieser physikalischen Umstände kann der Weltraum erst bei einer Höhe von 100 km beginnen.

Dies hat eine weder dem Luftraum, noch dem Weltraum zuzuordnende **Zwischenzone** von etwa 17 km Höhe zur Folge. Mit der Anerkennung dieser Zone zwischen Luft- und Weltraum ist ein Angrenzen von Luft- und Weltraum abzulehnen, was kürzlich als "Zwischenzonentheorie" in die wissenschaftliche Debatte zum Luft- und Weltraumrecht eingeführt worden ist.[52] Das in dieser Zwischenzone geltende Rechtsregime wurde mittlerweile näher konturiert. Es enthält insbesondere ein Recht auf friedlichen Durchflug von Weltraumgegenständen, insbesondere von Raumfähren, vom Luftraum zum Weltraum und zurück.

II. Der nichtstaatliche Luftraum

Während die Welt zu großen Teilen hoheitsrechtlich in staatliche Lufträume in der Form senkrechter Luftsäulen aufgeteilt ist, existieren auch Räume ohne Lufthoheit einzelner Staaten. Diese Räume werden als nichtstaatlicher Luftraum bezeichnet.

1. Hohe See

Der Luftraum über der Hohen See ist nach Art. 87 I lit. b) SRÜ ein hoheitsfreier Gemeinschaftsraum. Kein Staat ist berechtigt, sich dort Lufthoheit anzumaßen. Zu erinnern ist daran, dass zur Hohen See auch die Ausschließlichen Wirtschafszonen gehören, da der Verweis des Art. 58 I SRÜ auf Art. 87 I SRÜ anzeigt, dass die AWZ hoheitsrechtlich dem Rechtsregime der Hohen See unterliegt. Die Frage, ob ein Flugzeug noch im nichtstaatlichen Luftraum über der

---
[52] *Schladebach*, Lufthoheit, 2014, S. 179 ff.

Hohen See fliegt oder aber schon die Grenze zum staatlichen Luftraum überflogen hat, ist in der Praxis eine der am häufigsten auftretenden Streitfragen zwischen den involvierten Staaten. Diese Problematik der Luftraumverletzungen wird an späterer Stelle behandelt. Jedoch soll bereits hier ein erstes Beispiel genannt werden.

Beispiel Südchinesisches Meer: Am 1.4.2001 kollidierte ein U.S.-amerikanisches Militärflugzeug vom Typ EP-3E (Propellerflugzeug) bei einem Aufklärungsflug über dem südchinesischen Meer im Luftraum über der Hohen See mit einem chinesischen Militärflugzeug vom Typ F-8, was den Absturz des chinesischen Flugzeugs zur Folge hatte.[53] Letzteres war so dicht an das U.S.-Flugzeug herangeflogen, dass es mit seinem Heck zwei Propeller, einen Flügel und die Spitze des U.S.-Flugzeugs berührte. Dadurch zerbrach die chinesische F-8 und stürzte ab. Der chinesische Pilot kam ums Leben. Das beschädigte U.S.-Flugzeug musste in den chinesischen Luftraum einfliegen und auf der Insel Hainan notlanden. Bei der anschließenden diplomatischen Auseinandersetzung zwischen China und den USA war strittig, wo genau das U.S.-Flugzeug unterwegs war.

2. Polargebiete

54   Die Polargebiete, d.h. die Arktis und die Antarktis, sind staatenlose Gebiete. Für die Kategorisierung des Luftraums über diesen besonderen Gebieten ist erneut maßgeblich, welchen seerechtlichen Regelungen sie unterliegen.[54] Die Arktis besteht vollständig aus Wasser, so dass sie der Hohen See zuzuordnen ist, über der der Luftraum nach Art. 87 I lit. b) SRÜ hoheitlich frei ist. Es handelt sich damit über der Arktis um nichtstaatlichen Luftraum.

55   Für die Antarktis gilt der Antarktisvertrag vom 1.12.1959, der alle ursprünglichen Hoheitsansprüche eingefroren und neue Hoheitsansprüche ausgeschlossen hat (Art. IV des Vertrags).[55] Die Antarktis besteht aus Landgebiet einerseits und eisbedecktem Wassergebiet andererseits. Für das antarktische Landgebiet resultiert der Rechtsstatus des nichtstaatlichen Luftraums aus dem durch den Antarktisvertrag begründeten Status als hoheitsfreiem Gemeinschaftsraum. Für die außerdem vorhandenen Wassergebiete sind die Regelungen über die Hohe See anzuwenden, so dass auch der über den Wassergebieten befindliche Luftraum als nichtstaatlicher Luftraum zu qualifizieren ist.

56   Dass jedoch der Antarktisvertrag nur noch eine vermeintliche Befriedung der zahlreichen territorialen Ansprüche der Antarktisstaaten darstellt, zeigt eindrucksvoll der Umstand, dass Australien als Vertragsstaat mit Gesetz von 1994

---

53 *Bentzien*, ZLW 2002, 3 ff.; am Geschehen zweifelnd *Jing*, ZLW 2002, 557 ff.
54 *Bentzien*, ZLW 2008, 508 (516); schon früher *Meyer*, Freiheit der Luft als Rechtsproblem, 1944, S. 110; *Haupt*, Der Luftraum, 1931, S. 116; *Bruns*, Der Begriff des „freien Luftraums" im Völkerrecht, 1932, S. 41.
55 Antarktisvertrag vom 1.12.1959 (BGBl. 1978 II S. 1517).

eine AWZ für „sein" antarktisches Territorium ausgewiesen hat.[56] Obwohl die Ausweisung einer AWZ gerade keinen unmittelbaren Gebietsanspruch verkörpert, kann ihre Geltendmachung als küstenstaatliches Verhalten interpretiert werden, mit dem sich mittelbar durchaus Ansprüche vorbehalten werden.

---

56 *Proelß*, in: Vitzthum, Handbuch des Seerechts, 2006, Kap. 3 Rn. 222.

2. Teil

Öffentliches Luftrecht

§ 4 Internationales öffentliches Luftrecht

I. Das Chicagoer Abkommen von 1944

1. Ziele der Konferenz von Chicago

1   Mit dem Ziel, den rechtlichen Rahmen des Pariser Luftverkehrsabkommens von 1919 weltweit auszudehnen und ihn inhaltlich den Bedingungen des zunehmenden Luftverkehrs anzupassen, trafen sich vom 1.11. bis 7.12.1944 auf Einladung der USA Vertreter aus 54 Staaten zur **Internationalen Zivilluftfahrt-Konferenz in Chicago**.[1] Zwar war der internationale zivile Luftverkehr im Jahre 1944 bekanntlich wegen des Zweiten Weltkriegs größtenteils zum Erliegen gekommen. Jedoch hielten die USA als Initiator der Chicagoer Konferenz diese vorübergehende Unterbrechung für einen geeigneten Zeitpunkt, um für die Nachkriegszeit eine international akzeptierte Rechtsordnung im Hinblick auf den immer deutlicher als Wirtschaftsfaktor erkannten zivilen Luftverkehr zu schaffen.

2   Den USA kam dabei zugute, dass sie zur Versorgung ihrer Streitkräfte in Europa, Asien und Australien ein weltumspannendes Lufttransportsystem errichtet hatten. Dieses ließ sich recht leicht in ein ziviles Luftverkehrsnetz umwandeln und bedurfte nach dem Krieg ohnehin einer Verwendung. Aus der Intensivierung des interkontinentalen Militärluftverkehrs ließ sich ablesen, dass nach dem Krieg die Aufnahme eines regelmäßigen Linienverkehrs der Zivilluftfahrt auf diesen Strecken möglich werden würde.[2] Um die absehbaren Potenziale im internationalen Luftverkehr bestmöglich nutzen zu können, hielten die USA internationale Verhandlungen über die zukünftige Gestaltung des zivilen Luftverkehrs für erforderlich.

3   Kernanliegen der teilnehmenden Staaten war die weitgehende **Liberalisierung** des bis dahin hauptsächlich national ausgerichteten Luftverkehrs. Außer-

---

[1] Zu den Zielen und dem Verlauf der Chicagoer Konferenz *Riese*, Luftrecht, 1949, S. 97 ff.; *ders.*, AöR 74 (1948), 319 ff.; *Cooper*, ZLW 1965, 272 ff.; *Pogue/Pogue*, AASL XIX-I (1994), 1 ff.; *Davis*, AASL XIX-I (1994), 55 ff.; *Milde*, AASL XIX-I (1994), 401 ff.; *Weber*, ZLW 2004, 289 ff.
[2] *Riese*, Luftrecht, 1949, S. 97; *ders.*, AöR 74 (1948), 319 (320); *Lübben*, Das Recht auf freie Benutzung des Luftraums, 1993, S. 40.

dem sollte eine internationale Behörde zur Koordinierung des Luftverkehrs eingerichtet werden. Beide Anliegen mussten angesichts der zu diesem Zeitpunkt stark auf Souveränität bedachten Außenpolitik der Teilnehmerstaaten als sehr ambitioniert gelten.[3]

2. Zentrale Streitfragen

Sehr umstritten war die Frage, wie die insbesondere von den USA gewünschte Liberalisierung des Luftverkehrs erreicht werden konnte. Zusammen mit einigen anderen Staaten unterbreiteten sie den interessanten Vorschlag, durch generelle Regelungen gewerbliche Rechte für die Luftverkehrsunternehmen der Vertragsstaaten festzuschreiben.

Gegen eine so organisierte vollständige Öffnung der nationalen Luftverkehrsmärkte führten andere Staaten das **Prinzip der Lufthoheit** an, das zu dieser Zeit bereits völkergewohnheitsrechtliche Geltung erlangt hatte. Durch multilateral niedergelegte gewerbliche Verkehrsrechte würden, so die Vertreter dieser Staaten, das Lufthoheitsprinzip und folglich ihre staatliche Souveränität unangemessen eingeschränkt. Ein sinnvoller Kompromiss zwischen beiden Positionen schien schwierig zu finden.

Eine zweite Streitfrage betraf die **Kompetenzen** der beabsichtigten internationalen Koordinierungsbehörde. Während die Einrichtung einer derartigen Behörde weitgehend mitgetragen wurde, gab es von einigen Staaten bestimmte Vorbehalte gegen eine zu starke Stellung einer solchen Institution. Auch hier taten sich die USA hervor, diesmal allerdings als bremsender Akteur. Bekanntlich nahmen und nehmen die USA gegenüber den Befugnissen von internationalen Behörden eine eher reservierte Haltung ein. Angesichts dessen war es schon damals nicht verwunderlich, dass auch auf der Chicagoer Konferenz intensiv über die Kompetenzen der neuen Behörde in Abgrenzung zu denjenigen der Vertragsstaaten debattiert wurde.

3. Wesentliche Ergebnisse

Am 7.12.1944 wurde das Chicagoer Abkommen über die Internationale Zivilluftfahrt unterzeichnet.[4] Es wurde durch zwei Zusatzabkommen vom selben Tag, die Transitvereinbarung[5] und die Transportvereinbarung[6], ergänzt. Obwohl das Chicagoer Abkommen nicht alle Forderungen der Vertragsstaaten

---
3 *Schladebach*, Lufthoheit, 2014, S. 79 ff.
4 BGBl. 1956 II S. 412; 15 UNTS 295.
5 BGBl. 1956 II S. 442; 84 UNTS 389.
6 171 UNTS 387.

erfüllen konnte, etablierte es aber mit seinen durchaus detaillierten Regelungen die bis heute geltende Rechtsordnung für den internationalen Zivilluftverkehr. Seine Bedeutung dürfte daher mit **„Magna Charta des internationalen Luftrechts"** zutreffend beschrieben sein.

a) Prinzip der Lufthoheit

8   Das schon im Pariser Luftverkehrsabkommen von 1919 niedergelegte Prinzip der Lufthoheit hatte sich seit dieser Zeit nicht nur in den Vertragsstaaten von Paris, sondern auch weltweit als Völkergewohnheitsrecht durchgesetzt. Trotz verschiedener Versuche, dieses Prinzip zumindest unter luftverkehrswirtschaftlichen Gesichtspunkten zu relativieren, bestand das **bedeutendste Ergebnis** der Chicagoer Konferenz in der Bestätigung des Lufthoheitsprinzips. Als zentrales Prinzip des internationalen Luftrechts wurde die Formel des Pariser Abkommens aufgegriffen und mit Art. 1 CA an herausgehobener Stelle bestimmt:

„Die Vertragsstaaten erkennen an, dass jeder Staat über seinem Hoheitsgebiet volle und ausschließliche Lufthoheit besitzt."

9   Obwohl die Debatten um das Lufthoheitsprinzip unter starker wirtschaftlicher Schwerpunktsetzung geführt worden sind, so dürfen mit Blick auf das nun bestätigte Prinzip die **Souveränitätsansprüche** der Vertragsstaaten in ihrem Luftraum nicht unterschätzt werden. Gerade unter dem Eindruck des in Europa und Asien geführten Zweiten Weltkriegs und insbesondere des erstmals geführten Luftkriegs wäre es eine große Überraschung gewesen, wenn die Vertragsstaaten von dem ab 1919 weltweit anerkannten Prinzip der Lufthoheit abgerückt wären.

b) Verkehrsrechte

10 Ein weiteres, für die Organisation des weltweiten Luftverkehrs wichtiges Ergebnis bestand in der Festlegung von Verkehrsrechten. Ihr rechtlicher Gehalt ergibt sich jedoch nicht ausdrücklich aus dem Chicagoer Abkommen, sondern aus einer Zusammenschau dieses Abkommens mit der ebenfalls in Chicago 1944 beschlossenen Transitvereinbarung und der Transportvereinbarung.

11 *(1) Multilaterales Konzept.* Als Folge der Anerkennung uneingeschränkter staatlicher Lufthoheit bestimmt Art. 6 CA, dass der planmäßige internationale Fluglinienverkehr über oder in das Hoheitsgebiet eines Vertragsstaates nur mit der besonderen Erlaubnis des Bodenstaates betrieben werden darf. Durch dieses Erfordernis, der Erlaubnis des Bodenstaates, wird dessen Lufthoheit gesichert. Auf welche Weise diese Erlaubnis zu erteilen ist, lässt der Text des Chicagoer Abkommens indes offen.

Unter dem erheblichen Liberalisierungsdruck versuchten die Teilnehmerstaaten, die von Art. 6 CA geforderte Erlaubnis auf **multilateralem Wege** zu regeln. Zu diesem Zweck wurden die beiden bereits erwähnten Zusatzabkommen geschlossen: Die Transitvereinbarung und die Transportvereinbarung.

In den Beratungen wurden zunächst diejenigen – allgemein gesprochen – Flugbewegungen kategorisiert, die den internationalen Fluglinienverkehr prägen. Die nach Abflug-, Überflug- und Zielstaat aufgezählten Flugbewegungen sollten sodann als Rechte der Luftverkehrsunternehmen der Vertragsstaaten festgelegt werden. Die so konzipierten Rechte sind als Verkehrsrechte oder – etwas pathetischer, wie auch in den beiden Vereinbarungen selbst – als „Freiheiten der Luft" bezeichnet worden. Dieser Begriff ist jedoch insofern missverständlich, als er suggeriert, es würde im internationalen Luftrecht eine Luftfreiheit geben, was spätestens seit den Erkenntnissen aus dem Ersten Weltkrieg und dem nachfolgenden Art. 1 des Pariser Luftverkehrsabkommens von 1919 von niemandem mehr ernsthaft vertreten worden ist. Diese falsche Begrifflichkeit unterstellt zudem, dass Verkehrsrechte unabhängig von einer multi- oder bilateralen Gewährung durch andere Staaten vorausgelagert abstrakt existieren, was nicht der Fall ist. Vorzugswürdig und allein richtig erscheint daher nur die Bezeichnung „**Verkehrsrechte**",[7] die sich in sogenannte technische Verkehrsrechte und sogenannte gewerbliche Verkehrsrechte unterteilen.

(2) Die Transitvereinbarung. Die Transitvereinbarung regelt die **zwei technischen Verkehrsrechte**. Art. I Abschnitt 1 beschreibt sie wie folgt:

„Jeder Vertragsstaat gewährt den anderen Vertragsstaaten im planmäßigen internationalen Fluglinienverkehr folgende Freiheiten der Luft:

1) das Recht, sein Hoheitsgebiet ohne Landung zu überfliegen;
2) das Recht, zu nicht-gewerblichen Zwecken zu landen."

Während das unter 1) geregelte **Überflugrecht** ohne weiteres verständlich ist, erscheint die Formulierung „zu nicht-gewerblichen Zwecken" klärungsbedürftig. Auch die Legaldefinition in Art. 96 d) CA trägt nur wenig zur Klärung des Begriffs bei. Danach ist darunter eine Landung zu jedem anderen Zweck als zum Aufnehmen oder Absetzen von Fluggästen, Fracht oder Post zu verstehen. Mit dem Begriff „zu nicht-gewerblichen Zwecken" sind **Notlandungen** im Gebiet eines Vertragsstaates gemeint, denen Schäden am Flugzeug, fehlender Treibstoff, aber auch Anschläge auf das in der Luft befindliche Flugzeug zugrunde liegen können. Für solche Notlandungen haben die Vertragsstaaten generell ihre Erlaubnis erteilt.

---

[7] *Schladebach*, Lufthoheit, 2014, S. 186; *Haanappel*, The Law and Policy of Air Space and Outer Space, 2003, S. 105: "right is the more proper term".

16 Die Transitvereinbarung ist nach der Ratifizierung durch die überwiegende Zahl der Vertragsstaaten des Chicagoer Abkommens in Kraft getreten. Sie stellt die auf multilateralem Wege erteilte Erlaubnis nach Art. 6 CA dar und schränkt insoweit das in Art. 1 CA niedergelegte Lufthoheitsprinzip ein. Von den 190 Vertragsstaaten des Chicagoer Abkommens gehören zwar 129 Staaten der Transitvereinbarung an, allerdings haben im Hinblick auf den internationalen Zivilluftverkehr bedeutende Staaten wie Brasilien, China, Indonesien, Kanada, Mongolei und Russland diese Vereinbarung nicht ratifiziert. Dieser Umstand und die territoriale Größe der genannten Staaten verursachen erhebliche Schwierigkeiten für die Routenführung im internationalen Fluglinienverkehr. Dadurch gelangen die Staaten zudem in die Position, über die Durchflugrechte für ihren Luftraum Verhandlungen zu führen und damit **wirtschaftliche Vorteile** zu erlangen, die ein Beitritt zur Transitvereinbarung verschlossen hätte. Obwohl insoweit zutreffend darauf hingewiesen wird, dass die Entscheidung über einen Beitritt in der alleinigen Befugnis des jeweiligen Staates liegt und die ihr zugrunde liegenden Motive universell respektiert werden,[8] kann in der Fachöffentlichkeit nicht übersehen werden, dass einige Staaten die Gewährung von Durchflugrechten durchaus als politisches oder ökonomisches Druckmittel einsetzen. Hiermit wird die Lufthoheit politisiert und kommerzialisiert, was luftrechtlich unzulässig ist.

Beispiel: So verlangt Russland seit über 30 Jahren für den Überflug ausländischer Luftverkehrsunternehmen über Sibirien neben den üblichen Flugnavigationsgebühren zusätzliche „Überfluggebühren".[9] Die Gebührenhöhe erreicht jährlich dreistellige Millionenbeträge in Euro. Um die verkehrsgünstigen Flugrouten nach Asien durch den sibirischen Luftraum nutzen zu können, sind die EU-Mitgliedstaaten gezwungen, ihre Luftverkehrsunternehmen mit der russischen Aeroflot jeweils ein Abkommen über die Zahlung dieser zusätzlichen Gebühren für das Überflugrecht durch sibirischen Luftraum nach China, Japan, Hongkong und Südkorea schließen zu lassen. Nachdem die europäischen Luftverkehrsunternehmen aus nicht immer gänzlich nachvollziehbaren Gründen über diese Forderungen von russischer Seite lange Zeit geschwiegen hatten, wurde die EU-Kommission erst im Jahre 2006 aktiv und mahnte gegenüber Russland ein Ende dieses rechtswidrigen „Abkassierens" an.[10] Zu betonen ist, dass sich auch China und Indonesien in vergleichbar problematischer Weise verhalten.[11]

17 *(3) Die Transportvereinbarung.* Eine weitergehende Liberalisierung des planmäßigen internationalen Fluglinienverkehrs ist durch die Gewährung von ge-

---

8 *Haanappel*, Air & Space Law 1995, 311 (316).
9 *Schladebach*, Lufthoheit, 2014, S. 195 ff.; *Milde*, ZLW 2000, 147 ff.; *Baum/Giemulla/van Schyndel*, ZLW 2000, 331 ff.; *Bentzien*, ZLW 2008, 508 (520 ff.); *Haanappel*, Air & Space Law 1995, 311 (316 f.).
10 Instruktiv *Baur*, Air & Space Law 2010, 225 ff.
11 *Haanappel*, The Law and Policy of Air Space and Outer Space, 2003, S. 20.

werblichen Verkehrsrechten in der Transportvereinbarung versucht worden, die ebenfalls vom 7.12.1944 datiert. Diese zählt in ihrem Art. 1 Abschnitt 1 deklaratorisch nochmals die beiden – anderweitig geregelten[12] – technischen Verkehrsrechte auf. Die hier interessierenden gewerblichen Verkehrsrechte finden sich in den Nrn. 3 bis 5 und sind wie folgt umschrieben worden:

„Jeder Vertragsstaat gewährt den anderen Vertragsstaaten im planmäßigen internationalen Fluglinienverkehr folgende Freiheiten der Luft:

3) das Recht, Fluggäste, Post und Fracht vom Heimatstaat des Luftfahrzeugs in einen anderen Vertragsstaat zu befördern und dort abzusetzen;
4) das Recht, Fluggäste, Post und Fracht im anderen Vertragsstaat aufzunehmen und in den Heimatstaat des Luftfahrzeugs zu befördern;
5) das Recht, Fluggäste, Post und Fracht zwischen einem anderen Vertragsstaat und Drittstaaten zu befördern."

Diese gewerblichen Verkehrsrechte haben in der Praxis unterschiedliche Bedeutung. Für den planmäßigen internationalen Fluglinienverkehr sind die in Nr. 3 und 4 aufgeführten Rechte die wichtigsten. Die Nutzung des 5. Rechts setzt voraus, dass es auch von dem betreffenden Drittstaat gewährt worden ist. Verweigert der Drittstaat dies, besteht die Möglichkeit, Fluggäste, Post und Fracht aus dem anderen Vertragsstaat zunächst in den Heimatstaat und von dort in den Drittstaat zu fliegen. Das so entstandene 6. Verkehrsrecht wird definiert als

6) das Recht, Fluggäste, Post und Fracht im anderen Vertragsstaat aufzunehmen und nach Zwischenlandung im Heimatstaat des Luftfahrzeugs in einen Drittstaat weiterzubefördern und umgekehrt.

Weitere Formen des planmäßigen internationalen Fluglinienverkehrs, die ebenso wie das 6. Recht zwar nicht ausdrücklich in der Transportvereinbarung bestimmt wurden, sich aber mit der Zeit und als Folge praktischer Bedürfnisse entwickelt haben, sind:

7) das Recht, dauernd Fluggäste, Post und Fracht zwischen zwei anderen Vertragsstaaten zu befördern, ohne dass dieser Verkehr Teil einer Flugverbindung mit dem Heimatstaat des Luftfahrzeugs ist;

und durch Auslegung von Art. 7 CA ein Verkehrsrecht auf Kabotage, beschrieben als

8) das Recht, Fluggäste, Post und Fracht innerhalb eines anderen Vertragsstaates zwischen den dort vorhandenen Flughäfen zu befördern.

Die Transportvereinbarung mit den darin enthaltenen drei gewerblichen Verkehrsrechten ist zwar zur Unterzeichnung aufgelegt, jedoch nur von wenigen

---

12 In der Transitvereinbarung.

Teilnehmerstaaten unterzeichnet worden. Die wenigen Staaten, die die Vereinbarung zunächst unterzeichnet hatten, unter ihnen angesichts der erwähnten Liberalisierungsforderungen auch die USA, widerriefen zum Teil später ihre Erklärungen. Schließlich ratifizierte jedoch eine ausreichende Zahl von Staaten die Vereinbarung, konkret 11 Staaten, die dann für diese Staaten am 8.2.1945 in Kraft trat. Da es sich dabei aber um eher kleine Staaten handelte, ist die Transportvereinbarung seither grundsätzlich **praktisch bedeutungslos**.

21 Es ist allerdings für das Verständnis des internationalen Luftrechts von großer Bedeutung, dass eine gegenseitige Gewährung der gewerblichen Verkehrsrechte auf multilateraler Ebene gescheitert ist. Der nicht zu unterschätzende Beitrag der Transportvereinbarung zum internationalen Luftrecht besteht darin, dass in ihr die gewerblichen Verkehrsrechte erstmals in **standardisierter Form** niedergelegt worden sind. Die Transportvereinbarung kann daher als grundlegendes Reservoir der luftrechtlichen Verkehrsrechte gelten, aus dem sich die Staaten bei der später praktizierten bilateralen Gewährung der Verkehrsrechte bedient haben und sich auch heute bedienen.

c) Internationale Zivilluftfahrt-Organisation

22 Das dritte wesentliche Ergebnis der Chicagoer Konferenz bestand in der Gründung der Internationalen Zivilluftfahrt-Organisation (ICAO). Die in den Art. 43 ff. CA geregelte Organisation verfügt über eine Versammlung, einen Rat sowie weitere Organe und hat ihren Sitz in Montreal. Sie weist damit alle Merkmale einer Internationalen Organisation auf und ist daher Völkerrechtssubjekt.

d) Staatszugehörigkeit von Luftfahrzeugen

23 Eine weitere, für das Luftrecht wesentliche Entscheidung ist zur Staatszugehörigkeit von Luftfahrzeugen getroffen worden. Zahlreiche andere Regelungen über Luftfahrzeuge knüpfen an die Staatszugehörigkeit an und müssen sich dabei an den Grundaussagen des Chicagoer Abkommens orientieren.

24 Nach Art. 17 CA haben Luftfahrzeuge die Staatszugehörigkeit desjenigen Staates, in dem sie eingetragen sind. Ein Luftfahrzeug kann nur in einem Staat eingetragen sein (Art. 18 CA). Die Eintragung oder die Übertragung der Eintragung von Luftfahrzeugen erfolgt in jedem Vertragsstaat nach dessen nationalem Recht (Art. 19 CA). Normiert ist außerdem, dass jedes Luftfahrzeug die ihm vorgeschriebenen Staatszugehörigkeits- und Eintragungszeichen zu führen hat (Art. 20 CA).

II. Der Anwendungsbereich des Chicagoer Abkommens

Für den Anwendungsbereich des Chicagoer Abkommens sind zwei grundlegende Unterscheidungen von Bedeutung. Zum einen ist zwischen Zivilluftfahrzeugen und Staatsluftfahrzeugen, zum anderen zwischen planmäßigem Fluglinienverkehr und Gelegenheitsverkehr zu differenzieren.

1. Zivilluftfahrzeuge und Staatsluftfahrzeuge

a) Abgrenzung

Schon aus dem Titel des Chicagoer Abkommens („Zivilluftfahrt") folgt, dass das Abkommen nicht auf den gesamten Luftverkehr anwendbar ist. Art. 3 a) begrenzt seinen Anwendungsbereich auf Privatluftfahrzeuge. Staatsluftfahrzeuge werden vom Abkommen hingegen ausgeschlossen.

Als Staatsluftfahrzeuge gelten Luftfahrzeuge, die im Militär-, Zoll- und Polizeidienst verwendet werden, Art. 3 b) CA.[13] Der Ausschluss von Staatsluftfahrzeugen aus dem Anwendungsbereich des Abkommens resultiert aus dem ausdrücklichen Willen der Vertragsstaaten, nur den Luftverkehr mit privaten Luftfahrzeugen regeln zu wollen. Denn Staatsluftfahrzeuge sind derart eng mit der Ausübung hoheitlicher Befugnisse verbunden, dass eine umfassende völkerrechtliche Bindung der Staaten – schon auf Grund von Souveränitätsvorbehalten – ausscheiden musste.

Dies bedeutete indes nicht den vollständigen Verzicht auf Regelungen über Staatsluftfahrzeuge. Die Vertragsstaaten einigten sich in Chicago auf eine Mindestregelung, die der für Privatluftfahrzeuge in Art. 6 CA getroffenen Bestimmung entspricht und wie diese das Prinzip der Lufthoheit deutlich zum Ausdruck bringt. Nach Art. 3 c) CA dürfen Staatsluftfahrzeuge eines Vertragsstaates das Hoheitsgebiet eines anderen Staates nur auf Grund einer durch besondere Vereinbarung oder auf andere Weise erteilten Ermächtigung und nur nach Maßgabe der in dieser festgesetzten Bedingungen überfliegen oder dort landen.

b) Begriff des Staatsluftfahrzeugs

Obwohl Art. 3 CA einige Bestimmungen über Staatsluftfahrzeuge enthält, gibt es keine klare Definition dieses für die Anwendbarkeit des Chicagoer Abkommens entscheidenden Begriffs. Zumindest ergibt sich aus der Vorschrift, dass Militär-, Zoll- und Polizeiluftfahrzeuge „als Staatsluftfahrzeuge gelten." Diese

---
[13] Dazu *Baumann*, in: Hobe/von Ruckteschell, Kölner Kompendium des Luftrechts, Bd. 1, 2008, III E Rn. 1 ff.; *Hailbronner*, in: Bernhardt, EPIL IV, 2000, S. 605 ff.

Formulierung zeigt jedoch nur eine Zuordnung dieser drei Luftfahrzeugkategorien zum Begriff des Staatsluftfahrzeugs an. Eine grundsätzliche Klärung dieses Begriffs ist dadurch nicht erfolgt.

30 Aus der Funktion des Art. 3 CA, Luftfahrzeuge vom Chicagoer Abkommen auszunehmen, die zur Wahrnehmung hoheitlicher Aufgaben eingesetzt werden, kann Folgendes abgeleitet werden: Es muss sich um ein Luftfahrzeug handeln, das durch Hoheitszeichen äußerlich als Luftfahrzeug der Regierung eines Staates erkennbar ist und Hoheitsträger dieses Staates transportiert. Da solche Transporte gelegentlich auch zu rein privaten Zwecken durchgeführt werden, ist zusätzlich ein Transport zu **öffentlichen Zwecken** zu fordern. Nur bei Vorliegen dieser Voraussetzungen stellt sich der Transport als eine staatliche Mission dar, die es wegen der damit verbundenen Wahrnehmung hoheitlicher Aufgaben gerechtfertigt erscheinen lässt, das hierzu eingesetzte Luftfahrzeug von der Anwendung des – nur für Privatluftfahrzeuge geschaffenen – Chicagoer Abkommens auszunehmen.

31 Fragen aufgeworfen hat die Einordnung von **Sanitätsluftfahrzeugen**. Sie können als Staats-, aber auch als Zivilluftfahrzeug betrachtet werden. Richtigerweise wird bei der erforderlichen Zuordnung auf den Zweck des konkreten Einsatzes abzustellen sein. Wird ein Sanitätsluftfahrzeug für zivile Zwecke eingesetzt, etwa zur Bergung von verletzten Touristen im Ausland, so gilt es als Zivilluftfahrzeug und unterfällt dem Chicagoer Abkommen. Hat der Einsatz hingegen einen militärmedizinischen Zweck, etwa das Ausfliegen verletzter Soldaten aus einem militärischen Operationsgebiet, wird das Sanitätsluftfahrzeug als Militärluftfahrzeug behandelt. Das Chicagoer Abkommen ist dann nur sehr eingeschränkt, nämlich im Hinblick auf das auch insoweit geltende Erlaubniserfordernis nach Art. 3 c) CA, anwendbar.

Beispiel: In der jüngeren Vergangenheit sind zivil registrierte Flugzeuge vom US-Geheimdienst CIA zur grenzüberschreitenden Verbringung von Terrorverdächtigen nach Polen und Rumänien genutzt worden, wobei der deutsche Luftraum durchflogen wurde. Ob diese geheimdienstlich veranlassten Flüge als mit „Staatsluftfahrzeugen" durchgeführte Flüge gelten können, ist nicht nur luftrechtlich, sondern auch politisch umstritten.[14] Letztlich ist die hier durchaus schwierige Feststellung des konkreten Zwecks des Flugs entbehrlich. Denn selbst dann, wenn über den Wortlaut „Militär-, Zoll- oder Polizeiluftfahrzeug" deutlich hinausgehend ein „Staatsluftfahrzeug" angenommen würde, steht dem Bodenstaat das Recht zu, die Erteilung der Überflugerlaubnis nach Art. 3 c) CA zu verweigern. Dies gilt insbesondere dann, wenn aufgrund von Tatsachen Anlass zu der Annahme besteht, dass der Einsatz des Luftfahrzeugs bzw. der mit seinem Einsatz verfolgte Zweck völkerrechtswidrig ist.[15]

---

14 *Baumann*, in: Hobe/von Ruckteschell, Kölner Kompendium des Luftrechts, Bd. 1, 2008, III E Rn. 22.
15 *Baumann*, in: Hobe/von Ruckteschell, Kölner Kompendium des Luftrechts, Bd. 1, 2008, III E Rn. 30.

2. Planmäßiger Fluglinienverkehr und Gelegenheitsverkehr

Die zweite wesentliche Abgrenzung innerhalb des Chicagoer Abkommens ist diejenige zwischen planmäßigem Fluglinienverkehr und Gelegenheitsverkehr. Diese Unterscheidung hat nicht – wie bei der Frage nach Zivilluftfahrzeugen und Staatsluftfahrzeugen – die prinzipielle Unanwendbarkeit des Abkommens zur Folge. Beide Verkehrsarten werden von ihm erfasst, unterliegen aber mit Art. 6 CA (Linienverkehr) einerseits und Art. 5 CA (Gelegenheitsverkehr) andererseits verschiedenen Regelungen.

32

a) Planmäßiger Fluglinienverkehr

Art. 96 a) CA beschreibt den **Fluglinienverkehr** als „jeden planmäßigen Luftverkehr, der von Luftfahrzeugen für die öffentliche Beförderung von Fluggästen, Post oder Fracht durchgeführt wird." Damit ist zwar der Begriff „Fluglinienverkehr" etwas konkretisiert, das weit wichtigere Merkmal „Planmäßigkeit" aber nicht weiter erläutert worden.

33

Für die **Planmäßigkeit** des Fluglinienverkehrs sind dessen Beständigkeit bzw. Regelmäßigkeit charakteristisch. Unter „Planmäßigkeit" wird daher die vorherige Festlegung der Abflugs- und Ankunftszeiten für periodische Flüge über einen längeren Zeitraum in einem veröffentlichten Flugplan verstanden, so dass sich der interessierte Personenkreis auf die Benutzung der Flüge einrichten kann.

34

Die in dieser Definition enthaltenen Zeitangaben erscheinen wegen ihrer Unbestimmtheit klärungsbedürftig. Der Flugplan ist für einen längeren Zeitraum aufzustellen, womit mindestens eine Saison (Sommer- oder Wintersaison, jeweils 6 Monate) gemeint ist. Das Erfordernis **periodischer Flüge** wirft die Frage auf, in welchen Abständen sich die Flüge auf einer bestimmten Linie wiederholen müssen. Hierzu wird zutreffend vertreten, dass die Flüge in einer erkennbaren zeitlichen Ordnung wiederholt werden müssen.[16]

35

b) Gelegenheitsverkehr

Gelegenheitsverkehr wird von Art. 5 CA mit der etwas umständlichen Formulierung „nicht im planmäßigen internationalen Fluglinienverkehr" umschrieben. Er ist in dieser Vorschrift jedoch nur rudimentär geregelt worden. Grund dafür war die im Vergleich zum planmäßigen Fluglinienverkehr geringere Bedeutung dieser Verkehrsart. Die im Jahre 1944 noch nicht vorhersehbare Zunahme auch des Gelegenheitsverkehrs, insbesondere im touristischen Charter-

36

---

[16] *Schwenk/Giemulla*, Handbuch des Luftverkehrsrechts, 4. Aufl. (2013), S. 548.

verkehr, hat allerdings bis heute nicht zu einer Konkretisierung des Art. 5 CA geführt.

37 Unter „gelegentlichem" bzw. „nicht regelmäßigem" bzw. „nicht planmäßigem" Fluglinienverkehr sind **Einzelflüge** oder **Flugketten** von bis zu 4 Flügen zu verstehen. Diese Flüge können gewerblichen oder nichtgewerblichen Zwecken dienen. Art. 5 I CA erfasst beide Konstellationen mit einer – auf den ersten Blick – sehr liberalen Formulierung:

> „Jeder Vertragsstaat erklärt sich damit einverstanden, dass alle nicht im planmäßigen internationalen Fluglinienverkehr eingesetzten Luftfahrzeuge der anderen Vertragsstaaten vorbehaltlich der Beachtung der Bestimmungen dieses Abkommens berechtigt sind, ohne Einholung einer vorherigen Erlaubnis in sein Hoheitsgebiet einzufliegen oder es ohne Aufenthalt zu durchfliegen, und dort nicht gewerbliche Landungen vorzunehmen, vorbehaltlich des Rechts des überflogenen Staates, eine Landung zu verlangen."

38 Ist das Einholen einer vorherigen Erlaubnis für den Einflug in das Hoheitsgebiet eines anderen Vertragsstaates damit nicht notwendig, so könnte darin ein zumindest teilweiser Verzicht auf die staatliche Lufthoheit gesehen werden. Der Gelegenheitsverkehr, zu dem insbesondere der Verkehr mit situativ gecharterten Flugzeugen gehört, scheint daher keinen hoheitlichen Beschränkungen durch den Bodenstaat zu unterliegen.

39 Mit der luftvölkerrechtlichen Festlegung der beiden ersten Verkehrsrechte (Überflug, Notlandung) war tatsächlich beabsichtigt, den nichtgewerblichen Gelegenheitsverkehr nach Art. 5 I CA zu privilegieren. Dessen praktische Hauptanwendungsfälle sollten u. a. private Reiseflüge, Sportflüge, Ausbildungs-, Trainings- und Testflüge, Flüge zu technischen Zwecken, Vorführungs- und Überführungsflüge sowie Werkverkehrsflüge sein.[17] In der heutigen Zeit würden zu den „Flügen zu technischen Zwecken" beispielsweise auch Flüge zu zählen sein, die der Überprüfung der Aschekonzentration in der Luft nach Vulkanausbrüchen dienen.[18] Sie zeichnen sich durch eine Einmaligkeit oder eine unregelmäßige Folge aus, was sie zu „nichtplanmäßigen" Flügen macht. Allen diesen besonderen Einsatzarten von Luftfahrzeugen ist eine geringe wirtschaftliche Bedeutung attestiert worden. Deshalb soll „auf der Chicagoer Konferenz auch schnell Einigkeit darüber erzielt worden sein, bei dieser Einsatzart von Luftfahrzeugen Abstriche von der staatlichen Lufthoheit zuzulassen."[19]

40 Doch hat das Chicagoer Abkommen solche **Beschränkungsmöglichkeiten** selbst vorgesehen. Aus Gründen der Flugsicherheit kann jeder Vertragsstaat das Einhalten vorgeschriebener Flugstrecken oder das Einholen einer Sonderer-

---

17 *Böckstiegel/Krämer*, ZLW 1995, 269 (272); *Krämer*, Kapazitätsengpässe im Luftraum, 1994, S. 37; *Giesecke*, Nachtflugbeschränkungen und Luftverkehrsrecht, 2006, S. 17.
18 Dazu *Schladebach*, NVwZ 2010, 1468 ff.; *Abeyratne*, Air & Space Law 2010, 281 ff.
19 *Böckstiegel/Krämer*, ZLW 1995, 269 (273).

laubnis für solche (Gelegenheits-) Flüge verlangen, Art. 5 I 2 CA. Für den gewerblichen Gelegenheitsverkehr ist ein Erlaubnisvorbehalt in Art. 5 II CA aufgenommen worden. Im Falle der entgeltlichen oder mietweisen Beförderung von Fluggästen, Fracht oder Post hat jeder Vertragsstaat das Recht, die ihm wünschenswert erscheinenden Vorschriften, Bedingungen oder Beschränkungen festzulegen.

Von diesem Recht, trotz der sehr liberalen Ausgestaltung des Gelegenheitsverkehrs in Art. 5 CA eine Erlaubnis zum Einflug verlangen zu können, haben fast alle Staaten Gebrauch gemacht. Dabei berufen sie sich sowohl auf Gesichtspunkte der Flugsicherheit (Art. 5 I CA) als auch auf die ihnen „wünschenswert erscheinenden Beschränkungen" (Art. 5 II CA). Der von Art. 5 CA ursprünglich verfolgte Ansatz, grundsätzlich eine Erlaubnis- und damit eine Einflugfreiheit zu statuieren und Beschränkungen nur im Ausnahmefall zu ermöglichen, hat sich somit in sein Gegenteil verkehrt. Mit der generell staatlich bestimmten Erlaubnispflicht ist die vom Chicagoer Abkommen eng konzipierte Ausnahme zur Regel geworden. Es ist offensichtlich, dass sich hinter diesem Wandel der Luftrechtspraxis das von den Staaten betonte Prinzip der Lufthoheit und damit Souveränitätserwägungen verbergen. Sowohl nichtgewerblicher als auch gewerblicher Gelegenheitsverkehr in das Hoheitsgebiet eines anderen Vertragsstaates ist heute erlaubnispflichtig. So wird auch in Deutschland einer strikten Betrachtungsweise gefolgt und der Gelegenheitsverkehr einer Erlaubnis unterworfen, vgl. § 95 II LuftVZO.[20]

41

Beispiel: Im Rahmen der Teilnahme eines deutschen Fußballvereins an der UEFA-Champions League bucht der Verein für das Hinspiel im europäischen Ausland einen Charterflug.

III. Die bilateralen Luftverkehrsabkommen

Neben dem multilateralen Chicagoer Abkommen wird das Internationale öffentliche Luftrecht ganz maßgeblich durch eine fast unüberschaubare Zahl bilateraler Luftverkehrsabkommen zwischen den Staaten geprägt. Deshalb bedürfen deren Verbindung zum Chicagoer Abkommen und deren separate luftrechtliche Bedeutung einer systematischen Betrachtung.[21]

42

---

20 *Schwenk/Giemulla*, Handbuch des Luftverkehrsrechts, 4. Aufl. (2013), S. 638; *Giesecke*, Nachtflugbeschränkungen und Luftverkehrsrecht, 2006, S. 21.
21 Dazu *Schladebach/Bärmann*, NZV 2006, 294 ff.; *Rossbach*, in: Hobe/von Ruckteschell, Kölner Kompendium des Luftrechts, Bd. 1, 2008, II A Rn. 67 ff.; *Hoffmann-Grambow*, RdTW 2017, 161 ff.

1. Erlaubnis nach Art. 6 CA

43 Art. 1 CA formuliert als luftrechtliches Fundamentalprinzip, dass „jeder Staat über seinem Hoheitsgebiet volle und ausschließliche Lufthoheit besitzt." Als Folge der Anerkennung uneingeschränkter staatlicher Lufthoheit normiert daher Art. 6 CA, dass der planmäßige internationale Fluglinienverkehr über oder in das Hoheitsgebiet eines Vertragsstaates nur mit der besonderen Erlaubnis dieses Staates und nur in Übereinstimmung mit den Bedingungen dieser Erlaubnis betrieben werden darf. Auf welche Weise diese Erlaubnis erteilt werden kann, lässt der Text des Abkommens offen.

44 Folgerichtig unternahmen die Teilnehmerstaaten der Chicagoer Konferenz von 1944 den Versuch, die erforderliche Erlaubnis für alle Vertragsstaaten auf multilateralem Weg zu regeln. Zu diesem Zweck wurden die oben erwähnten Zusatzabkommen geschlossen, in denen die sogenannten technischen und gewerblichen Verkehrsrechte niedergelegt wurden. Mit dem Inkrafttreten dieser Abkommen sollte dann die von Art. 6 CA geforderte Erlaubnis auf multilateralem Weg als erteilt gelten. Das rechtliche Schicksal insbesondere der Transportvereinbarung ist oben erörtert worden und führte dazu, dass das multilaterale Konzept gescheitert ist.

45 Deshalb gingen die Vertragsstaaten dazu über, ihre Luftverkehrsbeziehungen **bilateral** durch den Abschluss von Luftverkehrsabkommen zu regeln. Für diese zwischenstaatlichen Abkommen wurden die bereits generell in den Zusatzabkommen zum Chicagoer Abkommen kategorisierten Verkehrsrechte als Grundbausteine übernommen. Die von Art. 6 CA zum Einflug in den Luftraum eines anderen Staates geforderte Erlaubnis wird auf internationaler Ebene daher durch bilaterale Luftverkehrsabkommen erteilt.

2. Abschluss und Inhalt

a) Formelle Aspekte

46 Bilaterale Luftverkehrsabkommen sind nach ihrer Rechtsnatur völkerrechtliche Verträge. Gemäß Art. 32 I GG ist die Pflege der Beziehungen zu auswärtigen Staaten Sache des Bundes und sichert diesem somit die alleinige **Verbandskompetenz** zum Abschluss solcher Abkommen. Die **Organkompetenz** zum Abschluss völkerrechtlicher Verträge liegt nach Art. 59 I GG beim Bundespräsidenten. Sie wird allerdings nach herrschender, jedoch nicht unumstrittener Ansicht aufgrund einer stillschweigenden Delegation des Bundespräsidenten auf die Bundesregierung von dieser wahrgenommen.[22] Verhandlungen über

---

[22] *Kloepfer*, Verfassungsrecht, Bd. I, 2011, § 35 Rn. 131 ff.; *Schorkopf*, Staatsrecht der internationalen Beziehungen, 2017, § 5 Rn. 51.

Luftverkehrsabkommen werden daher von der Bundesregierung verantwortet und von dem für Verkehr zuständigen Bundesministerium inhaltlich geprägt.

Als völkerrechtliche Verträge bedürfen Luftverkehrsabkommen zu ihrer innerstaatlichen Wirksamkeit der **Ratifikation** durch ein Zustimmungsgesetz nach Art. 59 II 1 GG. Zu welchem Zeitpunkt die Abkommen in Kraft treten, ergibt sich aus diesen selbst. Die gebräuchlichste Formel sieht vor, dass dies der Fall ist, sobald die Vertragsparteien einander notifiziert haben, dass die erforderlichen innerstaatlichen Voraussetzungen für das Inkrafttreten des Abkommens erfüllt sind.

Die bilateralen Luftverkehrsabkommen sind nach Art. 83 CA bei der ICAO in Montreal zu hinterlegen. Während weltweit etwa 4000 Luftverkehrsabkommen existieren, hat Deutschland bisher rund 140 derartige Abkommen abgeschlossen.

b) Inhaltliche Aspekte

Gegenstand von bilateralen Luftverkehrsabkommen ist die Regelung des planmäßigen internationalen Fluglinienverkehrs zwischen den Vertragsparteien (Art. 6 CA). Inhaltliches Kernstück der Abkommen ist die **gegenseitige Gewährung von Verkehrsrechten**. Wie bereits erwähnt, greifen die Vertragsparteien hierzu auf die in den beiden Zusatzabkommen standardisierten Verkehrsrechte zurück.

Neben der Gewährung ausgesuchter oder – seltener – aller Verkehrsrechte geben sich die Vertragsparteien zudem auf, einen **Fluglinienplan** zu erstellen und die Luftverkehrsunternehmen zu bezeichnen, welche die darin vereinbarten Linien bedienen. Denn die gewährten Verkehrsrechte stehen nicht sämtlichen Luftverkehrsunternehmen (Fluggesellschaften) des das Abkommen schließenden Staates, sondern allein diesen designierten Unternehmen zu.

Sowohl die Vereinbarung über den Fluglinienplan als auch die darin enthaltene Bezeichnung der Luftverkehrsunternehmen finden im Wege des **diplomatischen Notenwechsels** statt. Dadurch wird sichergestellt, dass auf Veränderungen flexibel reagiert werden kann. So bedarf eine durch diplomatischen Notenwechsel herbeigeführte Veränderung keiner Änderung des zugrundeliegenden Luftverkehrsabkommens und damit auch keiner erneuten parlamentarischen Zustimmung. Auch Fluglinienpläne müssen bei der ICAO hinterlegt werden und sind dort für entsprechend Berechtigte einsehbar.

Die Inhalte von Luftverkehrsabkommen beruhen strukturell auf den **Grundprinzipien** der Bilateralität, der Reziprozität und der Fairness.[23] Jedoch können diese Prinzipien keinen eigenen materiellen Gehalt beanspruchen. Sie bilden

---

23 *Rossbach*, in: Hobe/von Ruckteschell, Kölner Kompendium des Luftrechts, Bd. 1, 2008, II A Rn. 95.

vielmehr eine selbstverständliche Ausprägung typischer völkerrechtlicher Vertragsverhandlungen.

53 Bei Meinungsverschiedenheiten über die Auslegung von Luftverkehrsabkommen ist zunächst ein Konsultationsverfahren und – soweit dieses nicht zur Klärung der Streitfragen führt – ein **Streitschlichtungsverfahren** vorgesehen. Auf Verlangen einer Vertragspartei kann ein Schiedsgericht angerufen werden, das mit Stimmenmehrheit und mit für die Vertragsparteien verbindlicher Wirkung entscheidet. Luftverkehrsabkommen können nach den darin niedergelegten Maßgaben durch eine Vertragspartei gekündigt werden, wobei die Kündigung auch der ICAO mitzuteilen ist.

54 Zu beachten ist zudem, dass die Abkommen regelmäßig eine Bestimmung enthalten, wonach ein künftig geschlossenes multilaterales Luftverkehrsabkommen Vorrang vor dem jeweiligen bilateralen Abkommen haben wird. Da jedoch mit Verhandlungen über ein multilaterales Luftverkehrsabkommen nach dem Vorbild des Chicagoer Abkommens oder seiner beiden Zusatzabkommen auf absehbare Zeit nicht zu rechnen ist, wird diese festgelegte Vorrangwirkung bedeutungslos bleiben.

3. Luftverkehr mit völkerrechtsähnlichen Subjekten

a) Lufthoheit und De-facto-Regime

55 Internationaler Luftverkehr findet nicht nur zwischen Staaten statt, sondern wird auch in solche Verwaltungseinheiten unterhalten, die **keine volle Hoheitsgewalt** über ihr Territorium ausüben.[24] Wegen dieses fehlenden Staatselements können diese Einheiten nicht als Staaten im völkerrechtlichen Sinne angesehen werden. Diese in ihrer Hoheitsgewalt beschränkten Verwaltungseinheiten werden – je nach dem Grad ihrer inneren politischen Stabilität – als stabiles bzw. instabiles De-facto-Regime bezeichnet und der Kategorie der völkerrechtsähnlichen Subjekte zugeordnet.[25]

56 Bekannteste Beispiele sind die Republik China (Taiwan), Palästina und die Türkische Republik Nordzypern. Derartigen Verwaltungseinheiten fehlt die volle Hoheitsgewalt, damit die volle Lufthoheit und folglich die grundsätzliche Berechtigung, gestützt auf Art. 6 CA bilaterale Luftverkehrsabkommen mit Staaten zu schließen.

---

24 *Schladebach*, Lufthoheit, 2014, S. 120 ff.
25 *von Arnauld*, Völkerrecht, 3. Aufl. (2016), Rn. 69; *Nolte*, ZaöRV 76 (2016), 715 ff.

b) Völkerrechtliche Konfliktlage

Auf diese Konstellationen ist das Chicagoer Abkommen nicht anwendbar, weil es nur für Staaten gilt und deshalb von den De-facto-Regimen selbst bei einem entsprechenden Willen nicht unterzeichnet und ratifiziert werden kann. Fraglich ist daher, ob eine Erlaubnis zum Einflug in fremden Luftraum nur aufgrund des Art. 6 CA und nur in Form bilateraler Luftverkehrsabkommen erteilt werden kann.

So wird zum Teil eine Einwilligungslösung grundsätzlich für zulässig gehalten, ihre Anwendung auf Taiwan, Palästina und Nordzypern aber angesichts der politischen Konstellation als aussichtslos bezeichnet. Diese Einwilligungsmöglichkeit könnte bedeuten, dass die Volksrepublik China, Israel und die Republik Zypern, alle Vertragsstaaten des Chicagoer Abkommens, die Erlaubnis nach Art. 6 CA stellvertretend für Taiwan, Palästina und Nordzypern erteilen und so den Weg für deren Luftverkehrsbeziehungen zu anderen Staaten freimachen. Da aber alle drei Staaten auf diese Weise an der – von ihnen abgelehnten – politischen Aufwertung und möglicherweise völkerrechtlichen Anerkennung der De-facto-Regime mitwirken würden, scheidet diese Konstruktion aus.

c) Praktische Lösungen und Einwände

In der Praxis wird deshalb versucht, diesen politischen Konflikt durch den Abschluss von **Wirtschaftsabkommen** unterhalb der Regierungsebene zu umgehen. So ist etwa gegenüber der Volksrepublik China zugesagt worden, bei Kontakten zu Taiwan alles zu vermeiden, was auf eine völkerrechtliche Anerkennung hindeuten könnte. Danach soll es keine offiziellen Kontakte zu Regierungsvertretern Taiwans geben. Weiterhin sollen Luftfahrzeuge aus Taiwan keine Hoheitszeichen tragen dürfen. So verständlich diese Auflagen auf der einen Seite erscheinen mögen, so schwierig dürfte es auf der anderen Seite für die an Luftverkehrsbeziehungen interessierten Staaten sein, die gebotene Balance zwischen wirtschaftlichen Interessen und diplomatischen Erfordernissen zu wahren.

Neben der Gefahr, dass mit solchen Wirtschaftsabkommen UN-Resolutionen unterlaufen werden könnten, bestehen gegen diese Abkommen aus deutscher Sicht auch erhebliche **verfassungsrechtliche Bedenken**. Werden sie auf deutscher Seite von Wirtschaftsvereinigungen oder Fluggesellschaften geschlossen, sind Verbands- und Organkompetenz des Bundes verletzt. Nach Art. 32 I GG sind die auswärtigen Beziehungen Sache des Bundes. Die Organkompetenz liegt nach Art. 59 I GG beim Bundespräsidenten, wird jedoch – wie oben erwähnt – von der Bundesregierung ausgeübt.

Private Wirtschaftsvereinigungen besitzen weder die Kompetenz für auswärtige Beziehungen, noch können sie stellvertretend für die Bundesregierung Verträge abschließen. Erst recht dürfte es ihnen verwehrt sein, über Verkehrsrechte und damit über originäre Hoheitsrechte des Bundes zu disponieren. Da auch nicht davon ausgegangen werden kann, dass die Bundesregierung unter Ausblendung von Art. 32 I und 59 I GG bestimmte Wirtschaftsvereinigungen zum Abschluss von Luftverkehrsabkommen ermächtigt hat, unterliegen die von diesen geschlossenen Wirtschaftsabkommen großen verfassungsrechtlichen Zweifeln und erwecken den Eindruck einer privat veranlassten **Nebenaußenpolitik**.

IV. Der Schutz vor Luftraumverletzungen

62 Die Welt ist aufgrund der beschriebenen Regelungen in geographisch klar verortete nationale Luftraumblöcke aufgeteilt, innerhalb derer jeder einzelne Staat volle und ausschließliche Lufthoheit besitzt. Trotz dieser eindeutigen Struktur und der kaum mehr verbesserungsfähigen Navigationsinstrumente von Flugzeugen sind immer wieder Situationen zu verzeichnen, in denen die Luftraumgrenzen ohne entsprechende Autorisierung des anderen Staates überflogen werden. Dieses Verhalten wirft bedeutende Rechtsfragen auf.

1. Begriff der Luftraumverletzung

63 Eine Luftraumverletzung liegt vor, wenn ein Zivilflugzeug oder ein Militärflugzeug **ohne Erlaubnis** in den Luftraum eines fremden Staates einfliegt. Dabei ist es ohne Belang, aus welchem Grund der Einflug erfolgt. Als tatsächlich vorliegende oder behauptete Gründe sind Folgende zu nennen, die sich in technische Gründe, menschliches Fehlverhalten und politische Gründe unterteilen lassen: Notsituationen, Navigationsfehler, Irrtümer, schlechte Wetterbedingungen, Spionage, Provokation, Demonstration militärischer Stärke, Abkürzung von Flugstrecken, Krankheiten eines Fluggastes und randalierende Fluggäste.[26]
In allen diesen Fällen ist der in seiner Lufthoheit (Art. 1 CA) verletzte Staat berechtigt, **Gegenmaßnahmen** zu ergreifen. Dabei ist danach zu unterscheiden, ob es sich um den unerlaubten Einflug eines Zivilflugzeuges oder eines Militärflugzeugs handelt.

2. Luftraumverletzungen durch Zivilflugzeuge

64 Von besonderer Dramatik sind durch Zivilflugzeuge verursachte Luftraumverletzungen. Die regelmäßig große Zahl von Passagieren lässt die geradezu exis-

---

[26] Dazu *Schladebach*, Lufthoheit, 2014, S. 216 ff.

tentielle Frage entstehen, ob und gegebenenfalls welche Maßnahmen gegen solche Zivilflugzeuge zulässig sind. Obwohl derartige Zwischenfälle schon seit dem Beginn der Zivilluftfahrt stattfinden,[27] führte erst der Abschuss eines südkoreanischen Zivilflugzeugs durch sowjetische Militärflugzeuge im Jahre 1983 zu einer vertieften völkerrechtlichen Beschäftigung mit diesem Thema.[28] Dieses Ereignis führte zu deutlichen Reaktionen des internationalen Luftrechts, bestätigte aber gleichzeitig die bekannte Einsicht, dass rechtliche Veränderungen häufig erst dann vorgenommen werden, wenn es zu Katastrophen bereits gekommen ist.[29]

a) Abschuss über Sachalin, 1983

Am 1.9.1983 wurde eine südkoreanische Boeing 747-200 im sowjetischen Luftraum über der Halbinsel Sachalin von einem sowjetischen Militärflugzeug abgeschossen.[30] Der Flug KAL 007 war auf dem Weg von Anchorage nach Seoul mehr als 500 km irrtümlich vom Kurs abgewichen und hatte dabei sowjetische militärische Sperrgebiete zunächst auf Kamschatka und sodann auf Sachalin überflogen. Alle 269 Passagiere und Besatzungsmitglieder starben bei dem Abschuss. Die Sowjetunion rechtfertigte den Abschuss damit, man habe geglaubt, es handele sich um eine Militärmaschine mit Spionageauftrag. Außerdem sei das Flugzeug den Anforderungen zur Landung nicht nachgekommen.

65

b) Reaktion des internationalen Luftrechts, 1984

Wegen dieses Unglücksfalls wurde eine Sondersitzung der ICAO-Versammlung einberufen. Sie verabschiedete am 10.5.1984 ein Protokoll, mit dem in das Chicagoer Abkommen ein Art. 3bis eingefügt worden ist, mit dem Gewaltanwendung gegen Zivilflugzeuge ausgeschlossen werden soll. Deutschland hat das Protokoll am 9.2.1996 ratifiziert,[31] das am 1.10.1998 in Kraft getreten ist.[32]

66

Der lange Ratifizierungszeitraum muss verwundern. Aus dem Inkrafttreten erst im Jahre 1998 wird ersichtlich, dass der großen Übereinstimmung des Jah-

67

---

27 *Lissitzyn*, AJIL 47 (1953), 559 (561 ff.); *Hailbronner*, Der Schutz der Luftgrenzen im Frieden, 1972, S. 4 ff.; *Phelps*, Mil. L. Rev. 107 (1985), 256 (267 ff.).
28 Ausführlich zu den Ereignissen bis 1980 *Bentzien*, Der unerlaubte Einflug von Luftfahrzeugen in fremdes Staatsgebiet in Friedenszeiten und seine Rechtsfolgen, 1982 und sodann *ders.*, ZLW 1990, 345 ff.; ZLW 1991, 144 ff.; ZLW 1991, 366 ff.; sowie *Schladebach*, Lufthoheit, 2014, S. 215 ff.
29 Wie oben erwähnt, sind „die Regeln in der Luftfahrt mit Blut geschrieben."
30 Zum Verlauf siehe 1. Untersuchungsbericht der ICAO vom 30.12.1983, ILM 23 (1984), 864 ff.
31 BGBl. 1996 II S. 210.
32 BGBl. 1999 II S. 307.

res 1984 in dieser luftrechtlichen Grundfrage eine recht zögerliche Ratifizierung des Änderungsprotokolls gegenüberstand. Wenngleich es allgemeiner Erfahrung entspricht, dass die Änderung völkerrechtlicher Verträge durchaus zeitaufwändig ist und sich Geist, Atmosphäre und vereinbarte Kompromisslinien einer solchen Konferenz zum Zeitpunkt des Ratifizierungsaktes oftmals nur noch in groben Umrissen rekonstruieren und nachvollziehen lassen, so ist ein Ratifizierungszeitraum von 14 Jahren angesichts der existentiellen Dimension des Themas nicht nur als bedauerlich, sondern als beschämend zu bewerten.[33] Die zentralen neuen Regelungen lauten:

„(a) Die Vertragsstaaten anerkennen, dass sich jeder Staat der Anwendung von Waffen gegen im Flug befindliche Zivilluftfahrzeuge enthalten muss und dass im Fall des Ansteuerns das Leben der Personen an Bord und die Sicherheit des Luftfahrzeugs nicht gefährdet werden dürfen. Diese Bestimmung ist nicht so auszulegen, als ändere sie in irgendeiner Weise die in der Charta der Vereinten Nationen niedergelegten Rechte und Pflichten der Staaten.

(b) Die Vertragsstaaten anerkennen, dass jeder Staat in Wahrnehmung seiner Staatshoheit berechtigt, die Landung eines Zivilluftfahrzeugs auf einem bestimmten Flughafen zu verlangen, wenn dieses unbefugt sein Hoheitsgebiet überfliegt oder wenn ausreichende Gründe für die Schlussfolgerung vorliegen, dass es zu Zwecken benutzt wird, die mit den Zielen dieses Abkommens unvereinbar sind; er kann einem solchen Luftfahrzeug auch alle sonstigen Anweisungen erteilen, um derartige Verletzungen zu beenden. Zu diesem Zweck können sich die Vertragsstaaten aller geeigneten Mittel bedienen, die im Einklang mit den einschlägigen Regeln des Völkerrechts stehen, einschließlich der einschlägigen Bestimmungen dieses Abkommens, insbesondere mit Absatz a dieses Artikels. Jeder Vertragsstaat erklärt sich einverstanden, seine geltenden Vorschriften über das Abfangen von Zivilluftfahrzeugen zu veröffentlichen."

68 Nach allgemein anerkannter Auffassung gibt dieser Artikel den Stand des Gewohnheitsrechts wieder.[34] Dem ist inhaltlich zu folgen, allerdings sind die konkreten Gegenmaßnahmen viel detaillierter. Sie sind im Anhang 2 zum Chicagoer Abkommen formuliert und sehen ein gestuftes Verfahren zunehmender Eskalation vor.[35] Die wesentlichen Verfahrensschritte sind:
– ist der Kontakt des Fluglotsen zum Flugzeug abgebrochen, steigen Militärflugzeuge (Abfangjäger) zum eingedrungenen Flugzeug auf,
– nach der Annäherung versuchen diese, einen Funkkontakt zum Piloten herzustellen,
– dazu setzt sich ein Militärflugzeug vorn links leicht erhöht vor das abgefangene Flugzeug, um dem links sitzenden Piloten das Abfangen zu signalisieren,

---
33 *Schladebach*, Lufthoheit, 2014, S. 232.
34 *Milde*, AASL XI (1986), 105 (125); *ders.*, in: Bernhardt, EPIL IV, 2000, S. 521 (523); *Kaiser*, ZLW 1992, 154 (160).
35 ICAO, Annex 2: Rules of the Air, Appendix 2, Attachement A, 10th. ed. (2005).

- gelingt die Kontaktaufnahme, kann das eingedrungene Flugzeug zum Abdrehen oder zur Landung auf einem bezeichneten Flughafen aufgefordert werden,
- kommt ein Funkkontakt dagegen nicht zustande, sind für die Aufforderung zum Abdrehen oder zur Landung die dafür international gebräuchlichen Zeichen zu nutzen,
- diese bestehen im Flügelwackeln des Abfangjägers und im Aufleuchten dessen Nachbrennmotoren vor dem Zivilflugzeug,
- erfolgt auch daraufhin keine Reaktion, muss der führende Abfangjäger das Zivilflugzeug durch Warnschüsse warnen, um ihm Gelegenheit zum Abdrehen oder zur Landung zu geben; dazu ist der Einsatz von Leuchtspurgeschossen möglich, der jedoch für den Flug des Zivilflugzeugs nicht ungefährlich ist,
- weigert sich das Zivilflugzeug auch noch nach mehreren Warnschüssen, stellt sich die Frage, ob als letztes Mittel („ultima ratio") des in seiner Lufthoheit verletzten Staates auch der Abschuss des Zivilflugzeugs zulässig ist.

Diese **Grundfrage des internationalen Luftrechts** wird durchaus unterschiedlich beantwortet. Zum Teil wird darauf hingewiesen, dass Art. 3bis CA bestimmt, dass derartige Verletzungen „beendet" werden können. Auch wird auf den nicht völlig eindeutigen Wortlaut rekurriert, der nicht ganz deutlich mache, ob der Abschuss einer Maschine als „ultima ratio" nicht doch erlaubt sein könne.[36] Jedoch wird man insoweit zu fordern haben, dass die von den Abfangjägern „erteilten Anweisungen" auch tatsächlich noch ausgeführt werden können. Unter Berücksichtigung aller hierzu vorgetragenen Argumente ist nach der hier vertretenen Auffassung ein auf Art. 3bis CA gestützter Abschuss eines Zivilflugzeugs nicht zulässig und somit völkerrechtswidrig.[37]

In diese Richtung dürfte auch der UN-Sicherheitsrat zu verstehen sein. Im Anschluss an den Abschuss zweier ziviler Luftfahrzeuge durch die kubanische Luftwaffe im Jahre 1996[38] hat er in seiner Resolution 1067 vom 26.7.1996 wie folgt Stellung genommen:

„dass der widerrechtliche Abschuss von zwei zivilen Luftfahrzeugen durch die kubanische Luftwaffe am 24.2.1996 den Grundsatz verletzt hat, wonach die Staaten den Einsatz von Waffen gegen im Flug befindliche zivile Luftfahrzeuge zu unterlassen haben und wonach beim Abfangen von zivilen Luftfahrzeugen das Leben der Menschen an Bord und die Sicherheit des Luftfahrzeugs nicht gefährdet werden dürfen."

---

36 *Hobe*, in: ders./von Ruckteschell, Kölner Kompendium des Luftrechts, Bd. 1, 2008, II A Rn. 61.
37 *Schladebach*, Lufthoheit, 2014, S. 243 ff. (245); *ders./Platek*, JuS 2010, 499 (502); *Polkowska*, AASL XXXVI (2011), 579 (594); *Schönwald*, AVR 50 (2012), 75 (77, 97).
38 Dazu *Schladebach*, Lufthoheit, 2014, S. 268 f.; *Foont*, J. Air L. & Com. 72 (2007), 695 (712 f.).

71 Gleichzeitig „verurteilt er den Einsatz von Waffen gegen im Flug befindliche zivile Luftfahrzeuge als unvereinbar mit den elementarsten Begriffen der Menschlichkeit, den in Art. 3bis CA kodifizierten Regeln des Völkergewohnheitsrechts..."

72 Die **Anschläge vom 11.9.2001** in den USA stellten insofern einen Sonderfall dar, als eine Berechtigung der eingesetzten Zivilflugzeuge zur Nutzung des US-Luftraums durchaus bestand, die Flugzeuge jedoch während des Flugs zu Waffen umfunktioniert wurden. Ähnliches wäre für die vorbereiteten Anschläge vom August 2006 anzunehmen, wo mehrere Zivilflugzeuge auf der Strecke London – USA zur Explosion über dem Atlantik gebracht werden sollten. Eine Luftraumverletzung lag nicht vor, so dass Art. 3bis CA nicht anwendbar war.

73 Generell ist festzustellen, dass trotz des 11.9.2001 das Konzept des Art. 3bis CA nicht vertieft diskutiert worden ist. Immerhin hat eine UN-Resolution vom 5.10.2001 den Missbrauch von Flugzeugen für Terroranschläge scharf verurteilt. Rückwirkungen auf das Chicagoer Abkommen sind jedoch bislang ausgeblieben.

74 Bekanntlich hat Deutschland mit dem Luftsicherheitsgesetz vom 11.1.2005[39] unter anderem versucht, eine innerstaatliche Regelung über die Zulässigkeit des Abschusses entführter Zivilflugzeuge zu schaffen. Obwohl damit eher auf die Ereignisse vom 11.9.2001 reagiert werden sollte als der Vorschrift des Art. 3bis CA nachzukommen, nahm § 14 III LuftSiG gleichzeitig die Konstellation des Art. 3bis CA auf und räumte dem Bundesminister der Verteidigung unter bestimmten Voraussetzungen die Befugnis ein, ein Zivilflugzeug abschießen zu können. Das Bundesverfassungsgericht erklärte diese Regelung als mit den Grundrechten für unvereinbar und daher nichtig.[40]

c) Abschuss als Selbstverteidigungsrecht nach Art. 51 UN-Charta

75 Art. 3bis CA lässt die in der **Charta der Vereinten Nationen** niedergelegten Rechte und Pflichten der Staaten ausdrücklich unberührt. Dem in seiner Lufthoheit verletzten Staat steht deshalb auch das Selbstverteidigungsrecht nach Art. 51 UN-Charta zu. Dessen Inanspruchnahme setzt allerdings einen „bewaffneten Angriff" voraus. Das unerlaubte Einfliegen eines Zivilflugzeugs in fremden Luftraum ohne den Beginn von Angriffshandlungen liegt jedoch unterhalb der von der UN-Charta dafür geforderten Gewaltanwendung. Die zur Konkretisierung eines bewaffneten Angriffs i. S. v. Art. 51 UN-Charta herangezogene Aggressionsdefinition der UN-Generalversammlung von 1974[41]

---

39 BGBl. 2005 I S.78.
40 BVerfGE 115, 118.
41 GA Res. 3314 (XXIX) v. 14.12.1974.

bestimmt in ihrer Art. 3 als Angriffshandlungen nur **aktiv feindselige Verhaltensweisen**.[42] Diese liegen bei einem unerlaubten Einflug noch nicht vor.

Ist dagegen erkennbar, dass das unerlaubt eingeflogene Zivilflugzeug beispielsweise auf ein Gebäude, ein Stadion oder eine Fabrikanlage zusteuert oder hat ein Flugzeugentführer dies angekündigt, liegt ein aktiv feindseliges Verhalten vor, das als „bewaffneter Angriff" anzusehen ist. Eine Selbstverteidigungslage besteht. Da „bewaffnete Angriffe" auch von terroristischen Gruppen ausgehen können und nicht zwingend den Einflug aus einem anderen Staat voraussetzen, lag im Falle der Anschläge vom 11.9.2001 jedenfalls ab dem Zeitpunkt ein solcher Angriff vor, zu dem die verbrecherischen Ziele der terroristischen Gruppe um *Mohammed Ata* klar erkennbar wurden.

Ob diese bestehende Selbstverteidigungslage in der Rechtsfolge auch automatisch zu einer Abschussbefugnis als Selbstverteidigungshandlung führt, muss jedoch bezweifelt werden. Ein Staat darf in Ausübung des Selbstverteidigungsrechts nur solche Gegenmaßnahmen ergreifen, die im Hinblick auf den vorausgegangenen oder gerade vorgenommenen bewaffneten Angriff verhältnismäßig sind.[43] Dass der Abschuss eines Zivilflugzeugs und der sichere Tod aller Insassen unter irgendeinem Gesichtspunkt als verhältnismäßig zu bewerten sein kann, erscheint nach hiesiger Ansicht ausgeschlossen. Zudem zieht der im allgemeinen Völkerrecht vielfach nachweisbare Humanitätsgrundsatz der Selbstverteidigungshandlung klare Grenzen. Bei einem Abschuss spielt der Humanitätsgrundsatz keinerlei Rolle mehr und wird völlig entwertet. Deshalb ist der Abschuss eines mit Passagieren besetzten Zivilflugzeugs auch auf der Grundlage des Selbstverteidigungsrechts nach Art. 51 UN-Charta unzulässig und somit völkerrechtswidrig.[44]

Nur wenn ausgeschlossen ist, dass sich außer den Entführern des Zivilflugzeugs andere Passagiere an Bord befinden, so gebieten die Rechtsstaatsgrundsätze der Verhältnismäßigkeit und des Humanismus keine Rücksicht auf unbeteiligte Flugzeuginsassen. Die Entführer des (passagierlosen) Zivilflugzeugs genießen angesichts ihres terroristischen Verhaltens keinen Schutz.[45] In diesem Fall ist ein Abschuss auf der Basis des Art. 51 UN-Charta grundsätzlich zulässig. Trotz dieser Rechtslage wird an der beschriebenen Ausnahmesituation deutlich, dass gelegentlich auch das Recht an die Grenzen seiner Steuerungskraft stößt und die Fortentwicklung eines solchen Terroranschlags außerrechtlichen Mechanismen[46] überlassen muss.

---

42 *von Arnauld*, Völkerrecht, 3. Aufl. (2016), Rn. 1077.
43 ICJ Rep. 1996, 226 (242); *von Arnauld*, Völkerrecht, 3. Aufl. (2016), Rn. 1088 ff.
44 *Schladebach*, Lufthoheit, 2014, S. 250 ff.
45 Diese Trennung der Konstellationen geht auf BVerfGE 115, 118 (160 ff.) zurück.
46 Militärisch oder polizeilich verantwortetes situationsadäquates Handeln.

3. Luftraumverletzungen durch Militärflugzeuge

79 Wesentlich häufiger als durch Zivilflugzeuge wird der Luftraum durch Militärflugzeuge verletzt. Diese Häufigkeit von Luftraumverletzungen steht in umgekehrt proportionalem Verhältnis zu der Intensität der Berichterstattung über diese Vorfälle. Die involvierten Staaten sind verständlicherweise daran interessiert, dass so wenig wie möglich über solche Militäraktionen bekannt wird.

80 Auch Luftraumverletzungen durch Militärflugzeuge haben eine lange Geschichte. Sie treten seit den Zeiten auf, in denen Militärflugzeuge entwickelt wurden.[47] Doch zeigen jüngere Vorfälle an der türkisch-syrischen Grenze, an der russisch-finnischen Grenze oder der von der internationalen Fachöffentlichkeit unverständlicherweise ignorierte und seit 1973 andauernde türkisch-griechische Konflikt im Luftraum über der Ägäis, dass diese Rechtsfragen auch gegenwärtig sehr aktuell sind.[48]

a) Kollision über Karpathos, 2006

81 Am 23.5.2006 flogen türkische Militärflugzeuge – wie jeden Tag – unerlaubt in den griechischen Luftraum ein und führten über der griechischen Insel Karpathos Flugmanöver durch. Bei dem von zwei griechischen Abfangjägern eingeleiteten Abdrängmanöver kollidierten ein türkisches und ein griechisches Militärflugzeug. Beide Flugzeuge stürzten ab. Der türkische Pilot konnte sich retten, der griechische Pilot hingegen verunglückte tödlich.[49]

82 Dieser Vorfall reiht sich als besonders tragisches Ereignis in eine Kette von Luftzwischenfällen in der Ägäis ein. Von der Öffentlichkeit, insbesondere von der EU, nicht beachtet oder bewusst heruntergespielt, fliegen seit rund 30 Jahren bewaffnete türkische Militärflugzeuge mehrmals täglich unerlaubt in den griechischen Luftraum über den Inseln (z.B. Rhodos, Karpathos, Chios) oder gar über dem Festland (z.B. Athen) ein. Ihr Ziel ist es, die griechische Seite zu provozieren, militärische Stärke zu demonstrieren und den Verlauf der Staatsgrenze in der Ägäis in Frage zu stellen.[50]

83 An die Luftraumverletzungen schließt sich üblicherweise Abwiegelungsrhetorik an, gepaart mit öffentlichen Annäherungs- und Entspannungsritualen beider Staaten, deren Ernsthaftigkeit nach über 30 Jahren mit guten Gründen in Zweifel zu ziehen ist. Nach diesem Muster wurden nach dem Tod des griechischen Piloten die auch sonst üblichen stereotypen Bekundungen des Bedau-

---

47 *Lissitzyn*, AJIL 47 (1953), 559ff.; *Bentzien*, Der unerlaubte Einflug von Luftfahrzeugen in fremdes Staatsgebiet in Friedenszeiten und seine Rechtsfolgen, 1982, S. 112ff.; *ders.*, ZLW 1990, 345ff.; ZLW 1991, 366ff.
48 *Schladebach*, ZLW 2003, 355ff.; *ders.*, Lufthoheit, 2014, S. 275ff.
49 FAZ vom 24.5.2006, S.2; NZZ vom 24.5.2006, S. 5.
50 *Klemm*, in: Bernhardt, EPIL I, 1992, S. 43 (46); *Schladebach*, ZLW 2003, 355ff.

erns und des Mitleids übermittelt. Dass hier ein Pilot eines EU-Mitgliedstaates durch einen bewusst herbeigeführten Luftzwischenfall, verursacht durch Streitkräfte eines EU-Beitrittskandidaten, ums Leben gekommen ist, wurde von der EU weder intern, noch öffentlich kritisiert. Gerade hierfür wäre die europäische Außen- und Sicherheitspolitik verantwortlich, die jedoch seit Jahren ein der internationalen Rolle der EU nicht entsprechendes Schattendasein führt. Hilflos und überfordert steht die EU diesem Konflikt gegenüber und kommt ihrer Verpflichtung des besonderen Schutzes ihrer Außengrenzen nicht nach.

b) Völkergewohnheitsrecht als Rechtsgrundlage

Militärflugzeuge gelten nach Art. 3 lit. b) CA als Staatsluftfahrzeuge, auf welche nach Art. 3 lit. a) CA das Chicagoer Abkommen und damit Art. 3bis CA nicht anwendbar ist. Allerdings bleibt es auch für Staatsluftfahrzeuge bei dem in Art. 3 lit. c) CA niedergelegten Erfordernis einer vorher eingeholten Erlaubnis zum Einflug in den fremden Luftraum. Fehlt sie, begeht das Militärflugzeug eine Luftraumverletzung. Obwohl eine Katalogisierung solcher Zwischenfälle ergibt, dass diese Verletzungen des Luftraums häufig nur wenige Minuten andauern, kann ihnen die Qualität einer Luftraumverletzung nicht mit dem Argument, die Ereignisse dauerten ja nur kurz und seien daher luftrechtlich unbeachtlich, abgesprochen werden. 84

Außer dem Erlaubniserfordernis enthält das Chicagoer Abkommen keine Bestimmungen für die Behandlung unerlaubt eingeflogener Militärflugzeuge. Auf der Grundlage einer weitgehend übereinstimmenden Staatenpraxis[51] hat sich allerdings **Völkergewohnheitsrecht** entwickelt, dessen Inhalt bislang zwar nur wenig erforscht ist, das aber im Wesentlichen die für Zivilflugzeuge geltenden Abdrängmaßnahmen als völkergewohnheitsrechtliche Grundsätze übernimmt.[52] Mit der Kodifizierung dieser Grundsätze im Hinblick auf Militärflugzeuge ist auf absehbare Zeit nicht zu rechnen. Denn der Einsatz von Militärflugzeugen ist eng mit der Ausübung staatlicher Gewalt verbunden, so dass sich die Staaten insoweit kaum einem international verbindlichen Regime unterwerfen werden.[53] 85

Das bestehende Gewohnheitsrecht wird nicht durch Spezialverträge relativiert. So haben sich zwar die Unterzeichnerstaaten des Vertrags über den Offenen Himmel vom 8.5.1992[54] dazu verpflichtet, gegenseitig eine bestimmte Zahl an Überwachungsflügen zuzulassen. Damit soll die Fähigkeit zur Kon- 86

---

51 Zu ihr *Hailbronner*, Der Schutz der Luftgrenzen im Frieden, 1972, S. 13 ff.; *Bentzien*, Der unerlaubte Einflug von Luftfahrzeugen in fremdes Staatsgebiet in Friedenszeiten und seine Rechtsfolgen, 1982, S. 80 ff.; *ders.*, ZLW 1990, 345 ff.
52 Dazu *Schladebach*, Lufthoheit, 2014, S. 256 ff.
53 *Milde*, in: Benkö/Kröll, Luft- und Weltraumrecht im 21. Jh., 2001, S. 152 (164).
54 BGBl. 1993 II S. 2047.

fliktverhütung und Krisenbewältigung im Rahmen der OSZE gestärkt werden. Eine Befreiung von dem Erfordernis einer Einflugerlaubnis ist damit aber nicht verbunden, was auch für die unter dem Dach der NATO geschlossenen Verträge gilt.

c) Abschuss von Militärflugzeugen

87 Bei der sich auch hier stellenden Frage, ob als **ultima-ratio-Maßnahme** ein Abschuss des Militärflugzeugs völkerrechtlich zulässig ist, muss zwischen dem Völkergewohnheitsrecht und dem Selbstverteidigungsrecht nach Art. 51 UN-Charta differenziert werden. Eine Reaktion des in seiner Lufthoheit verletzten Staates auf der Basis von Völkergewohnheitsrecht setzt voraus, dass die Grenze zum „bewaffneten Angriff" i. S. v. Art. 51 UN-Charta noch nicht erreicht ist, also noch keine aktiv feindlichen Handlungen zu registrieren sind. Ist ein passiv bleibendes Militärflugzeug nach dem oben beschriebenen Verfahren zunehmender Eskalation in Form von Warnschüssen gewarnt worden, nimmt die Staatenpraxis zutreffend an, dass ein Abschuss des Militärflugzeugs zulässig ist.[55] Die besondere Ausbildung von Militärpiloten und die hohe Gefährlichkeit der bloßen Existenz von Militärflugzeugen in fremdem Luftraum sprechen für dieses Ergebnis, das dem verletzten Staat wirksame Handlungsoptionen belässt.

88 Ist das Verhalten des unerlaubt eingeflogenen Militärflugzeugs dagegen als „bewaffneter Angriff" nach Art. 51 UN-Charta zu bewerten, wofür aktiv feindliche Handlungen im Sinne des Art. 3 der Aggressionsdefinition der UN-Generalversammlung erforderlich sind, wird das Selbstverteidigungsrecht des Bodenstaates ausgelöst. Als Selbstverteidigungshandlung ist sodann ein Abschuss als ultima-ratio-Maßnahme gerechtfertigt.[56] Eine Pflicht zur vorherigen Abgabe von Warnschüssen besteht hier – anders als im völkergewohnheitsrechtlichen Bereich – jedoch nicht. Sollen Warnschüsse bei passiv bleibenden fremden Militärflugzeugen nach gewohnheitsrechtlichen Grundsätzen jenen die eventuell verloren gegangene Orientierung im fremden Luftraum wieder ermöglichen, wäre das Erfordernis der Abgabe vorheriger Warnschüsse gegen bereits angreifende fremde Militärflugzeuge eine formale Zumutung und eine

---

55 *Hailbronner*, Der Schutz der Luftgrenzen im Frieden, 1972, S. 50; *Bentzien*, Der unerlaubte Einflug von Luftfahrzeugen in fremdes Staatsgebiet in Friedenszeiten und seine Rechtsfolgen, 1982, S. 82; *Polkowska*, AASL XXXVI (2011), 579 (595); *Schönwald*, AVR 50 (2012), 75 (82); *Schladebach*, Lufthoheit, 2014, S. 259.
56 *Hailbronner*, Der Schutz der Luftgrenzen im Frieden, 1972, S. 50; *Bentzien*, Der unerlaubte Einflug von Luftfahrzeugen in fremdes Staatsgebiet in Friedenszeiten und seine Rechtsfolgen, 1982, S. 92; *Schönwald*, AVR 50 (2012), 75 (82); *Schladebach*, Lufthoheit, 2014, S. 259.

völlig unverhältnismäßige Einschränkung des Selbstverteidigungsrechts des auf diese Weise angegriffenen Staates.⁵⁷

Zum Beispiel: Im angeführten Fall fehlt es an einer Rechtfertigung für den Einflug türkischer Militärflugzeuge in den griechischen Luftraum. Die Luftraumverletzungen, auch diejenige vom 23.5.2006, sind völkerrechtswidrige Akte. Dieser langjährige Konflikt kann von der EU nicht weiterhin als bilateraler Konflikt abgetan werden. Er ist spätestens seit dem EG-Beitritt Griechenlands 1981 eine europäische Angelegenheit geworden, für deren Bewältigung Griechenland die effektive Unterstützung der hierfür vorgesehenen EU-Institutionen beanspruchen kann. Das Schweigen der EU zu diesem Konflikt verletzt nicht nur EU-Recht, sondern deutet darüber hinaus auf eine politische und rechtliche Kapitulation vor dem EU-Beitrittskandidaten Türkei hin. Solange diese militärischen Provokationen andauern, muss das wiederholt abgegebene Bekenntnis der Türkei zur europäischen Rechts- und Wertegemeinschaft kritisch bewertet und mit Nachdruck hinterfragt werden.

V. Die International Civil Aviation Organization (ICAO)

Das Ziel der Chicagoer Konferenz, eine internationale Behörde zur Aufsicht über den internationalen Luftverkehr zu schaffen, ist durch die Gründung der Internationalen Zivilluftfahrt-Organisation (ICAO) verwirklicht worden. 89

1. Zielsetzung

Die Ziele und Aufgaben der ICAO sind in Art. 43 ff. CA geregelt.⁵⁸ Hauptziel der ICAO ist es, die Grundsätze und die Technik der internationalen Luftfahrt zu entwickeln sowie die Planung und Entwicklung des internationalen Luftverkehrs zu fördern. Sie hat ihren Sitz in Montreal/Kanada, ist eine UN-Sonderorganisation nach Art. 57 UN-Charta⁵⁹ und besitzt im Hoheitsgebiet eines jeden Vertragsstaates Rechtspersönlichkeit. 90

---

57 *Schladebach*, Lufthoheit, 2014, S. 260 f.
58 *Weber*, in: Hobe/von Ruckteschell, Kölner Kompendium des Luftrechts, Bd. 1, 2008, A I Rn. 1 ff.; *Milde*, International Air Law and ICAO, 2016; *Hailbronner*, in: Bernhardt, EPIL II, 1995, S. 1070 ff.; *Meyer*, AVR 2 (1950), 428 ff.; *Riese*, Luftrecht, 1949, S. 112 ff.
59 Ipsen/*Epping*, Völkerrecht, 6. Aufl. (2014), § 6 Rn. 183; *Herdegen*, Völkerrecht, 15. Aufl. (2016), § 42 Rn. 2.

2. Organe

a) Versammlung

91 Die in den Art. 48 ff. CA geregelte Versammlung ist das oberste Organ der ICAO.[60] In der Versammlung sind alle Vertragsstaaten vertreten, wobei jedem Vertragsstaat eine Stimme zusteht. Die Sitzungen fanden früher jährlich statt, nach Änderungen tagt die Versammlung nun alle drei Jahre. Die Einberufung außerordentlicher Versammlungen ist möglich. Die Versammlung bestimmt über die Tätigkeit der ICAO und überwacht die anderen Organe.

b) Rat

92 Der Rat ist das **ständige Exekutivorgan** der ICAO.[61] Während ihm früher 21 Staaten angehörten, sind es nach mehreren Änderungen nun 36 Staaten, die für jeweils drei Jahre von der Versammlung gewählt werden. In ihm sollen vor allem die im Luftverkehr besonders wichtigen Staaten vertreten sein (Art. 50 CA). Die Versammlung hat dem Rat als ständigem Organ zahlreiche Befugnisse übertragen, was zu Recht zu der Einschätzung geführt hat, dass er das praktisch bedeutendste Organ der ICAO ist.

93 Für bestimmte Angelegenheiten kann der Rat bestimmte **Ausschüsse** einsetzen (Art. 52 CA), was zum Beispiel zur Errichtung des Rechtsausschusses im Jahr 1947 führte.[62] Daneben existieren ein Luftverkehrsausschuss (Art. 54 lit. d CA) und eine Luftverkehrskommission (Art. 54 lit. e, Art. 56 CA), deren Aufgabe darin besteht, Änderungen der Anhänge des Chicagoer Abkommens vorzubereiten.[63]

94 Eine besondere Zuständigkeit des Rates liegt in der **Rechtsetzung**. Er beschließt über die Anhänge zum Abkommen, die von der Luftverkehrskommission vorbereitet werden und unter denen der Anhang 17 zur Luftsicherheit herausragt. Die Vertragsstaaten sind verpflichtet, Regeln in ihr nationales Recht zu übernehmen. In Kooperation mit der Versammlung kann er jedoch auch eine Änderung des Chicagoer Abkommens selbst einleiten. Die Versammlung muss solchen Änderungsvorschlägen mit einer Zwei-Drittel-Mehrheit zustimmen (Art. 94 CA). So ist etwa der oben beschriebene Art. 3bis im Jahr 1984, rund ein halbes Jahr nach der Flugzeugkatastrophe über der russischen Halbinsel Sachalin, durch dieses Verfahren in das Chicagoer Abkommen aufgenommen worden.

---

[60] Dazu *Weber*, in: Hobe/von Ruckteschell, a.a.O., A I Rn. 8 ff.
[61] Dazu *Weber*, in: Hobe/von Ruckteschell, a.a.O., A I Rn. 15 ff.
[62] Dazu *Weber*, in: Hobe/von Ruckteschell, a.a.O., A I Rn. 27 ff.
[63] Dazu *Weber*, in: Hobe/von Ruckteschell, a.a.O., A I Rn. 23 ff.

c) Generalsekretär

Vom Rat wird ein Generalsekretär bestimmt (Art. 54 lit. h CA), dem ein Sekretariat zugeordnet ist.[64] Neben dem Sekretariat, das seinen Sitz ebenfalls in Montreal hat, bestehen Regionalbüros in Bangkok, Dakar, Kairo, Lima, Mexiko-City, Nairobi und Paris.

Die in den Art. 43 ff. CA geregelte Organisation verfügt über eine Versammlung, einen Rat sowie weitere Organe und hat ihren Sitz in Montreal. Sie weist damit alle Merkmale einer Internationalen Organisation auf und ist daher Völkerrechtssubjekt.

---

64 Dazu *Weber*, in: Hobe/von Ruckteschell, a.a.O., A I Rn. 38 ff.

§ 5 Europäisches öffentliches Luftrecht

I. Die Kompetenz der EU für den Luftverkehr

1. Kompetenzgrundlage

1   Nach dem in Art. 5 I, II EUV und Art. 7 AEUV verankerten **Prinzip der begrenzten Einzelermächtigung** können die Organe der EU nur in den Sachbereichen Sekundärrechtsakte erlassen, für die ihnen von den EU-Mitgliedstaaten ausdrücklich Hoheitsbefugnisse übertragen worden sind. Dies ist für den Luftverkehr in Art. 100 II AEUV geschehen. Die Norm räumt der EU eine **umfassende Kompetenz** zum Erlass luftverkehrsrechtlicher Regelungen ein. Nach dieser primärrechtlichen Kompetenzgrundlage können das Europäische Parlament und der Rat gemäß dem ordentlichen Gesetzgebungsverfahren geeignete Vorschriften für die Luftfahrt erlassen. Wortlaut und systematische Stellung des Art. 100 II AEUV hatten in der Vergangenheit – in der vergleichbaren früheren Fassung des Art. 80 II EGV – zwei Probleme aufgeworfen, die sodann geklärt worden sind.

2   Zum einen ist thematisiert worden, ob Seeschifffahrt und Luftfahrt deshalb einer besonderen rechtlichen Behandlung bedürfen, weil sie getrennt von den anderen Verkehrsträgern (Art. 100 I AEUV) in einem eigenen Absatz geregelt wurden. Dieser Trennung liegt jedoch die unterschiedliche Ausrichtung der Verkehrsträger zugrunde. Während Abs. 1 die Binnenverkehrsträger benennt, sind Seeschifffahrt und Luftfahrt **weltweit ausgerichtet**. Da diese beiden Verkehrsträger im Gegensatz zu den Binnenverkehrsträgern in besonderer Weise völkerrechtlich eingebunden sind, soll die Formulierung in Art. 100 II AEUV den EU-Gesetzgebungsorganen einen größeren Ausgestaltungsspielraum als üblich geben, um die völkerrechtlichen Bindungen sachgerecht berücksichtigen zu können.

3   Zum anderen wurde problematisiert, ob die **allgemeinen Vorschriften** des AEUV (Grundfreiheiten, Wettbewerbsrecht) auch auf den Luftverkehr anzuwenden sind. Die EU-Organe hatten sich wegen der starken Einbindung des Luftverkehrs in multilaterale und bilaterale Abkommen lange Zeit sehr zurückhaltend bei der Rechtsetzung in diesem Bereich verhalten. Diese Frage ist

spätestens durch das EuGH-Urteil vom 30.4.1986 beantwortet worden.[1] Der EuGH stellte fest, dass die allgemeinen Vorschriften grundsätzlich für alle Politikbereiche der EU gelten, es sei denn, ihre Geltung wurde – wie etwa bei der Landwirtschaft, Art. 38 II und Art. 42 AEUV – durch den AEUV selbst ausdrücklich eingeschränkt oder ausgeschlossen. Da dies bei Art. 100 II AEUV nicht der Fall ist, unterliegt auch der Luftverkehr den Grundfreiheiten und insbesondere dem Wettbewerbsrecht (Art. 101 ff. AEUV).

2. Harmonisierung durch Sekundärrecht

Gestützt auf diese Kompetenzgrundlage haben das EU-Parlament und der Rat zusammen im ordentlichen Gesetzgebungsverfahren nach Art. 294 AEUV sekundäres europäisches Luftverkehrsrecht erlassen. Dabei ist deutlich das Bestreben der EU zu erkennen, das Luftverkehrsrecht durch Verordnungen zu **vereinheitlichen** und nicht durch Richtlinien lediglich in den Grundzügen anzugleichen. Grund dafür ist die hohe Wettbewerbs- sowie Sicherheitsrelevanz des Luftverkehrs, weshalb Abweichungen zwischen den EU-Mitgliedstaaten ausgeschlossen werden sollen. Für die EU hat daher in den zentralen Bereichen des Luftverkehrsrechts die Regelung durch Verordnung Vorrang.

Bereits zum Anfang der 1990er Jahre haben die EU-Organe das allgemeine Ziel, zum 1.1.1993 den europäischen Binnenmarkt zu vollenden, auch im Hinblick auf den Luftverkehr geregelt. So sollten auch die nationalen Luftverkehrsmärkte zu diesem Datum weitgehend liberalisiert und so ein europäischer Luftverkehrsbinnenmarkt geschaffen werden. Diese Verordnungen betrafen mit der Erteilung von Betriebsgenehmigungen an Luftfahrtunternehmen,[2] dem Zugang zu innergemeinschaftlichen Strecken[3] und den Grundsätzen über die Tarifgestaltung[4] die sicherheits- und wettbewerbsrechtlich wichtigsten Bereiche des Luftverkehrs: Jedes in der EU niedergelassene Luftverkehrsunternehmen, das die betrieblichen Sicherheitsanforderungen und die Vorgaben zur Tarifgestaltung erfüllt, hat das Recht auf Zugang zu allen innergemeinschaftlichen Flugstrecken. Mittlerweile sind diese Verordnungen aktualisiert und in der Verordnung (EU) 1008/2008 zusammengeführt worden.

---

1 EuGH, Slg. 1986, 1425 = NJW 1986, 2182.
2 Verordnung (EWG) 2407/92.
3 Verordnung (EWG) 2408/92.
4 Verordnung (EWG) 2409/92.

II. Die Betriebsgenehmigung für Luftverkehrsunternehmen

1. Zielsetzung

6   Jedes in der EU niedergelassene Luftverkehrsunternehmen, das grenzüberschreitende Flüge durchführen will, bedarf einer Betriebsgenehmigung nach der Verordnung (EG) 1008/2008.[5] Die Genehmigung wird von der jeweiligen nationalen Genehmigungsbehörde erteilt, in Deutschland vom Luftfahrt-Bundesamt in Braunschweig. Zusätzlich sind dabei die §§ 20 ff. LuftVG sowie die §§ 61, 62 LuftVZO zu beachten. Mit der Betriebsgenehmigung soll gewährleistet werden, dass die Unternehmen stets auf einer **wirtschaftlich soliden Grundlage** und einem **hohen betrieblichen Sicherheitsniveau** operieren. Dazu knüpft sie an die technische und wirtschaftliche Leistungsfähigkeit des Unternehmens sowie die persönliche Zuverlässigkeit der Unternehmensleitung an.

2. Genehmigungsvoraussetzungen

a) Technische Leistungsfähigkeit

7   Das antragstellende Unternehmen muss ein Luftverkehrsbetreiberzeugnis (Air Operator Certificate) gem. Art. 6 VO vorlegen. Darin wird bescheinigt, dass das Unternehmen über die fachliche Eignung und Organisation verfügt, um den sicheren Betrieb von Luftfahrzeugen zu gewährleisten (Art. 2 Nr. 8 VO). Das Zeugnis dient der Feststellung der technischen und flugbetrieblichen Leistungsfähigkeit des Unternehmens. Es ist Voraussetzung für die Erteilung der Betriebsgenehmigung und nicht mit ihr gleichzusetzen. Dies folgt aus Art. 4 lit. b), Art. 6 VO und § 62 Nr. 9 LuftVZO. Deren Hintergrund sind die internationalen Vorgaben des ICAO-Anhangs 6.

b) Wirtschaftliche Leistungsfähigkeit

8   Seine wirtschaftliche Leistungsfähigkeit hat das Unternehmen durch einen **Wirtschaftsplan** nachzuweisen, der den Anforderungen des Art. 5 I, II VO genügt. So muss durch diesen Plan der glaubhafte Nachweis erbracht werden, dass das Unternehmen seinen finanziellen Verpflichtungen in einem Zeitraum von 24 Monaten nach Aufnahme der Tätigkeit jederzeit nachkommen kann. Zudem muss sich daraus substantiiert ergeben, dass das Unternehmen in den ersten drei Monaten ohne Betriebseinnahmen auskommen kann. Ferner müssen aus dem Plan die finanziellen Verflechtungen zwischen dem Unternehmen und sonstigen gewerblichen Tätigkeiten hervorgehen, an denen es direkt oder

---

5 ABl. EU Nr. L 293 vom 31.10.2008, S. 3; dazu *Pegatzky/Rockstroh*, ZLW 2009, 541 ff.

indirekt beteiligt ist. Außerdem sind die betriebswirtschaftlichen Angaben des Anhangs I Ziff. 1 der VO beizubringen. Grundüberlegung hinter diesen finanziellen Anforderungen ist die Annahme, dass eine wirtschaftlich sichere Lage des Unternehmens eine der Hauptbedingungen für einen auch betrieblich sicheren Flugverkehr ist.

c) Persönliche Zuverlässigkeit

Erforderlich ist weiterhin der Nachweis der persönlichen Zuverlässigkeit der Personen, die die tatsächliche Leitung des Unternehmens ausüben, Art. 4 lit. i), Art. 7 VO. Der **Begriff der Zuverlässigkeit** wird in Art. 4 lit. i) VO vorausgesetzt, aber nicht definiert. Wegen des Hinweises auf Art. 7 VO ist aber davon auszugehen, dass die Verordnung die dort genannten Aspekte als maßgebende Kriterien der „Zuverlässigkeit" verstanden wissen will. Durch das dort verlangte Führungszeugnis nach nationalem Recht soll bestätigt werden, dass sich die das Luftverkehrsunternehmen leitenden Personen nicht standeswidrig oder gar strafbar verhalten haben oder in Insolvenz geraten sind. Entsprechende Regelung in Deutschland ist § 62 Nr. 1 LuftVZO.

Es erscheint allerdings nicht ausreichend, die persönliche Zuverlässigkeit allein von dem Fehlen strafrechts- oder standeswidrigen Verhaltens bzw. einer Insolvenz abhängig zu machen. Nicht davon erfasst wird etwa ein sorgloser Umgang mit sonstigen Rechtsvorschriften oder untergeordneten technischen Anforderungen. Solche Umstände werden nicht über das gegenständlich beschränkte Führungszeugnis oder die Bestätigung des Fehlens einer Insolvenz thematisiert, dürften aber ebenfalls Rückschlüsse auf die Zuverlässigkeit der Geschäftsführung und in der Konsequenz auf das Sicherheitsniveau des Luftverkehrsunternehmens zulassen. Um derartige Beurteilungslücken zu schließen bietet es sich an, den Begriff der Zuverlässigkeit an dem gewerberechtlichen Begriffsverständnis zu orientieren. Danach ist unzuverlässig, wer nach dem Gesamteindruck seines Verhaltens nicht die Gewähr dafür bietet, dass er das von ihm ausgeübte Gewerbe künftig ordnungsgemäß betreiben wird.[6] In Konkretisierung dieser Definition wird von dem Betreffenden als Mindestvoraussetzung verlangt, alles zur Sicherheit und zum Schutz der Allgemeinheit Erforderliche zu tun und die für sein Gewerbe einschlägigen gesetzlichen Vorschriften einzuhalten.

Bezogen auf den **Luftverkehr** bedeutet dies, dass keine Tatsachen vorliegen dürfen, die die Annahme rechtfertigen, dass die Führungsperson nicht alles Erforderliche zum Schutz der Fluggäste und des Flugpersonals tun und die einschlägigen luftverkehrs- und luftsicherheitsrechtlichen Vorschriften nicht einhalten wird. Dieser Beurteilungsmaßstab geht über Art. 7 VO hinaus, er-

---
6 BVerwGE 65, 1.

scheint aber wegen der eigentlichen Zielsetzung der Verordnung – Gewährleistung der betrieblichen Sicherheit des Luftverkehrs – unverzichtbar.

d) Eigentum

12 *(1) Eigentum am Unternehmen.* Nach Art. 4 lit. f) VO muss sich das Unternehmen unmittelbar oder über Mehrheitsbeteiligung im Eigentum von EU-Mitgliedstaaten und/oder EU-Staatsangehörigen befinden. Die Vorschrift verlangt, dass ein oder mehrere EU-Mitgliedstaaten und/oder EU-Staatsangehörige zu **mehr als 50 %** am Eigentum des Unternehmens beteiligt sind und es **tatsächlich kontrollieren**. Die Anforderungen an eine „tatsächliche Kontrolle" sind in Art. 2 Nr. 9 VO weiter ausgeformt. Damit soll sichergestellt werden, dass das Luftverkehrsunternehmen ein „unionsrechtliches" Unternehmen ist und bleibt. Ausgeschlossen werden hiermit insbesondere Übernahmen europäischer Luftverkehrsunternehmen durch Unternehmen aus dem mittleren Asien.

13 *(2) Eigentum an den Luftfahrzeugen.* Art. 4 lit. c) VO versucht, den Bedingungen des modernen Wirtschaftslebens zu entsprechen und bietet dazu zwei Alternativen an: Das Unternehmen muss entweder als Eigentümer oder in Form einer Dry-Lease-Vereinbarung über mindestens ein Luftfahrzeug verfügen. Unter einer Dry-Lease-Vereinbarung ist nach Art. 2 Nr. 24 VO eine Vereinbarung zwischen Unternehmen zu verstehen, wonach das Luftfahrzeug unter dem Luftverkehrsbetreiberzeugnis des Mieters betrieben wird. Davon abzugrenzen und als Genehmigungsvoraussetzung nicht zulässig ist eine Wet-Lease-Vereinbarung. Für sie ist nach Art. 2 Nr. 25 VO kennzeichnend, dass das Luftfahrzeug unter dem Luftverkehrsbetreiberzeugnis des Vermieters betrieben wird und – im Gegensatz zur Dry-Lease-Vereinbarung – auch die Besatzung mit angemietet wird.

14 Die Zulassung des Leasings stellt in wirtschaftlicher Hinsicht eine Erleichterung für die Luftverkehrsbranche dar. Auch Luftverkehrsunternehmen ohne Eigentum an Flugzeugen können so Dienstleistungen im Luftverkehr anbieten. Für bereits am Markt tätige Luftverkehrsunternehmen ist es dadurch auch möglich, auf eventuell kurzfristig entstandene Bedarfe zu reagieren. Zugleich zeigt Art. 4 lit. c) VO durch die Gleichbehandlung von Eigentum und Leasing an, dass mit diesem wirtschaftlichen Zugeständnis keine Abstriche an den sonstigen Genehmigungsvoraussetzungen verbunden sind.

e) Haftpflichtversicherung

15 Nach Art. 11 VO und Art. 4 lit. h) VO muss ein Luftverkehrsunternehmen gegen die im Rahmen seiner Haftpflicht zu ersetzenden Schäden, die an Post durch Unfälle entstehen können, versichert sein. Diese auffallend enge sachge-

genständliche Anforderung an die Versicherung muss verwundern, würden danach Schäden von Fluggästen oder an Gepäck nicht versicherungspflichtig sein. Jedoch wird sowohl in Art. 11 VO als auch in Art. 4 lit. h) VO auf die zusätzlich heranzuziehende Verordnung (EG) 785/2004[7] hingewiesen, in der **Mindestversicherungsanforderungen** für Luftverkehrsunternehmen in Bezug auf Fluggäste, Reisegepäck, Güter und Dritte festgelegt worden sind (Art. 1 I VO 785/2004). Wie Art. 11 VO andeutet und Art. 1 II VO 785/2004 sodann bestätigt, gelten – nur – für die Beförderung von Postsendungen die Versicherungsanforderungen der Verordnung (EG) 1008/2008. Somit ist ein umfassender Versicherungsschutz organisiert, der eine zentrale Voraussetzung der Betriebsgenehmigung bildet.

3. Genehmigungsanspruch

Hat das Antrag stellende Unternehmen alle Genehmigungsvoraussetzungen des Art. 4 VO erfüllt, so hat es nach Art. 3 I 2 VO einen Anspruch auf Erteilung der Betriebsgenehmigung. Die Verordnung (EG) 1008/2008 hat die Genehmigungsentscheidung somit als gebundene Entscheidung ausgestaltet, die ein Ermessen der Genehmigungsbehörde ausschließt.   16

4. Schwarze Liste

a) Zielsetzung

Als Reaktion auf mehrere Flugzeugabstürze (*Birgen Air* vor der Dominikanischen Republik, 6.2.1996; *Flash Air* bei Sharm-El-Sheik, 3.1.2004; *Helios Airways* bei Athen, 14.8.2005) sowie technische Mängel (Landeverbote für *Onur Air* in mehreren EU-Mitgliedstaaten) hat sich die EU-Kommission entschlossen, eine Liste mit Luftverkehrsunternehmen im Amtsblatt der EU und im Internet zu veröffentlichen, die einer **Betriebsuntersagung** in der EU unterliegen.   17

Die Betriebsuntersagung wird von den nationalen Behörden, in Deutschland vom Luftfahrt-Bundesamt, ausgesprochen und beruht auf der Feststellung gravierender betrieblicher Sicherheitsmängel. Diese Untersagungen werden an die EU-Kommission gemeldet, die aufgrund der Art. 3 ff. der Verordnung (EG) 2111/2005[8] die „Schwarze Liste" erstellt. Aus ihr kann der Fluggast erkennen, welche Luftverkehrsunternehmen als betrieblich unsicher gelten.   18

---

7 ABl. EU Nr. L 138 vom 30.4.2004, S. 1.
8 ABl. EU Nr. L 344 vom 27.12.2005, S. 15; dazu *Kohlhase*, ZLW 2006, 22 ff.

b) Vorgeschichte

19 Die Idee einer Schwarzen Liste geht auf französische Initiativen zurück. Nach den Flugzeugunglücken 2004/05 veröffentlichte Frankreich eine Liste der dort einem Start- und Landeverbot unterliegenden Luftverkehrsunternehmen und forderte dazu auf, auch auf EU-Ebene eine solche Liste auszuarbeiten. Dabei darf jedoch nicht übersehen werden, dass bereits seit dem 30.4.2004 eine Richtlinie (2004/36/EG)[9] in Kraft war, nach der Flugzeuge aus Drittstaaten, die Flughäfen der EU anfliegen, einer Inspektion unterzogen werden, wenn der Verdacht der Nichteinhaltung internationaler Sicherheitsstandards besteht. Diese Überprüfungen erfolgten durch Vorfeldinspektionen, auch Ramp checks genannt. Wenngleich mit einer – im europäischen Luftverkehrsrecht eher seltenen – Richtlinie ein nur mittelbar wirkender EU-Rechtsakt gewählt worden war, zeigt ihr Erlass jedoch das existierende Problembewusstsein auf europäischer Ebene.

c) Aktuelle Schwarze Liste

20 Mit der Verordnung (EG) 2111/2005 und ihrer Durchführungs-Verordnung (EG) 473/2006[10] wurde dieses Konzept auf sämtliche Luftverkehrsunternehmen erstreckt, die Flughäfen in der EU anfliegen, d.h. Unternehmen aus der EU und solche aus Drittstaaten. Die am 22.3.2006 in der Verordnung (EG) 474/2006[11] erstmals veröffentlichte Liste ist in unregelmäßigen Abständen aktualisiert worden. Waren auf der ersten Liste noch 93 Unternehmen verzeichnet, stieg deren Anzahl in den Folgejahren kontinuierlich. Hat ein gelistetes Luftverkehrsunternehmen die ihm attestierten betrieblichen Mängel nachweisbar behoben, so kann es nach einem entsprechenden Antrag von der Schwarzen Liste wieder gestrichen werden. Diese in Art. 4 I lit. b) VO 2111/2005 vorgesehene Möglichkeit der Streichung erfordert nicht nur eine jeweilige Aktualisierung der Liste, sondern ist gerade aus Gründen der Reputation für das betroffene Luftverkehrsunternehmen von wirtschaftlich existentieller Bedeutung. Die letzte Aktualisierung datiert vom 30.11.2017 und listet 178 Unternehmen auf.[12]

21 Bemerkenswerterweise enthält die Schwarze Liste ausschließlich Unternehmen aus Drittstaaten (Afrika, Asien), wobei auffällig viele Unternehmen aus dem Kongo, dem Sudan, Angola, Nepal und Indonesien vermerkt sind. Da kein EU-Luftverkehrsunternehmen gelistet ist, kann als erfreulicher Umstand festgestellt werden, dass diese Unternehmen als betrieblich sicher gelten. Die prak-

---

9 ABl. EU Nr. L 143 vom 30.4.2004, S. 76.
10 ABl. EU Nr. L 84 vom 23.3.2006, S. 8.
11 ABl. EU Nr. L 84 vom 23.3.2006, S. 14.
12 EU-Kommission, IP/17/4971 vom 30.11.2017.

tische Bedeutung der Schwarzen Liste liegt daher heute hauptsächlich in einem durch europäisches Sekundärrecht vermittelten Export von luftverkehrlichen Sicherheitsstandards in EU-externe Kontinente.

III. Die Vergabe von Start- und Landerechten (Slots)

1. Begriff und Bedeutung

Die Vergabe von Start- und Landerechten an Luftverkehrsunternehmen, auch Zeitnischen oder Slots genannt, ist für die großen europäischen Flughäfen und alle dort tätigen Luftverkehrsunternehmen von überragender wirtschaftlicher Bedeutung. Nur das Unternehmen, das solche Slots erworben hat, darf zu den darin festgelegten Zeiten auf dem jeweiligen Flughafen starten und landen. Dabei bezieht sich der Slot nicht nur auf die Aufsetz- bzw. Abhebezeit, sondern schließt auch die Rollzeit auf dem Flughafen vom/zum Gate oder von der/zu der Vorfeldposition mit ein. Die Rollzeiten können für Start und Landung variieren und werden vom jeweiligen Flughafen festgelegt. Eine minutengenaue Planung von so definierten Slots wäre nicht praxisgerecht. Um den Luftverkehrsunternehmen ein gewisses Maß an zeitlicher Flexibilität zu belassen, werden Slots im Normalfall mit einem fixen Zeitrahmen von zehn Minuten vergeben.[13] Innerhalb dieses zugeteilten Zeitrahmens kann das Luftverkehrsunternehmen frei agieren. 22

Die Brisanz bei der Vergabe von Slots folgt aus der **Begrenztheit** des zu vergebenden Guts: Der Zeit. Starts und Landungen sind täglich nur in einem bestimmten Stundenumfang möglich, der an vielen Flughäfen zudem durch Nachtflugbeschränkungen weiter reduziert wird. Selbst wenn man berücksichtigt, dass für denselben Slot regelmäßig Flugzeugpaare geplant werden, um die Kapazität der Start- und Landebahn möglichst effektiv auszunutzen, kann die maximale Anzahl der möglichen Starts und Landungen recht einfach bestimmt werden. Auf großen Flughäfen ist die Bewerberzahl für das so limitierte Zeitbudget entsprechend hoch. 23

Außerdem sind die Bewerber zumeist daran interessiert, nicht irgendwann am Tag, sondern zu für sie und ihre Kunden möglichst attraktiven Zeiten zu fliegen. Viele Luftverkehrsunternehmen wollen auch mehrere Umläufe pro Tag anbieten, etwa auf den vielbeflogenen innerdeutschen Strecken Berlin – Frankfurt oder Berlin – München mehrfach hin- und zurückfliegen. Schon hierfür werden zahlreiche Slots benötigt, welche die Optionen für andere Luftver- 24

---

13 *Ulrich/Schulte-Nossek*, in: Hobe/von Ruckteschell, Kölner Kompendium des Luftrechts, Bd. 2, 2009, I F Rn. 69.

kehrsunternehmen bereits deutlich begrenzen. Deshalb muss an großen Flughäfen ein Vergabeverfahren nach fairen und transparenten Kriterien eingerichtet werden, nicht zuletzt auch deshalb, weil den einzelnen Flughäfen insoweit eine wettbewerbsrechtlich relevante Monopolstellung zukommt. Die Vergabe von Slots kann somit nicht in das freie Ermessen der Flughäfen gestellt werden. Ein faires Verteilungsverfahren ist daher zentrale Bedingung für den Zugang von Luftverkehrsunternehmen zu innereuropäischen Flugstrecken.

2. Vergabeverfahren

a) Anwendbarkeit

25 Das Verfahren der Slotvergabe richtet sich nach der Verordnung (EWG) 95/93[14] und – in der Hauptsache – nach der Verordnung (EG) 793/2004.[15] Diese sind jedoch nur dann anwendbar, wenn an einem Flughafen die Nachfrage nach Slots das tatsächlich vorhandene Angebot übersteigt.[16] Denn nur dann muss zwischen **mehreren Bewerbern** entschieden werden.

26 Dabei ist zu unterscheiden: Besteht dieser Nachfrageüberschuss nur zu bestimmten Tageszeiten oder an bestimmten Wochentagen oder in bestimmten Jahreszeiten, so ist der Flughafen zum „**flugplanvermittelten Flughafen**" zu bestimmen. Ist der Nachfrageüberschuss zu jeder Zeit gegeben, ist der Flughafen zum „**koordinierten Flughafen**" zu erklären. Dies geschieht durch eine Rechtsverordnung des Bundesministeriums für Verkehr.[17] In Deutschland sind die Flughäfen Berlin (als Flughafensystem Tegel/Schönefeld), Düsseldorf, Frankfurt, Leipzig, München und Stuttgart zu „koordinierten Flughäfen" erklärt worden.[18]

27 An allen anderen Flughäfen besteht keine Konkurrenzsituation bei der Erlangung von Slots. Luftverkehrsunternehmen können hier nach Bedarf Slots erhalten. Die Flughäfen sind bei der Slotvergabe somit freier. Den nachfolgenden Erläuterungen wird die Situation an koordinierten Flughäfen zugrunde gelegt.

---

14 ABl. EG Nr. L 14 vom 22.1.1993, S. 1.
15 ABl. EG Nr. L 138 vom 30.4.2004, S. 50.
16 *Hartung/Holter/Schulte-Nossek/Ulrich*, in: Hobe/von Ruckteschell, Kölner Kompendium des Luftrechts, Bd. 2, 2009, I F Rn. 20.
17 Verordnung über die Durchführung der Flughafenkoordination vom 24.6.1994 i.d.F. vom 6.6.2005, BGBl. 2005 I S. 1579.
18 *Ulrich/Schulte-Nossek*, in: Hobe/von Ruckteschell, Kölner Kompendium des Luftrechts, Bd. 2, 2009, I F Rn. 37.

b) Flughafenkoordinator

Auf koordinierten Flughäfen ist von dem jeweiligen EU-Mitgliedstaat eine qualifizierte natürliche oder juristische Person als Flughafenkoordinator einzusetzen. In Deutschland richtet sich die Bestellung eines Flughafenkoordinators nach §§ 27a, 31a LuftVG. Zuvor sind die in diesem Staat regelmäßig verkehrenden Luftverkehrsunternehmen, ihre Verbände und die Flughafenbetreibergesellschaften zu konsultieren. Durch Auswahl, Organisation und Finanzierung muss gewährleistet sein, dass diese Person in unabhängiger, unparteiischer, diskriminierungsfreier und transparenter Weise die ihm übertragene öffentliche Aufgabe ausübt. Ein Beschäftigungsverhältnis mit einem Luftverkehrsunternehmen oder einem Flughafen muss somit ausscheiden. Das gilt nicht nur für den Koordinator selbst, sondern auch für die zu seiner Unterstützung zu bestellenden Hilfspersonen.

28

Diese Selbstverständlichkeiten sind in der Praxis nicht immer leicht umzusetzen. Denn für die anspruchsvolle Tätigkeit der Flughafenkoordination bedarf es Personen mit Vorkenntnissen und Sachnähe. Derart einschlägig qualifizierte Personen finden sich regelmäßig nur bei Luftverkehrsunternehmen oder Flughafenbetreibergesellschaften. Werden sie nun von diesen Unternehmen an die Flughafenkoordination ausgeliehen – wie aus dem engsten Kreis dieser öffentlichen Stelle berichtet wird –,[19] so sind Zweifel an der **Unabhängigkeit** der Amtsführung nicht von vornherein auszuschließen. Wenngleich in der über 30jährigen Praxis die persönliche Neutralität der bisherigen Flughafenkoordinatoren und deren Hilfspersonen noch von keinem Nutzer ernsthaft in Zweifel gezogen worden sein soll, besteht hier insoweit ein Dilemma zwischen der erforderlichen Sachkunde einerseits und der europarechtlich geforderten Unabhängigkeit andererseits. Ob dieses Problem wirklich dadurch gelöst werden kann, dass die zu beauftragenden Hilfspersonen in den besonderen Verleihverträgen ausdrücklich von ihren Loyalitätspflichten zu ihren Entleihunternehmen entbunden und stattdessen auf Neutralität und Unparteilichkeit bei der Flughafenkoordination verpflichtet werden,[20] erscheint zumindest offen. Am Ende eines Vergabeverfahrens ist jedenfalls der Flughafenkoordinator selbst für die Vergabe von Slots zuständig, die jeweils für eine sechsmonatige Flugplanperiode (Sommer- bzw. Winterflugplan) zugewiesen werden.

29

---

19 *Ulrich/Schulte-Nossek*, in: Hobe/von Ruckteschell, Kölner Kompendium des Luftrechts, Bd. 2, 2009, I F Rn. 60.
20 *Ulrich/Schulte-Nossek*, in: Hobe/von Ruckteschell, Kölner Kompendium des Luftrechts, Bd. 2, 2009, I F Rn. 63.

c) Vorrechte bei der Slotvergabe

30 Die Luftverkehrsunternehmen erhalten die beantragten Slots nach folgender, in der Verordnung (EWG) 95/93 bestimmten Vorrangregel: Unternehmen, die während der vorangegangenen Flugplanperiode die ihnen zugewiesenen Slots mindestens zu 80 % genutzt haben oder aber nachweisen können, dass ihnen dies aufgrund höherer Gewalt unmöglich war, erhalten auf Antrag diese Slots auch für die neue Flugplanperiode.

31 Diese Ansprüche, bildhaft als **„Großvaterrechte"** bezeichnet, sind wettbewerbsrechtlich nicht unproblematisch. Denn das zu verteilende Gut der „Zeit" ist somit bereits von Anfang an erheblich reduziert. Neubewerber könnten sich auf den Standpunkt stellen, dass ihnen der marktöffnende Zugang zu Slots erschwert und dadurch der Wettbewerb beeinträchtigt wird. Gleichwohl hat sich der europäische Gesetzgeber dazu entschlossen, Zuverlässigkeit und Konstanz bei der Nutzung der zugewiesenen Slots in der beschriebenen Weise zu belohnen.

32 Alle anderen Slots werden in einen vom Flughafenkoordinator eingerichteten Pool eingestellt. Davon stehen 50 % zuerst **Neubewerbern** zur Verfügung, sofern deren Anträge diese 50 %-Grenze erreichen.

33 Eine Bevorrechtigung nehmen auch **gemeinwirtschaftliche Verpflichtungen** (Art. 9 VO 95/93) ein, die für eine Flugstrecke – etwa zu einer Insel – auferlegt werden. Als eine gemeinwirtschaftliche Verpflichtung wird typischerweise die einem Unternehmen von staatlicher Seite auferlegte Pflicht bezeichnet, Verkehrsdienstleistungen durchzuführen, die für das Unternehmen unwirtschaftlich sind, aber aus öffentlichem Interesse an der Anbindung einer Region wichtig erscheinen und deshalb vom Staat mit Vergünstigungen auszugleichen versucht werden. Für den regionalen Busverkehr ist in diesem Kontext das Altmark-Trans-Urteil des EuGH vom 24.7.2003[21] von großer Bedeutung gewesen.

34 Solche Verpflichtungen sind auch im europäischen Luftverkehrsrecht denkbar. Dabei sollen Slots bevorzugt für solche Flugstrecken vergeben werden, die normalerweise wegen mangelnder Bedeutung nicht entsprechend bedient würden. Das ist etwa für einige Regionalstrecken in Deutschland vorgesehen,[22] aber auch zwischen dem italienischen Festland und der Insel Sardinien.[23] Im zweiten Beispiel käme eine Reservierung durch Italien für die Flughäfen Rom und Mailand in Betracht. Auf diese Weise kann das verkehrs- aber auch wirtschaftspolitisch wichtige Ziel der Anbindung entlegener Regionen an große Flughäfen angemessen verwirklicht werden.

---

21 EuGH, Slg. 2003, I-7747 = NJW 2003, 2515.
22 Frankfurt a. M. – Hof/Bayreuth; München – Erfurt; München – Rostock/Laage.
23 ABl. EU Nr. C 72 vom 24.3.2006, S. 4.

3. Handel mit Slots

Nach Art. 8a Verordnung (EWG) 793/2004 ist auch ein Handel mit Slots möglich.[24] Den Luftverkehrsunternehmen wird dadurch eine größere **Flexibilität** eingeräumt. So können Slots zwischen Mutter- und Tochtergesellschaft sowie zwischen Tochtergesellschaften derselben Muttergesellschaft übertragen werden. Schließlich ist es sogar möglich, dass Slots zwischen zwei Luftverkehrsunternehmen getauscht werden. Diese Möglichkeiten sind zu begrüßen, setzen allerdings eine Information und Bestätigung des jeweiligen Flughafenkoordinators voraus (Art. 8a II), da jener wissen muss, welches Luftverkehrsunternehmen den ursprünglich anderweitig zugewiesenen Slot tatsächlich nutzen wird.

35

IV. Regulierung von Flughafenentgelten

1. Ausgangslage

Für den Bau und die Unterhaltung der Infrastruktur eines Flughafens sind die zumeist privatrechtlich organisierten **Flughafenbetreibergesellschaften** verantwortlich. Sie halten Start- und Landebahnen, Terminalgebäude, Abfertigungsanlagen und andere Einrichtungen in Stand, um einen funktionierenden Flugbetrieb zu gewährleisten. Diese Anlagen erfordern erhebliche Unterhaltungskosten und Investitionen. Sie werden der Flughafenbetreibergesellschaft von den Nutzern des Flughafens, den Luftverkehrsunternehmen, über Flughafenentgelte vergütet. Diese stellen eine Gegenleistung für solche Dienste und Einrichtungen dar, die typischerweise nur von Flughäfen erbracht werden. Wegen der erbrachten Gegenleistung lassen sich diese zu entrichtenden Nutzungsentgelte ihrer Rechtsnatur nach als Gebühren kategorisieren.

36

2. Flughafenentgeltrichtlinie

a) Vorgeschichte

Die faire Regelung von Flughafenentgelten beschäftigt die europäische Luftverkehrsbranche seit über 20 Jahren. Bereits Ende der 1990er Jahre sollte dieses Problem auf EU-Ebene normiert werden, wozu die EU-Kommission den Vor-

37

---

24 *Holter/Hartung*, in: Hobe/von Ruckteschell, Kölner Kompendium des Luftrechts, Bd. 2, 2009, I F Rn. 118 ff.; *Balfour*, ZLW 2004, 145 ff.; *Geisler/Boewe*, ZLW 2005, 532 ff.; *dies.*, ZLW 2008, 501 ff.; *Kilian*, TranspR 2000, 159 ff.

schlag einer Flughafengebührenrichtlinie vorlegte.[25] Darin wurde zu Recht auf das Erfordernis gerechter und ausgewogener Marktbedingungen bei der Nutzung von Flughafeninfrastrukturen hingewiesen. Die Höhe der zu entrichtenden Gebühr sollte sich an den Kosten orientieren, die durch die Bereitstellung der Einrichtungen und Dienste verursacht werden. Zudem sollten auch Belange des Umweltschutzes in die Gebühr mit einfließen. Jedoch gelang es der EU-Kommission nicht, sich mit diesem Vorschlag durchzusetzen. Sie zog ihn deshalb am 21.12.2001 zurück,[26] was die vieldiskutierte Thematik in ihrer unklaren Rechtslage beließ.[27] Insbesondere wurde diskutiert, ob die Entgeltordnungen an den Flughäfen aus europarechtlicher Perspektive gegen die Dienstleistungsfreiheit der Luftverkehrsunternehmen (Art. 56 AEUV) sowie gegen das allgemeine Diskriminierungsverbot (Art. 18 AEUV) verstießen.

b) Richtlinie 2009/12/EG

38 Die Debatte um eine faire Beteiligung der Luftverkehrsunternehmen an der von ihnen genutzten Flughafeninfrastruktur riss indes nicht ab und mündete schließlich in der Richtlinie 2009/12/EG über Flughafenentgelte.[28] Sie stellt den europarechtlichen Rahmen für die Erhebung dieser Entgelte dar. Ihr Anwendungsbereich ist allerdings auf Flughäfen mit mehr als 5 Mio. Passagieren jährlich sowie auf den Flughafen mit den meisten Passagieren in jedem EU-Mitgliedstaat beschränkt (Art. 1 II RL). Die Richtlinie war gemäß ihres Art. 13 I bis zum 15.3.2011 in nationales Recht umzusetzen.

3. Umsetzung in § 19b LuftVG

a) Anforderungen an die Entgeltregulierung

39 Die EU-Richtlinie wurde in Deutschland in den neugefassten § 19b LuftVG umgesetzt.[29] Danach trifft der Flughafenunternehmer eine Regelung über die zu entrichtenden Entgelte für die Nutzung der Einrichtungen und Dienstleistungen, die mit der Beleuchtung, dem Starten, Landen und Abstellen von Luftfahrzeugen sowie mit der Abfertigung von Fluggästen und Fracht in Zusammenhang stehen (§ 19b I 1 LuftVG).[30] Diese Regelung wird als Entgeltordnung

---

25 KOM (1997) 154.
26 KOM (2001) 763.
27 *Giesberts*, in: Hobe/von Ruckteschell, Kölner Kompendium des Luftrechts, Bd. 2, 2009, I B Rn. 1747 ff.
28 ABl. EU Nr. L 70 vom 14.3.2009, S. 11; dazu *Schiller*, ZLW 2009, 356 ff.
29 BGBl. 2012 I S. 1032.
30 Dazu *Giesberts*, ZLW 2012, 187 ff.; *ders.*, ZLW 2014, 328 ff.; *Koenig/Schramm*, N & R 2014, 232 ff.

bezeichnet und ist der Genehmigungsbehörde zur Genehmigung vorzulegen. Die Genehmigung wird nach § 19b I 3 LuftVG erteilt, wenn die Entgelte in der Entgeltordnung nach geeigneten, objektiven, transparenten und diskriminierungsfreien Kriterien geregelt sind. Insbesondere ist zu gewährleisten, dass die zu entgeltenden Dienstleistungen und Infrastrukturen klar bestimmt sind, die Berechnung der Entgelte kostenbezogen erfolgt und im Voraus festgelegt ist, allen Flugplatznutzern in gleicher Weise Zugang zu den Dienstleistungen und Infrastrukturen des Verkehrsflughafens oder Verkehrslandeplatzes gewährt wird und den Flugplatznutzern nicht ohne sachlichen Grund Entgelte in unterschiedlicher Höhe auferlegt werden.

Der Weg über eine Entgeltordnung, die früher in § 43a LuftVZO und heute nun in § 19b I LuftVG geregelt ist, erscheint zwingend. Die Flughafenbetreibergesellschaft als Unternehmer eines Verkehrsflughafens besitzt für die angebotenen Dienstleistungen eine Monopolstellung und unterliegt daher einem Kontrahierungszwang.[31] Die Benutzer können somit nicht ohne hinreichenden Grund von der Flughafennutzung ausgeschlossen werden. Eine individuelle Vereinbarung der Nutzungsentgelte könnte dazu führen, dass die Nutzung aufgrund der Höhe der Gebühren für bestimmte Luftverkehrsunternehmen wirtschaftlich unrentabel wäre und diese daher von der Nutzung des Flughafens faktisch ausgeschlossen wären. Nur eine allgemeine Entgeltordnung kann die insoweit erforderliche Gleichbehandlung aller Luftverkehrsunternehmen hinsichtlich des Zugangs zu dem Monopol garantieren. Ähnlich wie bei den monopolistischen oder jedenfalls monopolähnlichen Netzinfrastrukturen im Strom-, Gas-, Telekommunikations- und Eisenbahnsektor bedarf der Zugang zu einem privatrechtlich organisierten Flughafen für die darauf angewiesenen Luftverkehrsunternehmen einer staatlichen Regulierung, da ansonsten ein fairer Wettbewerb zwischen den Nachfragern über die Höhe der Zugangs- und Nutzungsentgelte beeinträchtigt werden könnte. § 19b LuftVG ist daher luftverkehrsrechtliche Ausprägung des im Wachsen begriffenen „Regulierungsrechts".[32]

b) Aktuelle Fragen

Erwartungsgemäß ist die Festlegung der Höhe der Flughafennutzungsentgelte nicht ohne rechtliche Widerstände geblieben. So hatte das OVG Berlin-Brandenburg im Jahr 2016 zur Entgeltordnung des Jahres 2015 für den Flughafen Berlin-Tegel zu entscheiden.[33] Allerdings verneinten die Verwaltungsrichter be-

---

31 *Giesberts*, in: Hobe/von Ruckteschell, Kölner Kompendium des Luftrechts, Bd. 2, 2009, I B Rn. 1750.
32 *Kirchhof*, in: ders./Korte/Magen, Öffentliches Wettbewerbsrecht, 2014, § 1.
33 OVG Berlin-Brandenburg, NVwZ 2017, 248; dazu *Hobe/Fremuth*, NVwZ 2017, 183 ff.; zuvor bereits *Gramlich*, N & R 2016, 11 ff.

reits die Klagebefugnis von zwei Luftverkehrsunternehmen, die die Genehmigung der genannten Entgeltordnung angreifen wollten. Die Unternehmen hätten nicht das Recht, die der Flughafengesellschaft durch die Senatsverwaltung für Stadtentwicklung und Umwelt als zuständiger Luftfahrtbehörde erteilte Genehmigung der Entgeltordnung für den Flughafen Tegel für das Jahr 2015 im Klagewege anzugreifen. Die Genehmigung beeinflusse das privatrechtliche Nutzungsverhältnis zwischen Luftverkehrsunternehmen und Flughafengesellschaft nicht unmittelbar. Auch die bei der Erteilung der Genehmigung zu berücksichtigenden Kriterien in § 19b I LuftVG vermittelten den Unternehmen keine eigenen Rechte, denn sie würden nicht den Schutz einzelner Luftverkehrsunternehmen bezwecken, sondern dienten dem kollektiven Interesse aller Nutzer an einem diskriminierungsfreien und transparenten Zugang zu den Flughafendienstleistungen und dem Schutz des Wettbewerbs. Die Luftverkehrsunternehmen waren dagegen der Auffassung, die Genehmigungsentscheidung berühre sie durchaus in ihren eigenen Rechten, weshalb sie die Überprüfung durch die Verwaltungsgerichte verlangen könnten.

V. Code sharing

1. Begriff und Bedeutung

42 Die Globalisierung der internationalen Wirtschaft hat längst auch den Luftverkehr erfasst. Pläne zur Fusion von EU-Luftverkehrsunternehmen müssen sich zum einen an dem EU-Fusionskontrollrecht[34] der Verordnungen (EG) 1/2003[35] und 139/2004[36] orientieren, scheitern zum anderen aber häufig daran, dass es im nationalen Recht bestimmte Nationalitätenklauseln gibt.[37] Diese nationalen Vorschriften verlangen oft, dass Unternehmensanteile im Eigentum nationaler Unternehmen oder Staatsangehöriger verbleiben.

43 Es ist daher nach Kooperationsformen gesucht worden, die sich einer Fusion zumindest annähern. Die bedeutendste Form derartiger enger Kooperationen bilden **strategische Allianzen**, bei denen zwischen globalen, regionalen und bilateralen Allianzen unterschieden werden kann. Strategische Allianzen lassen sich als Kooperation zwischen Wettbewerbern beschreiben, die eine längerfristige internationale Zusammenarbeit auf einem bestimmten Geschäftsfeld zur

---

34 *Thiele*, Europarecht, 15. Aufl. (2018), S. 285 ff.
35 ABl. EU Nr. L 1 vom 4.1.2003, S. 1.
36 ABl. EU Nr. L 24 vom 29.1.2004, S. 1.
37 *Schroeder/Polley*, in: Hobe/von Ruckteschell, Kölner Kompendium des Luftrechts, Bd. 3, 2010, V A Rn. 227.

Erzielung wechselseitiger Synergieeffekte vereinbaren.[38] Steht bei solchen Allianzen die Steigerung der unternehmerischen Effizienz im Vordergrund, nimmt durch sie der vormals zwischen den nun kooperierenden Unternehmen bestehende Wettbewerb in deutlichem Umfang ab. Daher schwingt bei diesen Allianzen auch regelmäßig der wettbewerbsrechtlich relevante Verdacht einer unzulässigen Marktaufteilung und damit die Bildung eines Kartells (Art. 101 I AEUV) mit. Die bekanntesten globalen Allianzen sind *Star Alliance*, *Oneworld* und *SkyTeam*.[39]

Diese Allianzen beinhalten neben anderen Elementen eines aufeinander abgestimmten Verhaltens wie Blocked Space-Vereinbarungen, Vielfliegerprogrammen, der Angebots- und Vertriebsabstimmung und einem gemeinsamen Markenauftritt zumeist auch ein Code sharing. Die von Luftverkehrsunternehmen benutzten Codes bestehen aus zwei Buchstaben und werden von der IATA an alle ihre Mitgliedsunternehmen vergeben, um auf Tickets und Anzeigetafeln die Fluggesellschaften zu identifizieren.   44

Beim Code sharing vermarktet ein Luftverkehrsunternehmen den Flug eines Partnerunternehmens unter seiner eigenen Flugnummer.[40] Eigene Fluggäste und Fracht werden unter seiner eigenen Flugnummer auf den Flug des Partnerunternehmens eingebucht, das dann die alleinige Verantwortung für die Durchführung des Fluges übernimmt. Beide Unternehmen treten zwar weiterhin selbstständig am Markt unter ihrer eigenen Flugnummer auf, greifen aber auf die Sitze eines einzigen Fluges zu. Dabei ist der mittels Code sharing gemeinsam vermarktete, aber allein vom Partnerunternehmen durchgeführte Flug in den Reservierungssystemen entweder weiter unter den jeweiligen separaten Codes beider Unternehmen aufgeführt[41] oder es wird ein Doppelcode verwendet, um das Code sharing für die Fluggäste offen zu legen.   45

Das Code sharing entstand ursprünglich als Reaktion auf das Computerregistrierungssystem (CRS) in den 1980/1990er Jahren, das Verbindungen zwischen Flügen einer Fluggesellschaft auf dem Bildschirm weiter oben anzeigte, während Verbindungen zwischen verschiedenen Unternehmen weiter unten in der Liste der angebotenen Flüge rangierten.[42] Code sharing ermöglichte es den   46

---

38 *Schroeder/Polley*, in: Hobe/von Ruckteschell, Kölner Kompendium des Luftrechts, Bd. 3, 2010, V A Rn. 210.
39 *Schroeder/Polley*, in: Hobe/von Ruckteschell, Kölner Kompendium des Luftrechts, Bd. 3, 2010, V A Rn. 225.
40 *Kredel*, in: Hobe/von Ruckteschell, Kölner Kompendium des Luftrechts, Bd. 3, 2010, V A Rn. 186; *Hoffmann-Grambow*, RdTW 2017, 161 (165).
41 Für den Betrachter der Abflugtafel entsteht dann der Eindruck, zwei unterschiedliche Flüge würden zur selben Zeit und zum selben Ziel starten.
42 *Kredel*, in: Hobe/von Ruckteschell, Kölner Kompendium des Luftrechts, Bd. 3, 2010, V A Rn. 186.

Luftverkehrsunternehmen, diese technischen Restriktionen zu umgehen und ihre Flüge höher als üblich auf dem CRS-Screen zu platzieren.

47 **Vorteile** dieser Kooperationsmaßnahme sind die rationelle Nutzung von Kapazitäten, Personal, Marketing, Produkten und Flugplänen. So erweitert sich das Streckennetz, ohne dass das erste Unternehmen selbst Investitionen in den Streckenausbau tätigen müsste.[43] Zudem werden Frequenzen erhöht und das Marketing verbessert, da der Flug in zwei Staaten zum Kauf angeboten wird. Dies führt – wie erwähnt – auch zu einer prominenteren Positionierung in den computergesteuerten Reservierungssystemen. Die Ausgestaltung des Ticketverkaufs ist unterschiedlich organisiert. Entweder werden die Sitze auf der Basis „first come, first served" zu selbst festgelegten Preisen verkauft. Üblicher sind jedoch Blocked Space-Vereinbarungen, bei denen das erste Unternehmen ein festes Kontingent an Plätzen beim tatsächlich fliegenden Partnerunternehmen bucht, wobei die „geblockten" Plätze dann auch bei Nichtverkauf bezahlt werden müssen.

48 Das europäische Luftverkehrsrecht hält Code sharing für grundsätzlich zulässig. So ist in Art. 15 IV Verordnung (EG) 1008/2008 bestimmt, dass die EU-Luftverkehrsunternehmen unbeschadet der für Unternehmen geltenden Wettbewerbsregeln berechtigt sind, innergemeinschaftliche Flugdienste betrieblich zu verbinden und Code-sharing-Vereinbarungen zu treffen. Diese Norm bezieht sich zwar ausdrücklich nur auf den innereuropäischen Luftverkehr, anerkennt jedoch im Grundsatz diese luftverkehrswirtschaftliche Kooperationsmaßnahme. Bei genauerem Blick werfen Code-sharing-Vereinbarungen allerdings wettbewerbs- und verbraucherschutzrechtliche Fragen auf.

2. Wettbewerbsrechtliche Relevanz

49 Obwohl in auffallender Einmütigkeit darauf hingewiesen wird, dass weder strategische Allianzen[44] noch Code-sharing-Vereinbarungen[45] per se wettbewerbsbeschränkend seien, ist aus wettbewerbsrechtlicher Sicht zunächst festzustellen, dass das Code sharing zu einer **Aufteilung von Luftverkehrsmärkten** im Sinne von Art. 101 I lit. c) AEUV führt. Haben zuvor beide Unternehmen dieselbe Strecke beflogen und wird sie nun wegen des vereinbarten Code sharing nur noch von einem Unternehmen geflogen, findet auf dieser Strecke kein Wettbewerb mehr statt. Die regionalen Märkte sind dann aufgeteilt, eine Wahl des

---

43 Dazu *Schroeder/Polley*, in: Hobe/von Ruckteschell, Kölner Kompendium des Luftrechts, Bd. 3, 2010, V A Rn. 229.
44 *Schroeder/Polley*, in: Hobe/von Ruckteschell, Kölner Kompendium des Luftrechts, Bd. 3, 2010, V A Rn. 211.
45 *Kredel*, in: Hobe/von Ruckteschell, Kölner Kompendium des Luftrechts, Bd. 3, 2010, V A Rn. 189.

Fluggastes zwischen mehreren Anbietern wird eingeschränkt oder ist gar ausgeschlossen. Der Wettbewerb kann dadurch beeinträchtigt werden.[46] Dass die wettbewerbsrechtlichen Regelungen der Art. 101 ff. AEUV auch auf den Luftverkehr anzuwenden sind, wurde oben erwähnt (I.1.).

Ist eine solche Code-sharing-Vereinbarung damit nach Art. 101 II AEUV grundsätzlich nichtig, so muss gemäß Art. 101 III AEUV nach einer existierenden Gruppenfreistellungs-Verordnung oder einer Einzelfreistellung gefragt werden.[47] Eine Gruppenfreistellung durch die EU-Kommission gibt es nicht, weil Code sharing nicht kategorisierbar ist. Deshalb wird die wettbewerbsrechtliche Zulässigkeit des Code sharing jeweils in Form von **Einzelfreistellungsanträgen** geprüft und bislang stets als rechtmäßig bewertet, wenngleich die beteiligten Partner oftmals weitreichende Verpflichtungszusagen abgeben müssen,[48] was wiederum an der grundsätzlichen Zulässigkeitsentscheidung der EU-Kommission zweifeln lässt. Dabei hebt die EU-Kommission regelmäßig die positiven wirtschaftlichen Effekte des Code sharing für den Verbraucher hervor. Diese Vorteile sind deutlich von den positiven Effekten für die Allianzpartner zu unterscheiden. Für die Fluggäste (Verbraucher) würde die Anzahl der Flugverbindungen erhöht, Kosten und Aufwand bei deren Reiseplanungen würden vermindert und führten zu einer besseren Planbarkeit der Flugreisen. Ob diese Annahmen wirklich ausreichen, um den – eng auszulegenden – Ausnahmetatbestand „unter angemessener Beteiligung der Verbraucher" (Art. 101 III AEUV) zu erfüllen und sodann eine rechtmäßige Einzelfreistellung zu erteilen, kann mit guten Gründen hinterfragt werden, zumal die Notwendigkeit von Verpflichtungszusagen insoweit eine klare Sprache spricht.

50

3. Verbraucherschutzrechtliche Relevanz

Die Kooperationsform des Code sharing musste auch aus verbraucherschutzrechtlicher Perspektive geregelt werden. Denn es ist fraglich, ob die Fluggäste erkennen können, dass ein Code sharing vorliegt, d. h. ein Flug zwar bei einem Unternehmen gebucht wird, aber ein anderes Unternehmen diesen Flug durchführt. Allein dieses Überraschungsmoment begründet ein rechtliches Schutzbedürfnis und musste durch den EU-Gesetzgeber aufgegriffen werden.

51

---

46 So auch *Kredel*, in: Hobe/von Ruckteschell, Kölner Kompendium des Luftrechts, Bd. 3, 2010, V A Rn. 192; *Frie*, Die wettbewerbsrechtliche Behandlung und Entwicklung von Luftverkehrsallianzen im Rahmen der Globalisierung und Liberalisierung des Luftverkehrs, 2009, S. 189.
47 Instruktiv *Thiele*, Europarecht, 15. Aufl. (2018), S. 276 ff.
48 *Kredel*, in: Hobe/von Ruckteschell, Kölner Kompendium des Luftrechts, Bd. 3, 2010, V A Rn. 193 ff.

52 Bestimmte **Sicherheitsvorbehalte** gegen einzelne Luftverkehrsunternehmen haben das Bedürfnis der Fluggäste, ausreichende Informationen über das tatsächlich ausführende Luftverkehrsunternehmen zu erhalten, erheblich gesteigert. Strategische Allianzen sind international ausgerichtet, so dass auch in Europa eher unbekanntere Unternehmen den gebuchten Flug ausführen können. Der naheliegende Einwand, für eine strategische Allianz würden nur Partnerunternehmen ausgesucht, die auf betrieblich sicherer Grundlage operieren, dürfte auf Seiten der Fluggäste nur in sehr begrenztem Umfang Vertrauen in die Sicherheit des Fluges schaffen. Auch die bloße Verwendung eines Doppelcodes (z. B. LH/AA) reicht dazu nicht aus. Aus diesem mag der Fluggast zwar das Code sharing als solches vielleicht noch erkennen. Die ihn interessierende **Identität** des zweiten, den Flug durchführenden Unternehmens kann er daraus jedoch nicht eindeutig ersehen.

53 Dieses Informationsinteresse soll durch Art. 11 Verordnung (EG) 2111/2005[49] gewahrt werden. Nach Art. 11 I unterrichtet der Vertragspartner – also die Fluggesellschaft – **schon bei der Buchung** unabhängig vom genutzten Buchungsweg die Fluggäste über die Identität des ausführenden Unternehmens. Ist dieses bei der Buchung (gerade auch im Internet) noch nicht bekannt oder wird es kurzfristig gewechselt, existieren **Unterrichtungspflichten** gegenüber dem Fluggast (Art. 11 II – IV).

54 Mit dieser Kenntnis soll der Fluggast sodann in der Lage sein, sich über das ausführende Unternehmen zu informieren, insbesondere darüber, ob es als sicheres Unternehmen gilt. Dazu dient auch die oben behandelte „Schwarze Liste", die von derselben EU-Verordnung geregelt worden ist. Der Fluggast muss dann die Möglichkeit haben, von dem gebuchten Flug wieder Abstand zu nehmen. In keinem Fall darf das Code sharing dazu führen, dass dem Fluggast Identität und sicherheitsrelevante Einschätzungen unzugänglich bleiben. Weitere Probleme können entstehen, wenn bei einem Code-share-Flug unklar ist, welches Unternehmen für die Abfertigung eines Anschlussfluges, also das gebuchte oder das ausführende Unternehmen, zuständig ist.[50]

VI. Beihilfenrecht

1. Beihilfen und Luftverkehr

55 Die Gewährung von Beihilfen ist für Luftverkehrsunternehmen von erheblicher wirtschaftlicher Bedeutung. Dabei ist zu beachten, dass jede gewährte

---

[49] ABl. EU Nr. L 344 vom 27.12.2005, S. 15.
[50] OLG Frankfurt a. M., RRa 2006, 34.

Beihilfe grundsätzlich eine Beeinträchtigung des Wettbewerbs zur Folge hat, der gerade im Luftverkehr sehr intensiv geführt wird. Das EU-Wettbewerbsrecht formuliert in Art. 107 I AEUV ein **grundsätzliches Beihilfenverbot**. Beihilfen treten in unterschiedlichen Formen auf. Als positive Beihilfen sind staatliche Leistungen an ein Unternehmen zu charakterisieren, durch die dessen betriebswirtschaftliche Situation aktiv verbessert wird (Zuschüsse, zinslose Darlehen). Zudem sind auch staatliche Bürgschaften ein Zugewinn in der Wirtschaftsbilanz eines Unternehmens. Unter negativen Beihilfen sind Verbesserungen der Bilanz eines Unternehmens zu verstehen, die auf ein Unterlassen des Staates zurückgehen. Macht etwa der Staat bestimmte Abgaben nicht geltend, die er eigentlich hätte geltend machen müssen, ist auch dies eine Vergünstigung für das konkrete Unternehmen.

Entscheidend für eine Beihilfe nach Art. 107 I AEUV ist daher, dass das Unternehmen einen **geldwerten Vorteil** erlangt, ohne dass dieses eine angemessene, also marktübliche Gegenleistung erbringen müsste. Zur Ausfüllung des unbestimmten Rechtsbegriffs der Marktüblichkeit nutzen sowohl die EU-Kommission als auch der EuGH den „Market-economy-investor-Test". Dabei wird geprüft, ob die staatliche Vorteilsgewährung auch von einem privaten Investor unter den gleichen Bedingungen vorgenommen worden wäre.[51] Sofern dies nicht der Fall ist, liegt ein geldwerter Vorteil und damit eine Beihilfe vor.

Die europarechtliche Zulässigkeit von Beihilfen hat sich an dem Regel-Ausnahme-Konzept der Art. 107 ff. AEUV zu orientieren. Danach besteht bei der tatbestandlichen Annahme einer Beihilfe zunächst eine grundsätzliche Unzulässigkeit dieser Beihilfe, die den gewährenden EU-Mitgliedstaat bzw. dessen untergeordnete Verwaltungseinheiten verpflichtet, die Beihilfe nach Maßgabe des innerstaatlichen Rechts zurückzufordern. Als Ausnahme können jedoch die Absätze 2 und 3 eingreifen. In den eng auszulegenden Fällen des Art. 107 II AEUV ist die Beihilfe regelmäßig zulässig. Art. 107 III AEUV stellt die Zulässigkeit der Beihilfe in das Ermessen der EU-Kommission, die über den Erlass einer Vielzahl von Leitlinien die einzelnen Tatbestände zu konkretisieren versucht hat.

So ist für Luftverkehrsunternehmen Art. 107 III lit. a) und c) AEUV von Relevanz.[52] Für den Rechtsanwender ist hierbei wichtig zu wissen, dass die nur schwer überschaubaren **Leitlinien** immer wieder aktualisiert und häufig noch durch „Mitteilungen" der EU-Kommission ergänzt werden. Jede rechtliche Betrachtung der dadurch möglichen Ausnahmen vom grundsätzlichen Beihilfenverbot kann daher allenfalls eine zeitliche Momentaufnahme darstellen.

---

51 *Thiele*, Europarecht, 15. Aufl. (2018), S. 290; *Martin-Ehlers*, in: Hobe/von Ruckteschell, Kölner Kompendium des Luftrechts, Bd. 3, 2010, V A Rn. 691.
52 *Martin-Ehlers*, in: Hobe/von Ruckteschell, Kölner Kompendium des Luftrechts, Bd. 3, 2010, V A Rn. 731.

2. Wesentliche Beihilfearten im Luftverkehr

59 Für den Bereich des Luftverkehrs können Umstrukturierungs-, Katastrophen- und Ansiedlungsbeihilfen unterschieden werden.

a) Umstrukturierungsbeihilfen

60 Umstrukturierungsbeihilfen sind staatliche Unterstützungsleistungen zur betriebswirtschaftlichen Neuordnung des Luftverkehrsunternehmens. Sie dürfen nur einmalig gewährt werden. Sie werden von der EU-Kommission häufig im Hinblick auf die Zusage einer endgültigen Privatisierung des betreffenden Unternehmens genehmigt.[53] Erforderlich ist dafür ein Umstrukturierungsplan, der von der EU-Kommission geprüft wird. Ist dieser Umstrukturierungsplan unter Aufsicht der EU-Kommission erfolgreich umgesetzt, ist die staatlicherseits gewährte Beihilfe zulässig.

61 Da aber auch in diesem Fall eine Wettbewerbsverfälschung vorliegt, muss für die Gewährung der Beihilfe eine Gegenleistung erbracht werden, mit der die Wettbewerbsverfälschung möglichst geringgehalten werden soll. So wird häufig vorgeschrieben, dass das (neue) Unternehmen sich durch Kapazitätsabbau zu verkleinern hat und die Gesellschafter entsprechend dimensionierte Eigenleistungen durch Kapitalzufuhr zu erbringen haben.

Beispiel: Griechenland hatte seiner traditionsreichen Fluggesellschaft *Olympic Airways* mit Zustimmung der EU-Kommission zwischen 1998 und 2002 Beihilfen für Umstrukturierungen des Unternehmens gewährt. Diese grundsätzlich mögliche Finanzierung entwickelte sich jedoch zu einem größeren Rechtsproblem, als Griechenland diese Pläne fallen ließ und sich den Aufforderungen zur staatlichen Rückforderung gegenübersah. Dem versuchte sich Griechenland nun dadurch zu entziehen, dass es eine ganz eigene „Umstrukturierung" vornahm: Per Gesetz vom Dezember 2003 bündelte es alle bisher im Rahmen der *Olympic Airways Group* von *Olympic Airways, Olympic Aviation* und *Olympic Macedonian* durchgeführten Luftverkehrsaktivitäten in einem neuen, in *Olympic Airlines* umbenannten Unternehmen. Diesem neuen Unternehmen wurden alle Aktiva (Vermögen, Personal, Slots, Verkehrsrechte) übertragen. Der ursprünglichen Gesellschaft verblieben nahezu alle Schulden. Dass eine solche Umgehungsstrategie nicht der ursprünglichen Idee von Umstrukturierung entsprach, musste eigentlich auch den handelnden Akteuren klargewesen sein. Eine Welle von Klagen der EU-Kommission gegen Griechenland vor dem EuGH war die – zu erwartende – Folge.[54]

---

53 *Martin-Ehlers*, in: Hobe/von Ruckteschell, Kölner Kompendium des Luftrechts, Bd. 3, 2010, V A Rn. 731.
54 EuGH, EuZW 2005, 635. Da Griechenland darauf nicht reagierte, leitete die EU-Kommission ein Zwangsgeldverfahren ein, siehe EuZW 2005, 610; EuZW 2006, 322 und 707; dazu *Martin-Ehlers*, in: Hobe/von Ruckteschell, Kölner Kompendium des Luftrechts, Bd. 3, 2010, V A Rn. 889 ff.

b) Katastrophenbeihilfen

Einer der wenigen Fälle, in denen staatliche Beihilfen ohne weiteres von der EU-Kommission akzeptiert worden sind, waren die nach den Anschlägen vom 11.9.2001 von vielen Regierungen den Luftverkehrsunternehmen gewährten Unterstützungsleistungen. Diese betrafen vornehmlich Kompensationsmaßnahmen für **gekündigte Versicherungen**.[55] Wie im Abschnitt über die Betriebsgenehmigung erwähnt, ist eine entsprechende Haftpflichtversicherung nach den Verordnungen (EG) 1008/2008 und 785/2004 zentrale Vorbedingung einer Betriebsgenehmigung. Kündigen die Versicherer, weil ihnen die erkannten Risiken als finanziell nicht beherrschbar erscheinen, entfällt die Betriebsgenehmigung und das Luftverkehrsunternehmen muss zwingend den Flugbetrieb einstellen. Es war deshalb nachvollziehbar, dass die Staaten entsprechende Bürgschaften für die Luftverkehrsunternehmen übernahmen, um den Flugbetrieb nicht vollständig zum Erliegen kommen zu lassen.

Derartige Katastrophenbeihilfen sind in einer Mitteilung der EU-Kommission von 2001 zutreffend als rechtlich zulässige Reaktion der jeweiligen EU-Mitgliedstaaten auf ein „sonstiges außergewöhnliches Ereignis" im Sinne von Art. 107 II lit. b) AEUV und damit als rechtmäßig anerkannt worden[56]. Darüber hinaus besitzt dieser Ausnahmetatbestand wenig praktische Bedeutung.

c) Ansiedlungsbeihilfen

Ansiedlungsbeihilfen im Luftverkehr sind staatliche Unterstützungsleistungen, die einzelnen Luftverkehrsunternehmen mit dem Ziel deren Ansiedlung an bestimmten Flughäfen gewährt werden. Dabei ist zunächst zu registrieren, dass viele Regionen ein starkes Interesse daran haben, das Verkehrsaufkommen an ihren – häufig nur mäßig ausgelasteten – Flughäfen zu steigern. Zu diesem Zweck versuchen daher einige, in öffentlicher Trägerschaft betriebene **Regionalflughäfen**, den bevorzugten Luftverkehrsunternehmen günstige Bedingungen für die Aufnahme des Flugbetriebs zu bieten.

Nach früherer Auffassung der EU-Kommission waren solche Ansiedlungsbeihilfen, zum Teil auch Betriebsbeihilfen genannt, nicht genehmigungsfähig. Dies änderte sich jedoch mit ihrer Entscheidung vom 12.2.2004[57] zum belgischen Regionalflughafen Charleroi. Darin hatte sie erstmals ausführlich zu

---

55 *Margo*, Air & Space Law 2002, 386 ff.; *Balfour*, Air & Space Law 2002, 398 ff.; *Abeyratne*, Air & Space Law 2002, 406 ff.
56 KOM (2001) 574.
57 ABl. EU Nr. L 137 vom 30.4.2004, S. 1; dazu *Schmidt/Geisler*, ZLW 2004, 347 ff.; *Köster*, EuR 2005, 554 ff.; *Soltesz/Seidl*, EWS 2006, 211 ff.; *Bartosch*, WuW 2005, 1122 ff.; *Tetzlaff*, ZLW 2005, 1 ff.; *Martin-Ehlers*, in: Hobe/von Ruckteschell, Kölner Kompendium des Luftrechts, Bd. 3, 2010, V A Rn. 799 ff.

Vorteilen Stellung genommen, die einem Luftverkehrsunternehmen in Form von Ausgleichsleistungen durch einen öffentlich betriebenen Flughafen zugutekamen. Der irischen Fluggesellschaft *Ryanair* waren vom Flughafen Charleroi zahlreiche Ansiedlungsbeihilfen mit dem Ziel gewährt worden, die Region wirtschaftlich zu beleben. Die EU-Kommission forderte mit der genannten Entscheidung *Ryanair* zur Rückzahlung der Beihilfen auf und veröffentlichte anschließend auch neue „**Leitlinien** für die Finanzierung von Flughäfen und die Gewährung staatlicher Anlaufbeihilfen für Luftfahrtunternehmen auf Regionalflughäfen."[58] Die gegen die Rückforderungsentscheidung der EU-Kommission von *Ryanair* erhobene Nichtigkeitsklage zum EuG führte am 14.12.2008 zu einem stattgebenden Urteil,[59] was die Rechtslage weiter verkomplizierte, an den Leitlinien jedoch nichts Wesentliches änderte.[60]

VII. Schutz des Luftverkehrs vor äußeren Gefahren

1. Ausgangslage

66   Der Luftverkehr bedarf des Schutzes vor mehreren Gefahren. Einmal ist er Gefahren ausgesetzt, die aus dem luftverkehrsinternen betrieblichen Bereich resultieren und unter dem Schlagwort der „**safety**" zusammengefasst werden. Zum anderen bestehen von außen drohende Gefahren, die als polizeirechtlich relevante Gefahren unter dem Begriff „**security**" diskutiert werden. In diesem Abschnitt geht es allein um die von außen auf den Luftverkehr einwirkenden Gefahren. Diese bestehen seit dem Beginn der Luftfahrt, haben aber in den 1960/70er Jahren durch zahlreiche Flugzeugentführungen in erheblichem Umfang zugenommen. Dabei ging es nicht in erster Linie um die Gefährdung von Besatzung, Passagieren und dem Flugzeug als solchem. Wesentliches Ziel waren eher politische Forderungen, wie etwa das Freipressen andernorts inhaftierter Gesinnungsgenossen.

67   Dieses allgemein bekannte Phänomen erhielt eine neue Dimension durch die Anschläge vom 11.9.2001 in den USA. Nach diesen Ereignissen musste auch die EU tätig werden, um Passagiere noch wirksamer vor Anschlägen auf den Luftverkehr, insbesondere vor terroristischen Anschlägen, zu schützen. Die internationale Luftfahrt sieht sich seit diesem Tag mit einer neuen Form des Terrorismus konfrontiert. Flugzeuge können auch als Waffen eingesetzt werden, wobei alle Personen an Bord und viele Personen an der Absturzstelle den Tod

---

58 ABl. EU Nr. C 312 vom 9.12.2005, S. 1.
59 EuG, Slg. 2008, II-3643; dazu *Giesberts/Kleve*, EuZW 2009, 287 ff.
60 Zu den Leitlinien im Einzelnen *Martin-Ehlers*, in: Hobe/von Ruckteschell, Kölner Kompendium des Luftrechts, Bd. 3, 2010, V A Rn. 819 ff.

finden. Rechtliche Debatten sowie Pläne zur Bekämpfung des Terrorismus in der Luft existierten seit langem. Der 11.9.2001 aktualisierte diese Diskussion aber in exponentieller Weise. Das Luftrecht steht damit seither vor einer enormen **sicherheitsrechtlichen Herausforderung,** die bei den verhinderten Anschlägen vom 10.8.2006 in London auf mehrere Transatlantik-Flüge nochmals deutlich geworden ist.

2. Sicherheit am Flughafen

a) Zielsetzung

Die EU reagierte zunächst mit der Verordnung (EG) 2320/2002 vom 16.12.2002 auf die Ereignisse vom 11.9.2001. Sie verfolgt das Ziel, die **Sicherheitsvorkehrungen** auf den Flughäfen so zu verstärken, dass es Terroristen von vornherein nicht möglich sein soll, ins Flugzeug zu gelangen. Mittlerweile ist diese Verordnung durch die Verordnung (EG) 300/2008 aktualisiert worden.[61] Im Anhang zur Verordnung sind zahlreiche Maßnahmen aufgezählt, die über die Standards vor 2001 deutlich hinausgehen.

68

So wird der Flughafen in bestimmte **Sicherheitsbereiche** unterteilt, zu denen nur aufwendig kontrollierte Personen Zutritt haben. Der Anhang enthält zudem Regelungen über die Durchsuchung und Sicherung von Luftfahrzeugen, die Kontrolle von Fluggästen und Gepäck, die Durchsuchung von Bordverpflegung, die Zuverlässigkeit von Reinigungspersonal, die Ausbildung von Sicherheitspersonal und die Beschaffenheit von Durchsuchungsgegenständen.

69

b) Kontrolle von Fluggästen und Handgepäck

Für die Sicherheit des Luftverkehrs ist die Kontrolle von Fluggästen und Handgepäck besonders wichtig. Alle Fluggäste, die ihren Ausgangsflug antreten, umsteigen oder weiterfliegen, sowie ihr Handgepäck sind zu kontrollieren, um zu verhindern, dass verbotene Gegenstände in die Sicherheitsbereiche und an Bord eines Luftfahrzeugs gebracht werden (Anhang, Ziff. 4.1.). Für umsteigende bzw. für weiterfliegende Fluggäste existieren weitere Regelungen im Anhang, Ziff. 4.2. bzw. 4.3.

70

Während die Vorschriften über die Kontrolle am Flughafen als solche anerkannt und üblich sind, muss in der Sicherheitsdebatte auch danach gefragt werden, welche Personen diese Kontrollen in der Praxis durchführen. Denn je professioneller diese Personen agieren, desto höher ist die tatsächliche Luftsicherheit. Insoweit ist zu berücksichtigen, dass viele Flughäfen, d.h. Flugha-

71

---

61 ABl. EU Nr. L 97 vom 9.4.2008, S. 72; dazu *Faust/Leininger*, in: Hobe/von Ruckteschell, Kölner Kompendium des Luftrechts, Bd. 2, 2009, II A Rn. 1 (17 ff.).

fenbetreibergesellschaften, die hoheitliche Aufgabe der Gewährleistung von Luftsicherheit auf **private Sicherheitsunternehmen** übertragen haben. Deren Mitarbeiter werden indes häufig nur gering entlohnt, obwohl die große sicherheitsrelevante Bedeutung ihrer Tätigkeit außer Frage steht.

72 In anonymen Tests an ausgesuchten Flughäfen wurde mehrfach ermittelt, dass bis zu einem Drittel der gefährlichen Gegenstände vom Kontrollpersonal nicht gefunden worden ist. Dieses bedenkliche Ergebnis kann seine Ursache durchaus auch in dem Kostendruck der Flughafenbetreibergesellschaften haben, der sich insbesondere in der geringen Entlohnung der Mitarbeiter niederschlägt. Letztlich sind es jedoch diese Mitarbeiter, die für die Abwehr von Gefahren verantwortlich sind, die von außen auf den Luftverkehr einwirken. Der beschriebene Zustand bei den Fluggast- und Handgepäckkontrollen dürfte daher durch eine größere Motivation und vor allem eine verantwortungsadäquate Bezahlung noch verbessert werden können. Denn die Luftsicherheit beginnt am Flughafen.[62]

c) Sicherheitsprogramme

73 Darüber hinaus müssen die Flughäfen ein eigenes Sicherheitsprogramm erstellen, anwenden und fortentwickeln (Art. 12 VO). Während die Verwirklichung der im Anhang zur Verordnung genannten besonderen Sicherheitsmaßnahmen keine größeren praktischen Probleme aufwirft, ist die Aufstellung von Sicherheitsprogrammen eine hochanspruchsvolle Aufgabe für die Flughafenbetreibergesellschaften, die oft nur unter Hinzuziehung von einschlägigen Beratungsfirmen bewältigt werden kann.[63]

3. Sicherheit im Flugzeug

a) Cockpittüren

74 Neben den Sicherheitsmaßnahmen am Flughafen, muss auch die Sicherheit im Flugzeug selbst erhöht werden. Hierbei kann man einen technischen und einen personellen Ansatz verfolgen. Als Reaktion auf die Anschläge vom 11.9.2001 wurde auf internationaler Ebene beschlossen, dass in alle Passagierflugzeuge verstärkte und nur von innen zu öffnende Cockpittüren einzubauen sind. Dies konnte als grundsätzlich sinnvoller erster Schritt betrachtet werden, der allerdings auch Probleme aufwarf. So wird durch diese schweren Cockpittüren das Gesamtgewicht des Flugzeugs größer und führt zu einem erhöhten Treibstoffverbrauch. Außerdem hat die Germanwings-Katastrophe vom März 2015 ge-

---

[62] *Baumann*, in: Oschmann/Stober, Luftsicherheit, 2007, S. 29 ff.
[63] Etwa www.airsight.de.

zeigt, dass es auch überlebenswichtig sein kann, wenn eine verschlossene Cockpittür von außen zu öffnen ist.[64]

b) Sky Marshals

Zudem setzen einige Staaten sogenannte Sky Marshals ein.[65] Diese werden auch als „Flug- bzw. Luftsicherheitsbegleiter" bezeichnet, sind wegen der gebotenen Geheimhaltung in Zivil gekleidet und werden nach streng vertraulichen Plänen in unregelmäßiger Folge auf solchen Flügen eingesetzt, für die eine **besondere Gefährdung** besteht. Als potenziell gefährliche Flüge gelten etwa solche in die USA, nach Großbritannien oder nach Israel. Sky Marshals werden typischerweise in relativer Nähe zum Cockpit platziert. Der Gebrauch von Schusswaffen ist häufig nur ihnen vorbehalten. Dies wirft bedeutende Rechtsfragen im Hinblick auf die Bordgewalt auf, die allein dem Flugzeugkapitän zusteht.[66] Denn in der Konsequenz verfügt ein Sky Marshal dann über deutlich mehr Kompetenzen als der eigentlich hierfür verantwortliche Flugzeugkapitän.

Der Einsatz von Sky Marshals, der sowohl im internationalen als auch im europäischen Recht lange Zeit nicht geregelt war, war stets Gegenstand intensiver Debatten zwischen den USA und der EU. Die USA hatten am 29.12.2003 nationale Bestimmungen erlassen und andere Staaten aufgefordert, Sky Marshals zumindest bei transatlantischen Flügen einzusetzen. Andernfalls müsse erwogen werden, ihnen die Landeerlaubnis zu entziehen, was verständlicherweise zu großer Verstimmung in Europa geführt hat. Deshalb wurde diese Frage mehrfach bei Treffen zwischen den USA und der EU erörtert. Mittlerweile ist im Anhang, Ziff. 10.4. zur Verordnung (EG) 300/2008 der Einsatz von Sky Marshals für zulässig erklärt worden.[67] Danach ist das Mitführen von Waffen an Bord eines Luftfahrzeugs grundsätzlich nicht gestattet, es sei denn die betreffenden Staaten haben hierfür eine Genehmigung erteilt (Ziff. 10.3.). Dies gelte nach Ziff. 10.4. auch für „begleitende Sicherheitsbeamte, wenn sie Waffen tragen."

Nicht alle Staaten stehen dieser Sicherheitsmaßnahme positiv gegenüber. Einmal sind nicht alle Rechtsfragen des Einsatzes solcher Polizeibeamter ausreichend geklärt,[68] außerdem können die Luftverkehrsunternehmen die für Sky Marshals benötigten Sitzplätze nicht an normale Fluggäste verkaufen. Unterschiedlich bewerten kann man auch die Frage, ob den Sky Marshals einsetzenden Luftverkehrsunternehmen möglicherweise ein **Entschädigungsanspruch**

---

64 Dazu *Schladebach*, GYIL 59 (2016), 603 ff.
65 *Giemulla*, ZLW 2002, 528 ff.; *Schladebach*, NVwZ 2006, 430 ff.; *Faust/Lienhart*, in: Hobe/von Ruckteschell, Kölner Kompendium des Luftrechts, Bd. 2, 2009, II A Rn. 397 ff.
66 Art. 6 Tokioter Abkommen.
67 ABl. EU Nr. L 97 vom 9.4.2008, S. 72 (84).
68 *Schladebach*, NVwZ 2006, 430 ff.

gegen den Staat zusteht. Denn immerhin entstehen den Unternehmen – insbesondere bei längeren Strecken in die USA – Einnahmeausfälle wegen der zu transportierenden Sicherheitsbeamten.

78 Vor kurzem hatte das OLG Brandenburg über diese Frage zu entscheiden.[69] Auf der Grundlage des § 62 II Nr. 2 BPolG, der eine unentgeltliche Beförderung auch von nach § 4a BPolG zulässigen Sky Marshals der Bundespolizei bei der Wahrnehmung dieser Aufgaben vorsieht, hatte das erstinstanzlich entscheidende LG Potsdam[70] den Entschädigungsanspruch eines deutschen Luftverkehrsunternehmens gegen die Bundesrepublik Deutschland abgelehnt. Dieses hatte Deutschland auf Entschädigung für die seit mehreren Jahren aufgewandten passagierbezogenen Zusatzkosten verklagt. Ebenso wie das Landgericht stellte das OLG Brandenburg fest, dass die ausdrückliche Anordnung der Kostenfreiheit in § 62 II Nr. 2 BPolG jede Einschränkung hinsichtlich passagierbezogener Zusatzkosten ausschließe. Eine solche Einschränkung ergebe sich auch nicht aus einer verfassungskonformen Auslegung dieser Regelung. Mit der Pflicht zum unentgeltlichen Transport der Flugsicherheitsbegleiter würden die Rechte des Luftverkehrsunternehmens nicht unangemessen eingeschränkt, zumal die Zusatzkosten – gemessen am Gesamtumsatz des Unternehmens – wirtschaftlich irrelevant erscheinen und auf alle Passagiere umgelegt werden könnten. Zudem würde das Luftverkehrsunternehmen durch den Einsatz von Sky Marshals selbst Vorteile erlangen, indem die Flüge sicherer werden.

4. Sicherheit durch Datenaustausch

a) Datenschutzrechtlicher Konflikt

79 Neben den erwähnten Sicherheitsmaßnahmen am Flughafen und im Flugzeug gingen die USA nach den Anschlägen vom 11.9.2001 dazu über, nationale Vorschriften zur Datenakquise zu erlassen. Luftverkehrsunternehmen, die Flüge in die, aus den oder über das Gebiet der USA durchführen, sind danach verpflichtet, den US-Behörden elektronischen Zugriff auf die in ihren Buchungs- und Abfertigungssystemen gespeicherten **Fluggastdatensätze** („Passenger Name Records") zu gewähren.[71]

80 Da diese Datenabfrage gerade auch die EU-Luftverkehrsunternehmen bzw. die EU-Bürger betraf, wurde die EU-Kommission tätig und nahm Verhandlungen mit den US-Behörden auf, die mit einem ersten Fluggastdatenabkommen endeten.[72] Hiernach waren bis zu 34 Daten über einen Fluggast an die USA zu

---

69 OLG Brandenburg, NVwZ-RR 2017, 614.
70 LG Potsdam, Urt. vom 17.2.2016 – Az. 11 O 245/14, BeckRS 2016, 118102.
71 *Mendes de Leon*, Air & Space Law 2006, 320 ff.
72 ABl. EU Nr. L 183 vom 20.5.2004, S. 84.

übermitteln. Im Mai 2004 stellte die EU-Kommission in einer Entscheidung fest, dass das United States Bureau of Customs and Border Protection ein angemessenes Schutzniveau der aus der EU übermittelten personenbezogenen Daten gewährleiste. Der Rat beschloss wenige Tage später am 17.5.2004 die Genehmigung des Abkommens.

Dagegen hielt das Europäische Parlament diese beiden Rechtsakte für datenschutzrechtlich rechtswidrig und beantragte daraufhin beim EuGH, dass sowohl der Ratsbeschluss als auch die Kommissionsentscheidung für nichtig erklärt werden. In seinen Schlussanträgen hatte auch der Generalanwalt dem EuGH vorgeschlagen, beide Entscheidungen wegen des Fehlens einer ausreichenden Ermächtigungsgrundlage für nichtig zu erklären. 81

b) EuGH-Urteil vom 30.5.2006

In seinem Urteil vom 30.5.2006 hat der EuGH[73] entschieden, dass die Entscheidung der EU-Kommission vom 14.5.2004 nichtig sei, weil sie auf die EU-Datenschutzrichtlinie von 1995 und damit auf eine **falsche Ermächtigungsgrundlage** gestützt worden sei. Außerdem erklärte er den Beschluss des Rats vom 17.5.2004 für nichtig, da der hierfür herangezogene Art. 95 EGV (heute Art. 114 AEUV: Rechtsangleichung im Binnenmarkt) ebenfalls die falsche Ermächtigungsgrundlage sei. Das geschlossene Abkommen sollte aber bis zum 30.9.2006 weiter gelten und sodann aufgrund einer anderen und richtigen Ermächtigungsgrundlage neu geschlossen werden. Ein neues Abkommen war notwendig, weil die USA auf ihrer Forderung nach einer Übermittlung von Fluggastdatensätzen weiterhin bestanden. 82

Nach dem Beschluss 2006/729/GASP des Rates vom 16.10.2006,[74] der auf Art. 24 und 38 EUV (frühere EUV-Fassung) gestützt wurde, ist das entsprechend erneuerte Abkommen zwischen der EU und den USA über die Verarbeitung von Fluggastdatensätzen[75] am 16.10.2006 in Luxemburg und am 19.10.2006 in Washington unterzeichnet worden. Es galt von 2007 bis 2012. 83

c) Gegenwärtige Fluggastdatenabkommen

Das derzeit geltende Fluggastdatenabkommen zwischen der EU und den USA wurde am 14.12.2011 unterzeichnet und gilt ab 2012.[76] Die Datensätze sind an das US Department for Homeland Security (DHS) zu übermitteln. Ihre maxi- 84

---

73 EuGH, Slg. 2006, I-4721 = NJW 2006, 2029; dazu *Simitis*, NJW 2006, 2011 ff.; *Westphal*, EuZW 2006, 406 ff.; *Szczekalla*, DVBl. 2006, 896 ff.
74 ABl. EU Nr. L 298 vom 27.10.2006, S. 27.
75 ABl. EU Nr. L 298 vom 27.10.2006, S. 29.
76 ABl. EU Nr. L 215 vom 11.8.2012, S. 5.

male Anzahl ist von 34 auf 19 Angaben reduziert worden,[77] wirft jedoch weiterhin Fragen hinsichtlich des **Persönlichkeitsrechts** der betroffenen Fluggäste auf. Allein der allseits bekannte Umstand, dass der Datenschutz in den USA ein eher unbekanntes Schutzgut ist, muss an der Ernsthaftigkeit der Regelung in Art. 5 des Abkommens, das US-Heimatschutzministerium werde sich mittels geeigneter Maßnahmen um die Datensicherheit kümmern, zweifeln lassen. Vergleichbare Fluggastdatenabkommen hat die EU auch mit Australien und Kanada abgeschlossen.

VIII. Umweltschutz im Luftverkehr

1. Grundkonflikt

85   Die erhebliche Zunahme des Luftverkehrs hat auch erhebliche Auswirkungen auf die Umwelt. Neben dem hohen Treibstoffausstoß in die Atmosphäre ist in letzter Zeit das Problem des Fluglärms immer stärker ins Bewusstsein der Öffentlichkeit getreten. Den sich verstärkenden Grundkonflikt zwischen Luftverkehr und Umweltschutz hat die EU-Kommission erkannt. Sie steht vor der nicht einfachen Aufgabe, einerseits die Voraussetzungen zur Nutzung des großen wirtschaftlichen Potenzials des Luftverkehrs zu schaffen, andererseits aber auch damit verbundene negative Effekte, wie die Überlastung des Luftraums und die daraus resultierenden Umweltprobleme, zu vermeiden.

86   Bereits im Jahr 1999 präsentierte sie in einer umfangreichen Mitteilung zahlreiche Vorschläge zur Reduzierung negativer Umweltauswirkungen im Luftverkehr.[78] Dazu zählten die Verbesserung technischer Standards, die Besteuerung von Kerosin, eine zusätzliche Umweltsteuer auf Tickets und die Einbeziehung des Luftverkehrs in den – durch das Protokoll von Kyoto 1997 entworfenen – Emissionshandel. Es fällt indes auf, dass trotz des durchaus vorhandenen Problembewusstseins und der beachtlichen Vorschläge der beteiligten Kreise nur relativ wenige umweltrechtliche Regelungen mit direktem Bezug zum Luftverkehr erlassen worden sind.

---

[77] ABl. EU Nr. L 215 vom 11.8.2012, S. 5 (14).
[78] KOM (1999) 640.

2. Europarechtlicher Rahmen

a) Primärrecht

Die Ermittlung des umweltrechtlichen Rahmens für den Luftverkehr hat sowohl das europäische Primär- als auch das Sekundärrecht in den Blick zu nehmen. Dabei ist festzustellen, dass der Umweltschutz in der Präambel des EUV, in Art. 3 III EUV, in Art. 4 II lit. e) AEUV, in Art. 11 AEUV und in Art. 191 ff. AEUV angesprochen wird. Während sich aus den erstgenannten Bestimmungen keine konkreten Maßgaben für die Bedeutung des Umweltschutzes im Luftverkehr entnehmen lassen, kann aus dem Prinzipienkatalog des Art. 191 II AEUV zumindest abgeleitet werden, dass die dort genannten Prinzipien der **Vorsorge** und der **Verursachung** auch im Luftverkehr Geltung beanspruchen. Es ist daher generell möglich, aufgrund der Kompetenzgrundlage des Art. 192 I AEUV Verordnungen und Richtlinien zu erlassen, um die erwähnten umweltrechtlichen Prinzipien auch im Luftverkehr zu verwirklichen. So ist etwa eine Vorsorge gegen zu hohe Belastungen durch Fluglärm denkbar.

Beispiel: Bei jeder Errichtung oder Erweiterung eines Flughafens ist ein ausreichender Schutz der Anwohner vor Fluglärm zu schaffen. In Deutschland ist dies vor allem für die Flughäfen Frankfurt, München und Berlin-Brandenburg International relevant.[79]

b) Sekundärrecht

Beim umweltrechtlichen Sekundärrecht ist zwischen Rechtsakten zu unterscheiden, die den Luftverkehr **unmittelbar** betreffen und solchen, die grundsätzlich einen anderen Umweltbereich schützen sollen, jedoch den Luftverkehr **mittelbar** berühren.

Zu der ersten Kategorie gehört die Richtlinie 2002/30/EG über Regeln und Verfahren für lärmbedingte Betriebsbeschränkungen auf Flughäfen der Gemeinschaft.[80] Durch sie ist ein harmonisiertes Verfahren eingeführt worden, mit dem die EU-Mitgliedstaaten Betriebsbeschränkungen auf Flughäfen mit dem Ziel einführen können, die **Lärmbetroffenheit** der Flughafenanwohner zu reduzieren. Diese Vorgaben sind in Deutschland in das Fluglärmgesetz[81] eingeflossen.[82]

Eine zweite Richtlinie betrifft die Einbeziehung des Luftverkehrs in den **Emissionshandel**, der seit der Richtlinie 2003/87/EG[83] und deren Umsetzung

---

[79] *Schladebach*, EurUP 2016, 102 ff.
[80] ABl. EU Nr. L 85 vom 28.3.2002, S. 40.
[81] Aktuelle Fassung BGBl. 2007 I S. 2550.
[82] Grundlegend zum Fluglärm *Giesecke/Wysk*, in: Hobe/von Ruckteschell, Kölner Kompendium des Luftrechts, Bd. 2, 2009, I H Rn. 1 ff.
[83] ABl. EU Nr. L 275 vom 25.10.2003, S. 32.

in nationales Recht für alle emittierenden Industrieanlagen gilt. Mit dieser hochproblematischen Richtlinie 2008/101/EG war beabsichtigt, den Luftverkehr in den Emissionshandel einzubeziehen.[84] Nach Kontroversen auf internationaler Ebene über den Umstand, dass auch Nicht-EU-Luftverkehrsunternehmen nunmehr dem Emissionshandel nach Maßgabe der EU unterliegen sollten, wurde mit der Verordnung (EU) 421/2014 der Anwendungsbereich des Emissionshandelsrechts auf EU-Luftverkehrsunternehmen bis zum Jahr 2020 beschränkt.[85]

91 Größer ist jedoch die Zahl der EU-Rechtsakte mit mittelbarer luftverkehrsrechtlicher Bedeutung. So sieht die UVP-Richtlinie 85/337/EWG von 1985 die Durchführung einer **Umweltverträglichkeitsprüfung** bei solchen Projekten vor, die im Anhang der Richtlinie aufgezählt sind.[86] Dort finden sich auch Flughäfen. Das Ergebnis dieser in das Genehmigungsverfahren zu integrierenden Umweltverträglichkeitsprüfung ist bei der abschließenden Entscheidung allerdings lediglich „zu berücksichtigen" (Art. 8 UVP-RL), was diesem grundsätzlich sehr sinnvollen umweltrechtlichen Instrument wieder rechtliche Wirkung nimmt. Das UVP-Ergebnis kann also durch andere Belange verdrängt werden. Doch wurden hierdurch die nationalen Umweltbehörden erstmals auf die Prüfung der Umweltverträglichkeit bei der Planung von Flughäfen verpflichtet.

92 Einen Schritt weiter geht die SUP-Richtlinie 2001/42/EG von 2001.[87] Sie bezieht die Prüfung von Umweltauswirkungen nicht mehr nur auf punktuelle Projekte im Genehmigungsverfahren, sondern erstreckt sie auf **Pläne und Programme**. Anknüpfungspunkt der Prüfung ist nicht erst die Genehmigungsentscheidung, sondern bereits der zur Vorbereitung der Genehmigung erstellte Plan. Der maßgebliche Zeitpunkt der umweltrechtlichen Prüfung ist somit deutlich vorverlagert. Zudem sind auch Programme, wie Raumordnungsprogramme, von der Prüfungspflicht erfasst. Schon sie enthalten oft Aussagen über den Standort eines Flughafens.[88]

93 Da der Bau bzw. die Erweiterung von Flughäfen große Flächen beansprucht und wegen der Lärmauswirkungen typischerweise in der Peripherie von Städten erfolgt, setzt auch das europäische Naturschutzrecht dem Luftverkehr bestimmte Grenzen. So sieht die Vogelschutzrichtlinie 79/409/EWG von 1979[89] den Aufbau eines europaweiten Netzes von **Vogelschutzgebieten** vor, in denen bauliche Aktivitäten unzulässig sind.

---

84 ABl. EU Nr. L 8 vom 13.1.2009, S. 3.
85 ABl. EU Nr. L 129 vom 30.4.2014, S. 1.
86 ABl. EU Nr. L 175 vom 5.7.1985, S. 40.
87 ABl. EU Nr. L 197 vom 21.7.2001, S. 30; bilanzierend *Guckelberger/Gard*, EurUP 2016, 168 ff.
88 *Deutsch*, EurUP 2016, 90 ff.
89 ABl. EU Nr. L 103 vom 25.4.1979, S. 1.

Dieses gebietsbezogene Schutzkonzept hat die Fauna-Flora-Habitat-Richtlinie 92/43/EWG von 1992[90] auf bestimmte Tier- und Pflanzenarten und natürliche Lebensräume ausgedehnt. Zusammen mit den Vogelschutzgebieten, deren Identifizierung und Unterschutzstellung in den letzten 30 Jahren erhebliche Schwierigkeiten bereitet hat, sollen beide Richtlinien ein Netz von europäischen Schutzgebieten unter der Bezeichnung „Natura 2000" schaffen, für das die Schutzstandards der FFH-Richtlinie gelten.

Veränderungen in diesen Gebieten bedürfen einer Verträglichkeitsprüfung, die jedoch eine andere Ausrichtung als die oben erwähnte Umweltverträglichkeitsprüfung hat. Ist letztere auf ein konkretes Projekt gerichtet, setzt die FFH-Prüfung auf einen gebietsbezogenen Ansatz. Ergibt die **FFH-Verträglichkeitsprüfung** negative Auswirkungen des geplanten Vorhabens für das Schutzgebiet, ist dieses grundsätzlich unzulässig. Einen Naturschutz um jeden Preis will die EU allerdings nicht, ein solcher wäre auch wenig sachgerecht. Deshalb können Vorhaben in Schutzgebieten – trotz festgestellter Unverträglichkeit – durchgeführt werden, wenn der Vorhabenträger nachweisen kann, dass für das Vorhaben überwiegende Gründe des öffentlichen Interesses sprechen. Diese sind bei dem Bau oder der Erweiterung eines Flughafens regelmäßig gegeben, bedürfen aber wegen des erwähnten Regel-Ausnahme-Konzepts der FFH-Verträglichkeitsprüfung sorgfältiger Darlegung. Das flächenintensive Schutzkonzept führt dazu, dass bei jeder Planung raumbedeutsamer Vorhaben – neben Flughafenplanungen auch Bauleitplanungen[91] – die Regelungen dieser Richtlinie bzw. in Deutschland des Bundesnaturschutzgesetzes zu beachten sind.

3. Umweltschutz durch Emissionshandel

a) Verursachung von Emissionen

Der Luftverkehr verursacht in einem beträchtlichen Ausmaß Flugzeugabgase, die zu einer Belastung der Atmosphäre und damit zur Klimaänderung führen. Die direkten Emissionen des Luftverkehrs machen etwa 3% der gesamten Treibhausgasemissionen in der EU aus. Unter den ausgestoßenen Treibhausgasen entfällt der größte Anteil auf das Gas Kohlendioxid. Daneben tragen Stickoxide und Sulfat- und Rußpartikel zur Luftbelastung bei. Für alle Treibhausgase ist charakteristisch, dass sie eine Erwärmung der Erdoberfläche zur Folge haben.

---

90 ABl. EU Nr. L 206 vom 22.7.1992, S. 7.
91 *Schladebach*, Der Einfluss des europäischen Umweltrechts auf die kommunale Bauleitplanung, 2000.

b) Umweltpolitischer Rahmen

97 Der Schutz vor Klimaänderungen ist seit der Unterzeichnung des Wiener Übereinkommens zum Schutz der Ozonschicht vom 22.3.1985 und des Montrealer Protokolls über Stoffe, die zum Abbau der Ozonschicht führen, vom 16.9.1987[92] auf internationaler Ebene geregelt. Eine qualitative Neuausrichtung erhielt der internationale Klimaschutz im Jahr 1997 in Kyoto. Das **Protokoll von Kyoto** zum Rahmenübereinkommen der Vereinten Nationen über Klimaänderungen vom 11.12.1997[93] verpflichtete die Vertragsparteien, definierte Emissionsgrenzen nicht zu überschreiten und die Gesamtemissionen im Zeitraum von 2008 bis 2012 um mindestens 5% gegenüber dem Stand von 1990 zu reduzieren. Das Kyoto-Protokoll ist im Februar 2005 in Kraft und mittlerweile wieder außer Kraft getreten. Seine Anlage A listete die zu verringernden Treibhausgase und die betroffenen Sektoren bzw. Gruppen von Tätigkeiten auf, die Emissionen freisetzen.

98 Die EU hatte 2005 konstatiert, dass bei anhaltendem Wachstum des Luftverkehrs die Emissionen aus dem internationalen Luftverkehr beträchtlich zunehmen werden. Es musste deshalb überlegt werden, wie die Zunahme der Emissionen in der EU mit den Zielen des Kyoto-Protokolls in Einklang zu bringen sei. Dafür seien Maßnahmen nötig, die sicherstellen, dass der Luftverkehr die Erreichung dieses übergeordneten internationalen Ziels nicht untergräbt, sondern zu ihr beiträgt.

99 Vor diesem Hintergrund plädierte die EU-Kommission in einer Mitteilung vom Februar 2005 dafür, den Luftverkehr in etwaige Klimaschutzkonzepte für die Zeit nach 2012 einzubeziehen.[94] In einer weiteren Mitteilung vom 27.9.2005 über die Verringerung der Klimaauswirkungen des Luftverkehrs konkretisierte sie dieses Konzept und unterstrich nachdrücklich den spezifischen Handlungsbedarf der EU.[95] Darin wurde insbesondere die Einbeziehung des Luftverkehrs in den Emissionshandel erwogen.[96]

c) Emissionshandel und Luftverkehr

100 Zur Erfüllung der Verpflichtungen aus dem Kyoto-Protokoll ist auf EU-Ebene die Emissionshandels-Richtlinie 2003/87/EG vom 13.10.2003[97] und auf nationaler Ebene das Treibhausgas-Emissionshandelsgesetz (TEHG) vom 8.7.

---

92 BGBl. 2003 II S. 346.
93 BGBl. 2002 II S. 966.
94 KOM (2005) 35.
95 KOM (2005) 459.
96 Dazu *Sieberg*, NVwZ 2006, 141 ff.
97 ABl. EU Nr. L 275 vom 25.10.2003, S. 32.

2004[98] erlassen worden. Beide Rechtsakte waren auf den Luftverkehr allerdings nicht anwendbar. Deshalb hat sich die EU-Kommission entschlossen, den Emissionshandel auf den Luftverkehr auszudehnen. Mit einem Richtlinienvorschlag vom 20.12.2006 sollen die in der EU operierenden Luftverkehrsunternehmen verpflichtet werden, ihren Ausstoß an Kohlendioxid zu begrenzen und sich am Handel mit Emissionsrechten zu beteiligen.[99] Dieser Vorschlag führte sodann zur Richtlinie 2008/101/EG vom 19.11.2008.[100] Ab dem 1.1.2012 mussten nun auch Luftverkehrsunternehmen in Abhängigkeit vom streckenspezifischen Emissionsausstoß Emissionszertifikate erwerben, was die unternehmensinternen Kosten erhöhte.[101]

Ist gegen die Einbeziehung von EU-Luftverkehrsunternehmen in den Emissionshandel wenig einzuwenden, so bestand der Hauptproblempunkt der Richtlinie 2008/101/EG darin, dass sie auch Nicht-EU-Luftverkehrsunternehmen betraf, wenn diese entweder aus der EU abfliegen oder in sie einfliegen. Das bedeutete, dass auch US-Unternehmen und asiatische Unternehmen Emissionszertifikate erwerben mussten, wenn sie in der EU operierten. Dieser Umstand führte zu heftigen handelspolitischen Reaktionen. Große Luftverkehrsnationen wie die USA, China, Russland, Indien oder die Vereinigten Arabischen Emirate kündigten daraufhin wirtschaftliche Gegenmaßnahmen an. Es folgten mehrere gegen die EU gerichtete Erklärungen von Zusammenschlüssen von international agierenden Luftverkehrsunternehmen.[102]

Diese luftverkehrspolitisch dramatische Entwicklung mündete in das EuGH-Urteil vom 21.12.2011.[103] Aus Anlass eines Vorabentscheidungsverfahrens nach Art. 267 AEUV stellte der EuGH fest, dass die Prüfung der Richtlinie 2008/101/EG nichts ergeben habe, was ihre Gültigkeit berühren könne. Gestützt auf das aus dem Wettbewerbsrecht entlehnte Auswirkungsprinzip akzeptierte der EuGH die exterritorialen Wirkungen der Richtlinie ohne intensivere Auseinandersetzung. Dagegen konnte mit guten Gründen vertreten werden, dass die EU mit dieser Richtlinie die zweifelhafte Rolle eines umweltrechtlichen Weltgesetzgebers einnehme und außerhalb ihrer territorialen Zuständigkeit agiere. Es kann nicht verwundern, dass die EuGH-Entscheidung vor allem

---
98 BGBl. 2004 I S. 1578.
99 KOM (2006) 818.
100 ABl. EU Nr. L 8 vom 13.1.2009, S. 3.
101 Ausführlich zur gesamten Entwicklung *Schladebach*, Der Emissionshandel im Luftverkehr als Wettbewerbsproblem, in: Krauskopf/Babey, Internationales Wirtschaftsrecht, 2014, S. 262 ff.
102 *Milde*, ZLW 2012, 173 (183); *Vasilogeorgi*, RHDI 65 (2012), 531 (545).
103 *Schladebach*, a.a.O., S. 270 ff.

außerhalb der EU auf großes Missfallen gestoßen,[104] in der EU dagegen befürwortet worden ist.[105]

d) Moratorium bis 2020

103 Die weltweiten Reaktionen der Luftverkehrsbranche vor und insbesondere nach dem EuGH-Urteil von 2011 bewegten die EU-Kommission dazu, die Anwendung der Richtlinie 2008/101/EG auf Nicht-EU-Luftverkehrsunternehmen zunächst auszusetzen.[106] Das beruhigte einerseits die internationalen Luftverkehrsbeziehungen und gab andererseits den Blick darauf frei, dass eine echte Lösung nicht im EU-Maßstab, sondern nur auf internationaler Ebene gefunden werden kann. Seit 2012 wird nun im Rahmen der Internationalen Zivilluftfahrt-Organisation (ICAO) diskutiert, ob und mit welchem Inhalt ein internationales Abkommen über den Emissionsausstoß im Luftverkehr geschlossen wird. Zwar war kurzzeitig erwartet worden, dass der neue Weltklimavertrag von Paris vom Dezember 2015 hierzu eine Regelung enthält. Da dies ausblieb, liegt nun die Verantwortung bei der ICAO in Montreal. Dementsprechend hat die EU die Anwendung des EU-Emissionshandelssystems auf Nicht-EU-Luftverkehrsunternehmen durch die Verordnung (EU) 421/2014 auch formal und zwar bis 2020 ausgesetzt.[107] Ob dies bis dahin gelingt, bleibt abzuwarten.

4. Umweltschutz nach Art. 8 EMRK

104 Umweltschutz im Luftverkehr spielt nicht nur im originären EU-Recht eine Rolle, sondern kann auch über die Europäische Menschenrechtskonvention (EMRK) geltend gemacht werden. Diese ist nach ihrer Rechtsnatur zwar eher dem Völkerrecht zuzuordnen, kann aber als Europarecht im weiteren Sinne verstanden werden[108] und soll deshalb mit dem folgenden Fall behandelt werden. Eine Gruppe von Anwohnern von Europas größtem Flughafen, London-Heathrow, berief sich wegen unerträglichen Fluglärms auf Art. 8 II EMRK, der folgenden Wortlaut hat:

---

104 *Milde*, ZLW 2012, 173 ff.; *Plant*, AJIL 107 (2013), 183 ff.; *Buenger*, Denv. J. Int'l L. & Pol'Y 41 (2013), 417 ff.
105 *Athen*, EuZW 2012, 337 ff.; *Havel/Mulligan*, Air & Space Law 2012, 3 ff.; *Mendes de Leon*, Air & Space Law 2012, 287 ff.; *Vasilogeorgi*, RHDI 65 (2012), 531 (538 ff.); *Denza*, Eur. L. Rev. 37 (2012), 314 ff.
106 KOM (2012) 697; dazu *Schladebach*, a.a.O., S. 275 ff.
107 ABl. EU Nr. L 129 vom 30.4.2014, S. 1.
108 *Thiele*, Europarecht, 15. Aufl. (2018), S. 8.

„Der Eingriff einer öffentlichen Behörde in die Ausübung dieses Rechts (Recht auf Privatsphäre nach Art. 8 I EMRK) ist nur statthaft, insoweit dieser Eingriff gesetzlich vorgesehen ist und eine Maßnahme darstellt, die in einer demokratischen Gesellschaft ... zum Schutz der Gesundheit ... notwendig ist."

Im Fall *Hatton vs. United Kingdom* lebten die Kläger in einer Entfernung von 4 bis 12 km vom Flughafen London-Heathrow. Sie argumentierten, dass der von den Flugzeugen verursachte Lärm sie vor allem in der Zeit zwischen 5 und 6 Uhr morgens erheblich in ihrer Gesundheit verletze. Nach dem ersten Aufwachen am Morgen sei es ihnen nicht mehr möglich, wieder einzuschlafen, weshalb sie starke Medizin benötigten. Die daraufhin vorgenommenen Messungen führten zu einem bemerkenswerten Ergebnis: Die Werte waren höher als die von der Weltgesundheitsorganisation (WHO) festgelegten Grenzen, jedoch geringer als die offiziellen britischen Grenzwerte.

Den Klägern wurde in einer Kammerentscheidung des Europäischen Gerichtshofs für Menschenrechte (EGMR) am 2.10.2001 zunächst Recht gegeben. Allerdings hob die Große Kammer des EGMR diese Entscheidung am 8.7.2003 auf und wies die Klage mit wenig überzeugender Begründung ab.[109] Der EGMR führte aus, dass die britischen Behörden nicht verpflichtet gewesen wären, Untersuchungen über alles und jeden anzustellen. Die Behörden hätten insbesondere keine Pflicht, die **Qualität des Schlafes** der Kläger zu prüfen, obwohl gerade das Unterlassen dieser Prüfung der zentrale Vorwurf gegenüber den britischen Behörden war.

Derartige Schlafuntersuchungen bilden für die Medizin die Grundlage der Bewertung, ob eine Gesundheitsverletzung vorliegt. Maßgebend ist dabei unter anderem, wie oft eine Person wegen des Fluglärms aufwacht. Es erscheint mehr als zweifelhaft, dass der medizinischen Forschung – konkret der mittlerweile weit fortgeschrittenen Lärmwirkungsforschung[110] – in Großbritannien diese Erkenntnisse unbekannt waren und die britischen Behörden nicht verpflichtet gewesen sein sollen, solche Untersuchungen anzustellen. Die Entscheidung des EGMR ist deshalb zu Recht auf große Ablehnung gestoßen.[111]

---

109 EGMR, EuGRZ 2005, 584.
110 Siehe in Bezug auf Flughäfen *Schladebach*, EurUP 2016, 102 ff.
111 *Hobe/Giesecke*, ZLW 2003, 501 ff.; *Heselhaus/Marauhn*, EuGRZ 2005, 549 ff.; zuvor bereits *Kukk*, NVwZ 2002, 307 ff.; *Smith*, AJIL 96 (2002), 692 ff.; *Giesecke/Wysk*, in: Hobe/von Ruckteschell, Kölner Kompendium des Luftrechts, Bd. 2, 2009, I H Rn. 59 ff.

IX. Einheitlicher europäischer Luftraum

1. Konzeption

a) Ausgangslage

108 Weite Teile des europäischen Luftraums sind heute durch den gestiegenen Luftverkehr überlastet. Verspätungen, Warteschleifen und Ausfälle sind die offensichtlichen Folgen. Für das generelle Funktionieren des Luftverkehrs sowie den bestehenden Wettbewerb sind dies äußerst hinderliche Umstände. Zudem erhöht sich die Zahl der „near misses", der Beinahe-Zusammenstöße von Flugzeugen, über die verständlicherweise zwar wenig berichtet wird, die jedoch praktisch das gefährlichste Problem der **Luftraumüberlastung** bilden.

109 Ursache hierfür ist, dass das Luftraummanagement mit der Flugsicherung und weiteren Managementdiensten bislang weitgehend national organisiert ist. Dem liegt die Überlegung zugrunde, dass sich die Zuständigkeit für das Luftraummanagement an der jedem EU-Mitgliedstaat zustehenden Lufthoheit (Art. 1 CA) orientieren muss. Aus der dadurch häufig erforderlichen „Übergabe" von Flügen an den vielen nationalen Grenzen in Europa können erhebliche Gefahren resultieren, wie etwa das Flugzeugunglück vom 1.7.2002 über dem Bodensee auf tragische Weise gezeigt hat.[112] Auch die gerichtliche Aufarbeitung dieses Unglücks durch das Landgericht Konstanz[113] hat zahlreiche weitere Fragen aufgeworfen, insbesondere zur Problematik, ob und wenn ja, unter welchen Voraussetzungen die staatliche Aufgabe der Flugsicherung auf private Flugsicherungsunternehmen übertragen werden darf.[114] Die bestehende Fragmentierung des bewirtschafteten Luftraums entlang nationaler Grenzen ist daher zu Recht kritisiert worden.

b) Neue Luftraumstruktur

110 Deshalb verfolgte die EU mit mehreren Verordnungen aus dem Jahr 2004,[115] die ihrerseits auf langjährige Vorarbeiten der EU-Kommission zurückgehen, das ambitionierte Ziel, einen einheitlichen europäischen Luftraum („**Single European Sky**") zu schaffen.[116] Das bislang national organisierte Luftraummanagement sollte nun durch ein europäisches System zur regulierten Nutzung

---

112 *Giemulla*, in: FS für Ruhwedel, 2004, S. 117 ff.
113 LG Konstanz, Urt. vom 27.7.2006 – Az. 4 O 234/05 H.
114 *Schladebach*, Lufthoheit, 2014, S. 393 ff.; *Franklin*, Air & Space Law 2007, 425 ff.; *Rupp*, JZ 2006, 1033 ff.
115 Verordnungen (EU) Nr. 549–552/2004.
116 *Schladebach*, Lufthoheit, 2014, S. 377 ff.; *Bues*, Der „Single European Sky", 2012.

des Luftraums ersetzt werden. Die Binnengrenzen zwischen den nationalen Luftraumblöcken sollten fallen.

Nachdem sich die Vergemeinschaftung zunächst nur auf den oberen Luftraum beschränken sollte, der bei etwa 8.000 m beginnt, hat die EU mit der sogenannten Single-European-Sky-II-Verordnung 1070/2009[117] diese geographische Trennung aufgehoben. Nunmehr sollen **funktionale Luftraumblöcke** errichtet werden, die sich im Regelfall über das Staatsgebiet von zwei oder mehreren EU-Mitgliedstaaten erstrecken sollen.[118] Deutschland ist Teil des funktionalen Luftraumblocks „European Central".[119] Dazu gehören außerdem Belgien, Frankreich, Luxemburg, die Niederlande und der Nicht-EU-Staat Schweiz. Mit dieser Umstrukturierung soll die Erbringung von Flugsicherungsdiensten vereinheitlicht und die Beauftragung von Dienstleistern über nationale Grenzen hinweg möglich werden.

Ein einheitlicher europäischer Luftraum entsteht durch die neun konzipierten funktionalen Luftraumblöcke gerade nicht. Die zuvor beklagte Fragmentierung des Flugsicherungsmanagements wird regional verringert, jedoch nicht aufgehoben. Immerhin könnte dann in diesen Luftraumblöcken eine effizientere Überwachung durch einen verbesserten Verkehrsfluss und verstärkte Kosten-Nutzen-Analysen erfolgen. Demgegenüber verlieren nationale Luftraumgrenzen an Bedeutung.

2. Rechtsfragen

Konzeption und Errichtung des einheitlichen europäischen Luftraums werfen die Frage auf, ob die EU mit diesen organisatorischen Maßnahmen vom **Prinzip der Lufthoheit** nach Art. 1 CA, dem zentralen Prinzip des internationalen Luftrechts, abzurücken beabsichtigt.[120] Es ist daran zu erinnern, dass alle EU-Mitgliedstaaten nicht nur Vertragsstaaten des EUV und des AEUV, sondern auch solche des Chicagoer Abkommens sind. Konflikte zwischen dem Europarecht und dem Völkerrecht sind damit vorprogrammiert, sind aber nur selten offen thematisiert worden.[121]

---

117 ABl. EU Nr. L 300 vom 14.11.2009, S. 34.
118 *Schladebach*, Lufthoheit, 2014, S. 381 ff.
119 BGBl. 2012 II S. 634; dazu *Bethkenhagen/von Elm/Nitschke*, ZLW 2011, 412 ff.; *Bues*, Der „Single European Sky", 2012, S. 143 ff.
120 *Schubert*, AASL XXV (2000), 239 ff.; *Shrewsbury*, J. Air L. & Com. 68 (2003), 115 ff.; *Schladebach*, EuZ 2006, 2 (9); *ders.*, EuR 2006, 773 (792); *Franklin*, Air & Space Law 2007, 425 ff.
121 Nunmehr *Schladebach*, Lufthoheit, 2014, S. 384 ff.; *Bues*, Der „Single European Sky", 2012, S. 60 ff.; ferner kurz *Kaiser*, AASL XXXI-I (2010), 153 (174); *Polkowska*, AASL XXXVI (2011), 579 (589).

114 Nach Art. 1 II VO 549/2004 lässt die Anwendung dieser Verordnung die hoheitliche Gewalt der EU-Mitgliedstaaten über ihren Luftraum und die Anforderungen der EU-Mitgliedstaaten in Bezug auf die öffentliche Ordnung, die öffentliche Sicherheit und die Verteidigung unberührt. Auch in der Verordnung 551/2004 (Erwägungsgrund 5) wird auf die Geltung der Rechte und Pflichten der EU-Mitgliedstaaten aus dem Chicagoer Abkommen hingewiesen. Die Vertreter der EU-Kommission betonten 2004, dass die EU-Mitgliedstaaten die Verantwortung für ihren Luftraum nach Art. 1 CA behalten. Doch nichts müsse sie davon abhalten, so die EU-Kommission, diese Verantwortung unter dem Dach der EU wahrzunehmen.[122]

115 Gleichwohl haben die EU-Mitgliedstaaten damit nicht mehr die autonome Entscheidung über die Organisation und Nutzung ihres Luftraums. Sie begeben sich in staatenübergreifende Abhängigkeiten, gerade wenn die bedeutende Aufgabe der Flugsicherung einheitlich von einer fremden Institution vorgenommen wird. Den Staaten steht die Lufthoheit nur noch insoweit zu, als es um den Schutz ihres Luftraums geht. Insofern kann nicht bestritten werden, dass die Lufthoheit nach dem Chicagoer Abkommen durch die Konzeption des einheitlichen europäischen Luftraums deutlich eingeschränkt werden soll.[123] Mit ihrer Zustimmung zu den Verordnungen im Rat der EU haben die EU-Mitgliedstaaten jedoch diese Einschränkung ihrer Lufthoheit anerkannt. Es ist davon auszugehen, dass sich die Staatenvertreter über die Reichweite dieser Entscheidung für den Fortbestand der ihnen völkerrechtlich zustehenden Lufthoheit bewusst waren.

3. Aktuelle Entwicklungen

116 Die Umsetzung der 2004 rechtlich geregelten Errichtung des einheitlichen europäischen Luftraums ist defizitär. Ob die seit vielen Jahren schleppende Praxis ihren Grund in einer Abneigung der EU-Mitgliedstaaten gegen das Gesamtprojekt oder aber in administrativen Unzulänglichkeiten oder in den jedenfalls nicht abschließend diskutierten Rechtsfragen hat, lässt sich nicht mit Eindeutigkeit feststellen. Der ehemalige EU-Verkehrskommissar *Kallas* rügte bereits 2013 die EU-Mitgliedstaaten und kritisierte deren Inaktivität. Im Anschluss an Vorschläge der EU-Kommission vom Juni 2013 prognostizierte er bei weiterer Untätigkeit eine immense Belastung und „ein Chaos an Europas Himmel".[124]

---

[122] *Van Houtte*, Skyway 32 (2004), 9 (12).
[123] *Shrewsbury*, J. Air L. & Com. 68 (2003), 115 (149, 158); *Polkowska*, AASL XXXVI (2011), 579 (589); *Bues*, Der „Single European Sky", 2012, S. 70; *Schladebach*, Lufthoheit, 2014, S. 401.
[124] EU-Kommission, PM vom 16.9.2013.

Die letzten Vorschläge datieren aus dem Jahre 2014 und werden bis heute mit dem wenig optimistischen Ausblick diskutiert, dass der einheitliche europäische Luftraum nicht vor dem Jahr 2030–2035 verwirklicht werden wird.[125]

X. Europäisches Luftrecht in den Außenbeziehungen

Das europäische Luftrecht ist von den EU-Organen gesetztes Recht und gilt in den EU-Mitgliedstaaten. Entstanden ist eine qualitativ hochwertige Luftrechtsordnung und damit auch ein im Wesentlichen gut funktionierender Luftverkehrsmarkt. Wegen des dem internationalen Luftverkehr immanenten grenzüberschreitenden Charakters gibt es gute Gründe, diese Luftrechtsstandards auch in Staaten außerhalb der EU zu exportieren. Damit verbunden ist ein Transfer sowohl betrieblicher als auch polizeilicher Luftsicherheit, wovon letztlich wieder die EU und ihre Mitgliedstaaten profitieren. Auf der anderen Seite haben die Drittstaaten mit der Übernahme von Teilen oder des gesamten europäischen Luftrechts die Möglichkeit, an den Vorteilen des liberalisierten Luftverkehrsbinnenmarkts zu partizipieren. Es existieren mehrere rechtliche Konstruktionen, mit denen die EU das europäische Luftrecht in Staaten exportiert, die nicht Mitglied der EU sind. 117

1. Europäischer Wirtschaftsraum

Aufgrund ihrer geographischen Lage in der Mitte Europas (Schweiz, Liechtenstein) oder ihrer engen Verbundenheit mit der EU (Norwegen, Island) haben die genannten Drittstaaten ein Interesse an der Übernahme des europäischen Luftrechts. Als Reaktion auf die Gründung der Europäischen Wirtschaftsgemeinschaft (EWG) im Jahre 1957 ist 1960 die **Europäische Freihandelszone** (European Free Trade Association, EFTA) gegründet worden.[126] Mit ihr sollte der Gefahr einer wirtschaftlichen Diskriminierung der Nicht-EWG-Staaten vorgebeugt werden. Im Laufe der Jahre entwickelten beide Organisationen enge wirtschaftliche Beziehungen zueinander, die 1994 in die Gründung des Europäischen Wirtschaftsraums (EWR) mündeten. 118

Die EFTA, von ihrer Rechtsnatur ein völkerrechtlicher Vertrag, verlor allerdings zunehmend an Bedeutung, weil die in ihr zusammengeschlossenen Staaten nacheinander der EWG/EG/EU beitraten. Seit 1995 umfasst sie nur noch Island, Liechtenstein, Norwegen und die Schweiz, alles Drittstaaten, für die auch in längerer Perspektive eine EU-Mitgliedschaft nicht attraktiv erscheint. 119

---
125 Jüngst zu den Perspektiven *Herrmann*, ZLW 2018, 25 ff.
126 *Thiele*, Europarecht, 15. Aufl. (2018), S. 17.

120 Das EWR-Abkommen[127] schafft zwischen der EU und den EFTA-Staaten **binnenmarktähnliche Verhältnisse**. Insbesondere gelten die Grundfreiheiten des Binnenmarkts (Art. 26 II AEUV) nunmehr auch im Verhältnis zu den EFTA-Staaten auf der Basis voller Gegenseitigkeit. Damit haben diese fast das gesamte binnenmarktrelevante Recht der EU übernommen. Das neu erlassene EU-Recht ist für sie automatisch anwendbar. So gilt das europäische Luftrecht über den EWR auch in den EFTA-Staaten Island, Liechtenstein und Norwegen. Dagegen ist die Schweiz zwar EFTA-Mitglied, hat jedoch den Beitritt zum EWR in einem Referendum Ende 1992 abgelehnt. Sie übernimmt das Luftrecht daher nicht in Form des EWR-Abkommens, sondern ist den Weg über bilaterale Abkommen gegangen.

2. Bilaterale Abkommen mit der Schweiz

121 Die Geltung des europäischen Luftrechts kann auch durch ein bilaterales Abkommen geregelt werden. Wegen des für die Schweiz nicht wirkenden EWR-Mechanismus war insoweit ein solches bilaterales Luftverkehrsabkommen EU – Schweiz sogar erforderlich. Diese Konstruktion wird von der Schweiz auch deshalb befürwortet, weil sie sich in vielen Bereichen durchaus der EU annähern will, ihr jedoch nicht beitreten will. Nachdem der Beitritt zum EWR gescheitert war, begannen bilaterale Verhandlungen mit der EU in ausgesuchten Bereichen. Sie führten zum Abschluss der ersten sieben bilateralen Abkommen, die 2002 in Kraft getreten sind. Eines der Abkommen betrifft den **Luftverkehr**.

122 Das Abkommen zwischen der EU und der Schweizerischen Eidgenossenschaft über den Luftverkehr[128] wurde am 21.6.1999 unterzeichnet.[129] Dadurch werden nicht nur die luftrechtlich relevanten primärrechtlichen Bestimmungen wie Art. 101, 102, 107 AEUV, sondern auch die im Anhang des Abkommens aufgeführten Verordnungen und Richtlinien geltendes Recht in der Schweiz. Das Abkommen über den Luftverkehr nimmt unter den bilateralen Abkommen EU – Schweiz, von denen am 26.10.2004 weitere neun unterzeichnet worden sind,[130] eine besondere Stellung ein. Für die meisten Abkommen wurde im Hinblick auf den zu übernehmenden Rechtsbestand eine statische Lösung gewählt, so dass sie stetig nachverhandelt werden müssen. Dies macht die Rechtslage unübersichtlich.

---

127 BGBl. 1993 II S. 266, 1294.
128 ABl. EU Nr. L 114 vom 30.4.2002, S. 73.
129 Zum Abkommen *Dettling-Ott*, in: Hobe/von Ruckteschell, Kölner Kompendium des Luftrechts, Bd. 1, 2008, II A Rn. 195 ff.; *Bentzien*, ZLW 2000, 467 ff.
130 *Schwok/Bloetzer*, integration 2005, 201 ff.

Dagegen ist beim Luftverkehrs- und beim Schengen-Abkommen die **dynamische Lösung** der automatischen Anpassung vereinbart worden. Für die Rechtsanwendung ist dies sinnvoll und praktikabel. Wegen der bekannten, auf Bewahrung ihrer Souveränität gerichteten außenpolitischen Haltung der Schweiz ist dieser Automatismus landesintern zum Teil stark kritisiert worden.[131]

123

3. Bilaterale Luftverkehrsabkommen mit Drittstaaten

a) Ausgangslage

Vor der Europäisierung des Luftrechts zu Beginn der 1990er Jahre hatten viele EU-Mitgliedstaaten ihre Luftverkehrsbeziehungen untereinander durch bilaterale Luftverkehrsabkommen geregelt. In ihnen wurden hauptsächlich zwischenstaatliche Verkehrsrechte zugunsten der jeweiligen Luftverkehrsunternehmen eingeräumt. Mit dem Inkrafttreten der luftverkehrsrechtlichen Verordnungen im Jahre 1992 sind diese früheren Abkommen obsolet geworden.[132] Dies galt gleichermaßen für die bilateralen Abkommen mit denjenigen Staaten, die anschließend der EU als Mitgliedstaat beitraten. Sie haben mit dem EU-Beitritt den gesamten EU-rechtlichen Besitzstand (*acquis communautaire*)[133] und damit auch das bestehende europäische Luftrecht übernommen, das seither die für sie geltende Rechtsgrundlage bildet.

124

Dagegen haben die Luftverkehrsbeziehungen zwischen einer Reihe von EU-Mitgliedstaaten und einigen Nicht-EU-Mitgliedstaaten (sog. **Drittstaaten**) in der Vergangenheit zu erheblichen rechtlichen Komplikationen geführt. Schon seit Jahrzehnten existierten in Übereinstimmung mit den dargestellten Prinzipien des internationalen Luftrechts geschlossene bilaterale Luftverkehrsabkommen. So trat etwa das deutsch-amerikanische Luftverkehrsabkommen vom 7.7.1955[134] am 16.4.1956 in Kraft.[135]

125

Angesichts der weiten Zuständigkeit der EU für den Luftverkehr gem. Art. 100 II AEUV und der damit auf die EU übertragenen hoheitlichen Kompetenz trafen diese Abkommen bei der **EU-Kommission** zunehmend auf Unverständnis. Nach ihrer Ansicht hätten die EU-Mitgliedstaaten ihre nationalen Regelungsbefugnisse in diesem Bereich spätestens ab 1992 in einem solchen

126

---

131 *Schwok/Bloetzer*, integration 2005, 201 ff.
132 *Schwenk*, in: Benkö/Kröll, Luftrecht im 21. Jh., FS für Böckstiegel, 2001, S. 201 (202).
133 Zu dieser zentralen Bedingung eines EU-Beitritts *Schladebach*, in: Pogatschnigg/Schladebach, Ein Jahr nach der EU-Erweiterung 2004, 2005, S. 23 (32 ff.); ders., LKV 2002, 457 ff.
134 BGBl. 1956 II S. 403.
135 BGBl. 1956 II S. 598.

Umfang auf die EU übertragen, dass der Abschluss von Luftverkehrsabkommen mit Drittstaaten nun nur noch den EU-Organen zustehe.

127 Ungeachtet dieser ihnen bekannten Vorbehalte schlossen Mitte der 1990er Jahre acht EU-Mitgliedstaaten, unter ihnen Deutschland, neue bilaterale Luftverkehrsabkommen mit den USA.[136] Dass die USA dabei nicht immer durchgängig auf diplomatisch angemessene Methoden setzten, soll hierbei nur am Rande erwähnt werden.[137] Wegen ihrer besonders liberalen Ausrichtung werden diese Abkommen als „Open Skies"-Abkommen bezeichnet. In Kenntnis der Vorgeschichte war es daher nicht verwunderlich, dass der Abschluss dieser im Wesentlichen identischen Abkommen zu heftigen Auseinandersetzungen zwischen der EU-Kommission und den betreffenden EU-Mitgliedstaaten über die Frage geführt hat, wem letztlich die Kompetenz zum Abschluss von Luftverkehrsabkommen mit Drittstaaten zusteht. Nachdem die EU-Kommission vergeblich im Wege von acht Vertragsverletzungsverfahren (Art. 258 AEUV) versucht hatte, die EU-Mitgliedstaaten zur Kündigung der geschlossenen Abkommen zu bewegen, hatte der EuGH in acht gleichlautenden Urteilen vom 5.11.2002[138] über die **Zuweisung der Außenkompetenz** zu entscheiden.

b) EuGH-Urteil „Open Skies"

128 Unter ausführlicher Begründung und Aktualisierung der AETR-Rechtsprechung[139] wies er der EU die Kompetenz für den Abschluss eines Gemeinschaftsluftverkehrsabkommens mit einem Drittstaat in dem Umfang zu, wie die EU-Organe im EU-internen Bereich Recht gesetzt und damit eine innerunionale Vereinheitlichung bewirkt haben. Dies ist mit den Verordnungen (EG) 2407, 2408, 2409/1992 und weiteren Verordnungen geschehen. Über den Rat der Verkehrsminister waren an dieser Vereinheitlichung auch die EU-Mitgliedstaaten beteiligt und haben diesen Rechtszustand mitgeschaffen. Schließen sie danach mit Drittstaaten bilaterale Luftverkehrsabkommen und treffen darin Regelungen, die dem gemeinschaftlich geregelten Rechtsbestand widersprechen, so liegt darin nach Ansicht des EuGH ein Verstoß gegen den AEUV. Denn die EU-Mitgliedstaaten akzeptieren Luftverkehr aus dem Drittstaat zu anderen Bedingungen als Luftverkehr aus den EU-Mitgliedstaaten. Hierin dürfte ein widersprüchliches Verhalten zu sehen sein.

---

136 Ausführlich dazu *Schladebach*, Lufthoheit, 2014, S. 333 ff.; *Deichstetter*, Rechtsfragen einer Gemeinsamen Luftverkehrspolitik der Europäischen Gemeinschaft gegenüber Drittstaaten, 2001; *Gassner/Deichstetter*, EWS 2003, 265 ff.
137 *Deichstetter*, Rechtsfragen einer Gemeinsamen Luftverkehrspolitik der Europäischen Gemeinschaft gegenüber Drittstaaten, 2001, S. 38.
138 EuGH, Slg. 2002, I-9855 = EuZW 2003, 82.
139 EuGH, Slg. 1971, 263.

Die **Außenkompetenz** ist somit **geteilt**: Für die Bereiche, die durch die EU-Verordnungen vergemeinschaftet worden sind, liegt sie bei der EU. Für die von den EU-Mitgliedstaaten nicht übertragenen Bereiche verbleibt die Außenkompetenz in nationaler Zuständigkeit. Die EuGH-Urteile sind wegen dieser Kompetenzaufteilung unterschiedlich bewertet worden,[140] verdienen aber aufgrund der differenzierten Kompetenzlage zwischen der EU und den EU-Mitgliedstaaten durchaus Zustimmung.

c) Konsequenzen

(1) Bestehende Luftverkehrsabkommen. Obwohl die acht EU-Mitgliedstaaten durch den EuGH wegen Verstoßes gegen das EU-Recht verurteilt worden sind, bleiben die europarechtlich beanstandeten Luftverkehrsabkommen bis zum Abschluss eines einheitlichen Gemeinschaftsluftverkehrsabkommens der EU mit dem jeweiligen Drittstaat wirksam. Andernfalls würde eine Rechtsgrundlage für den Luftverkehr zwischen den EU-Mitgliedstaaten und dem Drittstaat auf unabsehbare Zeit fehlen. Zwar sind die EuGH-Urteile zu den Abkommen mit den USA ergangen, mit denen es mittlerweile ein Gemeinschaftsluftverkehrsabkommen gibt. Jedoch wird das EuGH-Urteil so zu verstehen sein, dass es für alle von den EU-Mitgliedstaaten mit Drittstaaten geschlossene bilaterale Luftverkehrsabkommen gilt. Ist insoweit ein Gemeinschaftsluftverkehrsabkommen nicht absehbar, bleiben die entsprechenden Abkommen weiter in Kraft.

(2) Neue Luftverkehrsabkommen. Neue Luftverkehrsabkommen mit Drittstaaten können aufgrund der geteilten Kompetenz nur als **„gemischte Abkommen"** geschlossen werden. Dabei tritt als Vertragspartner auf der einen Seite die EU und die EU-Mitgliedstaaten zusammen und auf der anderen Seite der jeweilige Drittstaat auf.[141] Nur auf diese Weise dürfte es gelingen, die Kompetenzprobleme zwischen der EU und den EU-Mitgliedstaaten zu vermeiden. Luftverkehrsabkommen mit dieser rechtlichen Qualität gibt es bislang etwa zwischen der EU und den USA von 2007[142] und der EU und Kanada von 2009.[143] Gemeinschaftsluftverkehrsabkommen sind auch mit Israel[144], Jor-

---

140 *Pitschas*, EuZW 2003, 92 ff.; *Thym*, EuR 2003, 277 ff.; *Gassner/Deichstetter*, EWS 2003, 265 ff.; *Bentzien*, ZLW 2003, 153 ff.; *Schulte-Strathaus*, ZLW 2003, 314 ff.
141 *Vedder*, Die auswärtige Gewalt des Europa der Neun, 1980, S. 115, 224; *Gilsdorf*, EuR 1996,145 (160); *Sattler*, Gemischte Abkommen und gemischte Mitgliedschaften der EG und ihrer Mitgliedstaaten, 2007, S. 32; *Vranes*, EuR 2009, 44 ff.; *Kumin/Bittner*, EuR-Beih. 2/2012, 75 ff.
142 ABl. EU Nr. L 134 vom 25.5.2007, S. 4; dazu *Schladebach*, Lufthoheit, 2014, S. 358 ff.
143 ABl. EU Nr. L 207 vom 6.8.2010, S. 32, nationales Zustimmungsgesetz in BGBl. 2013 II S. 1162.
144 ABl. EU Nr. L 208 vom 2.8.2013, S. 3.

danien¹⁴⁵ und Marokko¹⁴⁶ abgeschlossen worden. Weitere Verhandlungen führt die EU-Kommission mit Australien, Indien, China, Russland, Ukraine, Chile und Neuseeland.

132 Während die Konsequenz aus der Open-Skies-Rechtsprechung des EuGH, Luftverkehrsabkommen mit Drittstaaten nunmehr als gemischte Abkommen zu schließen, europarechtlich wenig angreifbar sein dürfte, wird die **(luft)völkerrechtliche Dimension** dieser Thematik bislang fast völlig übersehen.¹⁴⁷ Der durch die EU-Organe vorgenommene Abschluss von Gemeinschaftsluftverkehrsabkommen tangiert massiv die den EU-Mitgliedstaaten völkerrechtlich verbliebene Lufthoheit nach Art. 1 CA. Wird über Verkehrsrechte von der EU-Kommission mit den USA bzw. Kanada oder weiteren Drittstaaten verhandelt, so sind dies Rechtspositionen, die von den EU-Mitgliedstaaten nicht auf die EU-Ebene übertragen worden sind und daher nicht von der EU-Kommission zum Gegenstand von Verhandlungen gemacht werden können. Die Gewährung von Verkehrsrechten an andere Staaten stellt den bedeutendsten Ausdruck staatlicher Lufthoheit dar.¹⁴⁸ Wird gleichwohl ein umfassendes Verhandlungsmandat für die EU-Kommission angenommen, disponiert diese über Verkehrsrechte, die allein den EU-Mitgliedstaaten als Hoheitsrechte zustehen.

133 Zum Teil wird davon gesprochen, dass dadurch die als Ausschließlichkeitsrecht geregelte Lufthoheit in Gefahr stünde und für die EU-Mitgliedstaaten nicht nur in der europäischen Dimension, sondern in globaler Hinsicht massiv untergraben, wenn nicht gar völlig abgeschafft würde.¹⁴⁹ Es war daher an der Zeit, in vertiefter Weise auf diese übersehene Diskrepanz zwischen europäischem und internationalem Luftrecht einzugehen.¹⁵⁰ Im Ergebnis wird man festzustellen haben, dass ein Gemeinschaftsluftverkehrsabkommen den EU-Mitgliedstaaten die Verfügungsbefugnis über die ihnen aufgrund ihrer Lufthoheit allein zustehenden Verkehrsrechte und damit über die wirtschaftli-

---

145 ABl. EU Nr. L 334 vom 6.12.2012, S. 3.
146 ABl. EU Nr. L 386 vom 29.12.2006, S. 57.
147 Problembewusst dagegen *Deichstetter*, Rechtsfragen einer Gemeinsamen Luftverkehrspolitik der Europäischen Gemeinschaft gegenüber Drittstaaten, 2001, S. 109 f.; ausführlich *Schladebach*, Lufthoheit, 2014, S. 361 ff.; bereits früher *Schladebach*, EuZ 2006, 2 (9); *ders.*, EuR 2006, 773 (792).
148 *Wassenbergh*, Aspects of Air Law and Civil Air Policy in the Seventies, 1970, S. 9; *Ebke/Wenglorz*, RIW 1990, 468; *Böckstiegel/Krämer*, ZLW 1995, 269 (270); *Jung*, ZLW 1998, 308 (329); *Bentzien*, ZLW 1998, 439 (453); *Birmanns*, Internationale Verkehrsflughäfen, 2001, S. 79; *Deichstetter*, Rechtsfragen einer Gemeinsamen Luftverkehrspolitik der Europäischen Gemeinschaft gegenüber Drittstaaten, 2001, S. 234; *Giesecke*, Nachtflugbeschränkungen und Luftverkehrsrecht, 2006, S. 19; *Rossbach*, in: Hobe/von Ruckteschell, Kölner Kompendium des Luftrechts, Bd. 1, 2008, II A Rn. 95.
149 *Deichstetter*, Rechtsfragen einer Gemeinsamen Luftverkehrspolitik der Europäischen Gemeinschaft gegenüber Drittstaaten, 2001, S. 110.
150 *Schladebach*, Lufthoheit, 2014, S. 361 ff.

chen Gehalte ihrer Lufthoheit vollständig nimmt. Ein solches Abkommen ist mit Art. 1 CA und somit mit dem Völkerrecht nicht vereinbar.[151]

4. European Common Aviation Area (ECAA)

Die EU beteiligt sich auch an **multilateralen Abkommen** mit dem Ziel, europäisches Luftrecht in Drittstaaten zu exportieren. So hatte sie am 5.5.2006 in Salzburg mit acht südosteuropäischen Staaten (Albanien, Bosnien-Herzegowina, Bulgarien, Kroatien, ehemalige jugoslawische Republik Mazedonien, Rumänien, Serbien und Montenegro, UN-Übergangsverwaltung im Kosovo) sowie Island und Norwegen ein Übereinkommen über die Schaffung eines gemeinsamen europäischen Luftverkehrsraums (European Common Aviation Area, ECAA) unterzeichnet.[152] Damit soll der Luftverkehrsbinnenmarkt für über 30 Staaten gelten, wobei anzumerken ist, dass mittlerweile Bulgarien, Rumänien und Kroatien EU-Mitgliedstaaten geworden sind. In den europäischen Luftverkehrsraum ist nunmehr auch Georgien einbezogen worden.[153]

Das ECAA-Übereinkommen will europaweit einheitlich hohe Flug- und Luftsicherheitsnormen sowie die einheitliche Anwendung von Wettbewerbsregeln und Verbraucherrechten gewährleisten. Mit der Ausdehnung des Luftverkehrsbinnenmarkts, d. h. seiner maßgeblichen Regelungen, auf Südosteuropa wird auf das starke Luftverkehrsaufkommen zwischen der EU und dieser Region reagiert. Wenn auch einige dieser Staaten auf absehbare Zeit keine Aussicht auf einen EU-Beitritt haben, so sorgt das ECAA-Übereinkommen jedenfalls dafür, dass das europäische Luftrecht auch im Verhältnis zu diesen Staaten gilt und der Luftverkehrsbinnenmarkt damit vergrößert wird. Hervorzuheben ist zudem, dass sich alle Vertragspartner zur Ausdehnung der EU-Initiative des einheitlichen europäischen Luftraums auf Südosteuropa verpflichtet haben. Wie erwähnt, ist dessen Schaffung erst mittelfristig realistisch.

XI. Europäische Luftverkehrsorganisationen

An der Fortentwicklung des Luftrechts in Europa beteiligen sich mehrere Organisationen. Neben der EU-Kommission, Generaldirektion „Mobilität und Transport", die aufgrund ihres Initiativmonopols für die Gesetzgebung (Art. 17 II EUV) Vorschläge zum Erlass bzw. zur Änderung von europäischem Sekundärrecht gegenüber dem Rat und dem Europäischen Parlament unterbreitet,

---
151 *Schladebach*, Lufthoheit, 2014, S. 376.
152 ABl. EU Nr. L 285 vom 16.10.2006, S. 3.
153 ABl. EU Nr. L 321 vom 20.11.2012, S. 3.

sind innerhalb und außerhalb der EU-Strukturen folgende wesentliche Institutionen zu erwähnen:

1. European Civil Aviation Conference (ECAC)

a) Ziele und Aufgaben

137 Die Anfänge europäischer Luftverkehrsorganisationen gehen auf den Beginn der 1950er Jahre zurück. Die auf Initiative des Europarats einberufene Konferenz zur Koordinierung des Luftverkehrs in Europa (CATE) tagte im Dezember 1953 am Sitz des Europarats in Straßburg. Zur institutionellen Fortführung der begonnenen Beratungen empfahl die Konferenz die Gründung der European Civil Aviation Conference (ECAC).[154] Diese trat Ende 1955 zur konstituierenden Sitzung in Straßburg zusammen. Ihre Aufgaben wurden naturgemäß noch recht allgemein gefasst: So soll sie die allgemeine Entwicklung des Luftverkehrs in Europa fördern und alle besonderen in diesem Bereich auftretenden Probleme erörtern. Die ECAC hat ihren Sitz in Paris.

b) Aufbau

138 Oberstes Organ der ECAC ist die Vollversammlung, die aus Vertretern der über 40 Vertragsstaaten besteht. Sie beschließt das Arbeitsprogramm der ECAC, entscheidet über den Haushalt und verabschiedet Resolutionen, Empfehlungen und sonstige Beschlüsse. Als weiteres Organ existiert die Versammlung der Leiter der Luftfahrtbehörden, in der luftverkehrspolitische Entscheidungen beraten und getroffen sowie die Vollversammlungen vorbereitet werden.

139 Weitere Organe sind der Koordinierungsausschuss und nach Bedarf zur Behandlung besonderer Aufgaben eingesetzte Arbeitsausschüsse. Die von den Organen der ECAC getroffenen Beschlüsse haben keine unmittelbare Bindungswirkung für die Vertragsstaaten. Sämtliche Resolutionen, Empfehlungen und Beschlüsse besitzen lediglich beratenden Charakter.

2. Joint Aviation Authorities (JAA)

a) Ziele und Aufgaben

140 Als Arbeitsgemeinschaft der ECAC wurde am 11.9.1990 in der Republik Zypern von zehn europäischen Staaten die JAA (Joint Aviation Authorities) ge-

---

154 Dazu umfassend *Froehlich*, in: Hobe/von Ruckteschell, Kölner Kompendium des Luftrechts, Bd. 1, 2008, I A Rn. 89 ff.

gründet.¹⁵⁵ Sie ist eine Stiftung niederländischen Rechts und dient der Harmonisierung der Zulassung und des Betriebs von Luftfahrzeugen sowie der Zulassung des eingesetzten Luftfahrtpersonals. Den JAA-Gründungsvertrag haben mittlerweile rund 40 Staaten unterzeichnet. Der Sitz der JAA befindet sich in Hoofddorp in den Niederlanden.

b) Aufbau

Als Organe der JAA handeln das JAA-Board, das JAA-Committee und Special Committees für einzelne Sachbereiche. Als privatrechtliche Vereinigung der obersten nationalen Luftverkehrsbehörden besitzt die JAA keine Hoheitsbefugnisse, sodass der Erlass von Rechtsnormen oder Verwaltungsakten ausscheidet. Die von der JAA entworfenen Joint Aviation Requirements (JAR) stellen daher lediglich Vorschläge für Normen dar, die zu ihrer Verbindlichkeit erst in das EU-Recht oder das nationale Recht übernommen werden müssen. Dies geschieht jedoch häufig, weshalb die von der JAA unterbreiteten Vorschläge großen Einfluss auf die Inhalte des europäischen Luftrechts haben.

141

3. Eurocontrol

a) Ziele und Aufgaben

Durch das Internationale Übereinkommen über Zusammenarbeit zur Sicherung der Luftfahrt vom 13.12.1960 („Eurocontrol-Übereinkommen") haben Deutschland, Belgien, Frankreich, Großbritannien, Luxemburg und die Niederlande vereinbart, ihre Zusammenarbeit auf dem Gebiet der Luftfahrt enger zu gestalten und insbesondere die Luftverkehrs-Sicherungsdienste im oberen Luftraum gemeinsam zu organisieren.¹⁵⁶ Zu diesem Zweck haben sie die Europäische Organisation zur Sicherung der Luftfahrt (Eurocontrol) gegründet.¹⁵⁷ Eurocontrol ist eine rechtsfähige Internationale Organisation mit Sitz in Brüssel, umfasst mittlerweile 39 europäische Staaten und die EU als solche und besitzt im Hoheitsgebiet der Vertragsstaaten Rechtsfähigkeit wie eine inländische juristische Person. Die Vertragsstaaten hatten Eurocontrol ursprünglich die hoheitliche Aufgabe der Luftverkehrs-Sicherungsdienste im oberen Luftraum (oberhalb 7.500 m) zur gemeinsamen Kontrolle übertragen (Art. 1 I).

142

---

155 *Froehlich*, in: Hobe/von Ruckteschell, Kölner Kompendium des Luftrechts, Bd. 1, 2008, I A Rn. 117 ff.
156 BGBl. 1962 II S. 2274.
157 *van Dam*, in: Hobe/von Ruckteschell, Kölner Kompendium des Luftrechts, Bd. 1, 2008, I A Rn. 124 ff.

2. Teil: Öffentliches Luftrecht

143 Nach der Errichtung von Eurocontrol zeigte sich schon bald, dass einige Vertragsstaaten nur wenig Bereitschaft besaßen, ihren Verpflichtungen aus dem Übereinkommen nachzukommen.[158] Nur Deutschland, Belgien und Luxemburg waren tatsächlich bereit, den Vollzug von Flugsicherungsaufgaben auf Eurocontrol zu übertragen. Großbritannien und Frankreich machten Souveränitätsvorbehalte geltend und beteiligten sich nicht weiter an der Umsetzung des Übereinkommens. In der Folgezeit wurde die Flugsicherung auch im oberen Luftraum wieder überwiegend von nationalen Stellen durchgeführt, die mangels Zuständigkeit für den oberen Luftraum im Auftrag von Eurocontrol tätig werden mussten. Diese bemerkenswert erfolglose Entwicklung der so ambitioniert gegründeten Organisation „Eurocontrol" führte 1986[159] und 1997[160] zu größeren Revisionen des Übereinkommens. Neben zahlreichen innerorganisatorischen Änderungen unterscheidet das geänderte Übereinkommen nun nicht mehr zwischen dem oberen und dem unteren Luftraum und ist damit gleichermaßen auf beide Luftraumebenen anwendbar.[161]

b) Aufbau

144 Organe von Eurocontrol sind die Generalversammlung, der Rat und die Agentur für Flugsicherung mit den im Eurocontrol-Übereinkommen bestimmten Zuständigkeiten. Eine der wichtigsten operativen Einrichtungen ist das „Upper Area Control Centre" in Maastricht (UAC Maastricht). Mehr als 4000 Flüge werden dort täglich im Luftraum über Luxemburg, Belgien, den Niederlanden und Norddeutschland kontrolliert. Eurocontrol wird aus Beiträgen der Vertragsstaaten finanziert und erhebt im Falle der Beauftragung Gebühren für die Inanspruchnahme von Diensten.

4. European Aviation Safety Agency (EASA)

a) Ziele und Aufgaben

145 Mit dem Ziel, ein einheitliches und hohes Niveau der **zivilen Flugsicherheit** in Europa zu schaffen und aufrecht zu erhalten, ist mit der Verordnung (EG) 1592/2002[162] die Europäische Agentur für Flugsicherheit (European Aviation

---

158 *Schwenk/Giemulla*, Handbuch des Luftverkehrsrechts, 4. Aufl. (2013), S. 88; *van Dam*, in: Hobe/von Ruckteschell, Kölner Kompendium des Luftrechts, Bd. 1, 2008, I A Rn. 132 ff.
159 Protokoll vom 12.2.1981, BGBl. 1984 II S. 69, 71, in Kraft getreten zum 1.1.1986.
160 Protokoll vom 27.6.1997, dazu *van Dam*, in: Hobe/von Ruckteschell, Kölner Kompendium des Luftrechts, Bd. 1, 2008, I A Rn. 138 ff.
161 *Schwenk/Giemulla*, Handbuch des Luftverkehrsrechts, 4. Aufl. (2013), S. 88.
162 ABl. EU Nr. L 240 vom 7.9.2002, S. 1.

Safety Agency, EASA) errichtet worden.¹⁶³ Sie hat ihre Tätigkeit zum 28.9.2003 zunächst in Brüssel, anschließend dann an ihrem Sitz in Köln aufgenommen.

Die Errichtung der EASA fügt sich ein in eine eher jüngere Tendenz in der EU, spezialisierte Verwaltungseinheiten aus den originären EU-Organen auszugründen.¹⁶⁴ Dies wird auf der einen Seite als erforderliche Spezialisierung der europäischen Verwaltung begrüßt, hat aber auf der anderen Seite zu einer erheblichen Anzahl von Ämtern, Agenturen und Stellen geführt, deren Unübersichtlichkeit beklagt, deren Legitimation in Frage gestellt und deren echte Entscheidungsbefugnisse zunehmend angezweifelt werden. Zum Teil wird sogar von einem „Agentur(un)wesen" gesprochen.¹⁶⁵ Auch der Europäische Rechnungshof attestierte bereits im Jahre 2008 vielen Agenturen, sie seien zu klein, „um die für ihre Bedürfnisse am besten geeigneten Verwaltungslösungen zu ermitteln und zu entwickeln."¹⁶⁶ Diese Einschätzung dürfte für die angesehene und erfolgreiche Tätigkeit der EASA nicht gelten, ist indes als allgemeine institutionenrechtliche Entwicklung in der EU im Blick zu behalten.

Die EASA richtet Stellungnahmen an die EU-Kommission und erarbeitet Zulassungsspezifikationen. Weiterhin trifft sie Entscheidungen zur Erstellung von Lufttüchtigkeitszeugnissen, zu Inspektionen in den EU-Mitgliedstaaten und zur Untersuchung von Unternehmen. Des Weiteren kann sie Forschungstätigkeiten entwickeln und finanzieren. Außerdem ist sie berechtigt, mit den Luftfahrtbehörden von Drittstaaten und mit Internationalen Organisationen, insbesondere mit der ICAO, zusammenzuarbeiten. Insoweit soll die EASA die EU-Mitgliedstaaten bei der Erfüllung ihrer internationalen Verpflichtungen unterstützen. Nachdem bereits im Jahre 2005 über die Erweiterung der Aufgaben diskutiert worden war,¹⁶⁷ ist dieser Aufgabenzuwachs in der EASA-Grundverordnung (EG) 216/2008 vom 20.2.2008 normiert worden.¹⁶⁸ Die auf diese Weise erfolgte Übertragung neuer Aufgaben auf die EASA wird von den unmittelbar Verantwortlichen betont zurückhaltend kommentiert.¹⁶⁹

b) Aufbau

Die EASA ist eine **Einrichtung der EU** und besitzt Rechtspersönlichkeit. Ihre Organe sind der Verwaltungsrat, der Exekutivdirektor als gesetzlicher Vertre-

---
163 Ausführlich dazu *Stiehl*, in: Hobe/von Ruckteschell, Kölner Kompendium des Luftrechts, Bd. 1, 2008, I B Rn. 58 ff.; *ders.*, ZLW 2004, 312 ff.
164 Instruktiv *Gundel*, in: Schulze/Zuleeg/Kadelbach, Europarecht, 3. Aufl. (2015), § 3 Rn. 25 ff.
165 *Wittinger*, EuR 2008, 609 ff.
166 Europäischer Rechnungshof, Sonderbericht 5/2008 vom 5.6.2008, Rn. 42.
167 KOM (2005) 578.
168 ABl. EU Nr. L 79 vom 19.3.2008, S. 1.
169 *Stiehl*, in: Hobe/von Ruckteschell, Kölner Kompendium des Luftrechts, Bd. 1, 2008, I B Rn. 184.

ter der EASA und unabhängige Beschwerdekammern, denen die Beilegung von Streitigkeiten zwischen der EASA und den nationalen Behörden obliegt. Gegen die Entscheidungen der EASA kann beim EuGH nach Art. 263 AEUV Nichtigkeitsklage[170] erhoben werden (Art. 50, 51 VO 216/2008).

---

[170] Zu deren Voraussetzungen *Thiele*, Europäisches Prozessrecht, 2. Aufl. (2014), §§ 6, 7.

§ 6 Nationales öffentliches Luftrecht

I. Anwendungsbereich

1. Der Regelungsbestand

Die wichtigsten Rechtsgrundlagen des nationalen öffentlichen Luftrechts sind das Luftverkehrsgesetz (LuftVG),[1] die Luftverkehrs-Ordnung (LuftVO),[2] die Luftverkehrs-Zulassungs-Ordnung (LuftVZO)[3] und das Luftsicherheitsgesetz (LuftSiG).[4] Wie dargestellt, ist das Luftrecht in hohem Maße international- und europarechtlich geprägt, sodass sich die Frage stellt, welcher Anwendungsbereich dem nationalen Luftrecht noch verbleibt. Diese Grundfrage ist schwieriger zu beantworten, als es auf den ersten Blick erscheint.

Ausgangspunkt für die Bestimmung des Anwendungsbereichs ist die Feststellung, dass bei grenzüberschreitenden Sachverhalten, d. h. Flügen, internationales oder europäisches Luftrecht anzuwenden ist. Daraus folgt, dass für ausschließlich innerstaatliche Sachverhalte **im Grundsatz** nationales Luftrecht gilt. Diese Aussage kann jedoch allenfalls einer ersten Orientierung dienen und bedarf der sofortigen Relativierung aus zwei Gründen:

2. Verschränkungen der Regelungsebenen

So sieht das LuftVG in seinem § 1a selbst eine **exterritoriale Geltung** vor. Nach § 1a LuftVG sind die Vorschriften dieses Gesetzes in bestimmten Fällen auch außerhalb des Hoheitsgebiets der Bundesrepublik Deutschland anzuwenden, soweit ihr materieller Inhalt dem nicht erkennbar entgegensteht oder nach völkerrechtlichen Grundsätzen die Befolgung ausländischer Rechtsvorschriften vorgeht. Soweit ausländisches Recht in Übereinstimmung mit völkerrechtlichen Grundsätzen exterritoriale Wirkung beansprucht und sich auf Gegenstände bezieht, die von den Vorschriften nach § 1 I LuftVG geregelt sind oder

---

1 LuftVG vom 1.8.1922 (RGBl. 1922 I S. 681), Neufassung der Bekanntmachung vom 10.5.2007 (BGBl. 2007 I S. 698).
2 LuftVO vom 29.10.2015 (BGBl. 2015 I S. 1894).
3 LuftVZO vom 19.6.1964 (BGBl. 1964 I S. 370), Neufassung der Bekanntmachung vom 10.7.2008 (BGBl. 2008 I S. 1229).
4 LuftSiG vom 11.1.2005 (BGBl. 2005 I S. 78).

in einer sonstigen Beziehung zur Luftfahrt stehen, findet es im Hoheitsgebiet der Bundesrepublik Deutschland nur insoweit Anwendung, als es dem deutschen Recht nicht entgegensteht (§ 1a II LuftVG). Bereits die in diesen Regelungen angelegten Vereinbarkeitsprüfungen zeigen deutlich an, dass der Anwendungsbereich des LuftVG in jedem **Einzelfall** genauer Prüfung bedarf.

4   Außerdem muss berücksichtigt werden, dass das nationale Recht vielfach übernommenes EU-Recht darstellt. In diesem Sinne sind etwa die Slotvergabe an koordinierten Flughäfen nach §§ 27a, b LuftVG oder das Luftsicherheitsgesetz überwiegend durch EU-Recht geprägt. Damit ist der Rechtsanwender stets vor die anspruchsvolle Aufgabe gestellt, zu prüfen, ob die in Rede stehenden Regelungen europarechtliche Ursprünge haben und deshalb in einer bestimmten Weise angewendet und ausgelegt werden müssen (Grundsatz der europarechtskonformen Auslegung).[5]

5   Ein **Beispiel** für die – im Einzelfall schwierige – Feststellung des anwendbaren Rechts soll an folgendem Fall dargestellt werden: Auf einem Flug von Berlin nach München wird ein Fluggast von den Angestellten des Luftverkehrsunternehmens körperlich verletzt. Die genannte Flugstrecke deutet zunächst auf einen rein innerstaatlichen Sachverhalt und damit auf die Anwendung des nationalen LuftVG hin.

6   Der aufmerksame Rechtsanwender wird sodann daran denken, dass Haftungsfragen im Luftverkehr auf internationaler Ebene durch das Montrealer Übereinkommen von 1999[6] geregelt werden (dazu unter § 7). Dessen Anwendbarkeit setzt indes eine „internationale Beförderung" voraus. Diese ist gegeben, wenn nach der Vereinbarung der Parteien der Abgangsort und der Bestimmungsort in den Hoheitsgebieten von zwei Vertragsstaaten liegen. Berlin und München liegen im selben Vertragsstaat des Montrealer Übereinkommens. So scheidet dessen Anwendung auf den ersten Blick aus. Das LuftVG würde nicht verdrängt werden.

7   Dies ist jedoch nicht der Fall. Denn die EU ist davon abgewichen. Durch Art. 1 Verordnung (EU) 889/2002 wird der Geltungsbereich des Montrealer Übereinkommens auf Beförderungen im Luftverkehr innerhalb eines EU-Mitgliedstaats ausgeweitet. Die Rechtsfolgen in dem beschriebenen Beispielsfall ergeben sich daher aus dem Montrealer Übereinkommen, obwohl es sich um einen innerstaatlichen Sachverhalt handelt.

---

5 *Borchardt*, in: Schulze/Zuleeg/Kadelbach, Europarecht, 3. Aufl. (2015), § 15 Rn. 66 ff.
6 BGBl. 2004 II S. 458, Inkrafttreten für Deutschland am 28.6.2004.

II. Kompetenzen für den Luftverkehr

1. Gesetzgebungskompetenz

Der Bund besitzt nach Art. 73 Nr. 6 GG die **ausschließliche Gesetzgebungskompetenz** für den Luftverkehr. Sie erfasst nicht nur den reinen Flugverkehr, sondern ist in einem umfassenden Sinn dahin zu verstehen, dass das gesamte Luftfahrtwesen der Kompetenz des Bundes vorbehalten ist.[7] Umfasst sind Regelungen über die Luftaufsicht, die Luftpolizei, die Flugsicherung, die Luftrettung sowie die Anlage und der Betrieb von Flughäfen einschließlich des anlagebezogenen Lärmschutzes, des Schutzes vor Angriffen auf die Sicherheit des Luftverkehrs und der Erhebung einer Luftsicherheitsgebühr.

Wie erwähnt, unterfallen auch Fragen der **Luftsicherheit**, also des Luftpolizeirechts, der Gesetzgebungskompetenz des Bundes. Dies wurde unterschiedlich begründet. So wurde zum Teil vertreten, dass die Gesetzgebungskompetenz für den Luftverkehr schon begrifflich die Luftaufsicht und die Luftpolizei mit einschließe.[8] Dagegen stellte das Bundesverwaltungsgericht auf die Annexkompetenz des Bundes für Regelungen zur Aufrechterhaltung der öffentlichen Sicherheit und Ordnung ab.[9] Erforderlich sei allerdings ein notwendiger Sachzusammenhang. Jedoch besteht nach beiden Begründungsansätzen Übereinstimmung im Ergebnis, dass eine Gesetzgebungskompetenz des Bundes zur Regelung der polizeilichen Sicherheit des Luftverkehrs anzunehmen ist.

Allerdings ist zu betonen, dass nicht sämtliche Vorschriften zur Luftsicherheit auf Art. 73 Nr. 6 GG gestützt werden können. Dies gilt vor allem für den zu Recht für nichtig erklärten § 14 III LuftSiG,[10] der den Abschuss eines Zivilluftfahrzeugs ermöglichte. Die Bundesregierung hatte diese Regelung unter anderem auch auf Art. 73 Nr. 6 GG gestützt.[11] Da der Abschuss eines Zivilluftfahrzeugs jedoch in keinem Fall der Sicherheit des Luftverkehrs dienen kann, sondern diese vielmehr in erheblichem Maße gefährdet, bot Art. 73 Nr. 6 GG bereits aus diesem Grund keine kompetenzielle Grundlage für die Abschussbefugnis in § 14 III LuftSiG.[12]

---

7 BVerwGE 95, 188 (190 ff.); *Jarass/Pieroth*, GG, 14. Aufl. (2016), Art. 73 Rn. 22.
8 *Ronellenfitsch*, VerwArch. 86 (1995), 307 (315).
9 BVerwGE 95, 188 (191).
10 BVerfGE 115, 118.
11 BT-Drs. 15/2361, S. 14.
12 *Giemulla*, ZLW 2005, 32 (33).

2. Verwaltungskompetenz

11 Nach Art. 87d I GG wird die Luftverkehrsverwaltung in **bundeseigener Verwaltung** geführt. Auf der Ebene des Bundes sind das Bundesministerium für Verkehr[13] und als dessen nachgeordnete Bundesoberbehörde das Luftfahrt-Bundesamt[14] für Verwaltungsaufgaben zuständig. Durch Bundesgesetz können jedoch Aufgaben der Luftverkehrsverwaltung den Ländern als Auftragsverwaltung übertragen werden (Art. 87d II GG). Von dieser Ermächtigung hat der Bundesgesetzgeber im Luftverkehrsgesetz Gebrauch gemacht und insbesondere in § 31 II LuftVG bestimmt, dass die dort enumerativ aufgezählten Aufgaben von den Ländern **im Auftrag des Bundes** ausgeführt werden.[15]

12 Dazu gehören etwa die Erteilung der Erlaubnis für Privatflugzeugführer, die Erteilung von nationalen Betriebsgenehmigungen und die Genehmigung von Luftfahrtveranstaltungen. Eine weitere Aufgabe der Länder im Rahmen der Bundesauftragsverwaltung ist die Planfeststellung für Flughäfen nach § 10 LuftVG. Sie ist zwar nicht ausdrücklich in § 31 II LuftVG genannt, gehört jedoch zur luftverkehrsrechtlichen Auftragsverwaltung.[16] In den Ländern sind in der Regel das Verkehrsministerium oder das Wirtschaftsministerium als oberste Landesbehörde für die Luftverkehrsverwaltung zuständig.[17]

13 Für die Länder Berlin und Brandenburg ist durch den Staatsvertrag vom 4.5.2006 über die Zusammenarbeit auf dem Gebiet der Luftfahrtverwaltung[18] zum 1.8.2006 eine Gemeinsame Obere Luftfahrtbehörde Berlin-Brandenburg mit Sitz am Flughafen Berlin-Schönefeld errichtet worden, die für ausgewählte Aufgaben der Landesluftfahrtverwaltung beider Länder gemeinsam verantwortlich ist.

---

13 *Kropp*, in: Hobe/von Ruckteschell, Kölner Kompendium des Luftrechts, Bd. 1, 2008, I C Rn. 17 ff.
14 *Truscello*, in: Hobe/von Ruckteschell, Kölner Kompendium des Luftrechts, Bd. 1, 2008, I C Rn. 34 ff.
15 *Kropp*, in: Hobe/von Ruckteschell, Kölner Kompendium des Luftrechts, Bd. 1, 2008, I C Rn. 22 ff.
16 *Kropp*, in: Hobe/von Ruckteschell, Kölner Kompendium des Luftrechts, Bd. 1, 2008, I C Rn. 24.
17 *Kropp*, in: Hobe/von Ruckteschell, Kölner Kompendium des Luftrechts, Bd. 1, 2008, I C Rn. 33.
18 GVBl. Bbg. 2006 I S. 93.

III. Grundfragen des Luftverkehrsgesetzes

1. Entstehung

Die Ursprünge des Luftverkehrsgesetzes reichen bis in die Zeit vor dem Ersten Weltkrieg zurück. Neben Paris etablierte sich vor allem Berlin als Zentrum lufttechnischer Innovationen. Dabei kam dem ab 1909 betriebenen **Flugplatz Berlin-Johannisthal** eine besondere Bedeutung zu. Luftfahrt-Schauveranstaltungen zur öffentlichen Belustigung, aber auch Tests verschiedenster Flugmaschinen lenkten die öffentliche Aufmerksamkeit zunehmend auf diese neue Branche. Schon bald entstand aus diesen technischen Neuerungen, die zum Teil zweifelnd, zum Teil staunend und zum Teil euphorisch aufgenommen wurden, ein Bedürfnis nach rechtlicher Regelung.

14

So wurde bereits am 29.7.1910 die „Polizeiverordnung betreffend den Aufstieg mit Flugmaschinen zu Schauflügen auf Flugplätzen und zu Überlandflügen für die Provinz Brandenburg und den Landespolizeibezirk Berlin" erlassen.[19] Danach war ein Aufstieg mit Flugmaschinen nur solchen Personen gestattet, welche im Besitz eines Führerzeugnisses nach den Bestimmungen der Fédération Aéronautique Internationale (einer 1905 in Paris gegründeten internationalen Vereinigung nationaler Luftfahrtorganisationen) waren.

15

Schau- oder Überlandflüge mussten mindestens drei Tage vorher der Ortspolizeibehörde angezeigt werden. Das Überfliegen von geschlossenen Ortschaften war verboten. Schauflüge durften die Schranken des Flugplatzes nicht überschreiten. Diese Polizeiverordnung bildete die **erste spezialgesetzliche Regelung** der deutschen Luftfahrt.

16

Der Erste Weltkrieg unterbrach die Initiativen zur Regelung des Luftverkehrs in Deutschland.[20] Nach 1918 konnten die schon weit fortgeschrittenen Gesetzgebungsaktivitäten wieder aufgegriffen und an die durch den Krieg erforderlich gewordenen Veränderungen angepasst werden.[21] Die legislative Debatte wurde zudem durch die Ergebnisse der Pariser Luftfahrtkonferenz von 1919 geprägt. Nach erneuten intensiven Diskussionen erhielt Deutschland am 1.8.1922 ein Luftverkehrsgesetz.[22]

17

---

19 *Bethkenhagen*, Die Entwicklung des Luftrechts bis zum Luftverkehrsgesetz von 1922, 2004, S. 54 ff.; *Meyer*, 25 Jahre Luftrecht (1936), in: Luftrecht in fünf Jahrzehnten, 1961, S. 39 (41 ff.).
20 *Schladebach*, Lufthoheit, 2014, S. 59.
21 *Bethkenhagen*, Die Entwicklung des Luftrechts bis zum Luftverkehrsgesetz von 1922, 2004, S. 164; *Birmanns*, Internationale Verkehrsflughäfen, 2001, S. 34 ff.
22 RGBl. 1922 I S. 681.

2. Freiheit der Benutzung des Luftraums?

18 § 1 I LuftVG bestimmt, dass die Benutzung des Luftraums durch Luftfahrzeuge frei ist, soweit sie nicht durch dieses Gesetz, durch die zu seiner Durchführung erlassenen Rechtsvorschriften, durch im Inland anwendbares internationales Recht, durch Rechtsakte der Europäischen Union und die zu deren Durchführung erlassenen Rechtsvorschriften beschränkt wird. Diese Formulierung lässt den Eindruck entstehen, dass die Freiheit der Benutzung des Luftraums als Regel zu verstehen ist, die nur im Ausnahmefall durch internationales, europäisches oder nationales Recht durchbrochen werden kann. Der Wortlaut dieser Norm geht auf die ganz ähnliche Ursprungsfassung von 1922 zurück und weist noch Elemente des – auch zur damaligen Zeit schon überwundenen – Prinzips der Freiheit der Luft auf.

19 Wie jedoch die vielen, in diesem Lehrbuch vorgestellten Regelungen zeigen, ist die Benutzung des Luftraums in ganz erheblichem Maße durch internationales, europäisches und nationales Recht vorgezeichnet. Von der in § 1 LuftVG postulierten Nutzungsfreiheit ist wenig übriggeblieben. Die rechtliche Regelung der Luftraumbenutzung ist daher – entgegen des aus § 1 I LuftVG folgenden Eindrucks – der **Regelfall**. Hier böte es sich an, dieses Regel-Ausnahme-Verhältnis zeitgemäß gesetzlich neu zu justieren.

3. Zulassung von Luftfahrzeugen

20 Der Verkehr deutscher Luftfahrzeuge setzt voraus, dass diese zum Luftverkehr zugelassen sind. Die Zulassung wird nach § 2 I LuftVG erteilt, wenn eine Musterzulassung für das betreffende Luftfahrzeug vorliegt, der Nachweis der Verkehrssicherheit geführt ist, der Luftfahrzeughalter nach den Vorschriften des Luftverkehrsgesetzes versichert ist oder Sicherheit geleistet hat und die technische Ausrüstung des Luftfahrzeugs so gestaltet ist, dass das durch seinen Betrieb entstehende Geräusch das nach dem jeweiligen Stand der Technik unvermeidbare Maß nicht übersteigt. Zudem muss das Luftfahrzeug in die Luftfahrzeugrolle, einem öffentlichen Verzeichnis zugelassener Luftfahrzeuge, eingetragen werden (§ 64 LuftVG, § 14 LuftVZO).

21 Die Verkehrszulassung erfolgt auf Antrag, dessen Inhalte sich aus § 8 LuftVZO ergeben. Das sodann zugelassene Luftfahrzeug hat das Staatszugehörigkeitszeichen und eine besondere Kennzeichnung zu führen, § 2 V LuftVG. Liegen die Voraussetzungen nach § 2 I LuftVG nicht mehr vor, so ist die Zulassung gem. § 2 IV LuftVG zu widerrufen. Wie der Wortlaut zeigt, ist der Widerruf eine gebundene Entscheidung, sodass jegliche Ermessenserwägungen ausscheiden. Zu beachten ist generell, dass auch die EASA zahlreiche flugbetriebliche

Vorschriften erlassen hat. Insoweit ist es erforderlich, bei der Antragstellung auch die europäischen Zulassungsvorgaben zu identifizieren und zu erfüllen.

4. Erlaubnis für Luftfahrer

Wer ein Luftfahrzeug führt oder bedient, wird etwas antiquiert als „Luftfahrer" bezeichnet und bedarf gem. § 4 I LuftVG der Erlaubnis. Diese Erlaubnis wird nur erteilt, wenn
- der Bewerber das vorgeschriebene Mindestalter besitzt,
- der Bewerber seine Tauglichkeit nachgewiesen hat,
- keine Tatsachen vorliegen, die den Bewerber als unzuverlässig erscheinen lassen, ein Luftfahrzeug zu führen oder zu bedienen,
- der Bewerber eine Prüfung nach der Verordnung über Luftfahrtpersonal bestanden hat und
- dem Bewerber nicht bereits eine Erlaubnis gleicher Art und gleichen Umfangs nach Maßgabe dieser Vorschrift erteilt worden ist.

22

Während die Erlaubnisvoraussetzungen lange Zeit in der LuftVZO konkretisiert wurden, sind sie nunmehr dort nicht mehr bestimmt, so dass die Verordnung über Luftfahrtpersonal maßgebend ist (LuftPersV). Das Mindestalter für Luftfahrer ist nach den verschiedenen Arten von Luftfahrzeugen gestaffelt und beginnt bei 16 Jahren (§ 4 LuftPersV). Die **Tauglichkeit** des Bewerbers bezieht sich als flugmedizinische Tauglichkeit (§ 21 LuftPersV) auf seine körperlichen und geistigen Fähigkeiten und ist durch ein Tauglichkeitszeugnis nachzuweisen. Die **Zuverlässigkeit** des Bewerbers setzt dagegen an seinen charakterlichen Eigenschaften an. § 18 LuftPersV zählt als Beispiele fehlender Zuverlässigkeit etwa Trunksucht, Medikamentensucht, Rauschgiftabhängigkeit, bestimmte verwaltungsbehördliche, staatsanwaltschaftliche und gerichtliche Entscheidungen auf. Mit dem Verbot mehrerer gleicher Erlaubnisse soll der **Umgehungsgefahr** begegnet werden. Nach dem Entzug einer Erlaubnis soll der Luftfahrer nicht einfach auf eine andere gleichartige Erlaubnis zurückgreifen dürfen.

23

Auch hier ist der Widerruf als gebundene Entscheidung ausgestaltet. Die Erlaubnis für Luftfahrer ist nach § 4 III LuftVG zu widerrufen, wenn die Voraussetzungen nach § 4 I LuftVG nicht mehr vorliegen. Dies ist deshalb sachgerecht, weil die öffentliche Sicherheit durch Luftfahrer, an deren Tauglichkeit oder Zuverlässigkeit Zweifel bestehen, ganz besonders gefährdet wird. In das Ermessen der Behörde gestellte Entscheidungen über einen Widerruf könnten hier zu Sicherheitsrisiken führen.

24

5. Planung von Flughäfen

a) Kategorien von Flugplätzen

25 Das Luftverkehrsgesetz geht in § 6 I LuftVG von dem **Oberbegriff des Flugplatzes** aus, definiert diesen aber nicht. Die Luftrechtswissenschaft versteht in Anlehnung an die Maßgaben des Anhangs 14 zum Chicagoer Abkommen unter Flugplatz eine Land- oder Wasserfläche, die ständig dem Start und der Landung von Luftfahrzeugen dient und dafür behördlich genehmigt ist.[23] § 6 I LuftVG nennt **drei Kategorien** von Flugplätzen: Flughäfen, Landeplätze und Segelfluggelände.

26 Flughäfen sind Flugplätze, die nach Art und Umfang des vorgesehenen Flugbetriebs einer Sicherung durch einen Bauschutzbereich nach § 12 LuftVG bedürfen (§ 38 I LuftVZO). Landeplätze sind Flugplätze, die nach Art und Umfang des vorgesehenen Flugbetriebs einer Sicherung durch einen Bauschutzbereich nach § 12 LuftVG nicht bedürfen und nicht nur als Segelfluggelände dienen (§ 49 I LuftVZO). Segelfluggelände sind Flugplätze, die für die Benutzung durch Segelflugzeuge und nicht selbst startende Motorsegler bestimmt sind (§ 54 I LuftVZO).

27 Innerhalb der Flughäfen und der Landeplätze ist weiter zu unterscheiden: Ist ein Flughafen dem öffentlichen Verkehr gewidmet, handelt es sich um einen Flughafen für den allgemeinen Verkehr (**Verkehrsflughafen**). Andernfalls wird von einem Flughafen für besondere Zwecke (Sonderflughafen) gesprochen (§ 38 II LuftVZO).

28 Dasselbe gilt für Landeplätze. Auch hier bestehen je nach erfolgter Widmung Verkehrs- oder Sonderlandeplätze (§ 49 II LuftVZO). Für Verkehrsflughäfen bzw. Verkehrslandeplätze ist charakteristisch, dass sie von einem **unbestimmten Personenkreis** benutzt werden können. Dagegen ist der zur Benutzung berechtigte Personenkreis bei Sonderflughäfen bzw. Sonderlandeplätzen eingeschränkt. Ein Beispiel hierfür sind firmeneigene Landeplätze.

b) Genehmigung von Flugplätzen

29 Flugplätze, das heißt alle drei genannten Kategorien, dürfen nur mit Genehmigung angelegt oder betrieben werden (§ 6 I LuftVG). Für die **Erteilung der Genehmigung** ist es nach § 6 II LuftVG notwendig, dass die geplante Maßnahme den Erfordernissen der Raumordnung entspricht und die Erfordernisse des Naturschutzes, der Landschaftspflege, des Städtebaus und des Schutzes vor Fluglärm angemessen berücksichtigt sind.

---

[23] *Schwenk/Giemulla*, Handbuch des Luftverkehrsrechts, 4. Aufl. (2013), S. 393.

Außerdem muss das für die Errichtung des Flugplatzes in Aussicht genommene Gelände geeignet sein. Ungeeignet sind hügelige Gelände und solche, auf denen zwar eine ebene Start- und Landebahn angelegt werden kann, ein hindernisfreier An- und Abflug aber nicht möglich ist. Das ist der Fall bei einer dicht an das Flugplatzgelände angrenzenden hohen Bebauung. 30

Beispiel: So ist der nunmehr nicht mehr betriebene Flughafen Berlin-Tempelhof von der östlichen Neuköllner Seite durch hohe Mietshäuser bebaut, die den Anflug von Osten schwierig machten.

Soll die Anlage oder der Betrieb eines Flugplatzes wesentlich erweitert oder geändert werden, ist auch eine **Änderung der Genehmigung** erforderlich (§ 6 IV LuftVG). Die Genehmigung setzt einen Antrag voraus. Während der komplette Neubau von Flugplätzen als Flughäfen gegenwärtig praktisch eher weniger relevant ist, sind Änderungsgenehmigungen hochaktuell. Denn erkannte zusätzliche Bedarfe an großen Flughäfen können nur dann gedeckt werden, wenn sich diese Flughäfen erweitern können. Hierfür benötigen sie eine Änderungsgenehmigung. 31

Eine projektvorbereitende **Kooperation** zwischen Antragsteller und Genehmigungsbehörde ermöglicht § 7 LuftVG. Danach kann die Genehmigungsbehörde dem Antragsteller die zur Vorbereitung seines Antrags erforderlichen Vorarbeiten gestatten, wenn eine Prüfung ergeben hat, dass die Voraussetzungen für die Erteilung der Genehmigung voraussichtlich vorliegen. Diese Erlaubnis soll zwei Jahre gültig sein, gibt aber gem. § 7 II LuftVG keinen Anspruch auf die Erteilung der (Gesamt-)Genehmigung nach § 6 LuftVG. 32

c) Planfeststellung bei Flughäfen

(1) Erfordernis und anwendbares Recht. Nach § 8 I 1 LuftVG dürfen Flughäfen und Landeplätze mit beschränktem Bauschutzbereich nach § 17 LuftVG nur angelegt werden, wenn der Plan nach § 10 LuftVG vorher festgestellt ist. Dasselbe gilt auch für Änderungen, wobei sich aus § 8 III 1 LuftVG im Gegenschluss ergibt, dass nur wesentliche Änderungen der Planfeststellung bedürfen. Wesentlich ist eine Änderung etwa dann, wenn unmittelbar durch die geänderte oder erweiterte Anlage andere öffentliche Belange berührt sind oder Rechte Dritter beeinflusst werden. 33

Ist nach diesen Maßgaben ein Planfeststellungsverfahren erforderlich, stellt sich die Frage nach dem anzuwendenden Recht. Als **lex-specialis**-Regelungen sind zuvörderst die §§ 8 ff. LuftVG anzuwenden. Zum Teil verweist das Luftverkehrsgesetz auch auf Vorschriften des Bundes (z. B. § 10 II LuftVG auf § 73 VwVfG). Trifft das Luftverkehrsgesetz keine Regelung und verweist es hierfür auch nicht auf das VwVfG des Bundes, gelten die Verwaltungsverfahrensgeset- 34 ze der Länder, die den bundesrechtlichen Vorschriften allerdings weitgehend entsprechen.

35 *(2) Planfeststellungsverfahren.* Das sodann durchzuführende Planfeststellungsverfahren ist ein hochkomplexes formalisiertes Planungsverfahren, das luftverkehrsrechtlich konturiert ist und von einer Planfeststellungsbehörde organisiert wird.[24] Es sieht ein Anhörungsverfahren, ein Einwendungsverfahren, die Erörterung von Einwendungen in einem speziellen Termin[25] vor und führt im Ergebnis zu einem Planfeststellungsbeschluss. Dieser ist nach seiner Rechtsnatur ein Verwaltungsakt gem. § 35 S. 1 VwVfG, der nach § 9 LuftVG i. V. m. § 75 VwVfG besondere Rechtswirkungen aufweist. Er ersetzt alle anderen öffentlich-rechtlichen Genehmigungen, Verleihungen, Erlaubnisse und Zustimmungen. Damit besitzt er eine **umfassende Konzentrationswirkung.**

36 Der Planfeststellungsbeschluss hat in erster Linie eine Konfliktbewältigung zu erreichen. Dieses **Gebot der Konfliktbewältigung** gehört zu den zentralen Planungsgrundsätzen, die die fachplanerische Abwägung generell und mithin auch das luftverkehrsrechtliche Abwägungsgebot (§ 8 I 2 LuftVG) konkretisieren. Es verlangt, dass die sich im Planungsverfahren abzeichnenden Konflikte bereits in der Planungsentscheidung zu lösen sind. Wird die Bewältigung eines durch die Planung aufgeworfenen möglichen Konflikts – beim Flughafenbau insbesondere: Lärmkonflikts – in die Zukunft vertagt, kann darin ein Verstoß gegen das Konfliktbewältigungsgebot liegen.

37 Ist eine Person, die Einwendungen erhoben hat, der Ansicht, dass der Planfeststellungsbeschluss seine Rechtspositionen verletzt – etwa sein Grundrecht auf Gesundheit aus Art. 2 II 1 GG oder auf Eigentum aus Art. 14 I GG –, steht ihr die **Anfechtungsklage** zu (§ 10 IV LuftVG). Sie hat keine aufschiebende Wirkung. Es liegt ein durch Bundesgesetz vorgeschriebener Fall vor, in dem eine aufschiebende Wirkung der Anfechtungsklage entfällt (§ 80 II 1 Nr. 3 VwGO). Der Planfeststellungsbeschluss ist daher im Grundsatz sofort vollziehbar. Dem liegt der gesetzgeberische Wille zugrunde, dass der Unternehmer möglichst schnell mit dem Bau oder der Änderung des Flughafens beginnen können soll. Der Antrag auf Anordnung der aufschiebenden Wirkung der Anfechtungsklage nach § 80 V 1 VwGO kann nur innerhalb eines Monats nach Zustellung des Planfeststellungsbeschlusses gestellt werden.

38 *(3) Lärmschutz als Herausforderung.* Eine der größten Herausforderungen moderner Flughafenplanungen stellt der Lärmschutz dar. Er besitzt wegen der Rechte der Flughafenanwohner aus Art. 2 II 1 GG und Art. 14 I GG **grund-**

---
24 Dazu ausführlich *Schladebach*, EurUP 2016, 102 ff.
25 Zur exterritorialen Durchführung des Erörterungstermins *Kersten*, UPR 2001, 405 ff.

rechtliche Relevanz. Von besonderer Bedeutung ist das Grundrecht auf körperliche Unversehrtheit der Flughafenanwohner aus Art. 2 II 1 GG. Nach anerkannter Rechtsprechung schützt dieses Grundrecht den Bürger nicht nur als subjektives Abwehrrecht gegen staatliche Eingriffe. Vielmehr folgt darüber hinaus aus seinem objektiv-rechtlichen Gehalt die Pflicht der Staatsorgane, sich schützend und fördernd vor die in Art. 2 II 1 GG genannten Rechtsgüter zu stellen und sie insbesondere vor rechtswidrigen Eingriffen von Seiten anderer zu bewahren.[26]

Unabhängig von der Frage, in welchem Maße das physische und soziale Wohlbefinden durch Fluglärm beeinträchtigt wird, lassen sich Einwirkungen auf die körperliche Unversehrtheit zumindest in Gestalt von Schlafstörungen nicht in Abrede stellen. Deshalb umfasst die aus Art. 2 II 1 GG abzuleitende Schutzpflicht auch die spezifische Pflicht des Staates, gesundheitsgefährdende Auswirkungen des Fluglärms zu bekämpfen.[27]

Diese Schutzpflicht bezieht sich nicht auf jedweden Fluglärm, sondern beginnt grundsätzlich erst dann, wenn die Zumutbarkeitsgrenze überschritten wird. Hierbei ist zwischen Fluglärm in der Nacht und am Tag zu unterscheiden. Als Grundpegel für den **nächtlichen Fluglärm** gilt das Schutzziel, höhere Schallpegel als 55 dB (A) im Rauminnern bei ausreichender Belüftung, gegebenenfalls durch den Einbau von Belüftungsanlagen, zu vermeiden.[28] Diese Zumutbarkeitsgrenze für nächtlichen Fluglärm basiert auf Erkenntnissen der Schlafforschung, die das Bundesverwaltungsgericht aus Anlass seines Urteils zum Ausbau des Flughafens Berlin-Schönefeld vom 16.3.2006 wie folgt prägnant zusammengefasst hat:

„Geräuscheinwirkungen während des Schlafes können neben physiologischen auch vegetative und hormonelle Reaktionen auslösen. Ist die Erholung in der Nacht gestört, so kann sich dies am folgenden Tag in einer Beeinträchtigung des Wohlbefindens und der Leistungsfähigkeit sowie einer Einschränkung sonstiger Lebensfunktionen bemerkbar machen. Einigkeit herrscht deshalb darüber, dass Schlafstörungen zu vermeiden sind, die solche nachteiligen Folgen befürchten lassen. Ebenso entspricht es allgemeiner Erkenntnis, dass der energieäquivalente Dauerschallpegel allein als Bewertungskriterium zur Erreichung dieses Schutzziels ungeeignet ist, da er keine gesicherten Aussagen über Dosis-Wirkungs-Beziehungen zulässt. Stattdessen hat sich die Einsicht durchgesetzt, dass es zur Ermittlung schädlicher Schlafstörungen maßgeblich auf den Spitzenpegel am Ohr des Schläfers ankommt."[29]

---

26 BVerwGE 56, 54 (73).
27 BVerwGE 56, 54 (78); ausführlich zum Schutz vor Fluglärm bei der Flughafenplanung *Schladebach*, EurUP 2016, 102 ff.
28 BVerwGE 87, 332 (372); E 107, 313 (329); E 123, 261 (280); E 125, 116 Rn. 297.
29 BVerwGE 125, 116 Rn. 298.

41 Für den **Fluglärm am Tag** geht das Bundesverwaltungsgericht im genannten Urteil davon aus, dass ein Dauerschallpegel von 62 dB (A) rechtlich zulässig ist.[30] Bei diesem Wert werde die Schwelle der Gesundheitsgefährdung und der unzumutbaren Störungen bei der Kommunikation und der Erholung noch nicht überschritten. Es bestehe jedoch weithin Einigkeit darüber, dass ein Dauerschallpegel von mehr als 70 dB (A) zu Herz-Kreislauf-Erkrankungen beitrage. Doch auch unterhalb dieses Wertes könnten sich Konzentrationsstörungen und Leistungsbeeinträchtigungen einstellen und so zu einer Minderung des Wohlbefindens führen.

42 Die zu den Flughafenplanungen ergangenen höchstrichterlichen Entscheidungen lassen eine bestimmte Entwicklung erkennen. Der Bau bzw. der Ausbau eines Flughafens wird aus umweltrechtlichen, insbesondere lärmschutzrechtlichen Gründen regelmäßig nicht in Frage gestellt. Die den Planungsentscheidungen zugrundeliegenden Planfeststellungsbeschlüsse werden zumeist bestätigt, jedoch unter Lärmschutzaspekten beanstandet. Im Mittelpunkt stehen dabei oft Nachtflugbeschränkungen.[31] Die Planfeststellungsbehörden sind sodann zur Nachbesserung des Lärmschutzes unter Beachtung der Rechtsauffassung des Gerichts verpflichtet. Zentrale Entscheidungen der letzten Jahre sind das Urteil zum Flughafen Berlin-Schönefeld[32] und zum Flughafen Leipzig/Halle.[33]

43 Dass die zuständigen Behörden bei der praktischen Umsetzung des gerichtlich angeordneten, verbesserten Lärmschutzes zum Teil unkooperativ, unprofessionell und wenig bürgerfreundlich agieren, sei nur ergänzend angemerkt.[34] Gelegentlich ist dort unbekannt, dass es insoweit nicht um freundliche staatliche Zugeständnisse, sondern um den Ausgleich für erfolgte unzumutbare Grundrechtsbeeinträchtigungen geht, der den Betroffenen proaktiv und dienstleistungsorientiert angetragen werden sollte.

IV. Die Luftverkehrs-Ordnung

1. Europäisierung der Verhaltensregeln im Luftverkehr

44 Die Luftverkehrs-Ordnung (LuftVO) ist die auf § 32 I 1 Nr. 1 LuftVG gestützte Rechtsverordnung des Bundesministeriums für Verkehr und digitale Infrastruktur. Danach erlässt dieses mit Zustimmung des Bundesrates die notwen-

---

30 BVerwGE 125, 116 Rn. 368.
31 *Giesecke*, Nachtflugbeschränkungen und Luftverkehrsrecht, 2006.
32 BVerwGE 125, 116.
33 BVerwG, LKV 2007, 23.
34 *Schladebach*, EurUP 2016, 102 (112).

digen Rechtsverordnungen über das Verhalten im Luftraum und am Boden, insbesondere Flugvorbereitungen, das Verhalten bei Starts und Landung und die Benutzung von Flughäfen. Bis 2015 legte die LuftVO detailliert die Verhaltensregeln im Luftverkehr fest, bestimmte die Hierarchien bei der Führung von Luftfahrzeugen und normierte die Bordgewalt des Luftfahrzeugführers.

Diese bislang national festgelegten Verhaltensregeln sind durch die Durchführungs-Verordnung (EU) 923/2012 der Kommission über „Standardised European Rules of the Air" (SERA)[35] europäisiert worden. Seit dem 5.12.2014 gilt diese EU-Verordnung und ist wegen ihrer unmittelbaren Geltung nunmehr für alle EU-Mitgliedstaaten die maßgebliche und direkt anzuwendende Rechtsgrundlage. Die konkreten Vorgaben finden sich im Anhang der EU-Verordnung. Von der Darstellung und Diskussion der sehr detaillierten Vorgaben soll hier abgesehen werden. Die Luftverkehrs-Ordnung ist 2015 dementsprechend gekürzt worden und stellt nun nur noch eine Ergänzung für die Bereiche dar, für die die EU-Verordnung keine Regelung enthält.   45

2. Die Regelung der Drohnennutzung

Der durch die Europäisierung eingetretene teilweise Bedeutungsverlust der LuftVO wurde im Jahr 2017 dadurch relativiert, dass die schon seit längerer Zeit diskutierte Nutzung von Flugdrohnen in §§ 21a ff. LuftVO eine rechtliche Regelung erfahren hat.[36] Die Grundlinien dieser innerstaatlichen Normierung, deren Einzelheiten für viele Diskussionen sorgen,[37] sollen nachfolgend vorgestellt werden.   46

a) Begriff

Der Begriff der sog. Drohne wird in den §§ 21 ff. LuftVO nicht legaldefiniert, sondern als „unbemannte Luftfahrtsysteme" einerseits und „Flugmodelle" andererseits vorausgesetzt. Die erforderliche Definition eines unbemannten Luftfahrtsystems findet sich in § 1 II S. 3 LuftVG. Darunter werden unbemannte Fluggeräte einschließlich ihrer Kontrollstation verstanden. Sie gelten gem. § 1 II S. 3 LuftVG grundsätzlich als „Luftfahrzeug". Werden sie jedoch zu Zwecken des Sports oder der Freizeitgestaltung betrieben, dann stellen sie rechtlich „Flugmodelle" dar, die nach § 1 II Nr. 9 LuftVG ebenfalls Luftfahrzeuge sind. Begrifflich sind Flugmodelle ebenfalls unbemannte Fluggeräte, die in Modell-   47

---
[35] ABl. EU Nr. L 281 vom 13.10.2012, S. 1.
[36] Verordnung zur Regelung des Betriebs von unbemannten Fluggeräten vom 30.3.2017 (BGBl. 2017 I S. 683).
[37] *Stellpflug/Hilpert*, NVwZ 2017, 1490 ff.; *Kämper/Müller*, UPR 2017, 401 ff.; zur Rechtslage vor 2017 *Dust*, ZRP 2016, 198 ff.; *Uschkereit/Zdanowiecki*, NJW 2016, 444 ff.

form ausschließlich zum Zwecke des Vergnügens oder der Freizeitgestaltung in Sichtweise des Steuerers betrieben werden (§ 1 I Nr. 8 LuftVZO). Solche Modellflugzeuge finden sich in zwei Erscheinungsformen: Entweder als Verkleinerung eines Passagierflugzeugs oder als reines Zweckmodell.

48   Auf beide Drohnenarten sind die §§ 21a ff. LuftVO anzuwenden. Ob die Abgrenzung zwischen beiden Drohnenarten danach zu treffen ist, dass unbemannte Luftfahrtsysteme zu gewerblichen Zwecken und Flugmodelle zu privaten Zwecken betrieben werden,[38] erscheint etwas schematisch. Denn Nutzungsabsichten sind rein subjektiv und verändern an dem eingesetzten Fluggerät technisch nichts. Auch ist es nicht ausgeschlossen, dass unbemannte Luftfahrtsysteme zu Vergnügungszwecken eingesetzt werden, ohne automatisch „Flugmodell" sein zu müssen.

Beispiel: Eine gewerblich genutzte DHL-Transportdrohne wird nicht deshalb zum Flugmodell, weil sie der DHL-Mitarbeiter am Wochenende seinen Freunden im eigenen Garten vorführt.

49   Der konkreten Nutzungsabsicht kann im Streitfall allenfalls Indizwirkung zukommen. Rechtlich werden Flugmodelle im Einzelfall besonders adressiert (§ 21e LuftVO). Trotz dieser begrifflichen Aufspaltung von Drohnen in „unbemannte Luftfahrtsysteme" und „Flugmodelle" soll nachfolgend der weitgehend eingebürgerte Begriff „Drohne" verwendet werden.

b) Nutzungszwecke

50   Drohnen können zu vielerlei Zwecken genutzt werden. Schon seit längerer Zeit werden sie als neue Kriegswaffe eingesetzt und daher nicht zu Unrecht als negative technische Erscheinung der Neuzeit wahrgenommen.[39] Als staatliche Zwecke sind die Aufklärung bestimmter Orte und die Überwachung von Versammlungen hinzugekommen, wobei fraglich ist, ob in Deutschland §§ 19a, 12a VersG hierfür eine ausreichende Ermächtigungsgrundlage bilden. In gewerblichem Kontext stehen Transportzwecke für Arzneimittel oder Post im Mittelpunkt. Aus wissenschaftlicher Sicht werden Drohnen für Vermessungen, Bildaufnahmen und Forschungen eingesetzt. Schließlich erfreuen sich Drohnen großer privater Beliebtheit. Während man durchaus vermuten könnte, dass sich eher Jugendliche aus Sport- oder Spielzwecken mit solchen Fluggeräten beschäftigen, sind es zumeist erwachsene Männer, die sich Drohnen (Flugmodelle) beschaffen und mit ihnen Flugmanöver vornehmen.

---

38 *Dust*, ZRP 2016, 198 (199); *Kämper/Müller*, UPR 2017, 401.
39 *Schladebach*, Lufthoheit, 2014, S. 277 ff.; *Frau*, Drohnen und das Recht, 2014.

c) Rechtsgrundlagen

Rechtsgrundlagen der Drohnennutzung finden sich im internationalen, europäischen und nationalen Recht. Genauso unerwartet wie bemerkenswert ist es, dass schon das **Chicagoer Abkommen** von 1944 in Form des Art. 8 eine Regelung über unbemannte Luftfahrzeuge aufgenommen hat.[40] Überzeugend merkt *Giemulla* an, dass sich die Verwunderung allerdings nur darauf beziehen kann, dass der Gesetzgeber längst vergangener Zeiten sich schon dieses Themas angenommen hat.[41] Es verwundere aber nicht, dass er nur Selbstverständlichkeiten regeln konnte. Dazu zählt die Feststellung, dass Überflüge mit unbemannten Luftfahrzeugen über andere Vertragsstaaten nur mit deren besonderer Erlaubnis durchgeführt werden dürfen und eine Gefahr für die zivile Luftfahrt zu vermeiden ist.

51

Auf der Ebene des **EU-Rechts** ist die Nutzung von Flugdrohnen derzeit ein intensiv verhandeltes Thema. Im Jahre 2015 legte die EU-Kommission eine neue „Luftfahrtstrategie für Europa" vor.[42] Darin regte sie die Schaffung eines grundlegenden Rechtsrahmens für die sichere Entwicklung und den sicheren Einsatz von Drohnen als Teil der neuen EASA-Grundverordnung für die Flugsicherheit vor, mit der die Verordnung 216/2008[43] ersetzt wird. Darüber hinaus wird darin die EASA mit der Abfassung detaillierterer Vorschriften beauftragt, die den Einsatz von Drohnen und die Entwicklung von Industrienormen ermöglichen. Unmittelbar darauf unterbreitete sie einen Verordnungsvorschlag.[44] Mittlerweile hat die EASA ein umfangreiches Konzept entwickelt,[45] dessen Aufnahme in eine neue EASA-Grundverordnung für den Herbst 2018 erwartet wird. In naher Zukunft wird es daher unmittelbar geltendes EU-Sekundärrecht geben, welches das nationale Recht im Wege des europarechtlichen Anwendungsvorrangs in weiten Teilen zurücktreten lässt. Dieses **nationale Recht** der Drohnennutzung findet sich im LuftVG, den §§ 21 a ff. LuftVO und der LuftVZO.

52

d) Voraussetzungen der Nutzung

Mit der Einordnung von Drohnen als Luftfahrzeuge gem. § 1 II LuftVG gilt für sie der Grundsatz der freien Nutzung des Luftraums. Dass dieser Grundsatz die realen rechtlichen Verhältnisse im Luftraum heute nicht mehr zutreffend

53

---

40 *Kaiser*, ZLW 2006, 344 (348); *ders.*, ZLW 2008, 229 (230); *ders.*, Air & Space Law 2011, 161 (162); *Giemulla*, ZLW 2007, 195 (196).
41 *Giemulla*, ZLW 2007, 195 (196).
42 KOM (2015) 598, S. 14; dazu *Dust*, ZRP 2016, 198 (199 ff.).
43 ABl. EU Nr. L 79 vom 19.3.2008, S. 1.
44 KOM (2015) 613; dazu *Kämper/Müller*, UPR 2017, 401.
45 EASA, Opinion Nr. 01/2018 vom 6.2.2018.

abbildet, wurde bereits oben betont. Nationales, europäisches und internationales Luftrecht schränken diesen Grundsatz aus Gründen der Sicherheit des Luftverkehrs derart stark ein, dass von einem originär bestehenden, substanziell existierenden „Grundsatz" längst nicht mehr gesprochen werden kann. So sieht sich auch die Drohnennutzung nunmehr in §§ 21a ff. LuftVO einer Vielzahl nutzungsbezogener Regelungen gegenüber.

(1) Erlaubnisbedürftige Nutzung des Luftraums

54 *(a) Erlaubnis.* Die Erlaubnisbedürftigkeit der Nutzung des Luftraums durch Drohnen wird in § 21a LuftVO für unbemannte Luftfahrtsysteme und Flugmodelle einheitlich geregelt.[46] § 21a I Nr. 1 LuftVO sieht hierzu vor, dass sowohl der Betrieb von unbemannten Luftfahrtsystemen als auch von Flugmodellen mit einer Startmasse von mehr als 5 Kilogramm einer Erlaubnis bedarf. Im Hinblick auf unbemannte Luftfahrtsysteme ist dies eine Erleichterung, da deren Nutzung früher auch unterhalb einer Startmasse von 5 Kilogramm erlaubnisbedürftig war. Eine Verschärfung stellt diese Regelung für Flugmodelle dar, da es eine generelle Erlaubnispflicht für sie früher nicht gab. Wegen der vergleichbaren Betriebsgefahr, die mit der Nutzung von unbemannten Luftfahrtsystemen und Flugmodellen verbunden ist, hat sich der Gesetzgeber in überzeugender Weise für eine Angleichung entschieden.

55 Nach § 21a III LuftVO wird die Erlaubnis erteilt, wenn der beabsichtigte Betrieb und die Nutzung des Luftraums nicht zu einer Gefahr für die Sicherheit des Luftverkehrs oder die öffentliche Sicherheit oder Ordnung, insbesondere zu einer Verletzung der Vorschriften über den Datenschutz und über den Naturschutz, führen. Zudem ist der Schutz vor Fluglärm angemessen zu berücksichtigen.

56 *(b) Gemeinsame Grundsätze von Bund und Ländern.* Die Zuständigkeit für die Erteilung der Erlaubnis liegt bei den örtlich zuständigen Luftfahrtbehörden der Länder, § 21c LuftVO. Mit dem Ziel einer **einheitlichen Handhabung der Verwaltungspraxis** haben sich der Bund und die Länder auf Gemeinsame Grundsätze für die Erteilung der Erlaubnis zum Aufstieg von unbemannten Luftfahrtsystemen verständigt.[47] Sie sollen den Landesluftfahrtbehörden einen Handlungsrahmen für das Erlaubnisverfahren aufzeigen, sind jedoch von ihrer Rechtsnatur lediglich Verwaltungsvorschriften. Für ihre rechtliche Bindungswirkung nach außen, insbesondere für die Gerichte, stellen sich daher die aus dem allgemeinen Verwaltungsrecht bekannten Rechtsfragen. Vorgesehen sind darin Allgemein- und Einzelerlaubnisse.

---

46 Dazu instruktiv *Maslaton*, ZLW 2018, 87 ff.
47 DFS, Nachrichten für Luftfahrer (NfL) 1-786-16.

Eine **Allgemeinerlaubnis** wird nur für den Aufstieg von unbemannten Luftfahrtsystemen bis 10 Kilogramm erteilt. Dagegen kann eine Allgemeinerlaubnis nicht für den Betrieb über einer Flughöhe von 100 Metern über Grund und besonders sensiblen Bereichen und Anlagen, wie etwa über Menschenansammlungen und Justizvollzugsanstalten erteilt werden. Der Antrag muss neben den Angaben zur Person des Antragstellers und zum Zweck des Betriebs den Nachweis einer ausreichenden Haftpflichtversicherung für Personen- und Sachschäden enthalten. Die Allgemeinerlaubnis soll auf längstens zwei Jahre befristet werden und ist örtlich grundsätzlich auf den Zuständigkeitsbereich der zur Erteilung berufenen Behörde beschränkt.

Für unbemannte Luftfahrtsysteme über 10 bis zu 25 Kilogramm oder bei einem beabsichtigten Aufstieg mit einem erhöhten Gefährdungspotenzial ist dagegen eine **Einzelerlaubnis** erforderlich. Dieser Antrag muss zusätzliche Angaben enthalten, insbesondere zum Aufstiegsort, zum Flugraum, zum Zeitraum des Aufstiegs, zu den Kenntnissen und Erfahrungen des Steuerers. Darüber hinaus ist eine Einverständniserklärung des Grundstückseigentümers der Aufstiegsstelle notwendig.

(c) Flugverkehrskontrollfreigabe. Neben der sog. Aufstiegserlaubnis ist für die Nutzung des kontrollierten Luftraums innerhalb von Kontrollzonen an den internationalen Verkehrsflughäfen durch unbemannte Luftfahrtsysteme und Flugmodelle eine Flugverkehrskontrollfreigabe einzuholen, § 21 I Nr. 2 und 5 LuftVO. Die Freigabe wird unter Auflagen zur Sicherheit des Flugverkehrs, insbesondere nach dem Grundsatz „Sehen und Ausweichen" im Hinblick auf anderen Flugverkehr erteilt. Den Ausschluss einer Flugverkehrskontrollfreigabe regelt neuerdings § 21b I Nr. 9 LuftVO. Wegen vermehrt auftretender Fälle von gefährlichen Annäherungen von Drohnen an Verkehrsflugzeuge während des An- und Abflugs gilt nunmehr ein klarstellendes Verbot für den Betrieb von Drohnen in Kontrollzonen für Flughöhen von über 50 Metern.

(d) Erlaubnis für Luftfahrer. Mit dem Betrieb einer Drohne wird gem. § 1 II LuftVG ein Luftfahrzeug gesteuert, weshalb an sich eine Erlaubnis für Luftfahrer nach § 4 LuftVG erforderlich ist. Jedoch waren Steuerer von unbemannten Luftfahrtsystemen und von Flugmodellen davon nach § 1 LuftPersV ausgenommen. Mit § 21a IV LuftVO hat der Gesetzgeber nunmehr einen „Drohnen-Führerschein" eingeführt. Steuerer von unbemannten Fluggeräten – das sind sowohl unbemannte Luftfahrtsysteme als auch Flugmodelle – mit einer Startmasse von mehr als 2 Kilogramm müssen ab dem 1.10.2017 auf Verlangen Kenntnisse in der Anwendung und der Navigation dieser Fluggeräte, den einschlägigen luftrechtlichen Grundlagen und der örtlichen Luftraumordnung in Form von Satz 3 nachweisen.

Dieser Nachweis wird durch eine Erlaubnis als Luftfahrzeugführer (§ 4 LuftVG), durch eine Bescheinigung über eine bestandene Prüfung von einer nach

§ 21d LuftVO vom Luftfahrt-Bundesamt anerkannten Stelle oder durch eine Bescheinigung über eine erfolgte Einweisung durch einen beauftragten Luftsportverband oder einen von ihm beauftragten Verein nach § 21e für den Betrieb eines Flugmodells erbracht. Die Alternativen (2) und (3) bilden den neuen „Drohnen-Führerschein", mit dessen Einführung der Gesetzgeber auf das erhöhte Gefährdungspotenzial des Einsatzes von Drohnen reagieren will. Kann ein Steuerer diesen Nachweis nicht vorlegen, begeht er eine Ordnungswidrigkeit gem. § 44 I Nr. 17c LuftVO.

62 *(e) Muster- und Verkehrszulassung.* Unbemannte Luftfahrtsysteme sind nach § 1 IV Nr. 2 LuftVZO von der Musterzulassung befreit. Eine Verkehrszulassung, die andere Luftfahrzeuge benötigen, ist deshalb für sie nicht erforderlich. Denn diese wird nach § 2 I Nr. 1 LuftVG nur dann erteilt, wenn das Muster des Luftfahrzeugs zugelassen ist. Dagegen unterliegen Flugmodelle erst mit einer höchstzulässigen Startmasse über 25 Kilogramm nach § 1 I Nr. 8 LuftVZO der Musterzulassung, die dann eine Verkehrszulassung nach sich zieht. Eine Anpassung zwischen unbemannten Luftfahrtsystemen und Flugmodellen steht wegen der technisch vergleichbaren Situation auch rechtlich bevor. Hier will die Bundesregierung vernünftigerweise die absehbaren Entwicklungen auf europäischer Ebene, konkret die neue EASA-Grundverordnung, abwarten.[48]

63 *(2) Verbotene Nutzung des Luftraums.* § 21b LuftVO spricht ein generelles Verbot des Betriebs von unbemannten Luftfahrtsystemen und Flugmodellen aus, sofern nicht bestimmte Sicherheitsbehörden des § 21a II LuftVO das betreffende Fluggerät einsetzen oder beaufsichtigen. Die recht lange Verbotsliste des § 21b I LuftVO, von der jedoch nach Abs. 2 und 3 durchaus **Ausnahmen** zugelassen werden können, will auf die gesteigerte Gefahr einer Drohnennutzung für die öffentliche Sicherheit oder Ordnung reagieren. Wo die zuständige Behörde im Einzelfall eine solche Gefahr nicht annimmt, können Ausnahmen erwogen werden.

64 Verboten ist nach § 21b I Nr. 1 LuftVO der Drohnenbetrieb **außerhalb der Sichtweise des Steuerers**, wenn das Gewicht der Drohne weniger als 5 Kilogramm beträgt. Da Drohnen bis 5 Kilogramm erlaubnisfrei betrieben werden können, und schwerere Drohnen im Rahmen der erforderlichen Erlaubnis nach § 21a I Nr. 1 LuftVO überprüft werden, besteht von Seiten des Gesetzgebers ein Bedürfnis, den Betrieb leichter und damit nicht erlaubnisbedürftiger Drohnen jedenfalls dann zu verbieten, wenn sie außerhalb der Sichtweite geflogen werden. Außerhalb der Sichtweite des Steuerers fliegt das Fluggerät, wenn es ohne besondere optische Hilfsmittel nicht mehr zu sehen oder die Fluglage nicht mehr eindeutig zu erkennen ist. Zutreffend hebt die Begründung der Verord-

---

[48] BR-Drs. 39/17, S. 11.

nung hervor, dass durch dieses Verbot Zusammenstöße mit anderen Luftverkehrsteilnehmern oder Personen bzw. Gegenständen am Boden verhindert werden sollen.[49]

Weitere Verbote des § 21b I LuftVO beziehen sich auf die Drohnennutzung in der Nähe von **Menschenansammlungen oder verschiedenen sensiblen Orten** (Nr. 2 bis 7). So ist der Betrieb von Drohnen über Unglücksorten, Katastrophengebieten, Sicherheitsbehörden, Bundeswehreinrichtungen, Industrieanlagen, Justizvollzugsanstalten, Energieanlagen, Verfassungsorganen, diplomatischen und konsularischen Vertretungen, Bundesfernstraßen, Bundeswasserstraßen, Bahnanlagen, Naturschutzgebieten[50] und über Wohngrundstücken ohne Zustimmung des betroffenen Eigentümers verboten.

(3) Abwerfen von Gegenständen. Kein Betriebs-, sondern ein Abwerfverbot wird außerhalb der §§ 21a ff. LuftVO in § 13 LuftVO normiert. Dies wird zukünftig Relevanz gewinnen, da Logistikunternehmen wie DHL und Amazon Paketzustellungen über Drohnen planen. Insoweit ist fraglich, ob das Absetzen von Frachtgut tatsächlich als „abwerfen" im Rechtssinne zu verstehen ist. Vieles spricht dafür, dass ein Abwerfen von Gegenständen eine deliktische Intention voraussetzt, weshalb diese Handlung einem Verbot unterworfen wurde. Dies liegt bei der effektiven, mit Drohnen vorgenommenen Auslieferung von Frachtsendungen nicht vor. Die schnelle Belieferung über Drohnen reagiert auf allgemeine private und öffentliche Interessen und kann im Einzelfall – etwa bei der zügigen Lieferung von Medikamenten – sogar lebensrettend sein. Doch selbst wenn man diese neue Transport- und Zustellart als „abwerfen" interpretiert, kann der Gesetzgeber nach Maßgabe des § 13 III LuftVO die Zulassung durch das BMWi vornehmen lassen. Darüber hinaus bleibt die rechtlich zulässige Möglichkeit der zuständigen Luftfahrtbehörde, eine Einzelerlaubnis gem. § 13 II LuftVO zu erteilen, wenn keine Gefahr für Personen oder Sachen besteht.

(4) Haftung und Kennzeichnung. Wer Halter einer Drohne und damit eines Luftfahrzeugs (§ 1 II LuftVG) ist, haftet nach § 33 LuftVG im Wege einer verschuldensunabhängigen Gefährdungshaftung für eintretende Schäden. Dies erfordert vor Inbetriebnahme der Drohne den Abschluss einer Haftpflichtversicherung mit ausreichender Deckung (§ 43 LuftVG). Soweit der **Halter identifizierbar** ist, bestehen hinsichtlich der Halterhaftung keine Schwierigkeiten. Hinzu tritt die verschuldensabhängige Haftung nach § 823 BGB, die gem. § 42 LuftVG neben der Haftung aus § 33 LuftVG anwendbar ist.

---

[49] BR-Drs. 816/09, S. 22 ff.
[50] Dazu *Schrader*, NuR 2017, 378 ff.

68 Probleme entstehen jedoch, wenn der Halter einer Drohne im Schadensfall **nicht zu ermitteln** ist. Die Halterhaftung liefe dann leer. Vor diesem Hintergrund wurde daher in § 19 III LuftVO eine Kennzeichnungspflicht für Eigentümer von Drohnen mit einem Gewicht von mehr als 0,25 Kilogramm eingeführt. Mit dieser Kennzeichnungspflicht soll sichergestellt werden, dass bei Schäden durch einen Absturz oder eine Kollision mit anderen Luftfahrzeugen der Verursacher sowohl zivilrechtlich als auch strafrechtlich verfolgt werden kann. Der Eigentümer wird dazu verpflichtet, vor dem erstmaligen Betrieb an sichtbarer Stelle seinen Namen und seine Anschrift in dauerhafter und feuerfester Beschriftung an dem Fluggerät anzubringen. Zwar sind der für § 33 LuftVG maßgebliche Halter und der nach § 19 III LuftVO zur Kennzeichnung verpflichtete Eigentümer nicht stets identisch, gleichwohl dürfte diese neue Regelung die Identifizierbarkeit der Verantwortlichen deutlich erleichtern und ist somit zu begrüßen. Auch hier dürften europäische Regelungen demnächst neue Vorgaben aufstellen.

V. Das Luftsicherheitsgesetz

1. Zielsetzung

69 Das Luftsicherheitsgesetz ist die Antwort des deutschen Luftrechts auf den **11. September 2001**. Während die EU mit der Verordnung (EG) 2320/2002 auf die neue Gefahrenlage reagiert hatte, wurde in Deutschland am 11.1.2005 das Luftsicherheitsgesetz erlassen.[51] Dessen Erlass erfolgte in Bezug auf die Regelungsinhalte jedoch nicht völlig autonom, sondern hatte sich an den Vorgaben der Verordnung (EG) 2320/2002 zu orientieren. Letztere ist mittlerweile durch die Verordnung (EU) 300/2008[52] abgelöst worden.

70 Deren Besonderheit besteht darin, dass sie als Rahmenverordnung zahlreiche „offene Verpflichtungen" enthält, die zwar wegen der Rechtswirkung einer Verordnung (Art. 288 II AEUV) unmittelbar gelten, aber zusätzlich auch der Zuordnung auf nationaler Ebene bedürfen. Das Luftsicherheitsgesetz musste daher die von der Verordnung aufgestellten Verpflichtungen beachten und diese in den Gesetzestext integrieren.

71 Mit der unmittelbar geltenden EU-Verordnung wurde die Rechtslage im Hinblick auf die Luftsicherheit in den EU-Mitgliedstaaten vereinheitlicht. Jedoch blieb daneben durchaus Raum für zusätzliche nationale Regelungen. Der **unmittelbare Anlass** für ein deutsches Gesetz, das beide Zielsetzungen umfass-

---

51 BGBl. 2005 I S. 78.
52 ABl. EU Nr. L 97 vom 9.4.2008, S. 72.

te, war die Entführung eines Motorseglers durch einen geistig verwirrten Mann.[53] Dieses Flugzeug kreiste am 5.1.2003 stundenlang über der Innenstadt von Frankfurt a. M. Der Mann drohte damit, das Flugzeug in das damalige Hochhaus der Europäischen Zentralbank zu steuern, wenn ihm nicht ein Telefonat in die USA ermöglicht werde. In der Folge dieses Vorfalls setzten Gesetzgebungsaktivitäten ein, denen eine gewisse Überstürztheit nicht gänzlich abzusprechen war.

Nach der Veröffentlichung des Gesetzentwurfs der Bundesregierung am 14.1.2004[54] begann eine rege Debatte in der Literatur über die Frage, ob einige der entworfenen Regelungen mit dem Grundgesetz vereinbar seien.[55] Trotz der gewichtigen **verfassungsrechtlichen Vorbehalte** gegenüber einzelnen Bestimmungen, insbesondere den §§ 13–15 LuftSiG-E, trat das Luftsicherheitsgesetz am 15.1.2005 in Kraft. Hochinteressant war, dass Bundespräsident *Köhler* das Gesetz zwar ausfertigte, jedoch eine Klärung der verfassungsrechtlichen Fragen durch das Bundesverfassungsgericht anregte. Dies ließ nicht nur eine interessante verfassungsrechtliche Bewertung dieser gesetzlich geregelten Notsituation erwarten, sondern belebte auch die geradezu klassische Diskussion um die exakte Reichweite des Prüfungsrechts des Bundespräsidenten (Art. 82 GG) neu.[56]

Gemäß § 1 LuftSiG dient das Gesetz dem Schutz vor Angriffen auf die Sicherheit des Luftverkehrs, insbesondere vor Flugzeugentführungen, Sabotageakten und terroristischen Anschlägen. Das Luftsicherheitsgesetz dient damit dem Bereich der **„Air Security"**: Es bezweckt den Schutz vor luftverkehrsexternen, also von außen an den Luftverkehr herangetragenen Gefahren. Im Gegensatz dazu erfasst der Bereich der „Air Safety" dem Luftverkehr innewohnenden Gefahren, d. h. Fragen der betrieblichen Sicherheit.

2. Luftsicherheitsbehörde

§ 2 S. 1 LuftSiG verlangt die Einrichtung von Luftsicherheitsbehörden, die die Aufgabe haben, Angriffe auf die Sicherheit des Luftverkehrs im Sinne des § 1 LuftSiG abzuwehren. Hierfür sind bislang die Luftverkehrsbehörden verantwortlich, d. h. das für Luftverkehr zuständige Bundesministerium für Verkehr, das Luftfahrt-Bundesamt und die für Luftverkehr zuständigen Landesministerien für Verkehr. Mit der Zusammenführung der aus anderen Gesetzen heraus-

---

53 BT-Drs. 15/2361, S. 14.
54 BT-Drs. 15/2361.
55 Etwa *Pawlik*, JZ 2004, 1045 ff.; *Baumann*, DÖV 2004, 853 ff.; *Giemulla*, ZLW 2005, 32 ff.
56 *Schladebach/Koch*, Jura 2016, 355 ff.

gelösten Sicherheitsvorschriften in einem eigenen Gesetz ist nun mit „Luftsicherheitsbehörde" ein neuer Begriff eingeführt worden. Eine neue Behörde wurde damit allerdings nicht geschaffen. Vielmehr hat lediglich eine **neue Aufgabenzuweisung** an bestehende Behörden auf Bundes- und Landesebene stattgefunden.

3. Sicherheitsmaßnahmen

a) Generalklausel

75 Nach § 3 LuftSiG trifft die Luftsicherheitsbehörde die notwendigen Maßnahmen, um eine im Einzelfall bestehende Gefahr für die Sicherheit des Luftverkehrs abzuwehren, soweit nicht § 5 ihre Befugnisse besonders regelt. Diese Vorschrift stellt die **luftsicherheitsrechtliche Generalklausel** dar. Ihre Formulierung ist den polizeirechtlichen Generalklauseln (z.B. § 17 I ASOGBln) nachempfunden. Gegenüber diesen polizeirechtlichen Generalklauseln geht § 3 LuftSiG wegen seiner bereichsspezifischen Ausrichtung auf die Luftsicherheit vor. Dagegen ist diese Norm innerhalb des Luftsicherheitsgesetzes nur dann anwendbar, wenn keine besonderen Befugnisse eingreifen.

b) Besondere Befugnisse

76 § 5 LuftSiG regelt ausführlich die besonderen Befugnisse der Luftsicherheitsbehörde. In enger Anlehnung an die Vorgaben der Verordnung (EU) 300/2008 wurden hier **Standardmaßnahmen**, wie das Anhalten von Personen, der Platzverweis, die Durchsuchung von Gepäck und Fracht sowie bestimmte Betretungsrechte niedergelegt.

77 Zur Wahrnehmung einzelner Aufgaben nach § 5 I LuftSiG kann die zuständige Luftsicherheitsbehörde gem. § 16a LuftSiG **Beliehene** einsetzen. Nachdem längere Zeit diskutiert worden war, in welchem Umfang die staatliche Aufgabe der Luftsicherheitskontrolle von (privaten) Beliehenen übernommen werden darf, besteht spätestens seit der Vorgängernorm des § 16a LuftSiG (§ 5 V LuftSiG a.F.) Klarheit, dass die Einbindung Privater grundsätzlich zulässig ist. Allerdings steht die Zulässigkeit der Beleihung unter den strikten Voraussetzungen des § 16a II LuftSiG.

78 Eine Übertragung der staatlichen Hoheitsbefugnisse bei der Luftsicherheitskontrolle auf Private als ständige Aufgabe ist wegen des fortbestehenden staatlichen Gewaltmonopols problematisch. Insofern ist in § 16a LuftSiG eine sachgerechte Regelung getroffen worden. Um sich als Staat nicht der diesbezüglich so wichtigen Flexibilität zu begeben, kann die Beleihung jederzeit ganz oder

teilweise zurückgenommen, widerrufen oder mit Nebenbestimmungen verbunden werden (§ 16a III LuftSiG).

4. Zuverlässigkeitsüberprüfung

a) Einordnung des Zuverlässigkeitsbegriffs

§ 7 LuftSiG regelt das Verfahren zur Überprüfung der luftsicherheitsrechtlichen Zuverlässigkeit für Personen, die aufgrund ihrer beruflichen Tätigkeit Kontakt zu sicherheitssensiblen Flughafenbereichen haben. Es fällt auf, dass damit zwei Zuverlässigkeitsbegriffe existieren: Zum einen ein flugbetrieblicher Begriff der Zuverlässigkeit, der für die Erteilung einer Erlaubnis für Luftfahrer maßgebend ist (§ 4 I LuftVG). 79

Zum anderen wird von § 7 LuftSiG ein **luftsicherheitsrechtlicher Zuverlässigkeitsbegriff** bestimmt, der bei der Erteilung von Zugangsberechtigungen zu sicherheitssensiblen Bereichen Bedeutung erlangt. Somit haben beide Begriffe einen unterschiedlichen Inhalt. Dieses doppelte Verständnis desselben Begriffs hat seinen Ursprung jedoch in der das Luftrecht prägenden Unterscheidung zwischen dem – auf die flugbetriebliche Sicherheit bezogenen – Bereich der „Air Safety" einerseits und dem – auf die Abwehr äußerer Gefahren gerichteten – Bereich der „Air Security" andererseits.[57] 80

b) Überprüfungspflichtiger Personenkreis

§ 7 LuftSiG zielt darauf ab, die Zuverlässigkeit eines breiten Kreises von Personen zu überprüfen, deren berufliche Tätigkeit Sicherheitsrelevanz für den Luftverkehr besitzt. Erfasst sind nach § 7 I LuftSiG fünf Personengruppen: Personen mit regelmäßigem Zugang zu Sicherheitsbereichen des Flughafens (Nr. 1), Dienstleistungsunternehmen für die Bewirtschaftung des Flughafens und unmittelbarem Einfluss auf die Sicherheit des Luftverkehrs (Nr. 2), beliehene Personen (Nr. 3), Luftfahrer selbst sowie Flugschüler (Nr. 4)[58] und flugplatzansässige Vereine (Nr. 5). 81

Für einige der von Nr. 2 erfassten Bewirtschaftungsunternehmen wird ein **„unmittelbarer Einfluss auf die Sicherheit des Luftverkehrs"** verlangt. Dieser ist nach § 7 I 2 LuftSiG insbesondere bei Personen anzunehmen, die in Sicherheitsbereichen oder in anderen Bereichen als Sicherheitsbereichen Kontrollen und Zugangskontrollen oder andere Sicherheitskontrollen durchführen oder die Verantwortung für die Durchführung dieser Kontrollen tragen. Diese nicht abschließende Beschreibung betont den allgemeinen Grundsatz, dass derjenige, 82

---

[57] *Baumann*, ZLW 2006, 34 ff.; *Herterich*, ZLW 2014, 36 ff.
[58] Luftfahrer müssen sich also einer doppelten „Zuverlässigkeits"prüfung unterziehen.

2. Teil: Öffentliches Luftrecht

der sicherheitsrelevante Kontrollen und Tätigkeiten am Flughafen ausübt, zuvor auf seine sicherheitsrechtliche Zuverlässigkeit überprüft werden muss. Der Voraussetzung des „unmittelbaren Einflusses auf die Sicherheit des Luftverkehrs" wird man eine den gesamten § 7 I LuftSiG umschließende **generelle Bedeutung** attestieren können. Denn bei allen auf Zuverlässigkeit zu überprüfenden Personengruppen der Nrn. 1–5 ist das verbindende Element die vorhandene Möglichkeit, unmittelbaren Einfluss auf die Sicherheit des Luftverkehrs nehmen zu können.

83   Die Aufzählung der zu überprüfenden Personen ist nicht gänzlich zweifelsfrei und daher zum Teil bereits heftig kritisiert und vor den Gerichten angegriffen worden. Besonders hervorzuheben ist die deutliche Kritik der Vereinigung *Aircraft Owners and Pilots Association* (AOPA Germany), die schon kurz nach dem Inkrafttreten des Luftsicherheitsgesetzes die behauptete Verfassungswidrigkeit des § 7 I Nr. 4 LuftSiG (sicherheitsrechtliche Zuverlässigkeitsüberprüfung aller Luftfahrer) und insbesondere dessen Verknüpfung mit § 4 I 2 Nr. 3 LuftVG[59] vor dem Bundesverfassungsgericht gerügt hatte. In der Antragsschrift heißt es:

„Die AOPA will nicht hinnehmen, dass eine einzelne Bevölkerungsgruppe, nämlich die der Piloten, generell unter Terrorismusverdacht gestellt wird. Es verstößt gegen das Gebot der Menschenwürde und Gleichheit, dass Tausende von Piloten, die seit Jahrzehnten unbescholten sind und unbescholten fliegen, einer allumfassenden Überprüfung durch alle nur denkbaren Geheimdienste, Register usw. unterzogen werden, ohne dass auch nur vage, geschweige denn irgendwie konkretisierte Anhaltspunkte eines Terrorverdachtes bestehen. Diese Zuverlässigkeitsüberprüfung ist so umfassend ausgestaltet, dass der Betroffene zum ‚Gläsernen Piloten' und ‚Gläsernen Menschen' wird."[60]

84   Die beim Bundesverfassungsgericht anhängigen Verfahren blieben in zwei Entscheidungen aus den Jahren 2009[61] und 2010[62] jedoch erfolglos. Ein weiteres vor dem Bundesverwaltungsgericht geführtes verwaltungsrechtliches Verfahren hatte 2011 ebenfalls keinen Erfolg.[63] Seit 2014 gibt es zudem ein von der EU-Kommission gegen Deutschland angestrengtes Vertragsverletzungsverfahren gem. Art. 258 AEUV.[64] Trotz dieses immensen gerichtlichen Aufwands und

---

59 Dazu instruktiv *Giemulla*, NZV 2016, 260 ff., der die Verknüpfung von § 4 I 2 Nr. 3 LuftVG mit § 7 LuftSiG für europarechtswidrig hält.
60 AOPA-Letter 2/2005, S. 5.
61 BVerfG, NVwZ 2009, 1429.
62 BVerfGE 126, 77 = NVwZ 2010, 1146.
63 BVerwGE 139, 323.
64 Aufforderungsschreiben der EU-Kommission im Vertragsverletzungsverfahren Nr. 2014/4109 vom 25.9.2014, C (2014), 6719 final, dazu *Giemulla*, NZV 2016, 260 (262f.).

gewichtiger verfassungsrechtlicher[65] und europarechtlicher Argumente[66] dürfte die Einschätzung gerechtfertigt sein, dass die Chancen auf eine Streichung dieses Tatbestands des § 7 I Nr. 4 LuftSiG bzw. die Entkoppelung des § 4 I 2 Nr. 3 LuftVG von § 7 LuftSiG eher gering sind.

c) Maßstab der Zuverlässigkeit

Die von § 7 LuftSiG geforderte Zuverlässigkeit ist ein unbestimmter und daher **konkretisierungsbedürftiger Rechtsbegriff**, der gerichtlich vollständig überprüfbar ist. Die verwaltungsgerichtliche Rechtsprechung hat diesem Begriff schon einige Konturen verliehen. Mit der Vorgängernorm des § 7 LuftSiG, dem inhaltsgleichen § 29d LuftVG, befasste sich das Bundesverwaltungsgericht in zwei Entscheidungen aus dem Jahr 2004: 85

„Zuverlässig im Sinne von § 29d LuftVG ist nur, wer die Gewähr dafür bietet, die ihm obliegenden Pflichten zum Schutz vor Angriffen auf die Sicherheit des Luftverkehrs, insbesondere vor Flugzeugentführungen und Sabotageakten, jederzeit in vollem Umfang zu erfüllen. Wegen des gerade beim Luftverkehr hohen Gefährdungspotenzials und der Hochrangigkeit der zu schützenden Rechtsgüter sind dabei strenge Anforderungen zu stellen. Die Zuverlässigkeit ist bereits dann zu verneinen, wenn an ihr auch nur geringe Zweifel bestehen."[67]

Diese Begriffskonkretisierung erscheint einerseits tragfähig, weil sie sich klar an der luftsicherheitsrechtlichen Zielsetzung des § 29d LuftVG a. F. bzw. § 7 I LuftSiG, dem Schutz vor äußeren Angriffen auf die Sicherheit des Luftverkehrs, ausrichtet. Andererseits können durchaus **Zweifel** angemeldet werden, weil die Entscheidungen auf das Bestehen einer der Person obliegenden Pflicht abstellen. Mehrere der in § 7 I LuftSiG angeführten Personengruppen haben eine solche Pflicht nicht. Jedoch sind alle Personengruppen in der Lage, durch ihnen mögliche punktuelle Zugänge zum Flughafenbereich luftsicherheitsrechtliche Gefahren zu verursachen. 86

So haben etwa ein Warenlieferant (§ 7 I Nr. 2 LuftSiG) oder ein ansässiger Luftsportverein (§ 7 I Nr. 5 LuftSiG) nicht die von der bundesverwaltungsgerichtlichen Rechtsprechung geforderte Pflicht zum Schutz vor Angriffen auf die Sicherheit des Luftverkehrs. Allerdings können sie durchaus erhebliche Gefahren herbeiführen. Dieser Umstand, nicht die Existenz von individuellen Schutzpflichten, ist der Grund für die Überprüfung deren Zuverlässigkeit.[68] 87

---

65 *Herterich*, ZLW 2014, 36 ff.
66 *Giemulla*, NZV 2016, 260 ff.
67 BVerwGE 121, 257; E 122, 182.
68 *Baumann*, ZLW 2006, 34.

d) Beispiele

88 Relevant wurde die Frage der luftsicherheitsrechtlichen Zuverlässigkeit bei einer Person, die früher als Inoffizieller Mitarbeiter beim Staatssicherheitsdienst der ehemaligen DDR tätig war und bei einem ehemaligen Mitglied der *Islamischen Gemeinschaft Milli Görus* (IGMG).

„Ob die frühere IM-Tätigkeit Zweifel begründet, die die luftverkehrsrechtliche[69] Zuverlässigkeit ausschließen, ist auf der Grundlage einer Einzelfallprüfung zu beurteilen. Bezugspunkt der Überprüfung nach § 29d I LuftVG muss sein, ob das damalige Verhalten Grund für die Annahme gibt, beim Überprüften sei aktuell oder künftig ein Verstoß gerade gegen die Anforderungen zur Wahrung der Sicherheit des Luftverkehrs zu befürchten. Allein ein moralisches Unwerturteil hinsichtlich der früheren IM-Tätigkeit reicht daher nicht aus, auch wenn die systematische und umfassende Ausforschung der eigenen Bevölkerung durch das MfS ein besonders abstoßendes Herrschaftsinstrument der DDR war.

Bedeutung für die Zuverlässigkeitsprüfung nach § 29d LuftVG kann die frühere MfS-Tätigkeit danach insbesondere unter zwei Gesichtspunkten erlangen: Zum einen kann die Gefahr bestehen, dass der Überprüfte wegen seiner früheren Zusammenarbeit mit dem MfS erpressbar und deshalb bereit ist, die Anforderungen an die Sicherheit des Luftverkehrs zu verletzen, um einem auf ihn ausgeübten Druck zu entgehen. Zum anderen können die frühere Verhaltensweise und die dahinterstehenden Motive auf fortbestehende persönliche Eigenschaften des Überprüften schließen lassen, die zu befürchten geben, dass er sich auch gegenwärtig oder künftig wieder als manipulierbar erweisen könnte.

Maßgeblich ist danach, ob sich aus der früheren IM-Tätigkeit Zweifel daran ergeben, dass der Betroffene – selbst wenn ihm Vorteile materieller oder sonstiger Art in Aussicht gestellt oder Nachteile angedroht werden – gleichwohl das erforderliche Maß an Verantwortungsbewusstsein und Selbstbeherrschung zeigt, um die ihm obliegenden Pflichten zum Schutz der Sicherheit des Luftverkehrs jederzeit in vollem Umfang zu erfüllen. Diese Pflichten gehen über die bloße Einhaltung der zu diesem Zweck erlassenen Vorschriften hinaus. Der Überprüfte muss vielmehr die Gewähr bieten, jederzeit das ihm Mögliche zum Schutz der Sicherheit des Luftverkehrs zu tun."[70]

89 Außerdem äußerte sich das Bundesverwaltungsgericht zur Zuverlässigkeit eines ehemaligen Mitglieds der IGMG:

„Allein die Mitgliedschaft in einer Vereinigung, die verfassungsfeindliche Bestrebungen im Sinne des § 3 I Nr. 1 BVerfSchG verfolgt, ohne gewaltbereit zu sein, schließt die luftverkehrsrechtliche Zuverlässigkeit nicht aus. Zwar verfolgt die IGMG verfassungsfeindliche Ziele im Sinne des § 3 I Nr. 1 BVerfSchG, weil sie langfristig die Einführung eines islamistischen Staats- und Gesellschaftssystems in der Bundesrepublik Deutschland unter Missachtung der Grundrechte der Menschenwürde, der Gleichberechtigung von

---

[69] Die Entscheidung ist zum luftverkehrsrechtlichen § 29d I LuftVG ergangen, der heute wortgleich die luftsicherheitsrechtliche Zuverlässigkeit (§ 7 I LuftSiG) darstellt.
[70] BVerwGE 121, 257 (265 f.).

Mann und Frau und der Religionsfreiheit anstrebt. Deshalb gibt eine Mitgliedschaft in der IGMG, sei sie gegenwärtig oder zurückliegend, berechtigten Anlass zu der Frage, ob der Betreffende über die erforderliche luftverkehrsrechtliche Zuverlässigkeit verfügt. Doch ergibt das Bild der IGMG keinen Grund zu der Annahme, die Gemeinschaft oder jedenfalls Teile ihrer Mitglieder könnten Akte zur Beeinträchtigung der Sicherheit des Luftverkehrs begehen."[71]

5. Sicherungsmaßnahmen

a) Bedeutung

Der Schutz vor Angriffen auf die Sicherheit des Luftverkehrs ist nicht nur eine staatliche Aufgabe, die allein von der Luftsicherheitsbehörde zu organisieren und zu erfüllen ist. Die §§ 8, 9 LuftSiG zeigen an, dass auch die – zumeist privaten – Flugplatzbetreiber (§ 8 LuftSiG) und die Luftverkehrsunternehmen (§ 9 LuftSiG) in das gesetzliche Schutzkonzept eingegliedert sind. Durch diese Vorschriften werden den privaten Unternehmen sogenannte **Eigensicherungspflichten** auferlegt. 90

Eigensicherungspflichten beinhalten eine Indienstnahme privater Unternehmen im öffentlichen Interesse.[72] Die verpflichteten Unternehmen sollen damit einen Beitrag zur Erfüllung einer staatlichen Aufgabe, hier der Gefahrenabwehr im Luftverkehr, leisten. Die rechtlich nicht unumstrittene Pflichtenbegründung geht im Hinblick auf die hier in Rede stehenden Sicherungsmaßnahmen auf die Vorgaben der Verordnung (EG) 2320/2002, insbesondere deren umfangreiche Anhänge, zurück. 91

b) Flugplätze

§ 8 I LuftSiG verpflichtet den Betreiber eines Flugplatzes, Flughafenanlagen, Bauwerke, Räume und Einrichtungen so zu gestalten, dass die erforderliche bauliche und technische Sicherung ermöglicht wird. Daneben sollen u. a. die Bereiche der Luftseite gegen unberechtigten Zugang gesichert, eigene Mitarbeiter vor dem Zugang zu Sicherheitsbereichen durchsucht und Luftsicherheitspersonal geschult werden. Die Erstellung rechtlich ordnungsgemäßer Sicherheitskonzepte unter Beachtung der Verordnungen (EG) 2320/2002 und 300/2008 erfordert regelmäßig die Beauftragung entsprechend kompetenter Luftverkehrsberatungsunternehmen. 92

---

[71] BVerwGE 122, 182 (189 f.).
[72] Grundlegend dazu *Korte*, in: Kirchhof/Korte/Magen, Öffentliches Wettbewerbsrecht, 2014, § 14.

2. Teil: Öffentliches Luftrecht

c) Luftverkehrsunternehmen

93 Die von den Luftverkehrsunternehmen verlangten Sicherheitsmaßnahmen werden von § 9 I LuftSiG bestimmt, wobei auch hier ein umfassendes Bild nur durch Hinzuziehung der Verordnung (EU) 300/2008 und ihrer Anhänge entsteht. Luftverkehrsunternehmen sind insbesondere verpflichtet, Sicherheitsmaßnahmen bei der Abfertigung von Fluggästen und der Behandlung von Post, Gepäck, Fracht und Versorgungsgütern durchzuführen. Außerdem sind Flugzeuge zu sichern, Personal zu schulen und auf dem Flugplatz überlassene Bereiche der Luftseite gegen unberechtigten Zugang zu sichern.

6. Bordgewalt des Luftfahrzeugführers

a) Beleihung durch Gesetz

94 Aufgaben zur Gewährleistung der Luftsicherheit besitzt auch der Luftfahrzeugführer (Pilot). Nach § 12 I LuftSiG hat der verantwortliche Luftfahrzeugführer als Beliehener für die Aufrechterhaltung der Sicherheit und Ordnung an Bord des im Flug befindlichen Luftfahrzeugs zu sorgen. Er ist befugt, die erforderlichen Maßnahmen zu treffen, um eine im einzelnen Fall bestehende Gefahr für Personen an Bord des Luftfahrzeugs oder für das Luftfahrzeug selbst abzuwehren. § 12 LuftSiG regelt damit die **Bordgewalt** des Luftfahrzeugführers in polizeilicher Hinsicht.

95 Mit der Ausübung polizeilicher Gewalt ist der Luftfahrzeugführer durch § 12 I 1 LuftSiG **beliehen** worden. Dem liegt die Überlegung zugrunde, dass mit dem Verschließen der Türen des Luftfahrzeugs eine Unterstützung durch die Polizei nicht mehr zu erlangen ist. Luftfahrzeugführer und Bordpersonal sind **Privatpersonen**, die zwar als solche das privatrechtliche Hausrecht für ihren Arbeitgeber (Luftverkehrsunternehmen) im Flugzeug ausüben können, die aber selbst zunächst keine hoheitlichen Befugnisse für Anweisungen oder gar Gewaltanwendungen besitzen. Dem Luftfahrzeugführer mussten daher in Form der Beleihung entsprechende hoheitliche Befugnisse übertragen werden. Er nimmt während des Fluges die polizeiliche Aufgabe der Gefahrenabwehr wahr.

b) Zeitliche Grenzen

96 Durch die Gesetzesformulierung „des im Flug befindlichen Luftfahrzeugs" ist diese Aufgabe auf einen bestimmten Zeitraum begrenzt. Wann sich ein Luftfahrzeug im Flug befindet, wird vom Luftsicherheitsgesetz nicht festgelegt. Maßgebend ist dafür das Tokioter Abkommen über strafbare und bestimmte

andere an Bord von Luftfahrzeugen begangene Handlungen vom 14.9.1963[73], das diese Frage bereits früh auf völkerrechtlicher Ebene verbindlich beantwortet hat.

Nach dessen Art. 5 ist ein Luftfahrzeug im Flug befindlich von dem Augenblick an, in dem alle Außentüren nach dem Einsteigen geschlossen worden sind, bis zu dem Augenblick, in dem eine dieser Türen zum Aussteigen geöffnet wird. Die Bordgewalt des Luftfahrzeugführers endet damit grundsätzlich mit dem Öffnen der Türen zum Zwecke des Aussteigens. Ausnahmsweise bestehen seine Befugnisse aber bei einer sog. Sicherheits- oder Notlandung auch bei geöffneten Türen so lange fort, bis die zuständigen Behörden am Luftfahrzeug eintreffen. In dringenden Fällen beginnt seine Bordgewalt vor dem Abflug auch schon dann, wenn die Türen noch geöffnet sind. 97

c) Maßnahmen zur Gefahrenabwehr

Die polizeiliche Bordgewalt umfasst die in § 12 II LuftSiG nicht abschließend aufgeführten Maßnahmen. Unter Beachtung des Grundsatzes der Verhältnismäßigkeit, der in § 4 LuftSiG besonders ausgeformt worden ist und sich hier nun an eine private Person richtet, darf der Luftfahrzeugführer 98
– die Identität einer Person feststellen,
– Gegenstände sicherstellen,
– eine Person oder Sachen durchsuchen,
– eine Person fesseln, wenn Tatsachen die Annahme rechtfertigen, dass die Person den Luftfahrzeugführer oder Dritte angreifen oder Sachen beschädigen wird.

Zur Durchsetzung der von ihm für erforderlich gehaltenen Maßnahmen darf der Luftfahrzeugführer **Zwangsmittel** anwenden, wozu insbesondere auch körperliche Gewalt gehört (§ 12 III LuftSiG). Wie sich aus einem Gegenschluss zu § 12 III 3 LuftSiG ergibt, ist dem Luftfahrzeugführer der Gebrauch von Schusswaffen verwehrt. 99

d) Abgrenzung zu den Befugnissen von Sky Marshals

Seit den Anschlägen vom 11. September 2001 wird nicht nur versucht, die Sicherheit an den Flughäfen zu verbessern. Zugleich soll die **Sicherheit im Flugzeug** erhöht werden. Neben verschlossenen, nur von innen zu öffnenden und verstärkten Cockpittüren[74] werden zunehmend auch bewaffnete Luftsicher- 100

---

[73] BGBl. 1969 II S. 121.
[74] Dass gerade verschlossene Cockpittüren zur Germanwings-Katastrophe geführt haben, zeichnet *Schladebach*, GYIL 59 (2016), 603 ff. nach.

heitsbegleiter (Sky Marshals) eingesetzt.[75] Diese sind typischerweise Polizeibeamte, die wegen der gebotenen Geheimhaltung in Zivil gekleidet sind und nach streng vertraulichen Plänen in unregelmäßiger Folge auf solchen Flügen eingesetzt werden, für die eine besondere Gefährdung prognostiziert wird. Sie werden zumeist in relativer Nähe zum Cockpit platziert, um möglichen Terroristen den Weg ins Cockpit zu versperren.

101 Nach § 4a BPolG, der mit „Sicherheitsmaßnahmen an Bord von Luftfahrzeugen" überschrieben ist, kann die Bundespolizei zur Aufrechterhaltung oder Wiederherstellung der Sicherheit oder Ordnung an Bord deutscher Luftfahrzeuge eingesetzt werden. § 12 I 1 LuftSiG bleibt unberührt. Gem. § 4a S. 3 BPolG müssen Maßnahmen nach Satz 1 stets im Einklang mit den Anforderungen an die Sicherheit des Luftfahrzeugs und der Passagiere stehen und sind daher grundsätzlich in enger Abstimmung mit dem Luftfahrzeugführer zu treffen.

102 Das Verhältnis zwischen Luftfahrzeugführer (§ 12 LuftSiG) und Sky Marshal (§ 4a BPolG) wirft einige rechtssystematische und praktische Fragen auf.[76] Ersterer besitzt auch im Einsatzfall die unverändert fortbestehende Bordgewalt, hat aber kein Recht zum Schusswaffeneinsatz. Dagegen darf der Sky Marshal die Schusswaffe benutzen, soll sich mit dem Luftfahrzeugführer „abstimmen" und wird im Einsatzfall die zur Gefahrenabwehr handelnde Person sein. Wie bei einem in Richtung Cockpit stürmenden Terroristen eine enge Abstimmung zwischen Sky Marshal und Luftfahrzeugführer in kürzester Zeit erfolgen soll, ist nicht ersichtlich. In praktischer Hinsicht dürfte sich die Frage des Einschreitens jedoch ohnehin eher nach Effektivitätsgesichtspunkten, als nach rechtlichen Aspekten richten.

7. Abschussbefugnis nach § 14 III LuftSiG

a) Ausgangslage

103 Eine letzte zentrale Frage des Luftsicherheitsgesetzes betrifft die ehemals viel diskutierte Befugnis des Bundesministers der Verteidigung, ein **entführtes Passagierflugzeug** als ultima-ratio-Maßnahme abschießen zu lassen (§ 14 III LuftSiG). Diese Abschussbefugnis war eingebettet in ein Maßnahmenkonzept bei erheblichen Luftzwischenfällen, das bereits vor seinem Inkrafttreten am 15.1.2005 unter mehreren Gesichtspunkten verfassungsrechtlich sehr umstritten war.[77] Mit den §§ 13–15 LuftSiG wollte der Gesetzgeber Maßnahmen der Gefahrenabwehr in solchen Fällen ermöglichen, in denen ein entführtes Passa-

---

75 *Schladebach*, NVwZ 2006, 430 ff.
76 *Schladebach*, NVwZ 2006, 430 ff.; *Giemulla*, ZLW 2002, 528 ff.
77 *Baumann*, DÖV 2004, 853 ff.; *Kersten*, NVwZ 2005, 661 ff.; *Hartleb*, NJW 2005,

gierflugzeug zur Angriffswaffe umfunktioniert wird und gegen das Leben von Menschen eingesetzt werden soll. Als besonders gefährdete Einrichtungen werden in diesem Zusammenhang Sportstätten, Hochhäuser, Krankenhäuser, Chemiefabriken und Kernkraftwerke angeführt.

Unter dem nachwirkenden Eindruck der Anschläge vom 11. September 2001 und eines dagegen eher unbedeutenden Vorfalls vom 5.1.2003 über der Frankfurter Innenstadt meinte die damalige Bundesregierung, abstrakt-generelle Regelungen auch für einen derart singulären Fall, wie den eines über Deutschland befindlichen entführten Passagierflugzeugs, schaffen zu müssen. Die **verfassungsrechtlichen Zweifel** an den hierzu getroffenen Regelungen der §§ 13–15 LuftSiG waren allerdings so groß, dass Bundespräsident *Köhler* das Luftsicherheitsgesetz zwar nach Art. 82 GG ausfertigte, gleichzeitig jedoch anregte, das Bundesverfassungsgericht mit der Prüfung dieser Normen zu befassen. 104

b) Urteil des BVerfG von 2006

Das Bundesverfassungsgericht hat mit seinem Urteil vom 15.2.2006 die Vorschrift des § 14 III LuftSiG für unvereinbar mit Art. 2 II 1 i.V.m. Art. 87a II, Art. 35 II, III sowie Art. 1 I GG und damit für nichtig erklärt.[78] So fehle es an einer Gesetzgebungsbefugnis des Bundes, sei der Streitkräfteeinsatz nicht mit Art. 35 II, III GG vereinbar und würden Grundrechtspositionen verletzt. Mit an Deutlichkeit nicht steigerungsfähigen Aussagen nimmt das Bundesverfassungsgericht insbesondere einen Verstoß des § 14 III LuftSiG gegen die Menschenwürdegarantie aus Art. 1 I GG an: 105

„In der von § 14 III LuftSiG beschriebenen Extremsituation eines angeordneten Abschusses, die zudem durch die räumliche Enge eines im Flug befindlichen Luftfahrzeugs geprägt ist, seien Passagiere und Besatzung typischerweise in einer für sie ausweglosen Lage. Sie könnten ihre Lebensumstände nicht mehr unabhängig von anderen selbstbestimmt beeinflussen (Rdnr. 123).

Dies mache sie zum Objekt nicht nur der Täter. Auch der Staat, der in einer solchen Situation zur Abwehrmaßnahme des § 14 III LuftSiG greife, behandle sie als bloße Objekte seiner Rettungsaktion zum Schutze anderer. Die Ausweglosigkeit und Unentrinnbarkeit, welche die Lage der als Opfer betroffenen Flugzeuginsassen kennzeichneten, bestünden auch gegenüber denen, die den Abschuss des Luftfahrzeugs anordneten und durchführten. Flugzeugbesatzung und –passagiere könnten diesem Handeln des Staates auf Grund der von ihnen in keiner Weise beherrschbaren Gegebenheiten nicht ausweichen, sondern seien ihm wehr- und hilflos ausgeliefert mit der Folge, dass sie zusammen mit dem Luftfahrzeug gezielt abgeschossen und infolgedessen mit an Sicherheit grenzender Wahrscheinlichkeit getötet würden. Eine solche Behandlung missachte die Be-

---

1397 ff.; *Höfling/Augsberg*, JZ 2005, 1080 ff.; *Giemulla*, ZLW 2005, 32 ff.; *Ladiges*, Die Bekämpfung nicht-staatlicher Angreifer im Luftraum, 2007.
78 BVerfGE 115, 118.

troffenen als Subjekte mit Würde und unveräußerlichen Rechten. Sie würden dadurch, dass ihre Tötung als Mittel zur Rettung anderer benutzt werde, verdinglicht und zugleich entrechtlicht; indem über ihr Leben von Staats wegen einseitig verfügt werde, werde den als Opfern selbst schutzbedürftigen Flugzeuginsassen der Wert abgesprochen, der dem Menschen um seiner selbst willen zukomme (Rdnr. 124)."

c) Möglichkeit der Korrektur

106 Das Urteil des Bundesverfassungsgerichts stellt insbesondere in den Aussagen der zitierten Rdnr. 124 den wohl größten Vorwurf dar, der gegenüber einer Bundesregierung als Verfassungsorgan überhaupt denkbar ist. Ein Schuldeingeständnis der damaligen Regierung, insbesondere des Bundesministers des Innern und des Bundesministers der Verteidigung, für dieses rechtspolitische Komplettversagen ist nicht erklärt worden.

107 Seit 2006 wird vom Bundesministerium des Innern versucht, eine neue und vor allem verfassungsrechtlich tragfähige Lösung zu finden.[79] Obwohl es in der Literatur nicht an detaillierten Vorschlägen mangelt,[80] ist auch nach über zehn Jahren kein Weg zur Lösung dieser Frage ersichtlich, deren generelle Regelbarkeit jedenfalls mit guten Gründen bezweifelt werden kann. Es ist schwer vorstellbar, wie mit einer abstrakt-generellen Rechtsnorm eine derart singuläre Gefahrensituation so kodifiziert werden kann, dass wesentliche verfassungsrechtliche Prinzipien wie der Schutz des Lebens und die Menschenwürde der an Bord befindlichen unschuldigen Passagiere einerseits sowie die staatliche Schutzpflicht zur Rettung der an der potentiellen Absturzstelle befindlichen Menschen andererseits nicht zulasten des jeweils anderen Verfassungsrechtsprinzips eingeschränkt werden müssen. Eine Neuregelung sollte daher unterbleiben.[81]

d) Rechtsvergleich

108 Angesichts dieser Entscheidung erscheint interessant, ob das Recht anderer Staaten ähnliche Befugnisse enthält. So sehen das französische Recht seit 1975, das polnische Recht seit 2005, das slowakische Recht seit 2005 und das russische Recht seit 2006 die Möglichkeit des Abschusses eines Zivilluftfahrzeugs ausdrücklich vor.[82] In anderen Staaten wie Großbritannien, der Schweiz oder Österreich existiert eine ausdrückliche Abschussbefugnis nicht. Im Einzelfall

---

79 Wie ein Abschuss strafrechtlich zu bewerten ist, hat das BVerfG ausdrücklich offengelassen, dazu *Ladiges*, Die Bekämpfung nicht-staatlicher Angreifer im Luftraum, 2007, S. 403 ff.
80 *Giemulla*, in: ders./van Schyndel, LuftSiG, 2006, Vorbem. zu Abschnitt 3, Rn. 42 ff.; *Wiefelspütz*, ZRP 2007, 17 ff.; *Pestalozza*, NJW 2007, 492 ff.; *Depenheuer*, ZG 2008, 1 ff.
81 Zu den Gründen *Schladebach*, Lufthoheit, 2014, S. 322 ff.
82 *Froehlich*, ZLW 2006, 340 ff.; *Giemulla*, in: ders./van Schyndel, LuftSiG, 2006, Vorbem. zu Abschnitt 3, Rn. 15 ff.

kann sich jedoch die Zulässigkeit des Einsatzes von Waffengewalt gegen entführte Passagierflugzeuge aus dem jeweiligen Verfassungsrecht oder dem einfachen Recht ergeben.

In den USA haben die Luftsicherheitsbehörden keine entsprechenden Befugnisse. Nur der Präsident der Vereinigten Staaten kann in seiner Funktion als Oberbefehlshaber des Militärs (Art. 2 Sec. 2 (I) US-Verfassung) den Abschuss eines Luftfahrzeugs anordnen.

109

VI. Das Flugunfall-Untersuchungs-Gesetz

1. Zielsetzung

Das Gesetz über die Untersuchung von Unfällen und Störungen bei dem Betrieb ziviler Luftfahrzeuge (Flugunfall-Untersuchungs-Gesetz – FlUUG) vom 26.8.1998[83] ist in Umsetzung der Richtlinie 94/56/EWG des Rates vom 21.11.1994 über Grundsätze für die Untersuchung von Unfällen und Störungen in der Zivilluftfahrt[84] ergangen.[85] Die bis dahin dem Luftfahrt-Bundesamt zugeordnete Aufgabe der Flugunfalluntersuchung ist aus dessen Zuständigkeit herausgelöst und in einem eigenen Gesetz unter Berücksichtigung der europarechtlichen Vorgaben neu geregelt worden.

110

Das vorrangige Ziel des Gesetzes besteht darin, Unfälle und Störungen bei dem Betrieb ziviler Luftfahrzeuge in Deutschland einer Untersuchung zu unterziehen mit dem ausschließlichen Zweck, die Ursachen aufzuklären und dadurch künftige Unfälle und Störungen zu verhüten (§ 3 I 1 FlUUG). § 3 II FlUUG stellt ausdrücklich klar, dass die Untersuchungen nicht der Feststellung des Verschuldens, der Haftung oder von Ansprüchen dienen. Zuständig für die Flugunfalluntersuchung ist die Bundesstelle für Flugunfalluntersuchung (BFU) in Braunschweig, die im Geschäftsbereich des Bundesministeriums für Verkehr und digitale Infrastruktur errichtet worden ist (§ 4 I FlUUG).

111

2. Untersuchungsverfahren

Nach § 3 III FlUUG unterliegen der Untersuchung alle Unfälle und schweren Störungen, die sich beim Betrieb folgender Luftfahrzeuge ereignet haben:
– alle Flugzeuge während ihres Betriebs in einem Luftfahrtunternehmen,

112

---
83 BGBl. 1998 I S. 2470.
84 ABl. EU Nr. L 319 vom 12.12.1994, S. 14.
85 Ausführlich zur Flugunfalluntersuchung *Schuberdt/Thörnig*, in: Hobe/von Ruckteschell, Kölner Kompendium des Luftrechts, Bd. 2, 2009, II C Rn. 1 ff.

- Flugzeuge mit einer Höchstmasse über 2000 kg während ihres Betriebs außerhalb eines Luftfahrtunternehmens,
- Drehflügler,
- Luftschiffe,
- Ballone.

113   Die Legaldefinitionen für die Begriffe „Unfall" und „schwere Störung" ergeben sich aus den Begriffsbestimmungen des § 2 FlUUG. Danach ist für einen „Unfall" kennzeichnend, dass beim Betrieb eines Luftfahrzeugs
- eine Person tödlich oder schwer verletzt worden ist, oder
- das Luftfahrzeug oder die Luftfahrzeugzelle einen Schaden erlitten hat, oder
- das Luftfahrzeug vermisst wird oder nicht zugänglich ist.

114   Als „schwere Störung" wird ein Ereignis beim Betrieb eines Luftfahrzeugs angesehen, dessen Umstände darauf hindeuten, dass sich beinahe ein Unfall ereignet hätte. Im Anhang zum Gesetz sind Beispiele für schwere Störungen aufgeführt. Dort sind unter anderem Fastzusammenstöße („near misses"), gefährliche Begegnungen, nur knapp vermiedene Bodenberührung und Störungen bei Start oder Landung erwähnt.

115   Das in den §§ 8 ff. FlUUG geregelte Untersuchungsverfahren endet mit einem **Untersuchungsbericht** der Bundesstelle, der in einer der Art und Schwere des Ereignisses angemessenen Form zu verfassen ist (§ 18 FlUUG). Die Wiederaufnahme des Untersuchungsverfahrens ist innerhalb von zehn Jahren nach Fertigstellung des Untersuchungsberichts möglich, wenn wesentliche neue Tatsachen bekannt werden (§ 22 FlUUG).

VII. Luftverkehrsverwaltung in Deutschland

116   Verfassungsrechtliche Grundlage der innerstaatlichen Luftverkehrsverwaltung ist Art. 87d GG. Nach Art. 87d I 1 GG wird die Luftverkehrsverwaltung in bundeseigener Verwaltung geführt. Im Kern werden die Verwaltungsaufgaben daher durch Bundesbehörden wahrgenommen. Durch Bundesgesetz, das der Zustimmung des Bundesrates bedarf, können Aufgaben der Luftverkehrsverwaltung aber auch den Ländern als Auftragsverwaltung übertragen werden (Art. 87d II GG). Dies ist durch § 31 II LuftVG in großem Umfang geschehen.

1. Bundesministerium für Verkehr

117   § 31 I 1 LuftVG sieht vor, dass die Aufgaben des Bundes nach diesem Gesetz (LuftVG) und den Verordnungen der Europäischen Union, soweit es nichts

anderes bestimmt, von dem Bundesministerium für Verkehr und digitale Infrastruktur oder einer von ihm bestimmten Stelle wahrgenommen werden. Zwar wird ein erheblicher Teil dieser Aufgaben vom 1954 als Bundesoberbehörde errichteten Luftfahrt-Bundesamt und von den Landesministerien ausgeführt. Jedoch verbleiben zahlreiche Zuständigkeiten von substanziellem Gewicht beim Bundesministerium. Verantwortlich ist die dortige Abteilung „Luftfahrt".

2. Luftfahrt-Bundesamt

Durch das Gesetz über das Luftfahrt-Bundesamt vom 30.11.1954[86] ist das Luftfahrt-Bundesamt als Bundesoberbehörde für Aufgaben der Zivilluftfahrt errichtet worden.[87] Es untersteht dem Bundesministerium für Verkehr und digitale Infrastruktur. In Ausübung der entsprechenden Ermächtigung in § 1 II LBA-G hat das Bundesministerium Braunschweig als Sitz des Luftfahrt-Bundesamtes bestimmt. Regionale Außenstellen befinden sich in Berlin-Schönefeld, Düsseldorf, Frankfurt a. M., Hamburg, München und Stuttgart.

Die von § 2 I LBA-G aufgezählten Aufgaben umfassen zahlreiche Prüfungs-, Zulassungs- und Erlaubnisbefugnisse im Hinblick auf Luftfahrzeuge und Luftfahrer. Ein weiterer Aufgabenschwerpunkt liegt in der Führung bestimmter Luftfahrtdateien (§§ 64 ff. LuftVG). Dazu gehören etwa das Luftfahrzeugregister (§ 64 LuftVG), die zentrale Luftfahrerdatei (§ 65 LuftVG), die Luftfahrer-Eignungsdatei (§ 66 LuftVG) und das Deliktsregister (§ 68 LuftVG), in dem strafrechtlich in Erscheinung getretene Luftfahrer verzeichnet sind.

Nach § 2 II LBA-G kann das Bundesministerium dem Luftfahrt-Bundesamt weitere Aufgaben des Bundes auf dem Gebiet der Luftfahrt zuweisen. Im Laufe der Zeit hat dieses Amt einen erheblichen Aufgabenzuwachs erfahren, der vor allem aus der kontinuierlichen Fortentwicklung des Luftverkehrswesens resultiert. Deutlich betont werden muss jedoch, dass diesen neuen Aufgaben auch eine Vergrößerung des Luftfahrt-Bundesamtes folgen muss.

3. Bundesstelle für Flugunfalluntersuchung

Als weitere Bundesoberbehörde im Geschäftsbereich des Bundesministeriums für Verkehr und digitale Infrastruktur ist durch das Flugunfall-Untersuchungs-Gesetz vom 26.8.1998[88] die Bundesstelle für Flugunfalluntersuchung

---
86 BGBl. 1954 I S. 354.
87 *Truscello*, in: Hobe/von Ruckteschell, Kölner Kompendium des Luftrechts, Bd. 1, 2008, I C Rn. 34 ff.
88 BGBl. 1998 I S. 2470.

errichtet worden (§ 4 FlUUG). Sie hat die – früher vom Luftfahrt-Bundesamt wahrgenommene und sodann auf die neu geschaffene Bundesstelle übertragene – Aufgabe, Unfälle und schwere Störungen beim Betrieb von Luftfahrzeugen in Deutschland zu untersuchen und deren Ursachen zu ermitteln.[89]

Die Bundesstelle soll ihre Aufgaben funktionell und organisatorisch unabhängig von anderen Luftfahrtbehörden, insbesondere vom Luftfahrt-Bundesamt, wahrnehmen (§ 4 II FlUUG). Wie das Luftfahrt-Bundesamt hat die Bundesstelle für Flugunfalluntersuchung ihren Sitz in Braunschweig.

4. Landesministerien

122 Von der in Art. 87d II GG geregelten Ermächtigung, durch Bundesgesetz Aufgaben der Luftverkehrsverwaltung den Ländern als Auftragsverwaltung zu übertragen, ist in Form des § 31 II LuftVG Gebrauch gemacht worden. In einem umfangreichen Katalog wurden vielfältige Erlaubnis-, Genehmigungs- und Aufsichtsbefugnisse der Länder niedergelegt. Diese Aufgaben werden entweder von den für Verkehr zuständigen Landesministerien oder aber von speziellen Landesluftfahrtbehörden wahrgenommen.

123 Für die Länder Berlin und Brandenburg ist durch den Staatsvertrag vom 4.5.2006 über die Zusammenarbeit auf dem Gebiet der Luftfahrtverwaltung[90] zum 1.8.2006 eine Gemeinsame Obere Luftfahrtbehörde Berlin-Brandenburg mit Sitz am Flughafen Berlin-Schönefeld errichtet worden. Sie ist für ausgewählte Aufgaben der Landesluftfahrtverwaltung beider Länder gemeinsam verantwortlich.

5. Deutsche Flugsicherung GmbH

124 Nachdem Anfang der 1990er Jahre[91] Art. 87d I GG um einen Satz 2 ergänzt worden war, konnte auf Grund der Ermächtigung in § 31b I LuftVG die **hoheitliche Aufgabe der Flugsicherung** zum 1.1.1993 auf die privatrechtlich organisierte Deutsche Flugsicherung GmbH (DFS) übertragen werden.[92] Die DFS ist als GmbH verfasst, deren Anteile ausschließlich vom Bund gehalten werden. Insofern hat lediglich eine Umwandlung in eine privatrechtliche Organisations-

---

89 *Truscello*, in: Hobe/von Ruckteschell, Kölner Kompendium des Luftrechts, Bd. 1, 2008, I C Rn. 81 ff.; *Schuberdt/Thörnig*, in: Hobe/von Ruckteschell, Kölner Kompendium des Luftrechts, Bd. 2, 2009, II C Rn. 19.
90 GVBl. Bbg. 2006 I S. 93.
91 Aus damaliger Sicht *Trampler*, Verfassungs- und unternehmensrechtliche Probleme der deutschen Flugsicherung, 1993.
92 *Kropp*, in: Hobe/von Ruckteschell, Kölner Kompendium des Luftrechts, Bd. 1, 2008, I C Rn. 119 ff.

form, nicht aber eine Privatisierung des Gesellschaftskapitals stattgefunden. Die DFS hat ihren Hauptsitz in Langen bei Frankfurt a. M. und ist darüber hinaus an jedem größeren Flughafen in Deutschland vertreten.

Angesichts der europarechtlich veranlassten Neuordnung der Flugsicherung in Europa, mit der das Ziel einer regulierten Nutzung des europäischen Luftraums verfolgt wird („Single European Sky"), ist die Organisation der Flugsicherung in allen EU-Mitgliedstaaten in Bewegung geraten. Die oben erwähnten Verordnungen (EU) 549–552/2004 sehen eine neue europäische Luftraumarchitektur vor, in der die Erbringung von Flugsicherungsdienstleistungen an den Grundsätzen des Wettbewerbs ausgerichtet werden soll. Die Flugsicherungsunternehmen sollen in einen freien, **europaweiten Wettbewerb** treten.

125

Dabei sehen die EU-Verordnungen nicht zwingend eine privatrechtliche Organisationsform vor. Vielmehr ist das europäische Flugsicherungsmanagement rechtsformneutral. Die Anbieter von Flugsicherungsdienstleistungen können daher privat- oder öffentlich-rechtlich strukturiert sein. Entscheidend ist, dass ihre strukturelle Trennung von den Aufsichtsbehörden sichergestellt ist.

126

Mit dem Entwurf eines Gesetzes zur Neuregelung der Flugsicherung vom 14.12.2005[93] sollte die Ermächtigung zur Organisationsprivatisierung, der § 31b LuftVG, ersatzlos gestrichen, der Bereich der Organisationsprivatisierung verlassen und damit eine Kapitalprivatisierung ermöglicht werden. Dem Bund sollte für einen Zeitraum von 20 Jahren eine **Sperrminorität** von 25,1% der Gesellschaftsanteile der DFS GmbH verbleiben, um einen hinreichenden Bundeseinfluss zu sichern. Damit sollte der Verkauf von bis zu 74,9% der Gesellschaftsanteile an private Investoren möglich werden.

127

Dieses Gesetz ist von Bundespräsident *Köhler* nicht unterzeichnet worden.[94] Wie schon in der Literatur angemerkt worden war,[95] verstoße die im Gesetzentwurf vorgesehene Kapitalprivatisierung der DFS gegen Art. 87d I 1 GG. Die Flugsicherung sei eine sonderpolizeiliche Aufgabe und somit hoheitlich wahrzunehmen. Die Aufgabenverantwortung müsse unabhängig von der Ausgestaltung der Aufgabe rechtlich beim Bund verbleiben. Deshalb erlaube Art. 87d I 2 GG lediglich eine **Organisationsprivatisierung**.

128

Außerdem verfüge der Bund mit nur noch 25,1% der Gesellschaftsanteile gesellschaftsrechtlich nicht über die verfassungsrechtlich zwingenden Instrumente zur operativen Steuerung des Unternehmens. Eine Sperrminorität von 25,1% vermittle nur eine Vetoposition. Diese verfassungsrechtlich zu geringen gesellschaftsrechtlichen Ingerenzmöglichkeiten würden schließlich dadurch

129

---
93 BT-Drs. 16/240.
94 Pressemitteilung des Bundespräsidialamtes vom 24.10.2006.
95 Dazu *Baumann*, DVBl. 2006, 332 ff.; *Tams*, NVwZ 2006, 1226 ff.; *Droege*, DÖV 2006, 861 ff.

vollständig entwertet, dass sie nach Ablauf eines Übergangszeitraums von 20 Jahren entfielen. Der Bund hätte in diesem Fall jeden **gesellschaftsrechtlichen Einfluss** innerhalb der DFS GmbH verloren. Der Gesetzentwurf ist sodann nicht weiterverfolgt worden. Mittlerweile ist es durch die Änderung des Art. 87d I 2 GG von 2009[96] verfassungsrechtlich zulässig, dass Aufgaben der Flugsicherung auch durch ausländische Flugsicherungsorganisationen wahrgenommen werden, die nach dem Recht der EU zugelassen sind. Das beantwortet nicht die Frage einer Kapitalprivatisierung, schafft jedoch eine Grundlage für den Single European Sky, in dem Flugsicherungsaufgaben auch von EU-ausländischen Unternehmen erbracht werden können.

6. Beauftragte für Luftsport

130 Als Beauftragte für Luftsport nehmen Verbände des Luftsportbereichs bestimmte hoheitliche Aufgaben der **Luftaufsicht** wahr. Dies ist nach § 29 II LuftVG grundsätzlich möglich und durch die Ermächtigung in § 31c LuftVG für den Bereich des Luftsports besonders ausgeformt.[97] Danach ist das Bundesministerium für Verkehr und digitale Infrastruktur ermächtigt, durch Rechtsverordnung ohne Zustimmung des Bundesrates juristische Personen des privaten Rechts mit der Wahrnehmung von Aufgaben im Zusammenhang mit der Benutzung des Luftraums durch Freiballone, Luftsportgeräte und Flugmodelle zu beauftragen.

131 Mit der Verordnung zur Beauftragung von Luftsportverbänden vom 16.12. 1993[98] wurde von dieser Ermächtigung Gebrauch gemacht. Sie enthält Einzelregelungen über diese hoheitlichen Aufgaben, deren Wahrnehmung durch die Luftsportverbände insgesamt als erfolgreich bewertet wird.

---

96 BGBl. 2009 I S. 2247.
97 *Kropp*, in: Hobe/von Ruckteschell, Kölner Kompendium des Luftrechts, Bd. 1, 2008, I C Rn. 130 ff.
98 BGBl. 1993 I S. 2111.

3. Teil

Privates Luftrecht

§ 7 Internationales privates Luftrecht

I. Das Warschauer Abkommen von 1929

1. Zielsetzung

1   Das Warschauer Abkommen zur Vereinheitlichung von Regeln über die Beförderung im internationalen Luftverkehr vom 12.10.1929[1] bildete für 75 Jahre das zentrale Abkommen für internationale Beförderungen von Personen, Gepäck und Fracht auf dem Luftweg. Es enthält neben Regelungen über Beförderungsdokumente und die Abfertigung von Passagieren, Gepäck und Fracht insbesondere **Haftungsvorschriften**, die seit jeher Gegenstand zahlreicher Diskussionen sind. Dazu gehört vor allem die Haftung des Luftfrachtführers (Transporteur) für Personenschäden, Sachschäden und Verspätungen.

2. Entwicklungslinien

2   Das Warschauer Abkommen wurde durch das Haager Protokoll von 1955 erstmals grundlegend geändert und ergänzt. Das Haager Protokoll, das für Deutschland am 1.8.1963 in Kraft getreten ist,[2] trat als Protokoll neben das fortgeltende Warschauer Abkommen. Da indes nur ein Teil der WA-Vertragsstaaten auch die Regelungen des Haager Protokolls ratifiziert hat, entstand der vom Schrifttum zu Recht kritisierte **„juristische Flickenteppich"**.

3   Aufgrund des Umstands, dass das Warschauer Abkommen eine „internationale Beförderung" voraussetzt, d.h. eine Beförderung zwischen zwei Staaten, war nicht immer sofort erkennbar, welche Fassung des Abkommens gegebenenfalls in Verbindung mit Zusatzabkommen oder Protokollen für diese Staaten anzuwenden war. Die weiteren Zusatzabkommen und Protokolle von Guadalajara (1961),[3] Montreal (1966), Guatemala (1971) und abermals Montreal

---

[1] RGBl. 1933 II S. 1039.
[2] BGBl. 1963 II S. 1295.
[3] BGBl. 1964 II S. 1317.

(1975) führten zu Ergänzungen und Änderungen,[4] die einer übersichtlichen Rechtslage ebenfalls nicht zuträglich waren.

Inhaltlich hatten sich über die Jahre zwei wesentliche **Kritikpunkte** herausgebildet. Zum einen wurden die im Haager Protokoll festgesetzten Haftungshöchstgrenzen zunehmend als zu niedrig empfunden. Zum anderen sollten die Belange der Verbraucher gestärkt werden. So sollte dem Passagier sowie dem Versender von Fracht die Belastung genommen werden, dem Luftfrachtführer ein Verschulden nachweisen zu müssen, wenn die fixierten Haftungsgrenzen überschritten werden sollten. 4

II. Das Montrealer Übereinkommen von 1999

1. Zielsetzung

Die in Montreal vom 10. bis 28.5.1999 tagende ICAO-Konferenz setzte sich das – angesichts der existierenden schwer durchschaubaren Rechtslage – anspruchsvolle Ziel, die zahlreichen Zusatzabkommen und Protokolle in einem Regelwerk zusammenzuführen und das nicht mehr zeitgemäße **Haftungsregime** für internationale Beförderungen zu modernisieren. Als Ergebnis dieser Konferenz wurde das Montrealer Übereinkommen zur Vereinheitlichung bestimmter Vorschriften über die Beförderung im internationalen Luftverkehr unterzeichnet. Es trat nach Hinterlegung der 30. Ratifikationsurkunde am 4.11.2003 für die bis dahin ratifizierenden Staaten in Kraft. Für Deutschland, die anderen EU-Mitgliedstaaten und die EU, die selbst Vertragspartei ist, trat das Montrealer Übereinkommen am 28.6.2004 in Kraft.[5] 5

Damit hat es nach 75 Jahren das vielfach geänderte Warschauer Abkommen abgelöst. Letzteres wird für die Staaten, die das Montrealer Übereinkommen noch nicht ratifiziert haben oder es nicht ratifizieren wollen, noch fortgelten. Ungeachtet dessen stellt das Montrealer Übereinkommen nunmehr die **zentrale Rechtsgrundlage** des internationalen privaten Luftrechts dar und soll in seinen Grundzügen nachfolgend kurz vorgestellt werden.[6] 6

---

4 Dazu *Kirsch*, in: Hobe/von Ruckteschell, Kölner Kompendium des Luftrechts, Bd. 3, 2010, I A Rn. 30 ff.
5 BGBl. 2004 II S. 458; dazu *Bollweg*, ZLW 2000, 439 ff.; *Cheng*, ZLW 2000, 287 ff.; *Diederiks-Verschoor*, Current Practice and Development in Air Cargo: Comparison Warsaw Convention 1929 and Montreal Convention 1999, in: Benkö/Kröll, Festschrift für Böckstiegel, 2001, S. 26 ff.; *Littger/Kirsch*, ZLW 2003, 563 ff.; *Müller-Rostin*, ZLW 2000, 36 ff.
6 *Reuschle*, Montrealer Übereinkommen, 2. Aufl. (2011); *Saenger*, NJW 2000, 169 ff.; *Schmid/Müller-Rostin*, NJW 2003, 3516 ff.; *Weber*, The Modernization and Consolidation of the Warsaw System on Air Carrier Liability, in: Benkö/Kröll, Festschrift für Böckstiegel,

2. Anwendungsbereich

7 Das Montrealer Übereinkommen gilt für jede internationale Beförderung von Personen, Reisegepäck oder Gütern, die durch Luftfahrzeuge gegen Entgelt erfolgt (Art. 1 I MÜ). Es gilt darüber hinaus für den seltenen Fall einer unentgeltlichen Beförderung durch Luftfahrzeuge.

8 Eine „**internationale Beförderung**" ist gegeben, wenn nach der Vereinbarung der Parteien der Abgangsort und der Bestimmungsort in den Hoheitsgebieten von zwei Vertragsstaaten liegen. Dabei ist unerheblich, ob die Beförderung unterbrochen wird oder ein Wechsel des Luftfahrzeugs stattfindet.

9 Liegen Abgangsort und Bestimmungsort im selben Vertragsstaat, ist eine „internationale Beförderung" gegeben, wenn eine Zwischenlandung in einem anderen Staat vorgesehen ist, wobei dieser Staat nicht Vertragsstaat des Montrealer Übereinkommens sein muss. Lediglich zur Klarstellung des zuvor Gesagten legt das Übereinkommen fest, dass eine Beförderung zwischen zwei Orten innerhalb des Hoheitsgebiets nur eines Vertragsstaats (Bsp. New York – Los Angeles) ohne eine Zwischenlandung in einem anderen Staat nicht als „internationale Beförderung" gilt.

10 Die EU ist von dieser Regelung abgewichen. Durch Art. 1 der Verordnung (EG) 889/2002[7] wird der Geltungsbereich des Montrealer Übereinkommens auf Beförderungen im Luftverkehr **innerhalb** eines EU-Mitgliedstaats ausgeweitet. Dabei ist zu beachten, dass die Übertragung der Montrealer Vorschriften nicht unbesehen erfolgen kann, sondern die durch die Verordnung (EG) 889/2002 für die EU geschaffenen Regelungen zusätzlich anzuwenden sind.

3. Haftungsregime

a) Haftung für Tod oder Körperverletzung

11 Im Rahmen des Montrealer Haftungsregimes nimmt die Haftung des Luftfrachtführers – d.h. des ausführenden Lufttransportunternehmens – für Tod und Körperverletzung eine herausgehobene Stellung ein. Die Bedeutung der Regelungen für Unglücksfälle im Luftverkehr liegt auf der Hand. Nicht zuletzt die tragische Germanwings-Katastrophe vom 24.3.2015 in den französischen Alpen hat die Frage der Entschädigung für die Hinterbliebenen der Opfer nach den Maßstäben des Montrealer Übereinkommens erneut in das Bewusstsein der Öffentlichkeit treten lassen. Die hierfür einschlägigen Art. 17, 20 und 21 MÜ versuchen, einen angemessenen Interessenausgleich zwischen dem Luft-

---

2001, S. 247 ff.; *Kirsch*, in: Hobe/von Ruckteschell, Kölner Kompendium des Luftrechts, Bd. 3, 2010, I A Rn. 34 ff.
7 ABl. EG Nr. L 140 vom 30.5.2002, S. 2.

frachtführer einerseits und den Passagieren bzw. ihren Angehörigen andererseits zu schaffen.

Nach Art. 17 I MÜ hat der Luftfrachtführer den Schaden zu ersetzen, der dadurch entsteht, dass ein Reisender getötet oder körperlich verletzt wird, jedoch nur, wenn sich der Unfall, durch den der Tod oder die Körperverletzung verursacht wurde, an Bord des Luftfahrzeugs oder beim Ein- oder Aussteigen ereignet hat. Dem Luftfrachtführer steht der Einwand des Mitverschuldens des Passagiers zu. Weist der Luftfrachtführer nach, dass die Person, die den Schadensersatzanspruch erhebt, oder ihr Rechtsvorgänger den Schaden durch eine unrechtmäßige Handlung oder Unterlassung, sei es auch nur fahrlässig, verursacht oder dazu beigetragen hat, so ist er ganz oder teilweise von der Haftung befreit (Art. 20 MÜ).

Für den Tod oder die Körperverletzung eines Passagiers haftet der Luftfrachtführer bis zum Betrag von 100.000 Sonderziehungsrechten (SZR). Sonderziehungsrechte sind eine internationale variable Rechnungseinheit, die 1969 vom Internationalen Währungsfonds eingeführt worden ist. Der genannte Betrag von 100.000 SZR entspricht im Juni 2018 ca. 120.747 Euro. Ein Haftungsausschluss bis zu diesem Betrag ist nach Art. 21 I MÜ unzulässig. Darüber hinaus haftet der Luftfrachtführer grundsätzlich unbeschränkt, es sei denn, er kann den **Entlastungsnachweis** nach Art. 21 II MÜ führen. Für entsprechende Schäden über 100.000 SZR haftet er danach nicht, wenn er nachweist, dass
– dieser Schaden nicht auf eine unrechtmäßige Handlung oder Unterlassung des Luftfrachtführers oder seiner Leute, sei sie auch nur fahrlässig begangen, zurückzuführen ist oder
– dieser Schaden ausschließlich auf eine unrechtmäßige Handlung oder Unterlassung eines Dritten, sei sie auch nur fahrlässig begangen, zurückzuführen ist.

In den Fällen von Tod oder Körperverletzung von Passagieren hat der Luftfrachtführer gem. Art. 28 MÜ unverzüglich **Vorauszahlungen** an schadensersatzberechtigte natürliche Personen zur Befriedigung ihrer unmittelbaren wirtschaftlichen Bedürfnisse zu leisten. Diese Vorauszahlungen stellen keine Haftungsanerkennung dar und können mit späteren Schadensersatzleistungen des Luftfrachtführers verrechnet werden.

Die unter der Geltung des Warschauer Abkommens viel diskutierte Frage, ob Art. 17 I WA als Vorgängernorm des Art. 17 I MÜ auch den Ersatz ausschließlich **psychischer Schäden** umfasst, ist durch Art. 17 I MÜ nun – negativ – entschieden.[8] Da das Merkmal „sonstige Gesundheitsschäden" entfallen ist, kann für psychische Schäden (z.B. Schockschaden eines Angehörigen) kein Ersatz

---

8 *Schmid/Müller-Rostin*, NJW 2003, 3516 (3517).

verlangt werden.[9] Solche Schäden sind nur dann ersatzfähig, wenn sie in unmittelbarem Zusammenhang mit einem körperlichen Schaden entstanden sind.[10]

16 Ob die in Umsetzung des Montrealer Übereinkommens in nationales Recht geänderten §§ 35, 36 LuftVG diese unbestreitbar bestehende Lücke schließen können, also eine sachgerechte Anspruchsgrundlage für rein psychische Schäden bilden, erscheint offen. Immerhin kann nach § 36 S. 2 LuftVG „wegen des Schadens, der nicht Vermögensschaden ist, auch eine billige Entschädigung in Geld gefordert werden."

b) Haftung für Reisegepäck

17 Nach Art. 17 II MÜ haftet der Luftfrachtführer für die Zerstörung, den Verlust oder die Beschädigung von aufgegebenem Reisegepäck, wenn das verursachende Ereignis an Bord des Luftfahrzeugs oder während eines Zeitraums eingetreten ist, in dem sich das aufgegebene Reisegepäck in der Obhut des Luftfrachtführers befand. Die Norm definiert den Begriff „aufgegebenes Reisegepäck" nicht näher, verwendet ihn allerdings ausdrücklich als Gegenstück zu dem Begriff „nicht aufgegebenes Reisegepäck".[11] Trotz der recht undeutlichen Beschreibung, was für das „Aufgeben" kennzeichnend sein soll, wird man darunter alle Gegenstände zu verstehen haben, die der Reisende dem Luftfrachtführer vor oder bei Reiseantritt in dessen Obhut gegeben hat.[12] Die Haftungsobergrenze beträgt nach Art. 22 II MÜ 1.000 SZR, was etwa 1.2075 Euro entspricht.

18 Er haftet jedoch nicht, wenn und soweit der Schaden auf die Eigenart des Reisegepäcks oder einen ihm innewohnenden Mangel zurückzuführen ist. Bei nicht aufgegebenem Reisegepäck (d. h. Handgepäck), einschließlich persönlicher Gegenstände, haftet er, wenn der Schaden auf sein Verschulden oder das Verschulden seiner Leute zurückgeht.

c) Haftung für Güter

19 Der Luftfrachtführer haftet nach Art. 18 MÜ für Zerstörung, Verlust und Beschädigung von Gütern, wenn das schädigende Ereignis während der Luftbeförderung eingetreten ist. Auch der Begriff des „Gutes" erscheint recht unpräzise, wird insbesondere auch nicht vom Montrealer Übereinkommen legaldefi-

---

9 U.S. Supreme Court, Floyd et al vs. Eastern Airlines Inc, Urt. v. 17.4.1991 – 499 U.S. 530; dazu *Harakas*, ZLW 1991, 363 ff.; *Schmid*, TranspR 2000, 72 ff.; außerdem House of Lords, Morris vs. KLM Royal Dutch Airlines/King vs. Bristow Ltd., Urt. v. 28.2.2002.
10 OLG Köln, VersR 1998, 1120.
11 BGH, NJW-RR 2011, 787.
12 BGH, NJW-RR 2011, 787; *Reuschle*, Montrealer Übereinkommen, 2. Aufl. (2011), Art. 17 Rn. 35.

niert. Da sich jedoch der Umfang an Gegenständen und Stoffen, die man in einem Luftfahrzeug transportieren kann, wohl kaum exakt bestimmen lassen dürfte, wird man diesen lufttransportrechtlich bedeutenden Begriff nur negativ abgrenzen können. Güter im Sinne des Art. 18 MÜ sind Sachen aller Art, mit Ausnahme von Postsendungen, Reisegepäck und der dem Luftfrachtführer selbst gehörenden Gegenstände.

Von dieser Haftung kann sich der Luftfrachtführer durch den Nachweis entlasten, dass der Schaden durch einen dem Gut innewohnenden Mangel oder durch unsachgemäße Verpackung eingetreten ist. Nach Art. 22 III MÜ liegt die Haftungsobergrenze bei 17 SZR pro Kilogramm (20,53 Euro). Hat der Versender dagegen eine Wertdeklaration angegeben und den dafür verlangten Zuschlag entrichtet, so haftet der Luftfrachtführer bis zur Höhe des in der Deklaration angegebenen Betrags. 20

d) Haftung für Verspätung

Der Luftfrachtführer hat nach Art. 19 MÜ den Schaden zu ersetzen, der durch Verspätung bei der Luftbeförderung von Reisenden, Reisegepäck oder Gütern entsteht. Er haftet jedoch nicht für den Verspätungsschaden, wenn er nachweist, dass er und seine Leute alle zumutbaren Maßnahmen zur Vermeidung des Schadens getroffen haben oder dass es ihm oder ihnen nicht möglich war, solche Maßnahmen zu ergreifen. Für Verspätungsschäden haftet der Luftfrachtführer bei der Beförderung von Personen nur bis zu einem Betrag von 4.150 SZR (ca. 5.011 Euro) je Reisenden (Art. 22 I MÜ). 21

e) Gerichtsstand für Haftungsklagen

Die Klage auf Schadensersatz muss im Hoheitsgebiet eines der Vertragsstaaten erhoben werden, und zwar nach **Wahl des Klägers** entweder (1.) bei dem Gericht des Ortes, an dem sich der Wohnsitz des Luftfrachtführers, (2.) seine Hauptniederlassung oder (3.) seine Geschäftsstelle befindet, durch die der Beförderungsvertrag geschlossen worden ist, oder (4.) bei dem Gericht des Bestimmungsortes (Art. 33 I MÜ). 22

Klagen auf Schadensersatz aus einem Unfall, der zum Tod oder zu einer Körperverletzung geführt hat, können auch in dem Vertragsstaat erhoben werden, in dem der Reisende im Zeitpunkt des Unfalls seinen ständigen Wohnsitz hatte. Voraussetzung dafür ist allerdings, dass der Luftfrachtführer dorthin Passagierflugdienste mit eigenen Flugzeugen oder solchen eines anderen Luftfrachtführers anbietet. Dieser **neue Gerichtsstand** wurde auf Drängen der USA eingeführt, um den US-Bürgern möglichst weltweit einen Gerichtsstand in den USA zur Verfügung zu stellen. Zur Begründung führten die Vertreter der USA an, dass die US-Bürger nur so ihre regelmäßig sehr hohen Kompensationsvorstel- 23 lungen, die für sie andernorts in dieser Höhe nicht zu realisieren wären, durchsetzen können.[13]

III. Die International Air Transport Association (IATA)

1. Zielsetzung

24 Die International Air Transport Association (IATA) wurde am 19.4.1945 in Havanna auf Anregung der ICAO als **Nichtregierungsorganisation** der Luftverkehrsunternehmen ins Leben gerufen.[14] Am 18.12.1945 ist sie nach kanadischem Recht als internationale Körperschaft zur weltweiten Interessenvertretung des gewerblichen Luftverkehrs gegründet worden. Ihr Hauptsitz ist Montreal, ihre weiteren Sitze befinden sich in Genf und New York.

25 Die Ziele der IATA sind die Förderung eines sicheren, regelmäßigen und wirtschaftlichen Luftverkehrs zum Wohle und Nutzen der Völker der Welt, der Ausbau des Handelsverkehrs, die Unterstützung der Zusammenarbeit zwischen den Lufttransportunternehmen und die Zusammenarbeit mit der ICAO.

26 **Mitglied der IATA** kann jedes Luftverkehrsunternehmen werden, das von einem ICAO-Vertragsstaat zum gewerblichen Luftverkehr zugelassen worden und aufgrund bilateraler Luftverkehrsabkommen berechtigt ist, planmäßigen internationalen Fluglinienverkehr durchzuführen. Da diese Beschränkung auf den planmäßigen Fluglinienverkehr wegen der steigenden Bedeutung des Charterflugverkehrs zunehmend als nicht mehr zeitgemäß erachtet worden ist, öffnete sich die IATA ab 1974 auch für Bedarfsluftverkehrsunternehmen (Charterunternehmen). Zu den praktisch wichtigsten Aufgaben der IATA zählen die Tarifkoordinierung und die Vergabe der zweistelligen IATA-Codes an jedes Mitglieds-Luftverkehrsunternehmen.

2. Organe

a) Generalversammlung

27 Das oberste Organ der IATA ist die Generalversammlung, die jährlich tagt und in der jedes Mitglied eine Stimme besitzt. Die Generalversammlung trifft die Entscheidungen über die Tätigkeit der IATA, beschließt das Budget, richtet Fachausschüsse ein und beaufsichtigt deren Arbeit. Den Vorsitz in der Generalversammlung, deren Beratungen nicht öffentlich sind, führt der Präsident.

---

13 *Schmid/Müller-Rostin*, NJW 2003, 3516 (3520).
14 Umfassend *Haanappel*, in: Hobe/von Ruckteschell, Kölner Kompendium des Luftrechts, Bd. 1, 2008, I A Rn. 282 ff.; *Hailbronner*, IATA, in: Bernhardt, EPIL II, 1995, 1047 ff.

b) Exekutivausschuss

Der Exekutivausschuss ist das oberste Verwaltungsorgan, das die Geschäfte der IATA zwischen den Generalversammlungen führt. Er setzt sich aus mindestens neun und höchstens 13 Präsidenten der in der IATA vertretenen Luftverkehrsunternehmen zusammen. Der Exekutivausschuss entscheidet mit Stimmenmehrheit.

28

Für bestimmte Angelegenheiten kann er Unterausschüsse einrichten. Als Fachausschüsse bestehen der Verkehrs-, der Fracht-, der Technische- und der Finanzausschuss. Als Sonderausschüsse sind der Planungs-, der Vorsitzenden- und der Ausschuss für Personalentwicklung zu nennen.

29

c) Generaldirektor

Der Generaldirektor wird vom Exekutivausschuss gewählt und von der Generalversammlung bestätigt. Ihm ist ein Sekretariat unterstellt, das nach Geschäftsbereichen in verschiedene Direktionen unterteilt ist. Diese unterstützen die Arbeit der Ausschüsse und nehmen im Übrigen Verwaltungsaufgaben wahr.

30

§ 8 Europäisches privates Luftrecht

1   Das europäische private Luftrecht nimmt die Rechtsbeziehungen zwischen dem Luftverkehrsunternehmen und dem Fluggast bei der Luftbeförderung in den Blick. Es hat allerdings noch keine so deutlichen Strukturen erhalten, dass es bereits die wesentlichen Elemente des Beförderungsvertrags, etwa dessen *essentialia negotii*, europarechtlich bestimmt. Jedoch hat der europäische Gesetzgeber mit mehreren EU-Verordnungen häufig auftretende Leistungsstörungen bei der Luftbeförderung erfasst und im Falle ihres Auftretens Ausgleichs- und Unterstützungsleistungen zugunsten der betroffenen Fluggäste geregelt. Das europäische private Luftrecht ist daher in erster Linie europäisches Verbraucherschutzrecht, das die Qualität der konkreten Beförderungsdienstleistung garantieren will.

I. Fluggastrechte bei Nichtbeförderung, Annullierung oder Verspätung

1. Zielsetzung der Verordnung (EG) 261/2004

2   Mit der seit ihrem Erlass permanent diskutierten Verordnung (EU) 261/2004 vom 11.2.2004[1] sind von der EU oft auftretende **Leistungsstörungen** bei der Beförderung von Fluggästen geregelt worden. Zu Recht wird in deren Erwägungsgrund 2 festgestellt, dass Nichtbeförderung, Annullierung oder eine große Verspätung von Flügen für die Fluggäste ein Ärgernis sind und ihnen große Unannehmlichkeiten verursachen. Deshalb sollen mit dieser Verordnung die Schutzstandards erhöht werden, um die Rechte der Fluggäste zu stärken. Die Zielsetzung dieses europäischen Sekundärrechtsakts liegt somit in einem **verbesserten Verbraucherschutz**.

3   Gleichzeitig soll sichergestellt werden, dass die Geschäftstätigkeit von Luftverkehrsunternehmen in einem liberalisierten Markt einheitlichen Bedingungen unterliegt. Eine weniger stark regelnde Richtlinie hätte diesen Effekt nicht. Sie hätte lediglich „harmonisiert", dabei aber durchaus unterschiedliche Rege-

---

1 ABl. EU Nr. L 46 vom 17.2.2004, S. 1.

lungsintensitäten in den EU-Mitgliedstaaten ermöglicht. Die Ausgangsbedingungen für einen fairen Wettbewerb zwischen den Luftverkehrsunternehmen wären dann ungleich. Deshalb entschied sich die EU für eine die Rechtslage in den EU-Mitgliedstaaten vereinheitlichende Verordnung.

Dabei muss darauf hingewiesen werden, dass der überwiegende Teil der Luftverkehrsunternehmen sich heftig gegen den Erlass dieser Verordnung gewehrt und ein entsprechendes **Regelungsbedürfnis** stark in Zweifel gezogen hat. Tatsächlich hat es auch vor dem Erlass der Verordnung bei vielen Luftverkehrsunternehmen bereits zum „guten Ton" gehört, sich angemessen und professionell um Passagiere zu kümmern, die von Störungen im Flugverkehr betroffen waren. Es ist daher nicht völlig unverständlich, dass viele Luftverkehrsunternehmen unter Hinweis auf ihre geübte Betreuungspraxis diese europäische Neuregelung ablehnten. Die EU-Kommission als „Motor (auch) der verbraucherschutzrechtlichen Integration" hat das Erfordernis von den Fluggast schützenden Regelungen anders bewertet und das Rechtsetzungsverfahren mit Nachdruck betrieben.

4

Dieser oft als „Fluggastrecht" kategorisierte Teilbereich des europäischen privaten Luftrechts hat in den letzten Jahren eine derart **intensive Rechtsprechungstätigkeit** sowohl nationaler Zivilgerichte als auch des EuGH ausgelöst, dass die geltende Rechtslage nur noch von einigen Spezialisten des Zivilrechts exakt überblickt und rekonstruiert werden kann.[2] Großangelegte Rechtsprechungsübersichten[3] oder die Bewertung von Einzelfragen[4] versuchen zumindest temporär Klarheit zu schaffen, bleiben jedoch Momentaufnahmen, da der EuGH schon bald die nächste Grundsatzentscheidung getroffen hat bzw. treffen musste. Dem Grundrisscharakter dieses Lehrbuchs folgend, können daher hier nur die Grundaussagen dieser Verordnung thematisiert werden.

5

2. Anwendungsbereich

Die Verordnung erfasst als Flugverkehrsart zum einen den **Linienflugverkehr**, also die Beförderung von Fluggästen im planmäßigen Flugverkehr. Fraglich war, ob zum anderen auch der **Bedarfsflugverkehr** (Charterflugverkehr) durch die Verordnung geregelt wird. Denn Charterflüge sind häufig Bestandteil von

6

---

[2] Etwa Staudinger/Keiler (Hrsg.), Fluggastrechte-Verordnung, Kommentar, 2016; *Ehlers/Müller-Rostin*, in: Hobe/von Ruckteschell, Kölner Kompendium des Luftrechts, Bd. 3, 2010, III A Rn. 1 ff.
[3] Etwa *Schmid*, NJW 2006, 1841 ff.; *Schmid/Schürmann*, ZLW 2012, 229 ff.; *Politis*, RdTW 2013, 190 ff.; *Krey/Makiol*, ZLW 2014, 224 ff.; *Wienbracke*, NZV 2017, 206 ff.; *ders.*, NZV 2018, 206 ff.
[4] Etwa *Staudinger*, NJW 2007, 3392 ff.; *Brecke*, ZLW 2012, 358 ff.; *Schladebach/Mildenstein*, EuZW 2012, 940 ff.

Pauschalreisen und dort mit anderen Leistungen wie Transport vom bzw. zum Flughafen, Hotelunterbringung etc. kombiniert. Deshalb konnte angenommen werden, dass der Flug als Teilleistung innerhalb dieses Leistungspakets nicht isoliert betrachtet werden kann.

7 Jedoch differenziert die Verordnung nicht zwischen Linienflugverkehr und Bedarfsflugverkehr. Festgestellt wird vielmehr, dass die ursprünglich stärkere Unterscheidung dieser beiden Flugverkehrsarten an Deutlichkeit verliert. Der durch die Verordnung eingeführte Schutz der Fluggäste soll sich daher auch auf Fluggäste im Bedarfsflugverkehr, einschließlich Flügen im Rahmen von Pauschalreisen, erstrecken.[5]

3. Allgemeine Anspruchsvoraussetzungen

8 Die Voraussetzungen, unter denen ein Fluggast Anspruch auf Ausgleichs- und Unterstützungsleistungen hat, sind in der Verordnung recht unübersichtlich geregelt. Es bietet sich deshalb an, sie nach allgemeinen und besonderen Voraussetzungen unterteilt darzustellen.

9 Als Voraussetzungen, die von jedem Fluggast für eine Anspruchsberechtigung verlangt werden, legt die Verordnung fest, dass der Fluggast
– von einem Flughafen eines EU-Mitgliedstaates startet oder
– mit einem europäischen Luftverkehrsunternehmen von einem Drittstaat in einen EU-Mitgliedstaat startet, es sei denn, er hat in diesem Drittstaat Ausgleichs- und Unterstützungsleistungen erhalten,

und

– über eine bestätigte Buchung für den betreffenden Flug verfügt und sich zu der darin angegebenen Zeit zur Abfertigung einfindet,
oder, falls keine Zeit angegeben wurde,
– sich spätestens 45 Minuten vor der veröffentlichten Abflugzeit zur Abfertigung einfindet.

4. Besondere Anspruchsvoraussetzungen

10 Die besonderen Voraussetzungen richten sich danach, welche Kategorie der Leistungsstörung im konkreten Fall vorliegt. Zu unterscheiden ist zwischen **vier Kategorien**: Nichtbeförderung, Annullierung, Verspätung und Höher- bzw. Herabstufung.

---

5 Erwägungsgrund 5.

a) Nichtbeförderung

(1) Begriff. Nichtbeförderung ist die Weigerung, Fluggäste zu befördern, obwohl sich diese mit einem gültigen Ticket rechtzeitig am Flugsteig eingefunden haben und keine vertretbaren Gründe für die Nichtbeförderung vorliegen. Die Legaldefinition findet sich in Art. 2 lit. j) der Verordnung.[6] Bei dem Merkmal des „rechtzeitigen Einfindens" handelt es sich um eine allgemeine Anspruchsvoraussetzung (siehe 3.).

11

Als „vertretbare Gründe für die Nichtbeförderung" nennt die Verordnung beispielhaft Gründe der Gesundheit, der allgemeinen oder betrieblichen Sicherheit oder unzureichende Reiseunterlagen. Kann etwa der Fluggast keinen Reisepass vorlegen, soll die Ablehnung der Beförderung vertretbar sein. Die aufgezählten Beispiele 1 und 3 zeigen an, dass nur solche Gründe in Betracht kommen, die in der **Verantwortungssphäre des Fluggastes** liegen und damit dem Luftverkehrsunternehmen nicht zugerechnet werden können.

12

Zweifelhaft erscheint in dieser – nicht abschließenden – Aufzählung die „allgemeine oder betriebliche Sicherheit". Denn die Gewährleistung betrieblicher Sicherheit obliegt nur dem Unternehmen. Dagegen erscheint es naheliegend, dass die **allgemeine Sicherheit** weder vom Fluggast, noch vom Unternehmen zu verantworten ist. Die Einordnung dieser Sicherheitstatbestände in die „vertretbaren Gründe" verlangt jedoch eine an Sinn und Zweck orientierte Auslegung der hier verwendeten Sicherheitsbegriffe. Es muss sich um solche Sicherheitsgründe handeln, deren Ursache in der Person des Fluggastes liegt. So kann das Mitführen gefährlicher Gegenstände durch einen Fluggast Anlass bieten, ihm aus allgemeinen Sicherheitsgründen die Beförderung zu verweigern.

13

Die **Überbuchung** eines Fluges, ein häufig angeführter Grund für eine Nichtbeförderung, wird zutreffend nicht als vertretbarer Grund erwähnt.[7] Die Überbuchung ist klar der Risikosphäre des Unternehmens zuzurechnen. Sie ist – entgegen anders lautender Behauptungen bei der Abfertigung – gerade keine (plötzlich aufgetretene) Panne bei der Datenverarbeitung im Reservierungssystem, sondern wird vom Unternehmen gezielt gesteuert, um die Auslastung von Flügen zu optimieren. Das Unternehmen nimmt bewusst das Risiko in Kauf, dass mehr Fluggäste mit gültigem Ticket den Flug antreten wollen, als das eingesetzte Flugzeug Sitzplätze hat. Diese Planung hat das Unternehmen zu vertreten, so dass es sich von der Verantwortung für die Nichtbeförderung nicht entlasten kann.

14

---

[6] Zur weiteren Konkretisierung *Schladebach/Mildenstein*, EuZW 2012, 940 ff.
[7] *Ehlers/Müller-Rostin*, in: Hobe/von Ruckteschell, Kölner Kompendium des Luftrechts, Bd. 3, 2010, III A Rn. 14.

(2) Verzicht

15 *(a) Freiwilliger Verzicht.* Ist nach diesen Maßgaben ein Fall der Nichtbeförderung gegeben, ist das Unternehmen verpflichtet, andere Fluggäste zu einem freiwilligen Verzicht auf die Beförderung zu bewegen. Die Gegenleistungen für diesen Verzicht sind zwischen dem Unternehmen und dem Freiwilligen zu vereinbaren. Die hier denkbaren Leistungen sind zahlreich und reichen von der Erstattung des Ticketpreises über eine anderweitige Beförderung zum Zielort bis zu einer Beförderung zu einem anderen Ort mit Transfer zum eigentlichen Zielflughafen. Bei diesen Verhandlungen hat der zurücktretende Fluggast wegen seines freiwilligen Verzichts generell eine starke Position gegenüber dem Unternehmen inne.

16 *(b) Unfreiwilliger Verzicht.* Finden sich keine oder zu wenige Freiwillige, so darf das Unternehmen Fluggästen gegen ihren Willen die Beförderung verweigern. Der abgewiesene Fluggast hat dann zunächst den **selbstverständlichen Anspruch** auf Erstattung des Ticketpreises oder darauf, sich anderweitig zum Zielflughafen (direkter oder indirekter Weg) befördern zu lassen.

17 Neu und darüber hinausgehend ist der zusätzliche Anspruch auf **Ausgleich in Geld**, dessen Höhe sich nach der Entfernung des gebuchten Fluges richtet. Bei einer Entfernung bis zu 1500 km ist ein Ausgleichsanspruch von 250 Euro, zwischen 1500 km und 3500 km von 400 Euro und ab 3500 km von 600 Euro festgelegt.

18 Als lebensnah und damit positiv ist der ebenfalls neue Anspruch auf **zusätzliche Unterstützungsleistungen** (Art. 9 spricht von „Betreuungsleistungen") zu bewerten, der die persönlichen Unannehmlichkeiten des Fluggastes ausgleichen soll, die ihm durch die Leistungsstörung entstehen. So kann er Mahlzeiten und Erfrischungen in angemessenem Verhältnis zur Wartezeit verlangen und unentgeltlich zwei Telefongespräche führen oder zwei Telexe, Telefaxe[8] oder e-mails senden. Wird er am anderen Tag anderweitig zum Zielflughafen befördert, hat er Anspruch auf Hotelunterbringung und Transfer zwischen Flughafen und Hotel.

b) Annullierung

19 *(1) Begriff.* Unter Annullierung wird die **Nichtdurchführung** eines geplanten Fluges verstanden, für den zumindest ein Platz reserviert war (Art. 2 lit. l).[9] Nach Art. 5 III ist das Unternehmen von Ausgleichsleistungen dann befreit, wenn es als Grund der Annullierung „außergewöhnliche Umstände" nachwei-

---

[8] Diese Kommunikationsoptionen waren schon zum Zeitpunkt des Erlasses der Verordnung antiquiert.
[9] Dazu *Ehlers/Müller-Rostin*, in: Hobe/von Ruckteschell, Kölner Kompendium des Luftrechts, Bd. 3, 2010, III A Rn. 17.

sen kann. Der Verordnungstext selbst enthält keine Definition dieses hochbedeutsamen Ausschlussgrundes. Allerdings nennt Erwägungsgrund 14 der Verordnung in seiner nicht abschließenden Aufzählung („insbesondere") folgende „außergewöhnliche Umstände": politische Instabilität, Wetterbedingungen, Sicherheitsrisiken, unerwartete Flugsicherheitsmängel und Streiks, die innerhalb und außerhalb des befördernden Unternehmens stattfinden.

Ein tatsächlich häufig anzutreffender Annullierungsgrund sind **schlechte Wetterbedingungen** am Start- oder Zielflughafen. In einem solchen Fall ist eine sichere Beförderung nicht sichergestellt, so dass die Berufung des befördernden Luftverkehrsunternehmens auf diesen Grund völlig gerechtfertigt ist. Eine weitergehende Frage ist, ob bei bekannt schlechten Wetterbedingungen an bestimmten Flughäfen das Luftverkehrsunternehmen verpflichtet sein soll, besonders ausgestattete und damit auch für das jeweilige Wetter geeignete Flugzeuge einzusetzen. So wird zum Teil erwogen, dass sich Luftverkehrsunternehmen dann nicht entlasten können, denn es hat nicht alle zumutbaren Maßnahmen zur Vermeidung der Flugannullierung getroffen.[10] In der Rechtsprechung hat diese Ansicht noch keinen Niederschlag gefunden.

20

In der EuGH-Entscheidung „Wallentin-Hermann v. Alitalia" von 2008[11] wurde überzeugend geurteilt, dass **technische Probleme**, die sich bei der aktiven Wartung des Flugzeugs oder infolge einer unterlassenen Wartung ergeben, keinen „außergewöhnlichen Umstand" darstellen. Im Schrifttum wurde diese Entscheidung zustimmend besprochen.[12]

21

Diskussionen werfen auch **Streiks** auf. Erwägungsgrund 14 nennt innere und äußere Streiks gleichermaßen. In jedem Fall wird der Streik fremden, also externen Personals einen außergewöhnlichen Umstand bilden. Bei unternehmensinternen Streiks kann man dagegen mit guten Gründen annehmen, dass das Luftverkehrsunternehmen selbst für den Ausbruch eines Streiks verantwortlich ist und damit kein außergewöhnlicher Umstand vorliegt.[13] Diese sachgerechte Interpretation bedeutet jedoch, die gemeinsame Erwähnung im Erwägungsgrund 14 zu überspielen.

22

(2) Ansprüche des Fluggastes. Die Ansprüche des Fluggastes eines annullierten Fluges richten sich danach, wie zeitig er vom Unternehmen über die Annullierung informiert worden ist.

23

---

10 *Ehlers/Müller-Rostin,* in: Hobe/von Ruckteschell, Kölner Kompendium des Luftrechts, Bd. 3, 2010, III A Rn. 23; *Schmid,* ZLW 2005, 373 (378).
11 EuGH, Slg. 2008, I-11061 = NJW 2009, 347.
12 *Müller-Rostin,* NZV 2009, 430 ff.; *Balfour,* ZLW 2009, 224 ff.; *Bartlik,* RRa 2009, 272 ff.
13 *Ehlers/Müller-Rostin,* in: Hobe/von Ruckteschell, Kölner Kompendium des Luftrechts, Bd. 3, 2010, III A Rn. 22.

24 *(a) Frühzeitige Information.* Bei der Information mindestens zwei Wochen vor dem planmäßigen Abflug geht die Verordnung von einer vergleichsweise **großen Flexibilität** des Fluggastes aus und gewährt ihm einen Anspruch auf anderweitige Beförderung. Erfolgt die Information zwischen zwei Wochen und sieben Tagen vor Abflug, ist der Fluggast nur noch eingeschränkt flexibel. Er hat dann Anspruch auf anderweitige Beförderung, mit der er allenfalls vier Stunden später am Zielort ankommt. Wird der Fluggast hingegen weniger als sieben Tage vor Abflug informiert, steht ihm ebenfalls eine anderweitige Beförderung zu, mit der er dann höchstens zwei Stunden später am Zielort eintrifft.

25 *(b) Kurzfristige Information.* Besonders ärgerlich ist es jedoch, wenn der Fluggast über die Annullierung des Fluges **erst bei der Abfertigung** am Flughafen informiert wird. Es ist daher sachgerecht, wenn die Luftverkehrsunternehmen für diesen Fall zu Ausgleichs- und Unterstützungsleistungen verpflichtet werden.

26 Als Selbstverständlichkeit ist dabei anzusehen, dass der Fluggast hier zwischen der Erstattung des Ticketpreises und anderweitiger Beförderung zum Zielort wählen kann. Daneben stehen ihm die bereits oben genannten zusätzlichen Leistungen (Mahlzeiten, Telefongespräche) zu. Als Schadensersatz kann er außerdem auch **Ausgleichsleistungen** verlangen, die wiederum nach der Entfernung des gebuchten Fluges gestaffelt sind und zwischen 250 Euro (bis 1500 km) und 600 Euro (ab 3500 km) liegen.

c) Verspätung

27 *(1) Begriff.* Eine Verspätung ist eine Verzögerung beim Abflug von **mindestens zwei Stunden**. Dies folgt nicht aus einer – denkbaren – Legaldefinition, sondern aus der Formulierung in Art. 6 der Verordnung. Der erforderliche Mindestumfang der Verspätung zeigt ebenso wie der Erwägungsgrund 2 an, dass die Verordnung nicht jedwede, sondern nur große Verspätungen zu regeln beabsichtigt. Dies ist deshalb sachgerecht, weil die Planung und Abfertigung von Flügen ein hochkomplexer Vorgang ist, bei dem kleinere zeitliche Verschiebungen kaum jemals völlig vermeidbar sind. Um insoweit einen fairen Ausgleich zwischen den Interessen des Fluggastes einerseits und dem ausführenden Luftverkehrsunternehmen andererseits zu schaffen, hat sich die Verordnung für eine Mindesttoleranzzeit von zwei Stunden und darüber hinaus eine gestaffelte Regelung je nach Flugentfernung entschieden. Zu betonen ist, dass es sich bei der in Art. 6 geregelten Verspätung um eine Abflugverspätung, nicht wie bei Art. 19 des Montrealer Übereinkommens um eine Ankunftsverspätung handelt.

28 *(2) Ansprüche nach dem Verspätungsumfang.* Die Besonderheit der Verspätungsregelung besteht darin, dass finanzielle Ausgleichsansprüche nicht be-

stimmt worden sind.¹⁴ Die Luftverkehrsunternehmen wurden lediglich verpflichtet, die Fluggäste bei einer Flugverspätung von mehr als zwei Stunden zu betreuen.¹⁵ Denn durch den maßgeblichen Art. 6 wird auf die Unterstützungs- und Betreuungsleistungen nach Art. 8 und 9, nicht aber auf die finanziellen Ausgleichsansprüche nach Art. 7 verwiesen. Es sind daher die Kosten der Verpflegung sowie gegebenenfalls der Hotelunterbringung und der notwendigen Transfers zu übernehmen. Da die Verspätung **keinen Anspruch auf Ausgleichsleistungen** auslöst, bedurfte es nach Ansicht des EU-Gesetzgebers auch keiner Entlastungsmöglichkeit, wie sie bei der Nichtbeförderung mit „vertretbaren Gründen" und bei der Annullierung mit „außergewöhnlichen Umständen" festgelegt wurde.

Die Verspätungsregelung des Art. 6 sieht eine **zeitliche Staffelung** vor: Sie greift bei einem Flug bis 1500 km bei zwei Stunden, bei einem Flug von 1500 km bis 3500 km bei drei Stunden und bei einem Flug über 3500 km bei vier Stunden Verspätung in der Abflugzeit ein. 29

Lange diskutiert wurde die Frage, ab wann eine **große Verspätung** in eine **Annullierung** übergeht.¹⁶ Dies ist vor allem deshalb umstritten, weil nur die Annullierung, nicht aber die Verspätung finanzielle Ausgleichsansprüche gewährt. Verspätet sich ein Flug, bleibt aber die Flugkonzeption unverändert bestehen (dieselbe Flugnummer) und liegen auch keine Anhaltspunkte für eine Annullierung des Fluges vor, könnten Fluggäste theoretisch tagelang auf dem Flughafen festgehalten werden und unter Hinweis darauf auf den Abflug warten, es handele sich noch immer um eine (große) Verspätung, nicht aber eine Annullierung des ursprünglichen Fluges. Dass eine solche Hinhaltetaktik, die zwar Betreuungs- und Unterstützungsleistungen, nicht aber finanzielle Ausgleichsansprüche auslöst, nicht im Sinne des Verbraucherschutzes sein kann, wurde zutreffend vielfach thematisiert. 30

Nachdem der EuGH 2009 zunächst urteilte, dass eine große Verspätung generell einer Annullierung gleichgestellt werden müsse,¹⁷ entschied er mit Urteil vom 23.10.2012, dass Fluggästen bei einer Verspätung von mehr als **drei Stunden** ebenfalls Ausgleichsansprüche nach Art. 7 zustehen.¹⁸ Die vergleichbare Interessenlage bei großer Verspätung und Annullierung gebiete es, die Fluggäste insoweit auch finanziell gleich zu behandeln. Verständlicherweise haben beide Urteile bei den Luftverkehrsunternehmen wenig Zustimmung gefunden, 31

---

14 *Ehlers/Müller-Rostin*, in: Hobe/von Ruckteschell, Kölner Kompendium des Luftrechts, Bd. 3, 2010, III A Rn. 24.
15 Siehe auch Erwägungsgrund 17.
16 *Ehlers/Müller-Rostin*, in: Hobe/von Ruckteschell, Kölner Kompendium des Luftrechts, Bd. 3, 2010, III A Rn. 27 ff.; *Kummer*, RRa 2008, 14 ff.; *Staudinger*, NJW 2007, 3392 ff.
17 EuGH, Slg. 2009, I-10923 = NJW 2010, 43.
18 EuGH, NJW 2013, 671.

denn insoweit habe der EuGH eine Auslegung vorgenommen, die jedenfalls dem Wortlaut des Verordnungstextes nicht entspreche. Fluggastverbände begrüßten dagegen die neuere EuGH-Rechtsprechung als notwendige Stärkung der Fluggastrechte.

d) Höher- bzw. Herabstufung

32 *(1) Begriffe.* Höherstufung ist die Verlegung eines Fluggastes in eine höhere Klasse als die, für die er ein Ticket erworben hat. Dagegen wird der Fluggast bei einer Herabstufung in eine niedrigere Klasse verlegt (Art. 10 I, II).[19]

33 *(2) Ansprüche.* Bei einer Höherstufung entfällt ein Anspruch für beide Vertragsparteien: Das Unternehmen darf keine Zuzahlung erheben, der Fluggast keinen Ausgleich verlangen. Im Falle der Herabstufung ist das Unternehmen verpflichtet, binnen sieben Tagen den Flugpreis gemäß folgender Staffelung zu erstatten: Bei Flügen bis 1500 km Reduzierung um 30%, bei Flügen innerhalb der EU über 1500 km um 50%, bei sonstigen Flügen zwischen 1500 km und 3500 km ebenfalls um 50% und bei Flügen über 3500 km um 75%.

5. Geltendmachung der Ansprüche

34 Das ausführende Luftverkehrsunternehmen muss sicherstellen, dass den Fluggästen bei der Abfertigung ein klar lesbarer Hinweis auf ihre Rechte mit vorformuliertem Wortlaut gegeben wird (Art. 14). Ist es zu den beschriebenen Leistungsstörungen gekommen, sind die Ansprüche vom Fluggast gegenüber dem ausführenden Luftverkehrsunternehmen geltend zu machen. Erkennen diese die Ansprüche nicht an, berufen sie sich etwa zu Unrecht auf „nicht vertretbare Gründe" oder „außergewöhnliche Umstände", können sich die Fluggäste an die von jedem EU-Mitgliedstaat zu benennende **Beschwerdestelle** wenden (Art. 16). In Deutschland ist das Luftfahrt-Bundesamt in Braunschweig als zuständige Beschwerdestelle benannt worden. Deren gesetzlicher Auftrag besteht jedoch lediglich in einer Aufsichtstätigkeit, nicht einer quasi-anwaltlichen Durchsetzungsbefugnis gegenüber zahlungsunwilligen Luftverkehrsunternehmen.

35 Da die verantwortlichen Luftverkehrsunternehmen nicht immer die rechtlich vorgegebene Kooperation pflegen und auch das Luftfahrt-Bundesamt nicht befugt ist, entsprechende Ansprüche der Fluggäste durchzusetzen, ist im Hinblick auf die effektive Umsetzung der in der Verordnung (EG) 261/2004 normierten Fluggastrechte eine erhebliche Rechtsschutzlücke entstanden. In diese

---

19 Dazu jüngst *Heile*, NJW 2018, 1053 ff.

Lücke stoßen – neben auf Reiserecht spezialisierte Rechtsanwälte – seit einiger Zeit auch zahlreiche **private Fluggastrechte-Agenturen**. Diese lassen sich die Ansprüche des Fluggastes abtreten und übernehmen gegen eine entsprechende finanzielle Beteiligung an dem geltend gemachten Ausgleichsanspruch die Durchsetzung gegenüber dem Luftverkehrsunternehmen. Dies führt immerhin dazu, dass der Fluggast Unterstützung bei der Durchsetzung seiner Ansprüche erhält. Auf der anderen Seite ist hierdurch ein neues Geschäftsfeld entstanden, das vom EU-Gesetzgeber kaum so intendiert gewesen sein dürfte.

6. EuGH-Urteil vom 10.1.2006

a) Hintergrund

Die Luftverkehrsunternehmen haben sich verständlicherweise heftig gegen diesen Rechtsakt gewehrt, weil sie unüberschaubare Ansprüche befürchteten. Sie beauftragten mit der International Air Transport Association (IATA) und der European Low Fares Airline Association (ELFAA) zwei ihrer Interessenverbände, gegen das englische Verkehrsministerium vor dem High Court of Justice (England & Wales), Queen's Bench Division (Administrative Court), zu klagen. Dieser setzte das Verfahren aus und legte dem EuGH im Wege des Vorabentscheidungsverfahrens nach Art. 234 EG (heute: Art. 267 AEUV) mehrere Fragen zur Rechtmäßigkeit der Verordnung vor. Dabei wurde insbesondere gefragt, ob die Verordnung im Einklang mit dem Montrealer Übereinkommen von 1999 steht. Dieses gewährt dem Fluggast geringere Ausgleichsansprüche als die Verordnung. 36

b) Urteil

In Übereinstimmung mit den Schlussanträgen des Generalanwalts *Geelhoed* hat der EuGH in seinem Urteil vom 10.1.2006 die Verordnung als rechtmäßig bewertet.[20] Die Prüfung der vorgelegten Fragen habe nichts ergeben, was der Gültigkeit der Verordnung entgegenstünde. Bei der Kernfrage des Rechtsstreits, der Vereinbarkeit der Verordnung (EG) 261/2004 mit dem Montrealer Übereinkommen, ging der EuGH in folgenden Schritten vor: 37

(1) Bindung der EU an das Montrealer Übereinkommen. Sowohl die EU-Mitgliedstaaten als auch die EU selbst haben das Montrealer Übereinkommen unterzeichnet und ratifiziert. Es ist für die EU und für Deutschland am 28.6.2004 in Kraft getreten. In der Hierarchie des EU-Rechts gilt es damit als **integriertes Gemeinschaftsrecht** (Art. 300 VII EG, heute: Art. 216 II AEUV) und steht un- 38

---

20 EuGH, Slg. 2006, I-443 = NJW 2006, 351.

ter dem Primärrecht, jedoch über dem Sekundärrecht. Die Verordnung muss sich deshalb an dem Montrealer Übereinkommen messen lassen.

39 *(2) Vereinbarkeit hinsichtlich der Leistungsstörungskategorien.* Ausgehend von diesem Rangverhältnis ist es der EU verboten, solche Ausgleichs- und Unterstützungsleistungen zu regeln, die ihren selbst eingegangenen internationalen Bindungen widersprechen. Somit war in Form eines Vergleichs zu prüfen, ob die drei wesentlichen Leistungsstörungskategorien „Nichtbeförderung", „Annullierung" und „Verspätung" im internationalen Recht abweichend von der Verordnung normiert worden sind.

40 Zutreffend stellte der EuGH fest, dass das Montrealer Übereinkommen keine Regelung über Nichtbeförderung und Annullierung enthalte. Ein Verstoß der Verordnung gegen das Übereinkommen scheide insoweit aus. Eine Abweichung könne nur hinsichtlich der Verspätung bestehen, die von Art. 19 MÜ bestimmt werde. Diese Regelung kollidiere aber wegen ihrer besonderen Zielsetzung nicht mit der Verordnung. Während Art. 19 MÜ auf die Verspätung bei der Ankunft des Fluges abstelle (Ankunftsverspätung), beziehe sich Art. 6 der Verordnung auf die Verspätung beim Abflug (**Abflugverspätung**). Beide Verspätungsbegriffe stünden nebeneinander und würden sich daher nicht widersprechen. Der EU stand es somit zu, die Verspätung so wie geschehen zu regeln. Zu beachtende Vorgaben des Montrealer Übereinkommens bestanden insoweit nicht. Zu Recht stellte der EuGH im Ergebnis fest, dass die Verordnung nicht gegen internationales Recht verstoße und deshalb rechtmäßig sei.

7. Kritik

41 Die Verordnung ist wegen ihrer verbraucherschützenden Ziele grundsätzlich auf viel Zustimmung gestoßen. Die Rechte von Fluggästen bei Leistungsstörungen wurden deutlich gestärkt, was auch für andere Verkehrsträger (Bahn, Bus) positive Vorbildwirkungen hatte. Jedoch haben einige Detailregelungen auch erhebliche Kritik hervorgerufen. So wird etwa bemängelt, dass zwischen den Begriffen „Unterstützungsleistungen" und „Betreuungsleistungen" gewechselt wird, obwohl dieselben Leistungen (Art. 9) gemeint sind.

42 Außerdem enthält die Verordnung **keine Verjährungsregelung**, obwohl auch im Europarecht anerkannt ist, dass Ansprüche aus dem EU-Sekundärrecht einer zeitlichen Grenze unterliegen müssen. Andernfalls würden die Gebote der Rechtssicherheit und des Rechtsfriedens verletzt. Insoweit einfach auf die Verjährungsregelungen des nationalen Rechts hinzuweisen,[21] dürfte mit dem Eu-

---

21 *Ehlers/Müller-Rostin*, in: Hobe/von Ruckteschell, Kölner Kompendium des Luftrechts, Bd. 3, 2010, III A Rn. 41.

roparecht nur schwerlich vereinbar sein. Denn die Durchsetzbarkeit der europarechtlich zugesprochenen, unmittelbar geltenden Ansprüche kann nicht in der Weise variieren, dass die Verjährung im mitgliedstaatlichen Recht unterschiedlich ausgestaltet ist. Insofern herrscht dringender Korrekturbedarf.

Darüber hinaus sind Unklarheiten hinsichtlich des **Gerichtsstandes** bei einer Klage und der **Beweislastverteilung** zu vermerken. Es ist mehr als offensichtlich, dass dem darlegungspflichtigen Fluggast regelmäßig die Möglichkeit fehlen wird, Einblicke in die interne Planungsorganisation des ausführenden Luftverkehrsunternehmens zu nehmen und so einzelne Anspruchsvoraussetzungen substantiiert zu belegen. Zudem zeigt die ständige Befassung des EuGH und des BGH mit derartigen Rechtsfragen, dass diese Verordnung damals „mit heißer Nadel gestrickt worden ist." Die Praxiserfahrungen zeigen nun viele „Webfehler"[22] dieses im Kern gutgemeinten Rechtsakts. Die Unzulänglichkeiten sind vom Schrifttum schon früh und deutlich angesprochen worden,[23] ohne dass es bisher zu einer Neuregelung der Fluggastrechte gekommen ist.

Die EU-Kommission hat im Jahr 2013 einen **Änderungsvorschlag** vorgelegt,[24] mit dem versucht werden soll, verschiedene Defizite der bestehenden Verordnung zu beheben. Betrachtet man die vielen Vorstellungen, die das Europäische Parlament in der ersten Lesung des ordentlichen Gesetzgebungsverfahrens im Februar 2014 dazu kommentierend unterbreitet hat und die bemerkenswerterweise erst im März 2017 veröffentlicht worden sind,[25] so dürfte die Einschätzung gerechtfertigt sein, dass bis zu einer Neuregelung sicher noch einige Zeit vergehen wird.

II. Besondere Rechte für Fluggäste mit Behinderungen

1. Ausgangslage

Die Wahl zwischen mehreren Luftverkehrsunternehmen, das Anfliegen neuer Flugziele und die deutlich günstigeren Ticketpreise bilden die verbraucherfreundlichen Folgen des entstandenen Wettbewerbs im Luftverkehr. Diese neuen Möglichkeiten sorgten dafür, dass der Luftverkehr im Vergleich zu früheren Zeiten für einen viel größeren Kreis von Personen zugänglich wurde und sich zu einer Wachstumsbranche entwickelte.

Können dagegen die skizzierten Vorteile des Luftverkehrsbinnenmarktes in der EU nur eingeschränkt oder aber gar nicht genutzt werden, wäre dies für die

---

22 *Schmid*, ZLW 2005, 373 (380).
23 *Schmid*, ZLW 2005, 373 ff.; *Schindler/Bues*, ZLW 2014, 188 ff.
24 KOM (2013), 130.
25 ABl.EU Nr. C 93 vom 24.3.2017, S. 336 ff.

Integration vieler Personen und ihre gleichberechtigte Teilnahme am Wirtschafts- und Sozialleben äußerst hinderlich. Diese Gefahren bestehen vor allem in der Verkehrsbranche, die aufgrund des gestiegenen Wettbewerbs von hohen Mobilitätsansprüchen an die Fluggäste und unternehmerisch begründeter Kosteneffizienz geprägt ist.

47 Angesichts der Antidiskriminierungspolitik der EU ist es eine Selbstverständlichkeit, dass die attraktiver gewordenen Angebote im Luftverkehr auch solchen Personen zugutekommen müssen, die behindert oder durch eine eingeschränkte Mobilität benachteiligt sind. Unabhängig davon, worin die Ursache dafür besteht, bedürfen diese Personen der Unterstützung sowohl durch das Flughafenpersonal als auch das Personal des ausführenden Luftverkehrsunternehmens. Der Regelung dieses wichtigen Bereichs hat sich die EU durch die Verordnung (EG) 1107/2006 angenommen.[26]

2. Wesentliche Rechte

a) Anspruch auf Beförderung

48 Ein behinderter Mensch oder eine Person mit eingeschränkter Mobilität hat einen Anspruch auf Beförderung gegen das Luftverkehrsunternehmen, seinen Erfüllungsgehilfen oder ein Reiseunternehmen, wenn ein gültiger Flugschein und eine gültige Buchung vorgewiesen werden können. Wenngleich Art. 3 diesen Kernsatz der Verordnung als „Beförderungspflicht" formuliert, korrespondiert dieser Pflicht ein **Anspruch des Fluggastes** auf Beförderung gegen den Vertragspartner.

49 Ungeachtet dieses grundsätzlichen Beförderungsanspruchs können jedoch Umstände vorliegen, die es gerechtfertigt erscheinen lassen, die Beförderung abzulehnen. Die als **Ausnahmevorschrift** eng auszulegende Regelung des Art. 4 I sieht eine Verweigerung der Beförderung nur vor,
– um geltenden Sicherheitsanforderungen, die in internationalen, europäischen oder nationalen Rechtsvorschriften festgelegt sind, oder die von der Luftfahrtbehörde speziell auferlegt worden sind, nachzukommen, oder
– wenn wegen der Größe des Luftfahrzeugs oder seiner Türen die Anbordnahme oder die Beförderung dieser Person physisch unmöglich ist.

50 In diesen Fällen hat sich das Luftverkehrsunternehmen im Rahmen des Möglichen nach besten Kräften zu bemühen, der betroffenen Person eine annehmbare Alternative zu unterbreiten. Die allgemeinen Sicherheitsvorschriften und Hinweise zu möglichen Beschränkungen bei der Beförderung sind von den

---

[26] ABl.EU Nr. L 204 vom 26.7.2006, S. 1; zur Verordnung ausführlich *Schladebach*, BR 2007, 1 ff.; *O'Keefe*, Air & Space Law 2006, 408 ff.

Luftverkehrsunternehmen öffentlich zugänglich zu machen (Art. 4 III). Der Fluggast soll sich bereits frühzeitig darüber informieren können, welche Beschränkungen generell und unter Umständen für ihn speziell bestehen. Unannehmlichkeiten für den Fluggast am Flughafen sollen so im Vorhinein vermieden werden.

Beispiel: In der Öffentlichkeit viel diskutiert wurde ein Vorfall vom Oktober 2005. Eine Gruppe aus sechs Blinden und drei Sehbehinderten war bereits an Bord einer Ryanair-Maschine von London-Stansted nach Italien, als sie gebeten wurde, das Flugzeug wieder zu verlassen. Ryanair gab an, vier behinderte Passagiere pro Flug seien nach den unternehmensinternen Richtlinien das Limit. Diese Vorschriften dienten der Sicherheit. Das Bordpersonal müsse sich im Evakuierungsfall um jeden behinderten Passagier individuell kümmern können. Nachdem die Gruppe auf zwei spätere Flüge aufgeteilt worden und in Italien angekommen war, forderte sie erfolgreich Schadensersatz von der irischen Fluggesellschaft.

b) Anspruch auf Hilfeleistung

Der gewährte Anspruch auf Beförderung würde für sich genommen wenig sinnvoll sein, wenn er nicht durch einen Anspruch auf konkrete Hilfeleistung abgesichert würde. Deshalb regelt Art. 7 ausführlich die **Hilfeleistung am Flughafen**. Dazu ist es erforderlich, dass sich der Fluggast nach Art. 7 IV spätestens eine Stunde vor Abflug zur Abfertigung oder an einem vom Flughafen besonders ausgewiesenen Ort spätestens zwei Stunden vor Abflug einfindet. 51

Hat der Fluggast diese Bedingungen erfüllt, ist das Leitungsorgan des Flughafens verpflichtet, Sorge dafür zu tragen, dass die in Anhang I zur Verordnung genannten Hilfemaßnahmen so geleistet werden, dass die Person den gebuchten Flug antreten kann, sofern das Hilfebedürfnis dem Luftverkehrs- bzw. Reiseunternehmen mindestens 48 Stunden vor der veröffentlichten Abflugzeit gemeldet worden ist (Art. 7 I). Die in Anhang I aufgeführten Leistungen umfassen in sehr detaillierter Form alles, was an Hilfe nötig ist, um den Fluggast vom Abfertigungsgebäude in das Flugzeug hinein und am Zielort aus diesem wieder hinaus zu begleiten. 52

Ohne eine vorherige Anmeldung des Hilfebedürfnisses entfällt der Anspruch auf Hilfeleistung zwar nicht. Eine zwingende Bedingung ist die erwähnte Anmeldung daher nicht. Zu berücksichtigen ist außerdem, dass die meisten Flughäfen und Luftverkehrsunternehmen auch schon immer angemessene Hilfeleistungen anbieten. Jedoch müssen sie sich auf das Hilfebedürfnis einstellen und geeignete Hilfe organisieren können. Deshalb möchte die Verordnung die Fluggäste zu einer Anmeldung anhalten. Unterbleibt sie, muss sich der Flughafen (nur) im Rahmen des Möglichen nach besten Kräften bemühen, die in Anhang I genannte Hilfe so zu leisten, dass das Erreichen des Fluges sichergestellt ist (Art. 7 III). 53

54 Verantwortlich für die Hilfeleistung ist der jeweilige Flughafen (Art. 8 I). Er kann die Hilfe durch eigenes Personal selbst leisten oder aber Verträge mit Dritten schließen, wobei er auch in diesem Fall die Verantwortlichkeit behält und die Einhaltung der Qualitätsstandards nach Art. 9 gewährleisten muss. Dass für die Hilfeleistung während des Fluges allein die Luftverkehrsunternehmen verantwortlich sind, liegt auf der Hand (Art. 10). In Anhang II zur Verordnung sind die Hilfeleistungen aufgeführt, die dem Fluggast dabei zu gewähren sind.

c) Anspruch bei Leistungsstörungen

55 Der Bedarf an Unterstützung auf Flughäfen kann besonders groß werden, wenn behinderte Menschen oder Personen mit eingeschränkter Mobilität von **Leistungsstörungen** im Flugverkehr, also von Nichtbeförderung, Annullierung oder Verspätung, betroffen sind. Selbstverständlich ist, dass die Ansprüche nach der Verordnung (EG) 261/2004 unter den festgelegten Voraussetzungen auch dieser Personengruppe zustehen. Bei blinden oder sehbehinderten Personen ist die Information über diese Rechte durch den Einsatz geeigneter alternativer Mittel zu garantieren (Art. 14 III VO 261/2004). Darüber hinaus wird den Verordnungen (EG) 261/2004 und 1107/2006 nach Sinn und Zweck ein genereller Vorrang von behinderten Menschen und Personen mit eingeschränkter Mobilität bei der Gewährung von Unterstützungs- und Betreuungsleistungen (Art. 9 VO 261/2004) zu entnehmen sein.

III. Haftung von Luftverkehrsunternehmen

1. Rechtsgrundlagen

56 Die Haftung von Luftverkehrsunternehmen für Personenschäden, Gepäck, Fracht und Verspätung ist auf internationaler Ebene durch das Montrealer Übereinkommen von 1999 geregelt. Im Vorgriff auf die europarechtliche Umsetzung der internationalen Vorgaben hatte die EU, die selbst Vertragspartei des Montrealer Übereinkommens ist, bereits die Verordnung (EG) 2027/1997 erlassen. Diese regelte jedoch nur den speziellen Bereich der Haftung für Flugunfälle mit Personenschäden. Diese Verordnung wurde sodann durch die Verordnung (EG) 889/2002[27] so gut wie vollständig ersetzt. Sie zielt auf die Übernahme internationalen Haftungsrechts für die EU und formuliert ihre Kernaussage zur Haftungsgrundlage in der EU in Art. 3 I:

---

[27] ABl.EU Nr. L 140 vom 30.5.2002, S. 2.

„Für die Haftung eines Luftverkehrsunternehmens der Gemeinschaft für Fluggäste und deren Gepäck gelten alle einschlägigen Bestimmungen des Übereinkommens von Montreal."

2. Übernahme des Montrealer Haftungsregimes

In der EU gilt somit im Grundsatz das Montrealer Übereinkommen. Diese Übernahme könnte so zu verstehen sein, dass die vom Übereinkommen geforderte „internationale Beförderung" nun als „grenzüberschreitende Beförderung in der EU" zu interpretieren ist. Jedoch wird im europäischen Luftrecht nicht mehr zwischen internationaler und inländischer Beförderung unterschieden. Für die Haftung eines Luftverkehrsunternehmens soll es keinen Unterschied machen, ob dieses nur innerstaatlich (nationales Haftungsrecht) oder aber grenzüberschreitend (Montrealer Übereinkommen) tätig ist. Zur Vermeidung solcher Haftungsunterschiede erweitert Art. 1 VO 889/2002 den Anwendungsbereich der Verordnung (EG) 889/2002 – und damit auch des Montrealer Übereinkommens – auch auf Beförderungen innerhalb eines einzelnen EU-Mitgliedstaates.

57

Beispiel: Für Flüge zwischen Berlin und München gilt somit das Montrealer Übereinkommen.

Eine der in diesem Kontext wichtigen Fragen betrifft die in Art. 28 MÜ einerseits und Art. 5 VO 889/2002 andererseits bestimmte **Vorauszahlungspflicht** des Luftverkehrsunternehmens bei Unglücksfällen.[28] Mit ihr sollen die unmittelbaren wirtschaftlichen Bedürfnisse der schadensersatzberechtigten Personen befriedigt werden. Die konkrete Höhe dieses Vorschusses ist bei Unglücksfällen gelegentlich umstritten. Die Verordnung stellt in Übereinstimmung mit Art. 28 MÜ klar, dass die Zahlung des Vorschusses keine Haftungsanerkennung darstellt und mit den eventuell später gezahlten Beträgen verrechnet werden kann.

58

---

[28] Dazu *Bollweg*, in: Müller-Rostin/Schmid, FS für Ruhwedel, 2004, S. 57 ff.; *Schmid*, TranspR 2005, 346 ff.

§ 9 Nationales privates Luftrecht

I. Abgrenzung zum Reiserecht

1   Das private Luftrecht und das Reiserecht sind zwei voneinander getrennte Rechtsgebiete. Die erforderliche Abgrenzung erschließt sich nicht auf den ersten Blick, enthalten doch sowohl der Luftbeförderungsvertrag als auch viele Reiseverträge als Vertragselement die Beförderung mit einem Luftfahrzeug. Es hat sich jedoch eine klare Unterscheidung herausgebildet:

2   Ein Vertrag, der **ausschließlich** die Luftbeförderung zum Gegenstand hat, ist ein Werkvertrag i.S.d. § 631 BGB.[1] Auf ihn finden die gegenüber den §§ 631 ff. BGB spezielleren Vorschriften des Luftverkehrsgesetzes Anwendung. Der geschuldete Vertragsinhalt ist hier (nur) die Beförderung mit einem Luftfahrzeug zu einem vertraglich bestimmten Ort.

3   Dagegen umfasst der Reisevertrag neben der Luftbeförderung weitere Einzelleistungen wie die Hotelunterkunft, den Transfer zum und vom Hotel, die Verpflegung, ein Touristprogramm etc. und damit eine **Gesamtheit von Reiseleistungen** (§ 651a I 1 BGB). Diese werden vom Reiseveranstalter in eigener Verantwortung innerhalb eines bestimmten Zeitraums und nach einem vorher festgelegten Programm erbracht. Hierfür gilt das Reisevertragsrecht der §§ 651a ff. BGB. Dessen Ursprünge liegen zwar im Werkvertragsrecht. Das Reisevertragsrecht hat sich aber kontinuierlich zu einem eigenständigen Rechtsgebiet entwickelt, dessen Rechtsfragen für die Tourismusbranche von erheblicher wirtschaftlicher Bedeutung sind.[2] Wegen seiner rechtssystematischen Verortung im Bürgerlichen Gesetzbuch bleibt es für die hier interessierende Darstellung des Luftrechts außer Betracht.

---

[1] BGHZ 62, 71; BGHZ 209, 20 = NJW 2016, 2404; OLG Frankfurt a.M., NJW 2003, 905 (906); *Schmid*, NJW 2005, 1168.
[2] *Schmid*, NJW 2005, 1168 ff.

II. Rechtsfragen des Luftbeförderungsvertrags

1. Luftbeförderungsvertrag

a) Rechtsnatur

Die Beförderung von Fluggästen oder Fracht erfolgt im Regelfall auf der Grundlage eines Luftbeförderungsvertrags. Auffällig ist, dass die das private Luftrecht prägenden Rechtsgrundlagen – das Warschauer Abkommen, das Montrealer Übereinkommen, die EU-Verordnungen und auch das Luftverkehrsgesetz – keine Regelungen über den Luftbeförderungsvertrag enthalten. Sie setzen den Abschluss eines solchen vielmehr voraus und normieren Ansprüche im Fall von auftretenden Leistungsstörungen. Wie bereits angedeutet, besteht der Vertragsgegenstand des Luftbeförderungsvertrags ausschließlich darin, Fluggäste oder Fracht per Luftfahrzeug zu einem vertraglich bestimmten Ort (bei Rundflügen auch der Abflugsort) zu befördern. Somit wird ein **Beförderungserfolg** geschuldet. Der Luftbeförderungsvertrag ist daher Werkvertrag i.S.d. § 631 BGB.[3]

4

Der Luftbeförderungsvertrag, der durchaus formlos geschlossen werden kann, hat weder eine gewerbsmäßige noch eine entgeltliche Beförderung zur Voraussetzung. Bedingung ist lediglich ein entsprechender **Rechtsbindungswille**. Allerdings folgt aus § 49c I LuftVG, dass im Falle einer unentgeltlichen oder nicht geschäftsmäßigen Luftbeförderung die Haftung des Luftfrachtführers nach den §§ 44 ff. LuftVG im Voraus durch eine Vereinbarung ausgeschlossen oder beschränkt werden darf.

5

b) Abgrenzung zu anderen Vertragstypen

Der Luftbeförderungsvertrag bedarf der Abgrenzung zu anderen Vertragstypen, die ebenfalls (nur) auf eine Luftbeförderung gerichtet sind. So ist für den **Mietvertrag** charakteristisch, dass dem Mieter der Gebrauch des Luftfahrzeugs gegen Entgelt überlassen wird. Auf der Vermieterseite steht typischerweise der Eigentümer des Luftfahrzeugs. Zulässig ist jedoch auch eine Untervermietung, bei der der Mieter als Vermieter gegenüber dem Untermieter auftritt. Die Vermietung erfolgt in der Praxis mit oder ohne Besatzung.

6

Abzugrenzen ist der Luftbeförderungsvertrag zudem vom **Chartervertrag**. Für ihn ist ein Dreiecksverhältnis kennzeichnend. An ihm sind Vercharterer, Charterer und Fluggast beteiligt. Der Vercharterer (Luftverkehrsunternehmen) stellt dem Charterer (Reiseveranstalter) ein Luftfahrzeug mit Besatzung gegen Zahlung des Charterpreises zur Verfügung. Der vom Vercharterer gestellte

7

---

3 Siehe Fn. 1.

Luftfahrzeugführer behält die alleinige Verantwortung für das Luftfahrzeug. Dieser Chartervertrag wird vom Charterer sowohl im eigenen Namen als auch für die einzelnen Fluggäste geschlossen. Die Fluggäste erhalten Flugscheine, die den Vercharterer als Luftfrachtführer ausweisen.

8   Der Charterer tritt damit als Vermittler bzw. Stellvertreter auf und erzeugt Rechtsbeziehungen nicht nur zwischen dem Vercharterer und sich selbst, sondern gerade auch zwischen Vercharterer und Fluggast. Die tatsächliche Beförderung der Fluggäste wird durch den Vercharterer erbracht, der Charterer verbleibt in der Rolle des Vermittlers. Die Frage, ob der Chartervertrag als Vertrag zugunsten Dritter zu qualifizieren ist oder aber über eine Stellvertretung (§ 164 BGB) zustande kommt, hat der BGH durch Urteil vom 17.1.1985[4] wie folgt entschieden:

9   Der zwischen dem Luftverkehrsunternehmen (Vercharterer) und dem Reiseveranstalter (Charterer) abgeschlossene Chartervertrag sei als **Vertrag zugunsten Dritter** (§ 328 BGB) einzuordnen. Der begünstigte Dritte, der Fluggast, habe einen Anspruch auf Beförderung gegen das Luftverkehrsunternehmen. Diese Entscheidung ist sowohl zustimmend[5] als auch ablehnend[6] kommentiert worden.

2. Leistungsstörungen

a) Anwendungsbereich des LuftVG

10 Der ganz überwiegende Teil der Luftbeförderungen erfolgt beanstandungsfrei, sodass die Regelungen über Leistungsstörungen ohne Relevanz bleiben. Dieser Umstand sollte sich zunächst ins Gedächtnis gerufen werden, bevor man sich dem nicht ganz einfachen Leistungsstörungsregime zuwendet. Bekanntlich ist dieses stark vom internationalen Recht (Montrealer Übereinkommen) und vom europäischen Verordnungsrecht geprägt. Dabei wirkt nicht nur das – nach Art. 288 II AEUV unmittelbar in jedem EU-Mitgliedstaat geltende – EU-Recht in den nationalen Rechtsbereich hinein. Rein innerstaatliche Flüge gelten auch als „internationale Beförderung" und unterliegen damit dem Montrealer Übereinkommen.

11 Hieraus zieht § 44 LuftVG die Konsequenz. Diese und die folgenden Regelungen sind durch das am 28.6.2004 in Kraft getretene Gesetz zur Harmonisierung des Haftungsrechts im Luftverkehr vom 6.4.2004[7] an das zeitgleich in Kraft getretene Montrealer Übereinkommen angepasst worden. Danach gelten

---

4 BGH, NJW 1985, 1457.
5 *Gitter*, JR 1985, 460; *Gottwald*, JZ 1985, 575.
6 *Gansfort*, RRa 1994, 2.
7 BGBl. 2004 I S. 550.

die §§ 44 ff. LuftVG nur, wenn die internationalen oder europäischen Bestimmungen nicht anwendbar sind oder keine Regelung enthalten. Für ergänzungsfähige und -bedürftige Lücken besitzen sie aber durchaus Relevanz.

b) Haftung für Personenschäden

§ 45 I LuftVG normiert die Haftung für Personenschäden. Wird ein Fluggast durch einen Unfall an Bord eines Luftfahrzeugs oder beim Ein- oder Aussteigen getötet, körperlich verletzt oder gesundheitlich geschädigt, ist der Luftfrachtführer verpflichtet, den daraus entstehenden Schaden zu ersetzen. Der zentrale Begriff „Unfall" wird dabei nicht definiert, sondern vorausgesetzt. Für entsprechende Ansprüche ist stets ein Kausalzusammenhang zwischen den Vorgängen an Bord und dem Unfall erforderlich. Zudem muss gerade der Unfall zu dem geltend gemachten Schaden des Fluggastes geführt haben. Verlangt wird ein „luftfahrttypisches Risiko", das sich im Schaden verwirklicht hat.[8] 12

Generell kann gesagt werden, dass eine Haftung des Luftfrachtführers für alle die Schäden anzunehmen ist, die in seiner Verantwortungssphäre entstanden sind. Dabei meint Verantwortung nicht Verschulden, denn die Haftung nach § 45 LuftVG ist grundsätzlich verschuldensunabhängig. Gleichwohl bedarf es einer „Zurechenbarkeit" des Schadens, ohne die keine Verantwortlichkeit des Luftfrachtführers zu begründen ist. Dies kann Zweifelsfragen aufwerfen. Führt ein Verhalten der Besatzung zu einem Unfall und dadurch zu einem Schaden für den Fluggast, so ist die **Zurechnung zur Verantwortungssphäre** des Luftfrachtführers noch vergleichsweise leicht. 13

Beispiel: Die Flugbegleiterin verschüttet wegen einer plötzlichen Turbulenz brennend heißen Kaffee und verletzt dadurch den Fluggast.

Ob aber ein durch plötzlich auftretende Turbulenzen verursachter Herzanfall eines herzkranken Passagiers auf den Betrieb des Luftfahrzeugs zurückzuführen ist, bedarf einer genauen Einzelfallbetrachtung. Immerhin wäre der Herzanfall ohne den durch Turbulenzen gestörten Flug nicht eingetreten. Auf der anderen Seite wird der Pilot für Turbulenzen kaum unmittelbar verantwortlich gemacht werden können; es sei denn, er hätte das Luftfahrzeug bewusst in dieses gefährliche Wetterphänomen gesteuert. 14

Ob **Schlägereien zwischen betrunkenen Fluggästen** dem Luftfrachtführer zugerechnet werden können, wird davon abhängen, ob das Bordpersonal übermäßig Alkohol ausgeschenkt hat.[9] Bekanntermaßen neigen einige Personen 15

---

[8] *Staudinger*, in: Hobe/von Ruckteschell, Kölner Kompendium des Luftrechts, Bd. 3, 2010, II A Rn. 501.
[9] *Staudinger*, in: Hobe/von Ruckteschell, Kölner Kompendium des Luftrechts, Bd. 3, 2010, II A Rn. 503.

dazu, dem Alkohol an Bord eines Luftfahrzeugs besonders zuzusprechen, entweder aus Genuss, aus Ärger oder als Betäubungsmittel gegen Flugangst. Die Situation ist dann mit derjenigen in einer typischen Gaststätte vergleichbar: Schenkt das Bordpersonal ohne Rücksicht auf den Zustand des Fluggastes weiter Alkohol aus und kommt es deswegen nachfolgend zu Schlägereien oder sonstigen Übergriffen, wird eine Zurechnung und somit eine Verantwortlichkeit des Luftfrachtführers anzunehmen sein. Weist das Bordpersonal hingegen den Fluggast darauf hin, dass kein weiterer Alkohol ausgeschenkt werde, nimmt es seine Verantwortung für Ordnung und Sicherheit an Bord wahr, und durch nachfolgende Schlägereien entstehende Schäden sind nicht zurechenbar. Dass Schlägereien selbstverständlich auch ohne Alkoholisierung zustande kommen können, sei nur nebenbei erwähnt. Hierfür besteht eine Verantwortung des Bordpersonals und mithin des Luftfrachtführers nicht.

c) Spezialproblem: Das „Economy-Class-Syndrom"

16 *(1) Ausgangslage.* Ein häufiger auftretendes Spezialproblem stellt in diesem Zusammenhang die Frage dar, ob der Luftfrachtführer auch für **flugbedingte Thromboseschäden** des Fluggastes haftet. Hinter diesem in der medizinischen Fachwelt als „Economy-Class-Syndrom" bekannten Phänomen verbirgt sich eine weltweit nicht unbeachtliche Anzahl von Erkrankungs- und Todesfällen nach Langstreckenflügen. Diese Fälle sollen auf die beengte Sitzposition in der Economy Class zurückgehen, in der der Sitzabstand in der Regel zwischen 76 und 86 cm beträgt. Wegen der räumlichen Enge soll die Blutzirkulation in den Beinen erheblich beeinträchtigt werden. Dies soll eine Thrombose in den Beinen auslösen können, die zu einer lebensgefährlichen Embolie führen könne. Anlässlich einiger Erkrankungsfälle deutscher Passagiere ist dieses Problem im Rahmen der Frage, welche Schäden dem Luftfrachtführer haftungsrechtlich zuzurechnen sind, kontrovers diskutiert worden.[10]

17 *(2) Meinungsspektrum.* Einigkeit besteht zunächst insoweit, als von einem „Unfall" deswegen nicht gesprochen werden könne, weil sich ein erhöhtes Thromboserisiko erst nach stundenlangem Verharren in beengter Sitzposition einstelle. Einen die Haftung auslösenden „Unfall" i. S. d. Art. 17 I MÜ bzw. § 45 I LuftVG habe der Luftfrachtführer daher nicht verursacht.

18 Der Streit betrifft vielmehr die **Existenz von Nebenpflichten** aus dem Luftbeförderungsvertrag. Werde dessen Hauptleistung, die Beförderung, als solche mangelfrei erbracht, der Fluggast aber durch die Art und Weise der Beförde-

---

10 *Staudinger*, in: Hobe/von Ruckteschell, Kölner Kompendium des Luftrechts, Bd. 3, 2010, II A Rn. 503 in Fn. 668; *Kahlert/Hast*, VersR 2001, 559 ff.; *Mühlbauer*, VersR 2001, 1480 ff.; *Zimmermann*, RRa 2004, 4 ff.

rung geschädigt, komme ein Schadensersatzanspruch aus positiver Vertragsverletzung in Betracht.[11] Dabei könne unterstellt werden, dass sich der medizinische Zusammenhang zwischen beengter Sitzposition im Flugzeug und der Erhöhung des Erkrankungsrisikos hinreichend belegen lasse. Die Fluggesellschaften seien verpflichtet, den Sitzabstand in der Economy Class so zu bemessen, dass das Thromboserisiko für den Fluggast minimiert werde. Die Beibehaltung der derzeitigen Sitzabstände begründe für den erkrankten Fluggast einen Anspruch auf Schadensersatz aus positiver Vertragsverletzung des Luftbeförderungsvertrags. In jedem Fall sei aber von einer Warnpflicht der Fluggesellschaften auszugehen, welcher diese oft nicht hinreichend nachkämen. Auch die Verletzung der Informations- und Warnpflicht mache schadensersatzpflichtig.[12]

Dieser Ansicht ist aus mehreren Gründen entschieden widersprochen worden.[13] So sei ein erhöhtes Thromboserisiko wegen beengter Sitzposition medizinisch nicht ausreichend belegt und hänge zudem von Prädispositionen des Fluggastes ab. Außerdem liege die für einen Anspruch aus positiver Vertragsverletzung konstitutive, objektive Pflichtverletzung des Luftfrachtführers nicht vor. Die Bemessung der Sitzabstände könne nicht als Pflichtverletzung betrachtet werden, denn die Raumaufteilung in den Luftfahrzeugen entspreche den internationalen Mindeststandards. 19

Jeder Fluggast habe zudem die freie Wahl, ob er sich für das engere Raumangebot der Economy Class oder das großzügigere Raumangebot der Business Class oder anderer Komfortklassen entscheide. Das Bewusstsein einer Abhängigkeit zwischen Raumangebot und zu zahlendem Entgelt sei Allgemeingut. Eine Verletzung von Warnpflichten scheide deshalb aus, weil Erkenntnisse aus dem allgemeinen Erfahrungswissen nicht zum Inhalt einer Warnung oder eines Hinweises gemacht werden müssen.[14] 20

(3) Rechtsprechung. Die Rechtsprechung folgt der zweiten Ansicht. Danach gebe es keine medizinisch verlässlichen Erkenntnisse über einen Zusammenhang zwischen beengter Sitzposition und der Erhöhung des Erkrankungsrisikos.[15] Da ein solcher Zusammenhang nicht festzustellen sei, könne eine Warn- und Hinweispflicht der Fluggesellschaft auch nicht auf einen solchen gestützt werden. Diesem Urteil ist auch das AG Duisburg gefolgt.[16] Es entschied, dass 21

---

11 *Kahlert/Hast*, VersR 2001, 559.
12 *Kahlert/Hast*, VersR 2001, 559 (561).
13 *Mühlbauer*, VersR 2001, 1480 ff.
14 *Mühlbauer*, VersR 2001, 1480 (1485).
15 OLG Frankfurt a. M., NJW 2003, 905; LG Frankfurt a. M., NZV 2002, 181; LG München I, RRa 2001, 165 (167).
16 AG Duisburg, RRa 2005, 40 (41).

den Luftbeförderer keine Hinweispflicht im Hinblick auf eine mögliche Thrombose-Erkrankung des Fluggastes infolge seiner beengten Sitzposition treffe.

d) Haftung bei verspäteter Personenbeförderung

22   Der Vorrang internationaler und europäischer Haftungsregelungen vor dem nationalen Recht gilt auch im Hinblick auf Verspätungsschäden. Bevor daher § 46 LuftVG anwendbar ist, sind Art. 19 MÜ (Ankunftsverspätung) und die Verordnung (EG) 261/2004 (Abflugverspätung) auf Ansprüche wegen Verspätungsschäden zu untersuchen. Ist § 46 LuftVG sodann anwendbar, ergeben sich aus ihm – wegen der erfolgten Anpassung – dieselben Haftungssummen wie aus dem Montrealer Übereinkommen.

23   Wird ein Fluggast verspätet befördert, ist der Luftfrachtführer verpflichtet, den durch die Verspätung entstehenden Schaden zu ersetzen.[17] Die Haftung ist ausgeschlossen, wenn der Luftfrachtführer und seine Leute alle zumutbaren Maßnahmen zur Vermeidung des Schadens getroffen haben oder solche Maßnahmen nicht treffen konnten (§ 46 I LuftVG). Die Haftung des Luftfrachtführers ist nach § 46 II LuftVG für jeden Fluggast auf einen bestimmten Betrag beschränkt, es sei denn, der Schaden wurde vom Luftfrachtführer oder seinen Leuten in Ausführung ihrer Verrichtungen vorsätzlich oder grob fahrlässig verursacht. In der sehr sicherheitsbewussten und professionell arbeitenden Luftverkehrsbranche ist die Annahme solcher Verschuldenskategorien nur schwer vorstellbar.

e) Haftung für Gepäckschäden

24   Wenn die Regelung des § 47 LuftVG über Gepäckschäden anwendbar ist, muss zwischen aufgegebenem und nicht aufgegebenem Reisegepäck unterschieden werden.[18] Wird **aufgegebenes Reisegepäck**, das sich an Bord eines Luftfahrzeugs oder sonst in der Obhut des Luftfrachtführers befindet, zerstört oder beschädigt oder geht es verloren, ist der Luftfrachtführer verpflichtet, den daraus entstehenden Schaden zu ersetzen. Die Haftung ist ausgeschlossen, wenn der Schaden durch die Eigenart des Reisegepäcks oder einen ihm innewohnenden Mangel verursacht wurde (§ 47 I LuftVG).

25   Werden **nicht aufgegebenes Reisegepäck** oder andere Sachen, die der Fluggast an sich trägt oder mit sich führt, zerstört oder beschädigt oder gehen sie verloren, ist der Luftfrachtführer verpflichtet, den daraus entstehenden Schaden zu ersetzen, wenn der Schaden von dem Luftfrachtführer oder seinen Leu-

---

17 Dazu *Staudinger*, in: Hobe/von Ruckteschell, Kölner Kompendium des Luftrechts, Bd. 3, 2010, II A Rn. 557 ff.
18 *Staudinger*, in: Hobe/von Ruckteschell, Kölner Kompendium des Luftrechts, Bd. 3, 2010, II A Rn. 518 ff.

ten **schuldhaft** verursacht wurde (§ 47 III LuftVG). Nach § 47 IV LuftVG ist die Haftung des Luftfrachtführers auf einen bestimmten Betrag beschränkt, es sei denn, der Schaden wurde vom Luftfrachtführer oder seinen Leuten in Ausführung ihrer Verrichtungen vorsätzlich oder grob fahrlässig verursacht (§ 47 V LuftVG).

f) Haftung für Frachtschäden

Die vertragliche Haftung für Frachtschäden war noch bis 1998 ebenfalls in den §§ 44 ff. LuftVG geregelt, ist aber durch das Transportrechtsreformgesetz von 1998[19] in das Handelsgesetzbuch (HGB) ausgelagert worden.[20] Durch den Frachtvertrag wird der Frachtführer verpflichtet, das Gut zum Bestimmungsort zu befördern und dort an den Empfänger abzuliefern (§ 407 I HGB). Die §§ 407 ff. HGB gelten nach § 407 III HGB, wenn das Gut zu Lande, auf Binnengewässern oder **mit Luftfahrzeugen** befördert werden soll und die Beförderung zum Betrieb eines gewerblichen Unternehmens gehört.[21]

26

Nach § 425 I HGB haftet der Frachtführer für den Schaden, der durch Verlust oder Beschädigung des Guts in der Zeit von der Übernahme zur Beförderung bis zur Ablieferung oder durch Überschreitung der Lieferfrist entsteht. Die Haftung ist verschuldensunabhängig. Während § 425 II HGB eine Haftungsbegrenzung vorsieht, kann die Haftung des Frachtführers unter den in §§ 426, 427 HGB genannten Voraussetzungen ausgeschlossen sein.

27

III. Außervertragliche Haftung des Luftfahrzeughalters

Während die §§ 44 ff. LuftVG die vertragliche Haftung betreffen, regeln die §§ 33 ff. LuftVG die außervertragliche Haftung. Sie stellen das **luftverkehrsrechtliche Deliktsrecht** dar, schließen jedoch – wie § 42 LuftVG zeigt – die Geltung der allgemeinen zivilrechtlichen Haftungsvorschriften (§§ 823 ff. BGB) nicht aus.

28

Wird beim Betrieb eines Luftfahrzeugs durch Unfall jemand getötet, sein Körper oder seine Gesundheit verletzt oder eine Sache beschädigt, so ist der Halter des Luftfahrzeugs verpflichtet, den Schaden zu ersetzen (§ 33 I 1 LuftVG). Für den Schadensersatzanspruch nach dieser Norm sind neben dem Be-

29

---

19 BGBl. 1998 I S. 1588.
20 *Schönwerth*, in: Müller-Rostin/Schmid, FS für Ruhwedel, 2004, S. 247 ff.
21 *Lettl*, Handelsrecht, 3. Aufl. (2015), § 12 Rn. 133 ff.; *Staudinger*, in: Hobe/von Ruckteschell, Kölner Kompendium des Luftrechts, Bd. 3, 2010, II A Rn. 609 ff.

griff „Luftfahrzeughalter" als Anspruchsgegner die Voraussetzungen „Betrieb eines Luftfahrzeugs", „Unfall", „Schaden" und „Kausalität" wesentlich.[22]

30   **Luftfahrzeughalter** ist, wer das Luftfahrzeug für eigene Rechnung in Gebrauch hat und umfassende Verfügungsgewalt besitzt. Der Begriff **„Betrieb eines Luftfahrzeugs"** ist aufgrund der Schutzintention der §§ 33 ff. LuftVG weit auszulegen und stellt darauf ab, ob der Verkehrsvorgang begonnen hat oder beendet worden ist. Ein Luftfahrzeug, in das gerade Fluggäste einsteigen, das jedoch noch nicht die Motoren angelassen hat, ist bereits „in Betrieb". Der Verkehrsvorgang und damit der „Betrieb" sind erst dann beendet, wenn das Luftfahrzeug abgeschlossen und auf eine Parkposition gestellt wird.

31   Als **„Unfall"** wird ein plötzlich von außen kommendes unvorhersehbares Ereignis bezeichnet, das einen Personen- oder Sachschaden verursacht. Ein **Schaden** muss an Körper oder Gesundheit eines Menschen oder an einer Sache eingetreten sein, wobei als gesundheitlicher Schaden auch der psychische Schaden umfasst ist (§ 36 LuftVG). Zwischen dem Betrieb des Luftfahrzeugs und dem Unfall sowie zwischen dem Unfall und dem Schaden muss ein kausaler Zusammenhang bestehen. Dieser ist in Anlehnung an das allgemeine Deliktsrecht nach **Adäquanzgesichtspunkten** zu bestimmen.

Beispiel: Beim Zurollen auf das Terminal beschädigt ein Luftfahrzeug ein parkendes Luftfahrzeug oder die Aussteigevorrichtung (Gangway).

32   Die Höhe des Schadensersatzanspruchs ergibt sich aus den §§ 34 ff. LuftVG, wobei ein eventuelles Mitverschulden des Verletzten bei der Entstehung des Schadens nach den Grundsätzen des § 254 BGB anzurechnen ist. Für die Verjährung verweist § 39 LuftVG auf die für unerlaubte Handlungen geltenden Verjährungsvorschriften des Bürgerlichen Gesetzbuches. Nach § 40 LuftVG muss der Ersatzberechtigte seine Rechte innerhalb von drei Monaten gegenüber dem Ersatzpflichtigen anzeigen. Durch § 43 LuftVG wird der Luftfahrzeughalter zum Abschluss einer Haftpflichtversicherung verpflichtet, um die Schadensersatzforderungen nach den §§ 33 ff. LuftVG zu sichern.

IV. Das Gesetz über Rechte an Luftfahrzeugen

1. Registerpfandrecht

33   Im nationalen privaten Luftrecht spielt nicht nur das Eigentum an Luftfahrzeugen eine Rolle. Durch das Gesetz über Rechte an Luftfahrzeugen von 1959

---

[22] Ausführlich *Bollweg*, in: Hobe/von Ruckteschell, Kölner Kompendium des Luftrechts, Bd. 3, 2010, II B Rn. 1 ff.

(LuftFzgG)[23] hat der Gesetzgeber mit einem Registerpfandrecht ein weiteres dingliches Recht an Luftfahrzeugen und sonstigem Luftfahrtgerät geschaffen. So kann nach § 1 LuftFzgG ein in der Luftfahrzeugrolle eingetragenes Luftfahrzeug zur Sicherung einer Forderung in der Weise belastet werden, dass der Gläubiger berechtigt ist, wegen einer bestimmten Geldsumme Befriedigung aus dem Luftfahrzeug zu suchen (Registerpfandrecht).[24] Zur Bestellung dieses **besitzlosen Pfandrechts** ist die Einigung des Eigentümers und des Gläubigers sowie die Eintragung des Registerpfandrechts in das Register für Pfandrechte an Luftfahrzeugen erforderlich (§ 5 I LuftFzgG).

2. Interessenlage

Bei der Finanzierung des Kaufpreises für ein Luftfahrzeug werden regelmäßig erhebliche Kreditbeträge gewährt.[25] Für die Gläubiger spielen daher **dingliche Sicherheiten** eine entscheidende Rolle. Die aus der Immobilienfinanzierung bekannten Grundpfandrechte stehen in diesem Zusammenhang jedoch nicht zur Verfügung, denn Luftfahrzeuge werden sachenrechtlich als bewegliche Sachen im Rechtssinn qualifiziert. Auch das traditionell hierfür im deutschen Sachenrecht vorgesehene Fahrnispfand (§§ 1204 ff. BGB) ist als dingliche Sicherung nicht geeignet. Zwar stellt das zu finanzierende Luftfahrzeug ein taugliches Belastungsobjekt dar, die Pfandbestellung ist jedoch mit der Übergabe des Pfandgegenstandes verbunden (§ 1205 I 1 BGB). Gerade Luftfahrzeuge, die zur Einnahmenerzielung und damit zur Rückzahlung des Darlehens benötigt werden, kommen als ein solches Pfandobjekt daher nicht in Betracht. Zudem wird der Pfandgläubiger nicht bereit sein, für die sachgemäße Verwahrung des Luftfahrzeuges (§§ 1215, 688 ff. BGB) Sorge zu tragen. Auch die daneben bestehenden Sicherungsmittel des nationalen Rechts, wie der Eigentumsvorbehalt oder die Sicherungsübereignung, bieten keine ausreichende Rechtsgrundlage zur effektiven Absicherung der Rückzahlungsforderung. 34

Die aus diesen Schwierigkeiten resultierende Notwendigkeit der Ausweitung nationaler Sicherungsrechte für Luftfahrzeuge hat der Gesetzgeber erkannt. Im Zusammenhang mit dem Beitritt der Bundesrepublik Deutschland zum Genfer Pfandrechtsabkommen[26] wurde mit dem LuftFzgG eine neue Möglichkeit der Belastung eines Luftfahrzeugs geschaffen. Dieses in § 1 LuftFzgG als Registerpfandrecht legal definierte Recht räumt dem Gläubiger einer Forderung ein 35

---
23 BGBl. 1959 I S. 57, 223.
24 Ausführlich dazu *Schladebach/Kraft*, BKR 2012, 270 ff.; *Grädler/Zintl*, RdTW 2014, 261 ff.
25 *Schladebach/Kraft*, BKR 2012, 270; *Recker*, NZI 2017, 428 (429).
26 Genfer Abkommen über die internationale Anerkennung von Rechten an Luftfahrzeugen vom 19.6.1948 (BGBl. 1959 II S. 129).

Verwertungsrecht an dem verpfändeten Luftfahrzeug ein. Es stellt als Belastung des Eigentums ein dingliches Recht dar. Die im Rahmen des Pfandrechts an beweglichen Sachen traditionell durch den Besitz gewährleistete Publizität wird durch die **Eintragung** in ein speziell für dieses Recht geschaffenes öffentliches Register, dem Register für Pfandrechte an Luftfahrzeugen, ersetzt (§ 5 LuftFzgG). Es stellt damit ein besitzloses Pfandrecht dar.

3. Entstehung

36 Das Registerpfandrecht entsteht entweder kraft Rechtsgeschäfts oder als sog. richterliches Registerpfandrecht im Wege der Zwangsvollstreckung oder der Arrestvollziehung (§ 99 LuftFzgG). Beide Entstehungsformen setzen voraus, dass das betreffende Luftfahrzeug in die Luftfahrzeugrolle eingetragen ist. Ist dies nicht der Fall, so kann es nur wie eine sonstige bewegliche Sache verpfändet werden.

4. Inhalt

a) Akzessorietät

37 Das Registerpfandrecht ist in Bestand und Umfang von der zu sichernden Forderung abhängig und damit akzessorisch ausgestaltet (§§ 4, 51, 57 LuftFzgG). Dies bedeutet, dass es hinsichtlich des tatsächlichen Umfangs des Registerpfandrechts nicht auf die Eintragung im Pfandrechtsregister, sondern ausschließlich auf den Stand der jeweils gesicherten Forderung ankommt.[27] Während die zugrunde liegende Geldforderung klar bestimmt sein muss, ist die Art der gesicherten Forderung grundsätzlich ohne Bedeutung. In der Praxis geht es regelmäßig um die Forderung aus einem abstrakten Schuldversprechen i.S.v. §§ 780, 781 BGB oder aus dem zur Finanzierung des Luftfahrzeugs aufgenommenen Darlehen.[28] Nach § 2 LuftFzgG kann ein Registerpfandrecht auch für eine zukünftige oder eine bedingte Forderung bestellt werden.

b) Umfang

38 Der Umfang des Registerpfandrechts wird in der Hauptsache durch § 1 LuftFzgG bestimmt. Haftungsgegenstand ist danach das **Luftfahrzeug selbst** und dessen wesentliche Bestandteile. Zu diesen zählen die Flugzeugzelle, das Leitwerk, die Tragflächen, Teile der Hydraulik, die Steuerung und das Fahrgestell.

---

27 *Schölermann/Schmid-Burgk*, WM 1990, 1137 (1140).
28 *Melzer/Haslach*, ZLW 2003, 582 (589); *Reuleaux/Herick*, ZLW 2004, 558 (559).

Daneben erstreckt sich das Registerpfandrecht auch auf das Zubehör, sofern es im Eigentum des Flugzeugeigentümers steht (§ 31 I LuftFzgG).

Vor dem Hintergrund dieser rechtlichen Differenzierung zwischen wesentlichen Flugzeugbestandteilen einerseits und dem Zubehör andererseits ist die **Zuordnung von Triebwerken** im Schrifttum längere Zeit umstritten gewesen.[29] Triebwerke besitzen einen sehr hohen wirtschaftlichen Wert und werden zwecks Wartung regelmäßig ausgewechselt und ersetzt, um einen längeren Stillstand des Flugzeugs zu vermeiden. Wegen dieser Austauschbarkeit wird von einem Teil angenommen, dass es sich um Zubehör handele,[30] ein anderer Teil ordnete Triebwerke dagegen den wesentlichen Bestandteilen zu[31] und wiederum andere lassen die Zuordnung offen, weil es auf sie nicht ankommen solle.[32]

Die luftrechtsspezifischen Einzelregelungen über das Zubehör in § 31 II–IV LuftFzgG lassen es zunächst nicht zu, die Frage offen zu lassen. Ob eine Sache aus dem Registerpfandrecht entlassen worden ist oder nicht, dürfte regelmäßig auf größtes Interesse beim Gläubiger stoßen. Für die deshalb entscheidungsbedürftige Frage können der Ebene des internationalen Rechts durchaus ambivalente Anhaltspunkte entnommen werden. Ein in der Debatte bislang nicht beachteter Aspekt besteht darin, dass das internationale Luftrecht im Anhang 7 des maßgeblichen Chicagoer Abkommens unter einem Luftfahrzeug jedes Fluggerät versteht, das sich auf der Grundlage von Aerodynamik fortzubewegen in der Lage ist. Werden Triebwerke nicht als wesentlicher Bestandteil eines Luftfahrzeugs betrachtet, würde man einem Luftfahrzeug sein ureigenes Charakteristikum, nämlich die Fortbewegung aufgrund von Aerodynamik, aberkennen. Ohne Triebwerke würde es sich nur um ein Fahrzeug, nicht aber um ein Luft-Fahrzeug im Sinne der Definition des internationalen Luftrechts handeln.[33]

Auf der anderen Seite sieht das Genfer Pfandrechtsabkommen von 1948 in Art. X Abs. 4 vor, dass Triebwerke zu einem Luftfahrzeug gehörende Teile sind, nicht aber das Luftfahrzeug selbst verkörpern. Diese Regelung hat in § 68 I 2 LuftFzgG Niederschlag gefunden. Im Ergebnis wird man mit den besseren Gründen der Motivation des Gesetzgebers zu folgen haben. Die technisch unproblematische Austauschbarkeit von Triebwerken führt zu deren Klassifizierung als Zubehör i. S. v. § 31 LuftFzgG.[34]

---
29 *Elbing*, ZLW 1995, 387 ff.; *Schladebach/Kraft*, BKR 2012, 270 (274); *Recker*, NZI 2017, 428 (431).
30 BT-Drs. 3/423, S. 12; *Schölermann/Schmid-Burgk*, WM 1990, 1137 (1144); *Elbing*, ZLW 1995, 387 (390 ff.); *Sester/Haag*, ZLW 2005, 493 (501).
31 So noch *Heinrichs*, in: Palandt, BGB, 63. Aufl. (2004), § 94 Rn. 5.
32 *Melzer/Haslach*, ZLW 2003, 582 (592); *Reuleaux/Herick*, ZLW 2004, 558 (566).
33 *Schladebach/Kraft*, BKR 2012, 270 (274).
34 *Schladebach/Kraft*, BKR 2012, 270 (274).

42 Ein dem allgemeinen Zivilrecht unbekanntes Rechtsinstrument findet sich in den §§ 68 ff. LuftFzgG. Nach § 68 I 1 LuftFzgG kann das Registerpfandrecht an einem in der Luftfahrzeugrolle eingetragenen Luftfahrzeug auf die Ersatzteile erweitert werden, die an einer örtlich bezeichneten bestimmten Stelle (**Ersatzteillager**) im Inland oder im Ausland lagern. Als Ersatzteile gelten alle zu einem Luftfahrzeug gehörenden Teile, Triebwerke,[35] Luftschrauben, Funkgeräte, Bordinstrumente, Ausrüstungen und Ausstattungsgegenstände sowie Teile dieser Gegenstände. Für diese Erweiterung des Registerpfandrechts ist nach § 68 II LuftFzgG abermals die Einigung des Eigentümers und des Gläubigers sowie die Eintragung der Erweiterung in das Register für Pfandrechte an Luftfahrzeugen erforderlich.

43 Wirtschaftlich spielen Ersatzteillager eine bedeutende Rolle. Sowohl die Luftverkehrsunternehmen als auch die Flugzeughersteller unterhalten solche Lager, die einen erheblichen Wert besitzen und dazu dienen, den Wartungspflichten und den Reparaturen adäquat nachkommen zu können. Indes stellt die Kennzeichnungspflicht hinsichtlich ein- und ausgehender Ersatzteile einen derart großen Verwaltungsaufwand dar, dass der Vereinbarung eines Ersatzteillagerpfandrechts bislang nur eine untergeordnete praktische Relevanz zukommt.[36]

5. Register für Pfandrechte

44 Nach § 78 LuftFzgG wird das Register für Pfandrechte an Luftfahrzeugen von dem Amtsgericht als **Registergericht** geführt, in dessen Bezirk das Luftfahrt-Bundesamt seinen Sitz hat. Hiermit soll ein enger räumlicher Zusammenhang zwischen dem für die Führung der Luftfahrzeugrolle zuständigen Luftfahrt-Bundesamt (§ 64 LuftVG) und dem Registergericht gewährleistet werden. Da das Luftfahrt-Bundesamt seinen Sitz in Braunschweig hat, ist das dortige Amtsgericht Braunschweig als Registergericht gem. § 78 LuftFzgG zuständig.[37]

45 Ein in der Luftfahrzeugrolle eingetragenes Luftfahrzeug wird in das Register eingetragen, wenn es ordnungsgemäß zur Eintragung angemeldet wird. Die Anmeldung richtet sich nach den §§ 79, 80 LuftFzgG. Bei der Eintragung erhält jedes Luftfahrzeug ein **Registerblatt**, das als „das Register" für Pfandrechte an Luftfahrzeugen anzusehen ist (§ 81 I LuftFzgG). Das Registergericht, d. h. das

---

35 Die Einordnung als „Ersatzteil" in einem Ersatzteillager ist nur eine zulässige Option, ändert aber nichts daran, dass Triebwerke „Zubehör" sind.
36 *Schölermann/Schmid-Burgk*, WM 1990, 1137 (1143); *Melzer/Haslach*, ZLW 2003, 582 (593).
37 *Bittlinger*, in: Hobe/von Ruckteschell, Kölner Kompendium des Luftrechts, Bd. 1, 2008, III F Rn. 77 ff.; *Schladebach/Kraft*, BKR 2012, 270 (272).

Amtsgericht Braunschweig, soll die Eintragung des Luftfahrzeugs in das Register dem Luftfahrt-Bundesamt, dem Anmeldenden, dem als Eigentümer Eingetragenen und demjenigen, der nach § 82 II LuftFzgG der Eintragung möglicherweise widersprochen hat, bekanntmachen (§ 83 LuftFzgG). Nach § 85 I LuftFzgG ist das Register öffentlich; die Einsicht ist jedermann gestattet.[38]

6. Cape Town Convention und Luftfahrtausrüstungsprotokoll

Im Jahr 2001 wurde in Kapstadt das Übereinkommen über internationale Sicherungsrechte an beweglicher Ausrüstung (Cape Town Convention) angenommen.[39] Dieses Übereinkommen soll als Basiskonvention die Grundlagen für sämtliche Gruppen von beweglicher Ausrüstung regeln und bereichsspezifisch durch Zusatzprotokolle für die Luftfahrt, die Raumfahrt, die Eisenbahn und die Schifffahrt konkretisiert werden. Bisher sind das Luftfahrtausrüstungsprotokoll,[40] das Eisenbahnprotokoll[41] und das Weltraumprotokoll[42] beschlossen worden.

46

Zentrales Ziel des Luftfahrtausrüstungsprotokolls ist es, der Luftfahrtindustrie ein **international anerkanntes Sicherungsinstrument** zur Verfügung zu stellen.[43] Hierzu wird das bisherige Konzept der gegenseitigen Anerkennung nationaler Rechte durch ein neu zu schaffendes elektronisches Register zur Registrierung eines selbständigen internationalen Sicherungsrechts abgelöst. Das Register wird in Dublin (Irland) geführt. Das Protokoll enthält zudem neue Vorschriften zu einem rangwahrenden Sicherungsrecht und zur schnellstmöglichen Durchsetzung der Rechte im Falle von Leistungsstörungen. Es bleibt abzuwarten, welche Akzeptanz die internationale Registrierung neben den nationalen Registrierungssystemen erfährt.

47

---

38 *Bittlinger*, in: Hobe/von Ruckteschell, Kölner Kompendium des Luftrechts, Bd. 1, 2008, III F Rn. 77; *Schladebach/Kraft*, BKR 2012, 270 (273).
39 Text in: IPrax 2003, 276 ff.; dazu *Bollweg/Gerhard*, ZLW 2001, 373 ff.
40 Text in: IPrax 2003, 289 ff.; dazu *Bollweg/Kreuzer*, ZIP 2000, 1361 ff.; *Sester/Haag*, ZLW 2005, 493 ff.; *Weber*, ZLW 2006, 1 ff.; *von Bodungen*, Mobiliarsicherungsrechte an Luftfahrzeugen und Eisenbahnrollmaterial im nationalen und internationalen Rechtsverkehr, 2009.
41 Dazu *Bollweg/Kreuzer*, IPrax 2008, 176 ff.
42 Dazu *Bollweg/Schultheiß*, ZLW 2012, 389 ff.
43 *Schladebach/Kraft*, BKR 2012, 270 (276).

4. Teil

Luftstrafrecht

§ 10 Internationales Luftstrafrecht

1   Da das Chicagoer Abkommen keine Vorschriften über Straftaten an Bord von Luftfahrzeugen enthält, bildete sich ab den 1960er Jahren ein internationales Luftstrafrecht heraus. Die Notwendigkeit hierzu ergab sich aus Zuständigkeitskonflikten über die Strafgerichtsbarkeit für entsprechende Straftaten sowie der Tatsache, dass etwa zur selben Zeit politische Aktivisten damit begannen, zur Durchsetzung ihrer Forderungen Passagierflugzeuge zu entführen.

I. Das Tokioter Abkommen von 1963

1. Regelung der Strafgerichtsbarkeit

a) Anlass

2   Die Frage, welcher Staat die Strafgerichtsbarkeit über an Bord von Luftfahrzeugen begangene Straftaten besitzt, kann bei Flugzeugen deshalb zweifelhaft sein, weil der typische grenzüberschreitende Flug die Territorien von mehreren Staaten berührt. In einem solchen Fall ist die Klärung bzw. die Zuweisung der Strafgerichtsbarkeit an einen involvierten Staat erforderlich. Dies sind keine theoretischen Annahmen. Zwei spektakuläre ältere Fälle belegen die Notwendigkeit, eine internationale Regelung über die Strafgerichtsbarkeit zu schaffen.

Der Loewenstein-Fall[1]: Am 4.7.1928 verschwand der belgische Geschäftsmann *Alfred Loewenstein* auf einem Flug zwischen Croyden (Großbritannien) und Le Bourget (Frankreich) unbemerkt aus dem Flugzeug. Seine Leiche wurde später im Ärmelkanal gefunden. Einer anschließenden Untersuchung zufolge befand sich das Flugzeug während des Vorfalls über britischen Hoheitsgewässern. Da das Prinzip der Lufthoheit aus Art. 1 des Chicagoer Abkommens auch schon im Pariser Luftverkehrsabkommen von 1919 zu finden war, brachten die britischen und französischen Behörden das Territorialprinzip zur Anwendung, sodass die französischen Behörden das Flugzeug zur näheren Untersuchung durch eine britische Kommission nach Großbritannien zurückschickten. Die belgischen Behörden hingegen erklärten sich selbst für zuständig, da das Opfer

---

1 Sachverhalt nach *Cartier/van Fenema*, in: Hobe/von Ruckteschell, Kölner Kompendium des Luftrechts, Bd. 2, 2009, II D Rn. 12; dieser mysteriöse Fall ist im Roman von *William Norris*, The Man who fell from the Sky, 1987 literarisch verarbeitet worden.

belgischer Staatsbürger war. Aus diesem Grund wiesen sie dann auch die Feststellungen der britischen Untersuchungskommission zurück.

In diesem Fall könnten verschiedene Staaten die Strafgerichtsbarkeit beanspruchen: der Eintragungsstaat des Luftfahrzeugs, die überflogenen Staaten, der Abflugstaat, der Landungsstaat, der Staat der Staatsangehörigkeit entweder des mutmaßlichen Täters oder des Opfers.

3

Der Fall U.S. vs. Cordova/Santano[2]: Am 2.8.1948 hatten die zwei Passagiere *Cordova* und *Santano* im hinteren Teil eines Flugzeugs eine gewaltsame Auseinandersetzung, während dieses sich auf dem Weg von Puerto Rico nach New York über der Hohen See befand. Sie hatten das Luftfahrzeug bereits in betrunkenem Zustand betreten und setzten ihren Alkoholkonsum mit Hilfe des Rums, den sie in Puerto Rico mit an Bord genommen hatten, fort. Die Versuche des Bordpersonals, den Streit zu schlichten, blieben erfolglos. Andere Passagiere eilten daraufhin in den hinteren Teil des Flugzeugs. Durch die plötzliche Gewichtsverlagerung kam es zu einem starken Aufstieg des Flugzeugs. Dem Piloten gelang es allerdings, die Kontrolle über das Flugzeug zurückzuerlangen. Nachdem er vom Bordpersonal über die Geschehnisse informiert worden war, suchte der Pilot das Gespräch mit den zwei Passagieren. Einer der beiden attackierte ihn und eine Stewardess. Andere Passagiere halfen der Besatzung, den Passagier *Cordova* für den Rest des Fluges zu bändigen. *Cordova* und *Santano* wurden bei ihrer Ankunft in New York den zuständigen Behörden übergeben. Obwohl der District Court von New York ausreichende Beweise für das gewalttätige Verhalten der beiden Passagiere fand, konnte es diese nicht verurteilen, weil die Straftaten nicht unter die Strafgerichtsbarkeit der USA fielen.[3]

Dieser Fall offenbarte die **Notwendigkeit eines internationalen Abkommens**, das die zuständige Strafgerichtsbarkeit für Taten regelt, deren Zahl sich unter der Bezeichnung „Unruly Passengers"[4] zu einem leider häufiger anzutreffenden Phänomen entwickelt hat. Zugleich mussten die Kompetenzen des Luftfahrzeugkommandanten, d.h. des Piloten, bestimmt werden, die ihn in die Lage versetzen, Sicherheit und Ordnung an Bord des Flugzeugs aufrechtzuerhalten.[5] Mit dieser Intention wurde am 14.9.1963 das Tokioter Abkommen (TA) über strafbare und bestimmte andere an Bord von Luftfahrzeugen begangene Handlungen unterzeichnet.[6]

4

---

2 Sachverhalt nach *Cartier/van Fenema*, in: Hobe/von Ruckteschell, Kölner Kompendium des Luftrechts, Bd. 2, 2009, II D Rn. 18; *Diederiks-Verschoor/de Leon/Butler*, An Introduction to Air Law, 9th ed. (2012), S. 292.
3 U.S. District Court, Eastern District of New York, 17.3.1950, 89 F. Supp. 298; dazu *Hilbert*, J. Air L. & Com. 18 (1951), 427 ff.
4 *Giesecke*, ZLW 2002, 546 ff.; *Schmid*, in: Benkö/Kröll, FS für Böckstiegel, 2001, S. 181 ff.; *Meyer/Gommert*, ZLW 2000, 158 ff.
5 Dazu *Giemulla*, ZLW 2002, 528 ff.
6 BGBl. 1969 II S. 121; dazu *Schladebach*, Lufthoheit, 2014, S. 301 ff.

b) Prinzip konkurrierender Gerichtsbarkeiten

5   Das Tokioter Abkommen weist in Art. 3 I die Strafgerichtsbarkeit grundsätzlich dem **Eintragungsstaat** des Luftfahrzeugs zu. Nach Art. 4 TA können jedoch auch andere involvierte Staaten diese Zuständigkeit geltend machen, wenn einer der dort geregelten Tatbestände eingreift. Damit bekennt sich das Tokioter Abkommen zum Prinzip konkurrierender Gerichtsbarkeiten. Durch den Vorrang des Eintragungsstaates soll stets zumindest die wirksame Zuständigkeit eines Staates begründet werden. Mit dieser Vorrangzuständigkeit können Situationen fehlender oder nicht rekonstruierbarer Zuständigkeit vermieden werden. Außerdem können auf diese Weise Fälle (anderweitig) zugeordnet werden, in denen Staaten entscheiden, ihre an sich gegebene Zuständigkeit nicht wahrzunehmen.

2. Bordgewalt des Luftfahrzeugkommandanten

6   Die Befugnisse des Luftfahrzeugkommandanten sind in Art. 5–10 TA geregelt worden. Seine Bordgewalt ergibt sich aus Art. 6 I TA. Danach hat er die Befugnis, bei ausreichenden Gründen für die Annahme, dass eine Person an Bord des Luftfahrzeugs eine strafbare oder andere Handlung begangen hat oder zu begehen im Begriff ist, angemessene Maßnahmen, einschließlich Zwangsmaßnahmen, zu treffen, wenn diese notwendig sind
    – um die Sicherheit des Luftfahrzeugs oder der Personen oder Sachen an Bord zu gewährleisten;
    – um die Ordnung und Disziplin an Bord aufrechtzuerhalten; oder
    – um es ihm zu ermöglichen, diese Person zuständigen Behörden zu übergeben oder sie in Übereinstimmung mit den Bestimmungen dieses Kapitels abzusetzen.

7   Die so charakterisierte Bordgewalt hat der Luftfahrtkommandant für den Zeitraum, in dem das Luftfahrzeug „**im Flug befindlich**" ist. In dieser Zeitspanne besitzt er also polizeigleiche Kompetenzen, weshalb es erforderlich ist, diesen Begriff klar zu bestimmen. Bemerkenswert ist, dass das Tokioter Abkommen hierfür gleich **zwei Definitionen** bereithält. Einmal ist nach Art. 1 III TA ein Luftfahrzeug von dem Augenblick an „im Flug befindlich", in dem zum Zwecke des Starts Kraft aufgewendet wird, bis zu dem Augenblick, in dem der Landelauf beendet ist. Hingegen gilt nach Art. 5 II 1 TA „ungeachtet des Art. 1 III ein Luftfahrzeug als im Flug befindlich von dem Augenblick an, in dem alle Außentüren nach dem Einsteigen geschlossen worden sind, bis zu dem Augenblick, in dem eine dieser Türen zum Aussteigen geöffnet wird." Durch die Formulierung „ungeachtet des Art. 1 III" wird man die Definition in Art. 5 II 1 TA

als *lex specialis* ansehen müssen. Sie beruht auf der Überlegung, dass bei noch offenen Türen Unterstützung durch die Sicherheitsbehörden möglich ist, während das Luftfahrzeug bei geschlossenen Türen als *closed universe* gilt und dann ausschließlich den Anweisungen des Luftfahrtkommandanten unterliegt und auch unterliegen muss.

In Art. 6 II TA ist vorgesehen, dass der Luftfahrtkommandant auch Besatzungsmitglieder oder sogar Fluggäste auffordern kann, ihn bei Zwangsmaßnahmen zu unterstützen. Diese Bereitschaft, an der Wiederherstellung von Ordnung und Sicherheit an Bord mitzuwirken, wird durch Art. 10 TA zusätzlich gefördert. Ist eine Ordnungsmaßnahme in Übereinstimmung mit dem Tokioter Abkommen ausgeführt worden, so kann keiner der daran Beteiligten zur Verantwortung gezogen werden. Diese Regelung dient dazu, dass die Bereitschaft zur Mithilfe nicht durch die Angst vor möglichen anschließenden Rechtsstreitigkeiten gehemmt wird.[7]

3. Widerrechtliche Inbesitznahme eines Luftfahrzeugs

Art. 11 I TA verpflichtet die Vertragsstaaten, alle geeigneten Maßnahmen zu ergreifen, um die Herrschaft des rechtmäßigen Kommandanten über ein widerrechtlich in Besitz genommenes Luftfahrzeug wiederherzustellen oder aufrechtzuerhalten. Dieser Auftrag an die Staaten hatte zum Zeitpunkt der Unterzeichnung des Tokioter Abkommens noch keine größere Relevanz. Erst später setzten Flugzeugentführungen ein, für deren strafrechtliche Ahndung speziellere Abkommen ausgearbeitet wurden.

II. Das Haager Übereinkommen von 1970

Das Haager Übereinkommen zur Bekämpfung der widerrechtlichen Inbesitznahme von Luftfahrzeugen vom 16.12.1970[8] stellt eine Reaktion auf die zahlreichen Flugzeugentführungen in der zweiten Hälfte der 1960er Jahre dar.[9] Das Übereinkommen legt erstmals die **Flugzeugentführung als Straftatbestand** fest (Art. 1) und verpflichtet die Vertragsstaaten, sie mit schweren Strafen zu bedrohen (Art. 2). Deutschland ist dieser völkerrechtlichen Verpflichtung mit § 316c I StGB nachgekommen, der eine Freiheitsstrafe nicht unter fünf Jahren

---
7 *Cartier/van Fenema*, in: Hobe/von Ruckteschell, Kölner Kompendium des Luftrechts, Bd. 2, 2009, II D Rn. 36.
8 BGBl. 1972 II S. 1505; *Schladebach*, Lufthoheit, 2014, S. 304.
9 Dazu *Cartier/van Fenema*, in: Hobe/von Ruckteschell, Kölner Kompendium des Luftrechts, Bd. 2, 2009, II D Rn. 49 ff.; aus früherer Sicht *Hailbronner*, NJW 1973, 1636 ff.

vorsieht. Außerdem regelt das Übereinkommen die Auslieferung von Tatverdächtigen (Art. 8).

III. Das Montrealer Übereinkommen von 1971

11 Neben Flugzeugentführungen ist die Sicherheit des Luftverkehrs auch durch sonstige **Gewalt- und Sabotageakte** gegen Flugzeuge und Personen bedroht. Nachdem im Februar 1970 eine Bombenexplosion an Bord eines Luftfahrzeugs der schweizerischen Fluggesellschaft Swiss zum Absturz und dem Tod von 47 Menschen führte, zeigte sich der limitierte Anwendungsbereich des Tokioter Abkommens und des Haager Übereinkommens.[10] Das Montrealer Übereinkommen zur Bekämpfung widerrechtlicher Handlungen gegen die Sicherheit der Zivilluftfahrt vom 23.9.1971[11] verpflichtet die Vertragsstaaten, auch für solche Gewalt- und Sabotagehandlungen (Art. 1) schwere Strafandrohungen einzuführen (Art. 3).[12] In Deutschland wurde diese völkerrechtliche Verpflichtung in §§ 315, 315a StGB umgesetzt. Wie schon im Haager Übereinkommen sollen die Täter entweder ausgeliefert oder bestraft werden (Art. 7: „*aut dedere aut judicare*"). Obwohl es durchaus nachvollziehbar ist, luftrechtsrelevante Abkommen in Montreal, der Stadt der ICAO, abzuschließen, muss mittlerweile genau geprüft werden, um welches der mehreren „Montrealer Übereinkommen" es sich handelt.[13]

IV. Das New Yorker Übereinkommen von 1979

12 Das New Yorker Übereinkommen gegen Geiselnahme vom 18.12.1979[14] betrifft hauptsächlich Geiselnahmen an Bord von Luftfahrzeugen (Art. 5 I). Dieses Übereinkommen begründet die Verpflichtung der Vertragsstaaten, die als Geiselnahme beschriebenen Straftaten (Art. 1) mit angemessenen Strafen zu bedrohen (Art. 2). In Deutschland besteht eine entsprechende Strafnorm in Form des § 239b StGB.

---

10 *Schladebach*, Lufthoheit, 2014, S. 304; *Oduntan*, Sovereignty and Jurisdiction in the Airspace and Outer Space, 2012, S. 117; *Thomas/Kirby*, ICLQ 22 (1973), 163 ff.
11 BGBl. 1977 II S. 1229.
12 Dazu *Cartier/van Fenema*, in: Hobe/von Ruckteschell, Kölner Kompendium des Luftrechts, Bd. 2, 2009, II D Rn. 65 ff.
13 Das wird durch das Montrealer Protokoll zum Schutz der Ozonschicht von 1987 nicht eindeutiger.
14 BGBl. 1980 II S. 1361; *Schladebach*, Lufthoheit, 2014, S. 306.

§ 11 Europäisches Luftstrafrecht

Galt das Strafrecht lange Zeit als eine der letzten Bastionen mitgliedstaatlicher Regelungshoheit, so ergreift die europäische Integration mittlerweile auch die nationalen Strafrechtsordnungen. Nach dem auch insoweit maßgebenden kompetenziellen Prinzip der begrenzten Einzelermächtigung stellt sich die Frage nach Existenz und Reichweite entsprechender EU-Kompetenzen. **Strafrechtsbezogene Kompetenzen** enthält das europäische Primärrecht in Art. 82 AEUV für das Strafverfahrensrecht und in Art. 83 AEUV für das materielle Strafrecht.[1] Eine auf den Schutz der finanziellen Interessen der EU gerichtete Kompetenz enthält Art. 325 IV AEUV.

Art. 83 I AEUV gewährt der EU eine **Kompetenz zum Richtlinienerlass** in Bezug auf besonders schwere grenzüberschreitende Kriminalität.[2] Die Norm zählt als derartige Kriminalitätsbereiche den Terrorismus, den Menschenhandel, den illegalen Waffen- und Drogenhandel und weitere Delikte auf. Diese Aufzählung ist nicht abschließend, wie sich aus dem Hinweis in Art. 83 I AEUV a. E. ergibt, wonach der Rat durch Beschluss andere Kriminalitätsbereiche bestimmen kann, die die Kriterien des Absatzes 1 erfüllen.[3]

Wird versucht, luftverkehrsbezogene Straftaten unter diese EU-Strafrechtskompetenz zu subsumieren und dadurch europarechtliche Vorgaben für das nationale Strafrecht zu ermöglichen, so könnte an den Bereich des Terrorismus gedacht werden. Immerhin hat die EU mit der Verordnung (EG) 300/2008[4] aus luftsicherheitsrechtlicher Perspektive dazu beigetragen, dass Terroristen der Zugang zu sicherheitsrelevanten Bereichen des Flughafens sowie zum Flugzeug selbst verwehrt bleibt. Jedoch folgt diese Verordnung einem präventiv-polizeirechtlichen Ansatz und ist auf die originäre Luftfahrtkompetenz der EU nach Art. 80 II AEUV (heute Art. 100 II AEUV) gestützt worden.

---

1 *Weißer*, in: Schulze/Zuleeg/Kadelbach, Europarecht, 3. Aufl. (2015), § 42 Rn. 9 ff.; *Haratsch/Koenig/Pechstein*, Europarecht, 9. Aufl. (2014), Rn. 1090.
2 *Streinz*, Europarecht, 10. Aufl. (2016), Rn. 1037; *Weißer*, in: Schulze/Zuleeg/Kadelbach, Europarecht, 3. Aufl. (2015), § 42 Rn. 14.
3 A. A. *Streinz*, Europarecht, 10. Aufl. (2016), Rn. 1037.
4 ABl. EU Nr. L 97 vom 9.4.2008, S. 72; dazu *Faust/Leininger*, in: Hobe/von Ruckteschell, Kölner Kompendium des Luftrechts, Bd. 2, 2009, II A Rn. 1 (17 ff.).

4 Entscheidender ist jedoch, dass der Luftverkehr als Bereich besonders schwerer grenzüberschreitender Kriminalität nicht von Art. 83 I AEUV erfasst wird. Zwar ist die dortige Aufzählung, wie erwähnt, nicht abschließend, ließe durch einen Beschluss des Rates somit auch die Einbeziehung anderer Kriminalitätsbereiche zu.[5] Allerdings ist der Luftverkehr in Art. 100 II AEUV ausdrücklich genannt, ist also als originärer europarechtlicher Begriff bekannt und wäre in Art. 83 I AEUV aufgeführt, wenn man auch für den Luftverkehr den Erlass strafrechtlicher Mindestvorgaben für die EU-Mitgliedstaaten hätte ermöglichen wollen. Ein die strafrechtlichen Kompetenzen der EU erweiternder Beschluss des Rates ist zwar grundsätzlich möglich, derzeit indes nicht ersichtlich. Er würde aus generellen kompetenzrechtlichen Erwägungen („Kompetenz-Kompetenz") wohl auch nicht ganz einfach zustande kommen können.

5 Eine EU-Kompetenz für den Erlass von Vorgaben, zumindest von Mindestvorgaben, für das Luftstrafrecht ist daher nicht existent. Eine Regelungslücke entsteht dadurch nicht, denn das internationale Luftstrafrecht hat – die in § 10 vorgestellten – Vorschriften auf völkerrechtlicher Ebene geschaffen, die in nationales Luftstrafrecht transferiert worden sind und eine angemessene Bestrafung von luftfahrtspezifischen Taten ermöglichen. Insoweit besteht gegenwärtig kein Bedarf für europäisches Luftstrafrecht.

---

5 So auch *Weißer*, in: Schulze/Zuleeg/Kadelbach, Europarecht, 3. Aufl. (2015), § 42 Rn. 14.

§ 12 Nationales Luftstrafrecht

Das nationale Luftstrafrecht lässt sich in Straftatbestände des StGB, des Luft-   1
VG und des LuftSiG unterteilen. Dabei soll es hier nur um luftfahrtspezifische
Delikte gehen, d. h. nur um solche, die einen unmittelbaren Bezug zu Luftfahrzeugen haben. Dagegen werden Delikte, die im StGB für jede Situation einschlägig sein können und eben auch gelegentlich an Bord von Luftfahrzeugen begangen werden wie Beleidigung (§§ 185 ff. StGB), Nötigung (§ 240 StGB), Sachbeschädigung (§ 303 StGB) und Körperverletzungen (§§ 223 ff. StGB) nicht berücksichtigt. Sie sind nicht „luftfahrtspezifisch" und bleiben deshalb außer Betracht.

I. Delikte im Strafgesetzbuch

1. Anwendbarkeit des StGB

Nach § 4 StGB gilt das deutsche Strafrecht, unabhängig vom Recht des Tatorts,   2
für Taten, die auf einem Schiff oder in einem Luftfahrzeug begangen werden,
das berechtigt ist, die Bundesflagge oder das Staatszugehörigkeitszeichen der
Bundesrepublik Deutschland zu führen. Dies ist für deutsche Luftfahrzeuge
regelmäßig gegeben, denn sie müssen gem. § 2 V LuftVG das Staatszugehörigkeitszeichen und eine besondere Kennzeichnung tragen.

2. Gefährliche Eingriffe in den Luftverkehr, § 315 StGB

§ 315 I StGB lautet: Wer die Sicherheit des Schienenbahn-, Schwebebahn-,   3
Schiffs- oder Luftverkehrs dadurch beeinträchtigt, dass er
1. Anlagen oder Beförderungsmittel zerstört, beschädigt oder beseitigt,
2. Hindernisse bereitet,
3. falsche Zeichen oder Signale gibt oder
4. einen ähnlichen, ebenso gefährlichen Eingriff vornimmt

und dadurch Leib oder Leben eines anderen Menschen oder fremde Sachen von bedeutendem Wert gefährdet, wird mit Freiheitsstrafe von sechs Monaten bis zu zehn Jahren bestraft.

a) Tathandlungen

4   Als Tathandlung wird die Vornahme eines gefährlichen Eingriffs verlangt. Dabei regeln Nr. 1–3 einzelne gefährliche Eingriffe in den Luftverkehr, an denen sich Nr. 4 wertungsmäßig zu orientieren hat.

5   **Nr. 1** stellt das Zerstören, Beschädigen oder Beseitigen von Anlagen oder Beförderungsmitteln unter Strafe.

Beispiel: Unterbrechung der Stromversorgung für Sicherheitsanlagen (Herbeiführung eines Kurzschlusses),[1] Störungen des Funkverkehrs, Manipulation von Radaranlagen, Beschädigung des Gepäckbandes wegen vermeintlich zu langer Wartezeit. Auch die Beschädigung oder gar Zerstörung von Luftfahrzeugen (Flugzeuge, Hubschrauber) fällt darunter.

6   Nach **Nr. 2** ist das Bereiten eines Hindernisses strafbewehrt.

Beispiel: Unerlaubtes Kreuzen oder Versperren der Landebahn durch ein im Vorfeldbereich eingesetztes Fahrzeug, Versperren von Wegen mit Betonklötzen, Steigenlassen von Ballonen oder Drachen im Bauschutzbereich von Flughäfen.[2]

7   In diesem Zusammenhang ist auf zwei weitere Beispiele vertiefter einzugehen. Einmal ist es in der Vergangenheit öfter zu **Verschmutzungen der Start- und Landebahn** gekommen. Werden etwa – aus welchem Grund auch immer – Schmierstoffe oder sonstige Flüssigkeiten bzw. Stoffe unsachgerecht auf der Start- und Landebahn aufgebracht, so wird damit eine ordnungsgemäße Landung von Flugzeugen verhindert und damit ein Hindernis bereitet.

8   Die **Concorde-Katastrophe** vom 25.7.2000 war ähnlich gelagert: Auf der Startbahn befand sich ein Triebwerksteil aus Titan von einer zuvor gestarteten DC-10, das diese verloren hatte. Die Concorde überrollte das 43 cm lange Triebwerksteil, was eine Explosion am linken Hauptfahrwerk verursachte. Dabei platzte zunächst der linke Reifen. Sodann schlug ein Stück des Reifengummis gegen die Tragfläche, in der sich der Treibstofftank befand, und riss ein Loch hinein. Auch dieses Ereignis würde – bei Anwendbarkeit deutschen Rechts – ein „Hindernis bereiten" i. S. v. § 315 I Nr. 2 StGB darstellen.

9   Außerdem nehmen in jüngerer Zeit **Beinahe-Kollisionen** von privat betriebenen **Drohnen** mit Flugzeugen, die sich beim Starten oder Landen befinden, zu.

---

[1] *Brand*, in: Hobe/von Ruckteschell, Kölner Kompendium des Luftrechts, Bd. 2, 2009, II D Rn. 114.
[2] *Brand*, in: Hobe/von Ruckteschell, Kölner Kompendium des Luftrechts, Bd. 2, 2009, II D Rn. 117.

Zu solchen Vorfällen kam es etwa im Februar 2016 in der Nähe des Pariser Flughafens Roissy-Charles-de-Gaulle. Kurze Zeit später kollidierte im April 2016 eine Drohne mit einem Passagierflugzeug der British Airways beim Anflug auf den Flughafen London-Heathrow. Auch in Deutschland sind solche Beinahe-Kollisionen zu verzeichnen. In München 2016 und jüngst in Berlin[3] bewegten sich Drohnen im Landekorridor. Insgesamt meldeten die Berliner Flughäfen für das Jahr 2017 16 Vorfälle, deutschlandweit soll es 2017 70 Vorfälle gegeben haben.[4]

Durch den unerlaubten Betrieb von Drohnen im Bereich von Flughäfen kann der Pilot oder aber der Fluglotse gezwungen sein, die Landung abzubrechen. Der ordnungsgemäße Verkehrsablauf wird dadurch gehemmt. Somit wird durch den Drohnenbetrieb im Bereich von Flughäfen ein Hindernis bereitet, was zur Strafbarkeit des Steuerers der Drohne nach Nr. 2 führt.[5]

Nr. 3 bestraft das Geben von falschen Zeichen oder Signalen.

Beispiel: Not-, Warn- und Ansteuerungssignale werden falsch eingesetzt.[6]

Die in **Nr. 4** geregelten ähnlichen, ebenso gefährlichen Eingriffe müssen so beschaffen sein, dass sie nach Intensität, Gefährlichkeit und Tragweite den in Nr. 1–3 genannten Eingriffen entsprechen.

Beispiel: Tätliche Angriffe auf den Piloten, Überschreitung der zulässigen Gepäckgewichtsgrenzen.[7]

Auch hier erscheinen zwei Fälle besonders erwähnenswert. So ist fraglich gewesen, ob das **Rauchen auf der Flugzeugtoilette** einen „ebenso gefährlichen Eingriff" darstellt und, gegebenenfalls, dann auch eine konkrete Gefährdung bedeutet.

Sachverhalt:[8] Der Beschuldigte hatte während eines Fluges am 5.12.1999 auf der Toilette des Flugzeugs geraucht, obwohl ein absolutes Rauchverbot bestand. Durch den Zigarettenrauch ist der sog. Smoke-Detektor aktiviert worden und löste einen lauten Pfeifton aus, durch den sowohl die Cockpit-Besatzung als auch die Kabinen-Crew in Alarmbereitschaft versetzt und auf die Brandsituation hingewiesen wurden. Die Besatzung musste daraufhin Schutzmaßnahmen gegen Feuer vorbereiten. Ihre eigentlichen Aufgaben zur Durchführung eines sicheren Fluges konnte sie deshalb nicht oder nur noch eingeschränkt wahrnehmen.

---

3 Die Welt vom 13.5.2018.
4 Berliner Zeitung vom 10.1.2018.
5 *Dust*, NZV 2016, 353 (354).
6 *Brand*, in: Hobe/von Ruckteschell, Kölner Kompendium des Luftrechts, Bd. 2, 2009, II D Rn. 119.
7 *Brand*, in: Hobe/von Ruckteschell, Kölner Kompendium des Luftrechts, Bd. 2, 2009, II D Rn. 126 f.
8 OLG Düsseldorf, NJW 2000, 3223.

Das OLG Düsseldorf prüfte in seiner Entscheidung vom 29.6.2000 zwei Tatvarianten des § 315 I StGB: „Falsche Signale im Sinne dieser Vorschrift (§ 315 I Nr. 3 StGB) sind solche, die Verkehrsvorgänge beeinflussen sollen, der Verkehrslage aber widersprechen. Hierzu zählen zwar auch falsche Not-, Warn- und Ansteuerungssignale im Luftverkehr, aber nur solche, die der Täter vorsätzlich auslöst, um dadurch den Luftverkehr fehlzuleiten. Der durch den Rauchmelder ausgelöste Warnton zählt nicht dazu, denn er ist weder falsch, noch dient er der Beeinflussung von Verkehrsvorgängen. Im Übrigen erfordert § 315 I Nr. 3 StGB, dass durch das falsche Signal Leib oder Leben eines anderen oder Sachen von bedeutendem Wert gefährdet werden. Eine solche Gefahr aber wird allenfalls durch ein im Flugzeug entfachtes Feuer, nicht aber durch den Warnton des Rauchmelders begründet, der dazu bestimmt und geeignet ist, solche Gefahren zu verhindern.

Ein ähnlicher, ebenso gefährlicher Eingriff nach § 315 I Nr. 4 StGB scheidet ebenfalls aus. Dazu zählen Verhaltensweisen, die unmittelbar auf Verkehrsvorgänge einwirken (BGHSt 10, 405), diese beeinträchtigen und dadurch eine konkrete Gefahr begründen (BGH VRS 69, 127; OLG Celle, MDR 1970, 1027). Das Verhalten des Beschuldigten stellte keine unmittelbare Einwirkung auf Verkehrsvorgänge dar und hat diese nicht beeinträchtigt. Darüber hinaus hat er auch keine konkrete Gefahr begründet. Dass Rauchen an Bord einer Verkehrsmaschine keine konkrete Brandgefahr begründet, ist schon daran erkennbar, dass bis in die jüngste Vergangenheit das Rauchen in allen Passagiermaschinen erlaubt war und auch gegenwärtig noch von vielen Linien gestattet ist. Im Übrigen wäre diese Gefahr von dem Beschuldigten weder unmittelbar noch – weil nicht voraussehbar – vorsätzlich verursacht."[9]

14 In jüngerer Zeit sind Eingriffe in den Luftverkehr außerdem bei **Blendattacken mit Laserpointern** diskutiert worden.[10] Dabei postieren sich Täter oftmals in der Dunkelheit in der Nähe von Flughäfen, wo sie das Cockpit des Flugzeugs besonders gut ins Visier nehmen können. Die vom Laser ausgehenden Strahlen sind kohärente Strahlen und bündeln das Licht auch auf längere Strecken. Die Blendungen sind hochgefährlich: Für den geblendeten Piloten selbst und für die Insassen des Flugzeugs. Auch von Kindern werden solche Laserpointer benutzt. Laserattacken werden nicht nur auf Piloten, sondern auch auf Lokführer und Autofahrer, bei der Fußball-Weltmeisterschaft 2010 in Südafrika sogar auf Trainer, Spieler und Torhüter beim Elfmeter verübt. Wie Statistiken zeigen, nimmt die Zahl von Blendattacken in Deutschland zu.[11] Unabhängig von der hier stärker interessierenden Frage der Einschlägigkeit des § 315 I Nr. 4 StGB,[12] kann der Blendeffekt erhebliche Schäden am Auge des Getroffenen verursa-

---

9 Ablehnend und jedenfalls eine konkrete Gefahr annehmend *Brand*, in: Hobe/von Ruckteschell, Kölner Kompendium des Luftrechts, Bd. 2, 2009, II D Rn. 130.
10 *Ellbogen/Schneider*, NZV 2011, 63 ff.
11 Schon ab 2010 verzeichnet das Luftfahrt-Bundesamt entsprechende Attacken, *Ellbogen/Schneider*, NZV 2011, 63.
12 § 315 I Nr. 4 StGB wird von *Ellbogen/Schneider*, NZV 2011, 63 (65) angenommen.

chen und somit eine gefährliche Körperverletzung nach §§ 223 I, 224 I Nr. 2 StGB bilden. Ein aktueller Fall illustriert diese Rechtsprobleme.

Sachverhalt:[13] Am 27.8.2016 blendete der Angeklagte im Zeitraum zwischen 23.38 Uhr und 23.40 Uhr von seiner Wohnung aus insgesamt viermal die Besatzung eines Polizeihubschraubers mit einem roten und einem grünen Laserpointer. Der Hubschrauber hatte sich im Schwebflug positioniert, um sowohl den Flugverkehr als auch die Ortslage im Blick zu behalten. Die Blendattacken dauerten 38, 30, 8 und 21 Sekunden und führten dazu, dass der Pilot des Polizeihubschraubers während der Attacken nichts mehr sehen konnte und die Orientierung verlor. Dies beruhte darauf, dass die „Brightnessbrille" des Piloten mit einer Restlichtverstärkung versehen ist. Bei zu starkem Lichteinfall verdunkelt sich das dargestellte Bild gänzlich, so dass der Pilot seine Umgebung nicht mehr wahrnehmen konnte. In dieser Situation hätte ein kräftiger Windstoß den Absturz des Hubschraubers bewirken können, da der Pilot in Ermangelung von Sicht und Orientierung nicht in der Lage gewesen wäre, zielgerichtet zu reagieren und die Maschine zu stabilisieren.

Das AG Zossen führte in seinem Urteil vom 31.5.2017 dazu aus: „Der Angeklagte hat sich des gefährlichen Eingriffs in den Luftverkehr schuldig gemacht. Indem er mehrfach Laserpointer auf den Polizeihubschrauber richtete, hat er einen ähnlichen, ebenso gefährlichen Eingriff im Sinne des § 315 I Nr. 4 StGB vorgenommen. Hierdurch wurden Leib und Leben der Hubschrauberbesatzung sowie eine Sache von bedeutendem Wert, nämlich der Hubschrauber gefährdet. Die Tat ist auch zur Vollendung gekommen, denn eine konkrete Gefährdung ist eingetreten. Eine solche Gefährdung ist gegeben, wenn das Gefährdungsobjekt derart in den Wirkungsbereich des schadensträchtigen Geschehens gelangt, dass der Nichteintritt einer Schädigung nur noch von unberechenbaren Zufälligkeiten abhängt, auf die in der konkreten Gefahrensituation nicht mehr vertraut werden kann. Da vorliegend der Pilot des Hubschraubers mehrfach für den Zeitraum der Blendattacken ohne Sicht und Orientierung war und ein kräftiger Windstoß bereits den Absturz des Hubschraubers hätte bewirken können, liegt ein sogenannter Beinaheunfall vor. Ob der Hubschrauber im Zeitpunkt der Attacke von einer Windböe erfasst wird, ist Frage einer unberechenbaren Zufälligkeit."

b) Konkrete Gefährdung

Wegen seiner Struktur als konkretes Gefährdungsdelikt muss die Tathandlung bei § 315 I StGB zu einer **konkreten Gefahr** führen. Eine solche ist gegeben, wenn der Eintritt eines Schadens wahrscheinlicher ist als sein Ausbleiben und es damit nur noch vom Zufall abhängt, ob das Rechtsgut verletzt wird oder nicht. Beide oben erwähnten Entscheidungen verhielten sich auch zu diesem Tatbestandsmerkmal: Während das OLG Düsseldorf[14] eine konkrete Gefahr beim Rauchen auf der Flugzeugtoilette ablehnte, nahm das AG Zossen[15] eine

---

13 AG Zossen, NJ 2017, 388 und BeckRS 2017, 115540.
14 OLG Düsseldorf, NJW 2000, 3223.
15 AG Zossen, NJ 2017, 388.

derartige konkrete Gefahr bei den Blendattacken auf einen Polizeihubschrauber zutreffend an. Hier kann es nicht darauf ankommen, ob der Pilot trotz der Blendattacken schließlich noch in der Lage war, das Luftfahrzeug sicher zu landen mit der Folge einer Straflosigkeit nach § 315 I Nr. 4 StGB.[16] Mit einer solchen Argumentation entstünden bedenkliche Strafbarkeitslücken und der erhebliche Unrechtsgehalt der Tat bliebe ungesühnt.

3. Gefährdung des Luftverkehrs, § 315a StGB

16 § 315a I StGB lautet: Mit Freiheitsstrafe bis zu fünf Jahren oder mit Geldstrafe wird bestraft, wer
1. ein Schienenbahn- oder Schwebebahnfahrzeug ein Schiff oder ein Luftfahrzeug führt, obwohl er infolge des Genusses alkoholischer Getränke oder anderer berauschender Mittel oder infolge geistiger oder körperlicher Mängel nicht in der Lage ist, das Fahrzeug sicher zu führen, oder
2. als Führer eines solchen Fahrzeugs oder als sonst für die Sicherheit Verantwortlicher durch grob pflichtwidriges Verhalten gegen Rechtsvorschriften zur Sicherung des Schienenbahn-, Schwebebahn-, Schiffs- oder Luftverkehrs verstößt

und dadurch Leib oder Leben eines anderen Menschen oder fremde Sachen von bedeutendem Wert gefährdet.

a) Tathandlungen

17 Als Tathandlung kommt entweder der Genuss alkoholischer oder anderer berauschender Mittel oder aber der grob pflichtwidrige Verstoß gegen Rechtsvorschriften, die der Sicherheit des Luftverkehrs dienen, in Betracht. Als Maßstab für einen grob pflichtwidrigen Verstoß ist zu betonen, dass hier nur ein besonders schwerer Verstoß gegen Luftverkehrsvorschriften relevant ist; Verstöße von geringerer Schwere können strafrechtlich nicht geahndet werden.[17] Zwei Fälle verdeutlichen die Besonderheiten der beiden Handlungsalternativen. Der erste Fall befasst sich mit dem **Alkoholkonsum eines Piloten**.

Sachverhalt:[18] Am Abend des 2.6.2000 tranken der Beklagte und der Zeuge reichlich alkoholische Getränke. Am 3.6.2000 begann der Beklagte gegen 12.30 Uhr mit einem Startversuch mit dem Hubschrauber. Seine Blutalkoholkonzentration betrug zu diesem Zeitpunkt mindestens 0,65 Promille, die des Zeugen mindestens 0,96 Promille. Infolge einer Überdrehzahl geriet der Hubschrauber in eine so starke Eigenresonanz, dass er

---
16 So zumindest zur „konkreten Gefahr" *Ellbogen/Schneider*, NZV 2011, 63 (65).
17 *Schmid*, NZV 1988, 125.
18 OLG Frankfurt a. M., VersR 2006, 795.

sich zunächst nach von anhob, danach hart auf den Sporen aufsetzte und sich anschließend um ca. 60 Grad um die Querachse nach vorn zu drehen und auf die Nase zu stellen begann. Dann fiel der Hubschrauber auf die Kufen zurück, nachdem der Gashebel zurückgenommen und der Pitsch (Regulierung der Rotorblätter) entriegelt worden war.

Das OLG Frankfurt a. M. stellte in seinem Urteil vom 23.9.2005 fest: „Hat aber der Beklagte den Hubschrauber geführt und ist ein technischer Defekt auszuschließen, beruht der Unfall auf einem groben Verschulden des Beklagten, weil er, für ihn erkennbar, infolge des in der Nacht zuvor genossenen Alkohols nicht in der Lage war, den Hubschrauber in der gebotenen Weise sicher zu führen. [...] Es besteht jedoch Einigkeit darüber, dass die für den Straßenverkehr entwickelten Grundsätze nicht verwertbar sind, die Grenze der Flugunsicherheit bei Luftfahrzeugen vielmehr erheblich niedriger anzusetzen ist. Denn das Führen eines Luftfahrzeugs stellt sowohl bei Start und Landung als auch während des Fluges besonders hohe Anforderungen an die Aufmerksamkeit und jeder „kleine" Fehler in der Bedienung des Luftfahrzeugs kann zu unabsehbaren Folgen führen. Nach Erkenntnissen der internationalen Flugmedizin sollen bereits bei einer Blutalkoholkonzentration von 0,2 Promille messbare und bei 0,35 Promille deutliche Leistungsbeeinträchtigungen des Flugzeugführers festzustellen sein (Schmid, NZV 1988, 125, 128). Demgemäß wird in der Literatur ein Alkoholverbot für geboten angesehen. Absolute Flugunsicherheit soll jedenfalls bei einer Blutalkoholkonzentration von 0,5 Promille beginnen (Schmid, NZV 1988, 125, 128). Mit Rücksicht auf die besondere Verantwortung der Luftfahrzeugführer, der von einem Flug ausgehenden Gefährlichkeit nicht nur für Materialwerte und die mitfliegenden Personen, sondern auch die Bevölkerung und der Beeinträchtigung der physischen und psychischen Leistungsfähigkeit durch Alkoholgenuss hat das Bundesverwaltungsgericht einen Befehl an Luftfahrzeugführer, 12 Stunden vor Flugbeginn keinen Alkohol zu sich zu nehmen, als rechtmäßig angesehen (BVerwG, NJW 1991, 1317). [...] Schließlich wird angenommen, dass angesichts der besonderen Gefahren im Zusammenhang mit dem Führen von Luftfahrzeugen als Grundsatz gelten müsse, dass 24 Stunden vor Antritt eines Fluges ein Mitglied der Besatzung keinen Alkohol zu sich nehmen dürfe. [...] Angesichts der dargestellten Grundregeln, der Auswirkungen von Alkohol auf die Flugtauglichkeit und der besonderen vom Luftverkehr ausgehenden Gefahren ist das Führen eines Hubschraubers mit einem Blutalkoholgehalt von 0,65 Promille ein objektiv schwerer Sorgfaltsverstoß. Es war bereits objektiv grob pflichtwidrig, in Kenntnis der am 3.6.2000 anstehenden Rundflüge – gleichgültig ob vormittags oder nachmittags – in der Nacht zuvor in erheblichem Maße Alkohol zu genießen."

Der zweite Fall bezog sich auf einen grob pflichtwidrigen Verstoß gegen Rechtsvorschriften, die der Sicherheit des Luftverkehrs dienen, nämlich das **nicht ausreichende Betanken eines Flugzeugs**.

Sachverhalt:[19] Der Angeklagte flog gemeinsam mit seinem Bruder am 19.8.1995 mit einer von ihm geliehenen und vollgetankten Cessna F 150 J (Baujahr 1968) von E. nach X. Da die Tankanzeige der Cessna bei Flugantritt zwischen „0 und 1/8" anzeigte, ent-

---

[19] OLG Karlsruhe, NJW 2001, 1661; dazu *Brand*, in: Hobe/von Ruckteschell, Kölner Kompendium des Luftrechts, Bd. 2, 2009, II D Rn. 159.

schloss er sich, auf dem Flugplatz in M. zum Tanken zwischenzulanden; nachgetankt hatte er in E. nicht. Kurz vor dem etwa eine Stunde und acht Minuten entfernten Flugplatz in M. fing der Motor während des schon zur Landung angesetzten Sinkfluges an zu „stottern", so dass sich der Angeklagte gegen 12.29 Uhr zu einer Notlandung auf einem Ackergelände entschloss. Die Maschine kam dort nach etwa 50 Metern zum Stillstand, wobei sie kopfüber kippte und rücklings liegen blieb.

Das OLG Karlsruhe führte hierzu in seiner Entscheidung vom 26.2.2001 aus: „Zu Recht hat die Strafkammer im Ergebnis das Verhalten des Angeklagten als zumindest fahrlässigen Verstoß gegen die Vorschrift des § 315a I Nr. 2, III Nr. 2 StGB angesehen. [...] Danach hat sich ein Luftfahrzeugführer bei der Vorbereitung des Fluges mit allen Unterlagen und Informationen vertraut zu machen, die für die sichere Durchführung des Fluges von Bedeutung sind (§ 3a I LuftVO). Ein motorgetriebenes Luftfahrzeug hat dabei eine ausreichende Betriebsstoffmenge mitzuführen, die unter Berücksichtigung der Wetterbedingungen und der zu erwartenden Verzögerungen die sichere Durchführung des Fluges gewährleistet (§ 29 S. 1 LuftBO). Darüber hinaus muss eine Betriebsstoffreserve mitgeführt werden, die für unvorhergesehene Fälle und für einen Flug zu einem Ausweichflugplatz zur Verfügung steht (§ 29 S. 2 LuftBO).

Es entspricht nämlich, wie schon aus § 29 LuftBO ersichtlich ist, anerkanntem Recht, dass derjenige in grob fahrlässiger Weise seine Sorgfaltspflichten verletzt, der ein Luftfahrzeug ohne genügende Treibstoffmenge in Betrieb nimmt (KG Berlin, NZV 1996, 320). Auf die in Fachkreisen bekanntermaßen ungenauen Treibstoffanzeigen darf sich ein Luftfahrzeugführer nicht verlassen, vielmehr hat er eine sog. Sichtprüfung des Tankinhalts vorzunehmen oder er hat volltanken zu lassen (OLG Koblenz, VersR 1985, 879; LG Konstanz, VersR 1988, 511; OLG Köln, VersR 1989, 359; Giemulla/Schmid, NZV 1990, 458). Wenngleich auch die Kraftstoffanzeigen bei einmotorigen Flugzeugen oftmals nur reine Zufallswerte (vgl. eingehend hierzu KG Berlin, NZV 1996, 320 = ZLW 1996, 338) vermitteln, so sind andererseits die angezeigten Werte nicht ohne Bedeutung. So handelt nämlich auch derjenige grob pflichtwidrig i. S. v. § 315a I Nr. 2 StGB, der sich auf die von ihm angestellten Treibstoffbedarfsberechnungen verlässt, obwohl nach der Kraftstoffanzeige des Luftfahrzeugs Anlass zu Bedenken besteht, ob der Kraftstoffvorrat zur Durchführung des beabsichtigten Fluges ausreicht. [...] Durch die Pflichtwidrigkeit des Angeklagten ist es auch zu einer konkreten Gefahr für Leib und Leben des im Flug mitanwesenden Bruders des Angeklagten gekommen, da die Maschine in einem Acker notlanden musste."

19 Bei weiteren Konstellationen wird erwogen, einen grob pflichtwidrigen Verstoß gegen entsprechende Sicherheitsvorschriften anzunehmen. So löste die **„Ehrenrunde"** des letzten Langstreckenflugs von Air Berlin ein behördliches Untersuchungsverfahren aus.

Sachverhalt:[20] Am 16.10.2017 war der letzte Langstreckenflug der mittlerweile insolventen Fluggesellschaft Air Berlin nach seinem Flug von Miami nach Düsseldorf mit mehr als 200 Passagieren an Bord kurz vor der Landung durchgestartet und nach links über den Düsseldorfer Flughafen abgedreht. Nach einer Runde brachte der Pilot den

---

20 FAZ vom 17.10.2017.

Flug AB 7001 sicher zur Landung. Offiziell hatte der Pilot dem Tower technische Probleme gemeldet. Medienberichten zufolge wollte der Pilot „ein Zeichen setzen, einen würdigen und emotionalen Abschluss." Der Pilot und die Besatzung seien daraufhin von Air Berlin vorerst suspendiert worden, was während eines Untersuchungsverfahrens durch das Luftfahrt-Bundesamt ein normaler Vorgang sei.

Vorbehaltlich der Ergebnisse dieser Untersuchung wird man nicht das Flugmanöver als solches für rechtswidrig halten müssen, denn das Durchstarten gehört zu den erlaubten Aktionen eines jeden Piloten. Anderes dürfte indes für die Meldung technischer Probleme an den Tower gelten. Erklärt der Pilot wahrheitswidrig, dass das landende Flugzeug technische Probleme habe und nimmt dann einen ungeplanten Rundflug über den Flughafen vor, liegt darin kein „emotionales Abschiednehmen" oder gar eine „kleine Tradition unter Piloten", sondern vielmehr ein grob pflichtwidriger Verstoß gegen – aus gutem Grund erlassene – Sicherheitsvorschriften. 20

Eine weitere Konstellation betrifft die **Nichtbeachtung der Anweisungen des Towers**. Ein Pilot handelt grob pflichtwidrig im Sinne des § 315a I Nr. 2 StGB, wenn er absichtlich solche Anweisungen des Towers ignoriert. Er stellt sich damit außerhalb des Sicherheitsmanagements eines Flughafens und erweist sich auf diese Weise nicht nur als unzuverlässig, sondern begeht zugleich eine Straftat. 21

b) Konkrete Gefährdung

Zu dieser Voraussetzung des objektiven Tatbestands des § 315a I StGB kann auf die Ausführungen zu § 315 StGB verwiesen werden. 22

4. Angriffe auf den Luftverkehr, § 316c StGB

§ 316c I StGB lautet: Mit Freiheitsstrafe nicht unter fünf Jahren wird bestraft, wer 23
1. Gewalt anwendet oder die Entschlussfreiheit einer Person angreift oder sonstige Machenschaften vornimmt, um dadurch die Herrschaft über
    a) ein im zivilen Luftverkehr eingesetztes und im Flug befindliches Luftfahrzeug oder
    b) ein im zivilen Seeverkehr eingesetztes Schiff
  zu erlangen oder auf dessen Führung einzuwirken, oder
2. um ein solches Luftfahrzeug oder Schiff oder dessen an Bord befindliche Ladung zu zerstören oder zu beschädigen, Schusswaffen gebraucht oder es unternimmt, eine Explosion oder einen Brand herbeizuführen.

a) Tathandlungen

24 Diese Vorschrift bildet die deutsche Antwort auf die seit den 1960er Jahren einsetzenden Flugzeugentführungen zu politischen Zwecken. Sie unterscheidet zwischen **Luftfahrtpiraterie** in Nr. 1 und **Luftfahrzeugsabotage** in Nr. 2.[21] Obwohl man durchaus darüber streiten kann, ob der Begriff „Machenschaften" ein sprachlich angemessener und rechtlich passender Terminus für einen solchen schweren Straftatbestand ist, deckt die Norm alle Varianten der Entführung von Flugzeugen und Schiffen ab und entspricht damit den oben erwähnten Vorgaben des internationalen Luftstrafrechts.

25 Um Beispiele für solche dramatischen Vorfälle zu finden, muss man nicht auf die vielen tragischen Ereignisse in der Luftfahrt der 1960/70er Jahre oder auf die Vielzahl einschlägiger Hollywood-Filme zurückgreifen, sondern stößt ohne jede Schwierigkeit auf einen aktuellen Fall aus der Region Berlin-Brandenburg.

Sachverhalt:[22] Der Angeklagte fasste im Rahmen einer in der Flugschule des Nebenklägers begonnenen Ausbildung zum Erwerb der Privatpiloten-Lizenz den Entschluss, den 73 Jahre alten, ihm an Statur und Gewicht unterlegenen Nebenkläger bei Gelegenheit einer Flugstunde durch Schläge mit einem Stein auf den Kopf außer Gefecht zu setzen und dadurch die Kontrolle über das Flugzeug zu erlangen. Am Nachmittag des 21.6.2013 befanden sich der Angeklagte und der Nebenkläger in einem viersitzigen, einmotorigen Motorflugzeug vom Typ „Cessna C 172 N", das auf der linken und der rechten Seite des Cockpits mit einem Steuerhorn ausgerüstet ist, auf einem Ausbildungsflug in rd. 1.500 Metern Höhe. Als der Nebenkläger auf Bitten des Angeklagten die Steuerung der Maschine für einen kurzen Augenblick übernommen hatte und durch einen Blick aus dem rechten Seitenfenster abgelenkt war, schlug ihn der Angeklagte mit einem mitgebrachten, etwa ein Kilogramm schweren Mineralstein dreimal gezielt auf die linke Kopfseite, um ihn handlungsunfähig zu machen. Entgegen der Erwartung des Angeklagten behielt der Nebenkläger die Kontrolle über das Flugzeug. Erst als der Angeklagte den Kopf des Nebenklägers mit nach innen gedrehten Handflächen umfasste und seine Daumen in dessen Augen zu drücken begann, ließ dieser das Steuerhorn los, um sich gegen den Angriff zur Wehr zu setzen. Während des sich anschließenden Ringens im Cockpit ging das Flugzeug wiederholt in den Sturzflug über, weil der Angeklagte das Steuerhorn vor seinem Sitz durch seine Körperbewegungen – nicht ausschließbar unwillkürlich – nach vorn drückte. Um den Absturz zu verhindern, zog der Nebenkläger am Steuerhorn und fing die Maschine kurz vor Erreichen des Bodens in einer Höhe von etwa 20 Metern ab. Von diesem Moment an bis zum Ende der kurz darauffolgenden Notlandung blieb der Angeklagte untätig in seinem Sitz. Dem Nebenkläger gelang eine Notlandung auf einem Feld, wo sich die Maschine bei verhältnismäßig geringer

---

21 Dazu *Brand*, in: Hobe/von Ruckteschell, Kölner Kompendium des Luftrechts, Bd. 2, 2009, II D Rn. 170 ff.
22 Unveröff. Urteil des LG Frankfurt (Oder), Sachverhalt nach BGH, NJW 2016, 1667, Rn. 8.

Geschwindigkeit überschlug und auf dem Dach zu liegen kam. Der Nebenkläger erlitt zahlreiche Hautverletzungen und Blutergüsse.

Das LG Frankfurt (Oder)[23] hat in seinem Urteil vom 27.3.2015 dazu entschieden: „Der zum Zeitpunkt der Tat strafrechtlich voll verantwortliche Angeklagte habe die Handlungsfähigkeit des Nebenklägers beseitigen und die Herrschaft über das Flugzeug erlangen wollen, um dieses zum Absturz zu bringen oder es an ein von ihm in Aussicht genommenes Ziel zu steuern. Dadurch habe er sich des versuchten Mordes, der gefährlichen Körperverletzung im Sinne des § 224 I Nr. 2 und 3 StGB sowie des Angriffs auf den Luftverkehr gemäß § 316c I 1 Nr. 1a StGB strafbar gemacht. [...] Ein Flugschüler ist nicht der verantwortliche Luftfahrzeugführer und deshalb auch tauglicher Täter eines Angriffs auf den Luftverkehr im Sinne des § 316c I StGB. Denn gemäß § 4 IV LuftVG gilt während der Durchführung eines Übungs- und Prüfungsflugs in Begleitung von Fluglehrern dieser als der verantwortliche Luftfahrzeugführer."

In seiner Revisionsentscheidung bemängelte der BGH[24] im Beschluss vom 1.12.2015 insbesondere, dass das LG Frankfurt (Oder) die tätige Reue des Angeklagten gem. § 320 I StGB nicht berücksichtigt habe und verwies die Sache an eine andere Kammer des LG zurück.

b) Strafbare Vorbereitungshandlungen

Hinzuweisen ist auf § 316c IV StGB, der strafbare Vorbereitungshandlungen normiert und damit die Grenze der **Strafbarkeit erheblich vorverlegt**. Diese Vorschrift ist deshalb so besonders erwähnenswert, weil viele terroristische Aktivitäten – glücklicherweise – in einem Vorbereitungsstadium steckenbleiben. Sprengstoff wird beschafft, Orte erkundet, Waffen organisiert, was dann durch Sicherheitsbehörden erkannt und unterbunden wird. Doch gerade dieses Vorbereitungsstadium will § 316c IV StGB strafrechtlich erfassen. Bewusst in Kauf genommen werden dabei immanente Beweisprobleme. Denn ob diese Waffen und Stoffe tatsächlich zur „Vorbereitung einer Straftat nach Absatz 1" beschafft, verwahrt oder einem anderen überlassen werden sollten, bedarf eindeutiger und damit gerichtsfester Beweise.

26

II. Delikte im Luftverkehrsgesetz

Im Nebenstrafrecht hat der Gesetzgeber weitere Straftatbestände formuliert. So macht sich nach § 59 I LuftVG strafbar, wer als Führer eines Luftfahrzeugs durch grob pflichtwidriges Verhalten gegen eine luftaufsichtliche Verfügung verstößt.[25] Wer ohne die erforderliche Erlaubnis ein Luftfahrzeug führt oder

27

---

23 Zitiert nach BGH, NJW 2016, 1667.
24 BGHSt 61, 76 = NJW 2016, 1667 = NStZ 2017, 417.
25 Dazu *Brand*, in: Hobe/von Ruckteschell, Kölner Kompendium des Luftrechts, Bd. 2, 2009, II D Rn. 202 ff.

sonstige luftrechtlich relevante Berechtigungen nicht besitzt, verstößt gegen § 60 I LuftVG. Darüber hinaus zieht die Verletzung von Sperrgebieten eine Strafbarkeit nach § 62 LuftVG nach sich. Eine vollständige strafrechtliche Würdigung eines Vorfalls ist somit nur dann möglich, wenn neben dem StGB auch das Nebenstrafrecht mit einbezogen wird.

III. Delikte im Luftsicherheitsgesetz

28 Schließlich finden sich auch im Luftsicherheitsgesetz mehrere nebenstrafrechtliche Bestimmungen. § 19 LuftSiG stellt das Mitführen von Gegenständen nach § 11 LuftSiG (Schuss-, Hieb- und Stoßwaffen, Sprengstoffe, Munition etc.) unter Strafe. Das reine Mitführen oder Ansichtragen reicht zur Erfüllung des Straftatbestandes aus, der verbotene Gegenstand muss nicht eingesetzt werden. Eine solche Straftat ist selbst dann anzunehmen, wenn es sich um **erzieherische Zwecke** handelt.

Sachverhalt:[26] Der Angeklagte arbeitete als freier Journalist unter anderem für den Fernsehsender Pro7. In Absprache mit einer Redaktionskonferenz des Senders, die sein Vorhaben „abgesegnet" hatte, führte der Angeklagte an einem Tag Ende Januar 2002 auf vier Inlandsflügen heimlich ein „Butterflymesser" mit. Vor den Sicherheitsschleusen verbarg er das Messer in einem Brillenetui, das er auf die Kamera in seinem Handgepäck legte. Wie „befürchtet und erhofft", führte das Personal an den Sicherheitsschleusen der vier Abflughäfen den ausgelösten Alarm auf die Kamera zurück; das Messer blieb unentdeckt. Die Vorgänge wurden von Kamerateams des Senders Pro7 gefilmt und am 11.2.2002 in einer Fernsehsendung ausgestrahlt. Der Angeklagte, der am 12.9.2001 - dem Tag nach den Anschlägen auf das World Trade Center - in New York gewesen war und bei anschließenden Flugreisen beobachtet hatte, dass die Sicherheitskontrollen zum Teil sehr nachlässig gehandhabt wurden, handelte „in erster Linie aus Sorge um die Sicherheit des zivilen Luftverkehrs, in zweiter Linie aber auch, um eine gute ‚Story' verkaufen zu können". Die Sendung hatte eine Verschärfung der Sicherheitskontrollen zur Folge, der Sendebericht wird bei Schulungen als Lehrfilm eingesetzt.

Das OLG Düsseldorf hatte für derartige erzieherische Motive wenig Verständnis und entschied in seinem Urteil vom 25.10.2005 gegen den Journalisten: „Ein Journalist, der auf einem Inlandsflug heimlich ein „Butterflymesser" mitführt, um eine tatsächliche oder vermeintliche Sicherheitslücke aufzudecken, macht sich wegen Mitführens einer Waffe in einem Luftfahrzeug nach § 19 LuftSiG strafbar. Die Tat ist weder gerechtfertigt noch entschuldigt."

29 § 20 LuftSiG normiert die Strafbarkeit eines Verhaltens, das leider immer häufiger an Bord von Luftfahrzeugen zu verzeichnen ist: **Aggressives Verhalten von Fluggästen.** Unter dem Topos der unruly oder disruptive Passengers wird die

---

[26] OLG Düsseldorf, NJW 2006, 630.

Gesamtheit von Verhaltensweisen diskutiert, mit denen sich Fluggäste den Anweisungen des Bordpersonals widersetzen.[27] Streitsucht, eine durch Alkohol herabgesetzte Hemmschwelle oder die Uneinsichtigkeit in die Notwendigkeit mancher Ordnungsmaßnahmen an Bord eines Flugzeugs können – vollkommen unnötige – Gefahrensituationen entstehen lassen, für die der Gesetzgeber richtigerweise nicht mehr das Argument einer gewissen Sozialadäquanz gelten lässt. Zwar kann das aggressive Verhalten einzelner Fluggäste durch diese Strafandrohung präventiv nicht unterbunden, jedoch immerhin nachträglich bestraft werden. Ungeachtet des tatsächlichen Problems, dass das Bordpersonal entsprechende Taten häufig nicht anzeigt, weil eine Schädigung der Reputation der Fluggesellschaft befürchtet wird,[28] ist die gesetzliche Regelung in § 20 LuftSiG als zeitgemäße Reaktion auf unbotmäßiges Verhalten zu begrüßen und kommt dem existierenden Strafbedürfnis in rechtspolitisch sinnvoller Weise nach.[29]

---

27 *Giesecke*, ZLW 2002, 546 ff.; *Schmid*, in: Benkö/Kröll, FS für Böckstiegel, 2001, S. 181 ff.; *Meyer/Gommert*, ZLW 2000, 158 ff.
28 *Schmid*, in: Benkö/Kröll, FS für Böckstiegel, 2001, S. 181 (182).
29 *Schladebach*, Lufthoheit, 2014, S. 301.

5. Teil

Perspektiven des Luftrechts

§ 13 Luftrechtspolitik

I. Luftverkehrskonzept von 2017

1   Das Luftverkehrskonzept des Bundesministeriums für Verkehr und digitale Infrastruktur vom Mai 2017 führt zahlreiche Tätigkeitsfelder auf, denen sich die Bundesregierung verstärkt zuwenden will.[1] Da es keine grundlegenden personellen Zäsuren zwischen der früheren und der aktuellen Bundesregierung gegeben hat, wird das 2017 präsentierte Luftverkehrskonzept weiterhin Geltung beanspruchen.

2   Die Maßnahmen zur Stärkung und Sicherung des Luftverkehrsstandorts Deutschland betreffen:[2] (1) die sinnvolle Verteilung von Zuständigkeiten zwischen der EU-Ebene und der für Luftverkehr zuständigen Bundesebene, (2) die Bereitstellung eines Netzes an Verkehrsflughäfen als Ausdruck der staatlichen Daseinsvorsorge, (3) die Benennung und besondere Förderung von Flughäfen im Bundesinteresse, (4) die Überprüfung der Berechnungsmethoden bei Flughafenentgelten, (5) die Stärkung des Bundes bei der Planung eines deutschlandweiten Flughafennetzes, (6) die Überprüfung der Luftverkehrssteuer[3], (7) die Überprüfung der Einreisevoraussetzungen von Fluggästen bereits am Abflugs- oder Transitort (Pre-clearance), (8) die Luftsicherheit (Safety und Security), (9) Maßnahmen zur Minderung der Kohlendioxid-Emissionen des Luftverkehrs, (10) die Prüfung lärmabhängiger Flughafenentgelte, (11) die weitere Liberalisierung des Luftverkehrs, insbesondere durch EU-Luftverkehrsabkommen, (12) die regelmäßige Analyse der internationalen Marktentwicklung, (13) Folgenabschätzungen durch Bund und Länder vor Einführung von fiskalischen und regulativen Maßnahmen im Luftverkehr, (14) die Verbesserung der Intermodalität, d.h. der Vernetzung der verschiedenen Verkehrsträger, (15) die Forschungsförderung im Luftfahrtbereich, (16) die Revision der Fluggastrechte-Verordnung, (17) die effizientere Slot-Vergabe zur bedarfsorientierten und nachhaltigen Nutzung der vorhandenen Flughafenkapazitäten, (18) die Auf-

---

1 Bundesministerium für Verkehr und digitale Infrastruktur, Luftverkehrskonzept, Mai 2017.
2 Luftverkehrskonzept, S. 20 ff.
3 Zu deren problematischer Verfassungsmäßigkeit *Schladebach*, NVwZ 2015, 294 ff.

rechterhaltung guter Arbeitsbedingungen und gerechter Sozialstandards, (19) die Flugsicherung im Rahmen des Single European Sky.

Die aufgezählten Maßnahmen dürfen als ambitioniert gelten und betreffen neben luftverkehrswirtschaftlichen Aspekten auch Fragen des internationalen, europäischen und nationalen Luftrechts. Wenngleich dieses Konzept keine unmittelbare Bindungswirkung entfaltet, so kann doch darauf gehofft werden, dass sich der Gesetzgeber diesen Fragen entschlossen annimmt und die vielfach schon bestehenden Rechtsgrundlagen zeitgemäß anpasst.

II. Koalitionsvertrag von 2018

Auch im Koalitionsvertrag von 2018 hat die Luftfahrtindustrie Erwähnung gefunden.[4] Zwar treffen die Koalitionspartner keine ausdrückliche Aussage zur Fortentwicklung des Luftrechts. Jedoch wird betont, dass die Luft- und Raumfahrtindustrie eine strategische Bedeutung für den Hightech-Standort Deutschland besitzt. Außerdem sollen die Mittel der hierfür zentralen Forschungsprogramme auf nationaler Ebene und insbesondere des Luftfahrtforschungsprogramms verstetigt und erhöht werden.

---

4 Koalitionsvertrag zwischen CDU, CSU und SPD für die 19. Legislaturperiode, 2018, S. 58.

§ 14 Luftrechtsstudium

1   Obwohl es in Deutschland ein leistungsstarkes und traditionsreiches Luftverkehrswesen gibt, sind die Möglichkeiten zum Studium des Luftrechts auffallend rar gesät. An juristischen Fakultäten werden nur an der Universität zu Köln, Institut für Luft-, Weltraum- und Cyberrecht, in regelmäßigen Abständen Lehrveranstaltungen zum Luftrecht angeboten. Daneben ist das Luftrecht an einigen Technischen Universitäten und Fachhochschulen Bestandteil der dortigen Bachelor- und Masterstudiengänge zum Luftfahrt-Management, zur Luft- und Raumfahrttechnik und zur Luftfahrt-Logistik. Zu nennen sind hier die TU Berlin, die TU Dresden, die Frankfurt University of Applied Sciences, die FH Aachen, die HS Bremen, die Internationale Hochschule Bad Honnef und die TH Wildau.

2   Wie gezeigt, stellt sich das Luftrecht als klassische Querschnittsmaterie dar, die sich sowohl nach den drei Haupt-Rechtsgebieten Öffentliches Recht, Zivilrecht und Strafrecht als auch nach den drei Regelungsebenen des internationalen, europäischen und nationalen Rechts untergliedern lässt. Während andere Rechtsgebiete wie das Medienrecht[1] oder das Umweltrecht[2] eine vergleichbare Verfasstheit aufweisen und fester Bestandteil in den Schwerpunktbereichen der juristischen Fakultäten sind, findet sich das Luftrecht weder beim besonderen Verwaltungsrecht, noch beim Europarecht oder beim Völkerrecht entsprechend verankert. Gerade im Schwerpunktbereich „Europa- und Völkerrecht" würde sich eine Aufnahme dieses rechtlich interessanten, wirtschaftlich hochbedeutsamen und global ausgerichteten Lehr- und Forschungsgebiets anbieten.[3]

3   Aus internationaler Perspektive ist auf die seit Jahrzehnten etablierten Master-of-Laws-Studiengänge „Air and Space Law" an der McGill University Montreal, Kanada, und „Advanced Studies in Air and Space Law" an der Leiden University, Niederlande, hinzuweisen. Der Masterstudiengang „Staats-, Luft- und Weltraumrecht" an der Universität zu Köln ist 2017 ins Leben gerufen worden und steht allerdings ausschließlich Studierenden offen, die ihren ersten juristischen Abschluss außerhalb Deutschlands erworben haben. Er

---

1 *Schladebach*, Medienrecht: Eine systematische Einführung, Jura 2013, 1092 ff.
2 *Schmidt/Kahl/Gärditz*, Umweltrecht, 10. Aufl. (2017).
3 *Schladebach/Platek*, Schwerpunktbereich: Einführung in das Luftrecht, JuS 2010, 499 ff.

stellt ein interessantes Studienangebot in Deutschland dar, um sich im Luft- und Weltraumrecht zu spezialisieren.

Die Nachfrage nach luft- und weltraumrechtlichen Studiengängen für deutsche Interessenten in Deutschland kann damit jedoch nicht befriedigt werden. Hier können zwar gutstrukturierte Schulungsangebote von privaten Einrichtungen wie der airsight GmbH Berlin oder dem TÜV Nord/TÜV Süd besucht werden. Gleichwohl erscheint es aus vielerlei Gründen sinnvoll und zugleich erforderlich, dass weitere deutsche Universitätsstädte mit großen Flughäfen (Frankfurt, München, Berlin, Düsseldorf) über die Einführung eines Masterprogramms „Luftrecht" bzw. „Luft- und Weltraumrecht"[4] nachdenken.

4

---

4 Zum Weltraumrecht *Schladebach*, Schwerpunktbereich: Einführung in das Weltraumrecht, JuS 2008, 217 ff. sowie *Schladebach*, 50 Years of Space Law: Basic Decisions and Future Challenges, Hastings International and Comparative Law Review 41 (2018), 245 ff.

§ 15 Kontrollfragen

1. Teil: Grundlagen des Luftrechts

1. Was ist unter dem Begriff „Luftrecht" zu verstehen?
2. Wie kann das Luftrecht systematisiert werden?
3. Kann das Luftrecht als eigenständiges Rechtsgebiet im rechtstheoretischen Sinne qualifiziert werden?
4. Welche zwei wesentlichen Theorien zum Rechtsstatus des Luftraums wurden zu Beginn des 20. Jahrhunderts vertreten?
5. Warum muss der staatliche Luftraum horizontal und vertikal abgegrenzt werden?
6. Welche Bedeutung besitzt das Seerecht für die horizontale Abgrenzung?
7. Welche vertikale Grenze hat der staatliche Luftraum?

2. Teil: Öffentliches Luftrecht

8. Welche zentralen Ergebnisse hatte die Konferenz von Chicago 1944?
9. Für welche Luftfahrzeuge gilt das Chicagoer Abkommen?
10. Wie ist der planmäßige Fluglinienverkehr vom Gelegenheitsverkehr abzugrenzen?
11. Was ist unter bilateralen Luftverkehrsabkommen zu verstehen?
12. Was sind Luftraumverletzungen und wie lassen sie sich unterteilen?
13. Welche Aufgaben besitzt die ICAO?
14. Welche Vorschrift bildet die Kompetenzgrundlage für den Erlass europäischen Luftverkehrsrechts?
15. Sind die EU-Grundfreiheiten und das EU-Wettbewerbsrecht auf den Luftverkehr anwendbar?
16. Welche europarechtliche Grundfrage lag dem EuGH-Urteil „Open Skies" vom 5.11.2002 zugrunde?
17. Welche wesentlichen Voraussetzungen sind für die Erteilung einer Betriebsgenehmigung an Luftverkehrsunternehmen erforderlich?
18. Welches Ziel verfolgt die „Schwarze Liste"?

19. Was sind Slots und welche Luftverkehrsunternehmen genießen bei der Slot-Vergabe einen Vorrang?
20. Wozu dienen Flughafenentgelte und welches Rechtsproblem werfen sie auf?
21. Was ist Code sharing und welche Rechtsprobleme werden dabei diskutiert?
22. Welche Kategorien von Beihilfen lassen sich im europäischen Luftverkehrsrecht unterscheiden?
23. Auf welche Weise versucht die EU, terroristischen Anschlägen auf den Luftverkehr vorzubeugen?
24. Welche Rechtsakte haben Auswirkungen auf das Verhältnis von Umweltschutz und Luftverkehr?
25. Welche Rechtsfrage lag der Entscheidung des EGMR im Fall *Hatton ./. United Kingdom* zugrunde?
26. Welches Ziel wird mit der Schaffung eines einheitlichen europäischen Luftraums verfolgt?
27. Nennen Sie zwei europäische Luftverkehrsorganisationen!
28. Nennen Sie zwei rechtliche Konstruktionen, mit denen das EU-Luftverkehrsrecht in Nicht-EU-Staaten exportiert wird!
29. Welche Schwierigkeiten bestehen bei der Bestimmung des Anwendungsbereichs des nationalen Luftrechts?
30. Woraus ergibt sich die Gesetzgebungskompetenz im Grundgesetz für den Luftverkehr?
31. Wie ist die von § 1 I LuftVG proklamierte „Freiheit der Benutzung des Luftraums" zu verstehen?
32. Welche Kategorien von Flugplätzen gibt es? Was ist ein Verkehrsflughafen?
33. Nach welchen Vorschriften richtet sich ein Planfeststellungsverfahren für Flughäfen?
34. Welche Bedeutung kommt dem Lärmschutz bei der Flughafenplanung zu?
35. Welche Entwicklungen führten zum Erlass des deutschen Luftsicherheitsgesetzes?
36. Was ist unter der luftsicherheitsrechtlichen Zuverlässigkeit einer Person zu verstehen?
37. Was ist die Bordgewalt des Luftfahrzeugführers?
38. Was sind Sky Marshals und in welchem Verhältnis stehen sie zum Luftfahrzeugführer?
39. In welchem deutschen Rechtsakt wird die Nutzung von Drohnen geregelt?
40. Welche wesentlichen verfassungsrechtlichen Streitfragen sind vom Bundesverfassungsgericht in seinem Urteil vom 15.2.2006 entschieden worden?
41. Welche Zielsetzung hat das Flugunfall-Untersuchungsgesetz?
42. Nennen Sie drei Behörden der deutschen Luftverkehrsverwaltung!

3. Teil: Privates Luftrecht

43. Welche Bedeutung hat das Montrealer Übereinkommen von 1999?
44. Welche Kategorien von Leistungsstörungen im europäischen Luftverkehr sind Ihnen bekannt und wo sind sie geregelt?
45. Welche Rechtsfrage lag dem EuGH-Urteil vom 10.1.2006 zu den Ausgleichs- und Unterstützungsleistungen für Fluggäste zugrunde?
46. Beschreiben Sie kurz Grund und Inhalt der Rechte von Fluggästen mit Behinderungen!
47. Was ist für einen Luftbeförderungsvertrag kennzeichnend?
48. Welche Rechtsnatur hat ein Chartervertrag?
49. Was ist unter dem „Economy-Class-Syndrom" zu verstehen und welche Rechtsfragen wirft es auf?
50. Wo ist die Haftung für Frachtschäden im Luftverkehr geregelt?
51. Was ist unter außervertraglicher Haftung des Luftfahrzeughalters zu verstehen?
52. Wozu dient ein Registerpfandrecht an Luftfahrzeugen?

4. Teil: Luftstrafrecht

53. Was wird durch das Tokioter Abkommen von 1963 geregelt?
54. Weshalb gibt es kein EU-Luftstrafrecht?
55. Welche StGB-Normen sind für das nationale Luftstrafrecht relevant?
56. Erläutern Sie kurz die strafrechtliche Dimension der Nutzung von Drohnen im Flughafenbereich!
57. Weshalb ist der Einsatz von Laserpointern strafrechtlich bedeutsam?
58. Welche Norm regelt die Strafbarkeit von „Unruly Passengers"?

5. Teil: Perspektiven des Luftrechts

59. In welcher Weise positioniert sich die Politik zum Luftrecht?
60. Welche Aussage trifft der aktuelle Koalitionsvertrag von 2018 zur Luftfahrtpolitik?

Sachwortregister

(Die Zahlenangaben beziehen sich auf **Paragraphen** und Randnummer)

Abflugverspätung 8 27
Abgrenzung Luft- und Weltraum 3 6, 36
Abschussbefugnis 4 69, 88; 6 103
Anhörungsverfahren 6 35
Angriffe auf den Luftverkehr 12 23
Ankunftsverspätung 7 21; 8 27
Annullierung 8 19
Archipelstaaten 3 17
Ausgleichsleistungen 8 17, 26
Ausschließliche Wirtschaftszone 3 20
Außervertragliche Haftung 9 28

Begriff des Luftrechts 1 1
Beihilfenrecht 5 55
Betriebsgenehmigung 5 6
Betriebsuntersagung 5 17
Bordgewalt 5 75; 6 94
Bundesministerium für Verkehr 6 117

Chartervertrag 9 7
Chicagoer Abkommen 4 1
Cape Town Convention 9 46
Cockpittüren 5 74; 6 100
Code sharing 5 42

Datenschutz 5 79
De-facto Regime 4 55
Delikte im LuftSiG 12 28
Delikte im LuftVG 12 27
Delikte im StGB 12 2
Deutsche Flugsicherung GmbH (DFS) 6 124
Drohnen 6 46

Economy Class Syndrom 9 16

Eigentum 5 12
Einheitlicher europäischer Luftraum 5 108
Emissionen 5 96
Emissionshandel 5 100
Erlaubnis für den Drohnenbetrieb 6 54
Erlaubnis für Luftfahrer 6 22
Erlaubnis nach Art. 6 CA 4 43
Erörterungstermin 6 35
Eurocontrol 5 142
Europäischer Wirtschaftsraum (EWR) 5 118
Europäisches öffentliches Luftrecht 5 1
Europäisches privates Luftrecht 8 1
Europarecht als Rechtsquelle 1 17
European Aviation Safety Agency (EASA) 5 145
European Civil Aviation Conference (ECAC) 5 137
European Common Aviation Area (ECAA) 5 134

Fluggastdatenabkommen 5 79
Fluggastrechte 8 2
Flughafenentgelte 5 36
Flughafenkoordinator 5 28
Fluglinienverkehr 4 32
Flugsicherung 5 108; 6 124
Flugunfall 6 110
Frachtschäden 9 26
Freiheit der Luft 2 14

Gebrüder Montgolfier 2 3
Gebrüder Wright 2 11
Gefährdung des Luftverkehrs 12 16

Gefährliche Eingriffe in den Luftverkehr 12 3
Gelegenheitsverkehr 4 36
Genehmigung von Flugplätzen 6 29
Gepäckschäden 7 17; 9 24
Geschichte des Luftrechts 2 1
Gesetzgebungskompetenz des Bundes 6 8
Güter 7 19

Haager Übereinkommen 10 10
Haftpflichtversicherung 5 15; 9 32
Haftung im europäischen Recht 8 56
Haftung im internationalen Recht 7 11
Haftung im nationalen Recht 9 11
Hilfeleistung für behinderte Menschen 8 51

International Air Transport Association (IATA) 7 24
International Civil Aviation Organization (ICAO) 4 89
Internationales öffentliches Luftrecht 4 1
Internationales privates Luftrecht 7 1

Joint Aviation Authorities (JAA) 5 140

Kármán Primary Jurisdictional Line 3 40
Koalitionsvertrag 13 4
Kompetenzgrundlage der EU für den Luftverkehr 5 1
Konferenz von Chicago 4 1
Küstenmeer 3 10

Lärmschutz 6 38
Luft als Medium 1 3
Luftbeförderungsvertrag 9 1, 4
Luftfahrt-Bundesamt 6 118
Lufthoheitsprinzip 2 15; 4 8
Luftraum 3 1
– Bedeutung 3 1
– Horizontale Grenzen 3 8
– Vertikale Grenzen 3 36
Luftraumverletzung 4 63
Luftrecht 1 1

– Definition 1 12
– Rechtsgebiet 1 30
– Rechtsquellen 1 13
– Regelungsebenen 1 14
– Regelungsgegenstände 1 22
Luftsicherheitsbehörde 6 74
Luftsicherheitsgesetz 6 69
Luftsicherheitszonen 3 25
Luftsperrgebiete 3 32
Luftverkehrsabkommen 4 42; 5 124
– Bilaterale 4 42
– Drittstaaten 5 124
– Formelle Aspekte 4 46
– Inhaltliche Aspekte 4 49
Luftverkehrskonzept der Bundesregierung 13 1
Luftverkehrs-Ordnung 6 44
Luftverkehrsrecht 1 6
Luftzonentheorie 2 17

Militärballons 2 5, 7
Militärflugzeuge 4 27, 79
Montrealer Übereinkommen 7 5; 10 11
– Luftstrafrecht 10 11
– Privates Luftrecht 7 5
Multilaterales Konzept 4 11

Nachtflugbeschränkungen 5 23; 6 42
Nationales Luftstrafrecht 12 1
Nationales öffentliches Luftrecht 6 1
Nationales privates Luftrecht 9 1
New Yorker Übereinkommen 10 12
Nichtbeförderung 8 11

Öffentliches Luftrecht 4 1
Open-Skies-Urteil des EuGH 5 128

Pariser Luftverkehrsabkommen 2 27
Pariser Polizeiverordnungen 2 4
Planfeststellungsbeschluss 6 35
Planfeststellungsverfahren 6 35
Planmäßiger Fluglinienverkehr 4 32
Planung von Flughäfen 6 25
Polargebiete 3 54
Privates Luftrecht 7 1

Rechtsnatur des Luftbeförderungsvertrags **9** 2, 4
Rechtsquellen des Luftrechts **1** 13
Rechtsstatus des Luftraums **2** 8
Registergericht **9** 44
Registerpfandrecht an Luftfahrzeugen **9** 33
Reisegepäck **7** 17; **9** 24
Reiserecht **9** 1

Schutz des Luftverkehrs **5** 66
Schwarze Liste **5** 17
Seerecht **3** 8
Sicherheitsprogramme **5** 73
Sicherungsmaßnahmen **6** 90
Sky Marshals **5** 75; **6** 100
Slotvergabe **5** 22
Staatsgebiet **3** 1, 5, 36
Staatsluftfahrzeuge **4** 26
Strafgerichtsbarkeit **10** 2
Strafrecht **1** 26; **10** 1
– Europäisches Luftstrafrecht **11** 1
– Internationales Luftstrafrecht **10** 1
– Nationales Luftstrafrecht **12** 1
Studium des Luftrechts **14** 1
Systematik des Luftrechts **1** 28

Taglärmschutz **6** 41
Terrorismusbekämpfung **5** 66; **6** 69
Theorien zur Luftraumabgrenzung **3** 37
Tokioter Abkommen **10** 2
Transitvereinbarung **4** 14
Transportvereinbarung **4** 17

Umweltschutz **5** 85, 104; **6** 38
UN-Charta **4** 75, 87
Unfreiwilliger Verzicht **8** 16
Untersuchungsverfahren bei Flugunfällen **6** 112

Verbraucherschutz **8** 1, 2
Verkehrsflughafen **6** 27
Verkehrsrechte **4** 10; **5** 132
Versicherung **5** 15; **9** 32
Verspätung **7** 21; **8** 27
Vertikale Abgrenzung des Luftraums **3** 36
Verwaltungskompetenz **6** 11
Verzicht bei Nichtbeförderung **8** 15
Vorauszahlungspflicht **7** 14; **8** 58

Warschauer Abkommen **7** 1
Weltraum **3** 6, 36, 51
Widerrechtliche Inbesitznahme **10** 9
Wirtschaftsabkommen **4** 59
Wirtschaftliche Leistungsfähigkeit **5** 8

Zivilluftfahrzeuge **4** 25, 64
Zivilrechtliche Theorie zum Luftraum **2** 19
Zulassung von Luftfahrzeugen **6** 20
Zumutbarkeitsgrenzen für Lärm **6** 40
Zuverlässigkeit **5** 9; **6** 79
– luftsicherheitsrechtliche **6** 79
– persönliche **5** 9
Zwischenzonentheorie **3** 51

Lesen, was man wissen muss!

MOHR SIEBECK LEHRBUCH

Öffentliches Recht

BRAUN
Einführung in die Rechtsphilosophie

STEIN/FRANK
Staatsrecht

MENZEL/MÜLLER-TERPITZ (Hg.)
Verfassungs-
rechtsprechung

STEINBACH (Hg.)
Verwaltungs-
rechtsprechung

SCHMIDT
Kommunalrecht

GUSY
Polizei- und Ordnungsrecht

SCHMIDT
Beamtenrecht

EICHENHOFER
Sozialrecht

SCHLADEBACH
Luftrecht

CLASSEN
Religionsrecht

HARATSCH/KOENIG/PECHSTEIN
Europarecht

PECHSTEIN
EU-Prozessrecht

SCHILLING
Internationaler
Menschenrechtsschutz

**MENZEL/PIERLINGS/
HOFFMANN (Hg.)**
Völkerrechtsprechung

DÖRR
Kompendium
völkerrechtlicher
Rechtsprechung

BADURA
Wirtschaftsverfassung
und Wirtschaftsverwaltung

Im Buchhandel und unter
www.mohrsiebeck.com

Lesen, was man wissen muss!

MOHR SIEBECK LEHRBUCH

Privatrecht

BRAUN
Einführung in die Rechtswissenschaft

LEIPOLD
BGB I, Einführung und Allgemeiner Teil

SCHLECHTRIEM/SCHMIDT-KESSEL
Schuldrecht Allgemeiner Teil

KÖTZ
Vertragsrecht

KÖTZ
Europäisches Vertragsrecht

RIESENHUBER
EU-Vertragsrecht

BREHM/BERGER
Sachenrecht

LEIPOLD
Erbrecht

GRUNEWALD
Gesellschaftsrecht

KRAFT/REDENIUS-HÖVERMANN (Hg.)
Umwandlungsrecht

SCHACK
Urheber- und Urhebervertragsrecht

AHRENS
Gewerblicher Rechtsschutz

ZEISS/SCHREIBER
Zivilprozessrecht

BORK
Einführung in das Insolvenzrecht

ZWEIGERT/KÖTZ
Einführung in die Rechtsvergleichung auf dem Gebiete des Privatrechts

SCHLECHTRIEM/SCHROETER
Internationales UN-Kaufrecht

SCHMOECKEL/MAETSCHKE
Rechtsgeschichte der Wirtschaft

TOWFIGH/PETERSEN
Ökonomische Methoden im Recht

Im Buchhandel und unter
www.mohrsiebeck.com